职业教育“十四五”规划经济管理类专业系列教材
高等职业教育“新形态”教材

经济学基础

主　编　崔国成
副主编　张　妍　韦世雷

中国财富出版社有限公司

图书在版编目（CIP）数据

经济学基础／崔国成主编．—北京：中国财富出版社有限公司，2023.1（2023.8 重印）
职业教育“十四五”规划经济管理类专业系列教材
ISBN 978-7-5047-7573-3

Ⅰ.①经… Ⅱ.①崔… Ⅲ.①经济学-高等职业教育-教材 Ⅳ.①F0

中国版本图书馆 CIP 数据核字（2021）第 219723 号

策划编辑 张　茜　李　丽　　**责任编辑** 邢有涛　郭怡君　　**版权编辑** 李　洋
责任印制 尚立业　　**责任校对** 孙丽丽　　**责任发行** 杨　江

出版发行 中国财富出版社有限公司
社　　址 北京市丰台区南四环西路 188 号 5 区 20 楼　　**邮政编码** 100070
电　　话 010-52227588 转 2098（发行部）　　010-52227588 转 321（总编室）
010-52227566（24 小时读者服务）　　010-52227588 转 305（质检部）
网　　址 http://www.cfpress.com.cn　　**排　　版** 宝蕾元
经　　销 新华书店　　**印　　刷** 宝蕾元仁浩（天津）印刷有限公司
书　　号 ISBN 978-7-5047-7573-3/F·3362
开　　本 787mm×1092mm　1/16　　**版　　次** 2023 年 1 月第 1 版
印　　张 19.25　　**印　　次** 2023 年 8 月第 2 次印刷
字　　数 433 千字　　**定　　价** 52.00 元

前　言

经济学基础是高职院校经济管理类各专业的基础课程之一，对于开阔学生视野、提高学生对经济问题的认知与理解能力具有重要意义。对于高职经济管理类各专业的学生来说，可能很难兼顾西方经济学的所有知识点，但是作为对一门基础课程系统化的认知与学习，开设经济学基础是非常必要的。编者所著《经济学基础》是经济学基础课程的配套教材，本书以较短的篇幅深入浅出且全局性地介绍了这门学科的基本理论成果和应用领域及应用方法，但愿使用本书的学生和教师能够以较短的时间成本获得相对完整的理论知识收益。

本书根据高职院校经济管理类专业人才培养目标的要求，坚持以理论够用、注重实践为编写的基本准则，以精炼实用、通俗新颖、突出能力为编写的基本精神，以新古典微观经济学和凯恩斯主义宏观经济学为主要理论框架，深入浅出地介绍了经济学的基本原理、方法和结论。

全书共设计了14个项目，即经济学导论，需求、供给与均衡价格，弹性理论，消费者行为理论，生产者行为理论，成本与效益分析，市场理论，分配理论，一般均衡理论与福利经济学，市场失灵与政府干预，国民收入核算与决定理论，失业与通货膨胀理论，经济周期与经济增长和宏观经济政策。

本书在编写过程中，全力突出了如下五个特点：

第一，精炼性与系统性并存。本书既未烦琐地介绍西方经济学的历史沿革和理论传承，也没有过多地纠缠于艰深的理论证明，而是尽可能地坚持了“应用为本”“体例清晰”的编写目标，全面压缩了不必要的公式、图表和逻辑推理，因此使本书成为一本化繁为简、深入浅出的通俗读本。

第二，生动性与实用性并重。本教材联系经济社会实际，在表述模式上避开了过于呆板、枯燥、生硬的认知陷阱。在编写体例上进行了全新设计，每一项目均以“引导案例”作为开篇，以“项目小结”“关键概念”“实践与实训”“互动讨论”“案例分析”作为结尾，中间穿插部分二维码知识点补充。这样，能让使用本书的学生在接触每一部分的新知识前就会认识到这部分知识的现实应用价值，而在学习后则会通过相关实践活动和练习活动对该部分知识形成认知强化和理解强化。

第三，经典性与正规性并论。随着社会经济活动的日益复杂化，西方经济学作为一门学科，新的理论成果也在不断涌现。本书没有刻意追求所谓的“前沿性”和“多样性”，没有将尚未取得学术界广泛认同的研究结论引入相关项目，虽然或多或少会造成一些缺憾，但是以经典的学术成果作为专业知识宣讲的主体内容，应该更有利于学生吸收到最纯正的知识营养。

第四，传承性与发展性并进。学习经济学应以新时代中国特色社会主义本质特征为根基，以新时代现代化经济体系建设为前瞻，立足中国实际国情，适应时代特征，推动理论创新，着力构建科学化与中国化的现代经济学。因此，本书既继承了经济学的传统经典理论，又结合了中国特色辩证地讲解经济学观点，既有利于加强学生对于国家经济社会发展命运的关注，又有利于帮助学生形成正确的价值观念，未来以更好的姿态积极投身于全面建设社会主义现代化国家的新征程中。

第五，思想性与教育性并行。根据教育部《高等学校课程思政建设指导纲要》等文件精神，编者结合经济学课程的教学内容，在开始每个项目的学习前列出了相应的“思政目标”学习要求，并积极挖掘与该课程密切相关的思政元素（素材），通过案例分析讲解，供教师教学采用和学生学习参考，以此带动经济学课程和其他课程一道“与思政课程同向同行，将显性教育和隐性教育相统一，形成协同效应”，进而推进高校建设以育人和育才为目的的人才培养体系。

本书由嘉兴职业技术学院崔国成教授任主编，编写本书项目一、项目二、项目三、项目六、项目七、项目八、项目十二、项目十三、项目十四；由嘉兴职业技术学院教师张妍任副主编，编写本书项目四、项目五，并提供全书全部二维码知识点影像资料；由嘉兴职业技术学院教师韦世雷任副主编，编写本书项目九、项目十，并提供课程教学方案；由嘉兴职业技术学院教师徐思贤编写本书项目十一，并整理全书习题库及编撰答案。顺丰速运有限公司领导为本书提供了部分案例与指导建议。本书由崔国成教授起草写作大纲、拟定编写体例，并对全书统稿定稿。

本书在编写过程中参阅了大量文献资料，引用了数量可观的研究成果，在此向原作者表示最诚挚的谢意！另外，有些资料来源于网络，可能无法考证原文作者的真实姓名，恕无法尽数列出，在此一并表示谢忱！

由于种种原因，加之作者水平所限，书中不妥之处在所难免，敬请学术界同人和广大读者提出宝贵意见，我们也会将此视为对本书作者的鞭策和鼓励！

编　者

2022 年 7 月

目　录

项目一　经济学导论

知识目标

1. 了解经济学的基本含义与基本内容。
2. 理解经济学的研究对象与研究内容。
3. 领会经济学常用分析方法。

能力目标

1. 学会用经济学的思维去思考身边的各种经济现象。
2. 初步掌握与应用经济学主要的实证分析工具。

思政目标

学会用经济学的思维去思考身边的各种经济现象的同时，要学会用辩证唯物主义与历史唯物主义思想去解读经济学及其发展规律和现象。

引导案例

经济学与你的日常生活息息相关

经济活动与我们老百姓息息相关，几乎每个人每天都处于一定的经济活动中。我们总是自觉或者不自觉地对经济环境进行思考。比如：2019 年年底新冠肺炎疫情突然暴发给世界经济带来了哪些影响？给普通百姓的生活造成了哪些不便？为什么我国能在很短的时间内成功地控制住疫情的发展并很快复工复产？为什么我国在世界经济体中实现了唯一的经济正增长？为什么我国人民的生活水平基本上没有受到来自新冠肺炎疫情的影响？等等。还有，比如对于急需解决住房的购房一族，要考虑房价会下跌吗？对于房屋投资者来说，房价会上涨吗？对于股民来说，前一个时期大起大落的中国股市，何时会趋于稳定呢？对于处于经济转型时期的又具有经济活力的小微民营企业家来说，能够得到信贷的有力支持吗？对于已经连续获得土地经营承包权的中国农民来说，是搞规模经营还是搞分散承包更有利于农村的长远发展？高速发展的中国经济是世界经济发展的引擎还是区域经济发展的支柱？……这些问题，都会影响老百姓日常生活的方方面面。一个人在一生中都无法回避纷繁复杂的经济现象和客观的经济规律。作为一名大学生更应该读懂一般的财经新闻和报道，能够对政府税收、财政赤字、失业和通货膨胀有自己的看法和观点。为了达到这个目的，就有必要了解经济学基础知识来为自己的判断提供依据。

思考题：

1. 针对今天的生活，你思考过哪些有关经济方面的问题。
2. 我们平时的工作、生活和学习会面临哪些经济问题。

任务一　经济学的研究对象

自古以来，人类社会就被经济问题所困扰，生存与发展始终是各个社会所关心的问题。进入21世纪之后，经济失衡、贫富对立、失业、通货膨胀、经济停滞、国际经济冲突等问题，仍然是各国在一定时期内所面临的难题。透过各种表面现象，人类经济问题的根源在于资源的稀缺性。要了解经济学，先要了解人类社会面临的两个永恒的话题——稀缺性和选择。

一、欲望的无限性与资源的稀缺性

什么是经济学？这个问题在学术界存在很大争议。迄今为止，在经济学界还没有一个被普遍接受的定义。一般来说研究经济问题、探讨经济发展规律、解释经济现象成因的社会科学即称为经济学。通常认为，经济学根源于人类的无限欲望、资源的稀缺性以及所产生的行为选择。经济学之所以会产生和存在是由于客观上的稀缺性及由此所引起的选择的需要。

什么是经济学1

1. 欲望的无限性

人类消费各种物品的欲望是无穷的，而满足人们欲望的物品以及生产它们所需的资源总是不足的。欲望是指人们心理上具有的一种缺乏与不满足的感觉以及求得满足的愿望。人类的欲望是多种多样的，并且可分为许多不同层面的需求，从人的生理本能、生活质量、衣食住行、安全等生存方面，到自然环境、社会决定和历史形成等，都体现了人们不同层面的需求。

什么是经济学2

2. 资源的稀缺性

人们的欲望表现为对物品和劳务的不断需求。在获取人们所需的物品上存在着一种自然的限制，即“稀缺性”。稀缺性又分为相对稀缺性和绝对稀缺性。当稀缺不是就资源和物品的绝对数量而言，而是就有限的资源和物品相对于人类无限的欲望而言，就成为相对稀缺性。当稀缺是相对于资源和物品的绝对数量和物理限制而言时，它可以存在于人类社会的任何时期和任何地方，如阳光、空气和水最终也将会被耗尽，稀缺便成为人类社会面临的永恒的普遍现象，就成为绝对稀缺性。

稀缺性

3. 经济学的产生

稀缺性是经济学的根本。因此，在经济学意义上，这些对人们的经济行为表现为稀缺性的资源及物品可被分为：自由品，没有价格；经济品，有正的价格；废品，有负的价格。也就是说，如果所有物品都像空气一样，可以自由取用，那就没必要节省资源和研究经济问题了。世界上绝大多数资源和物品都不是“自由品”，如今甚至获得充裕的阳光和新鲜的空气也需要做出一定的努力或花费一定的代价。所谓“经济品”，是指用稀缺资源生产出来的物品。为了满足人们的欲望，人们必须将资源转化为人们需要的物品和劳务。这种转化过程被称为生产过程。而生产过程中投入的各种资源被称为生产要素。经济学中，常常把生产要素归结为土地、资本、劳动和企业家的才能四大要素。当我们在讨论土地、资本、劳动等市场要素的有效利用时，实际上就是在讨论资源的有效利用问题。

由于人们消费各种物品的欲望是无限的，而产生满足人们消费欲望的物品和劳务所耗费的各种资源都是有限的，一种物品或资源常有不同的用途，人类的消费欲望也有轻重缓急之分，所以，如何有效利用有限的资源来更好地满足人们的各种消费欲望，是人类必须面对的课题。因此，基于稀缺性这一基本事实，人们必须做出各种选择，以决定如何有效地配置稀缺的资源，生产出更多更好的物品和劳务，最大限度地满足人们的消费欲望。

经济学的产生

二、生产可能性与选择

1. 生产可能性

“大炮与黄油的矛盾”是经济学家经常谈论的话题，大炮代表一个国家的军费开支，黄油代表民用开支。为简单起见，假设某国（经济体）只生产大炮和黄油两种物品，由于资源是稀缺的，大炮和黄油的生产量是一个此消彼长的关系，多生产大炮就要少生产黄油，多生产黄油就要少生产大炮。根据该国的状况，大炮和黄油的生产存在表1－1社会生产的组合方式所描述的六种可能性，组合A和组合F分别为该国把所有资源都用于生产大炮和把所有资源都投入到黄油的生产上的两种极端情况。

表1－1　　社会生产的组合方式

组合方式	黄油（百万吨）	大炮（万门）
A	0	15
B	1	14

续表

组合方式	黄油（百万吨）	大炮（万门）
C	2	12
D	3	9
E	4	5
F	5	0

用横轴表示黄油，纵轴表示大炮，把表 1－1 的六个组合点连接起来形成一条曲线，如图 1－1，曲线 AF 即为生产可能性曲线。生产可能性曲线是在资源既定的条件下，物品所能达到的最大产量的组合。

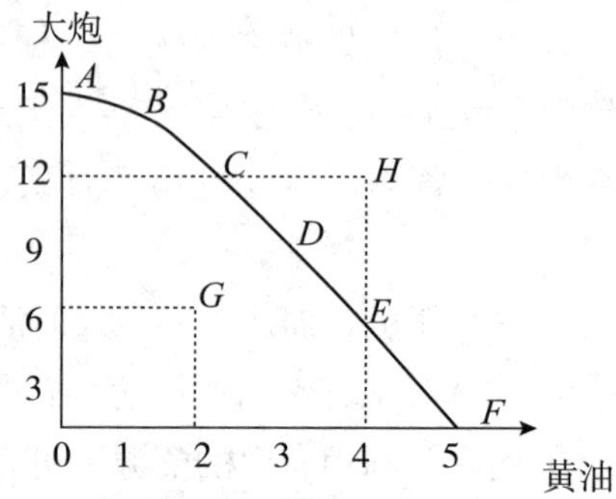

图 1－1　生产可能性曲线

根据图 1－1 所示的生产可能性曲线，我们可以分析和思考：

（1）曲线 AF 线上的任意一点都实现了大炮和黄油最大产量的组合，是有效率的，但社会在多种生产可能性中选择哪一种？

（2）曲线 AF 线内的任意一点上（如 G 点上）不是最大数量的组合，为什么有时社会生产的大炮与黄油的组合达不到曲线 AF，导致资源没有得到充分利用？

（3）曲线 AF 线外的任意一点上（如 H 点上）是大炮与黄油更大数量的组合，但在现有资源条件下无法实现，怎样才能使社会生产的大炮与黄油的组合超出曲线 AF？

以上三个问题事实上涉及经济学的研究对象和研究方法，在下面的篇幅中我们会予以解析。

2. 选择

在解决资源的稀缺性与生产和需求欲望的无限性之间的矛盾时，每个民族、每个社会、每个国家、每个历史时期都必须解决三个基本的经济学问题。

一是生产什么（物品和劳务），生产多少。

二是如何来生产（这些物品和劳务）。

三是为谁生产以及怎样在社会成员中分配这些物品和劳务。

这三个问题是经济学家最关心的问题，也是一切经济体制所共有的问题，虽然不同的经济体制会以不同的方式来解决这些问题。

经济学家一般认为经济学起源于经济中客观存在的欲望、稀缺性和选择问题。因此，经济学就可以定义为："研究如何有效地利用各种可供选择的有限资源，以求人类现在和将来无限欲望的最大满足"。经济学要研究个人、企业、政府以及其他组织如何在社会发展中进行选择，以及这些选择如何决定社会稀缺资源的科学配置。

由于在不同的社会制度下，解决经济问题可以采用不同的方式，于是，萨缪尔森曾给"经济学"下了一个试图适用于不同社会制度的定义："经济学研究人和社会如何做出最终选择，在使用或不使用货币的情况下，来使用可以有其他用途的稀缺的生产性资源在现在或将来生产各种商品，并把商品分配给社会的各个成员或集团以供消费之用。它分析改善资源配置形式所需的代价和可能得到的利益。"

三、资源利用

20 世纪 30 年代的经济危机充分表明，即便社会资源是稀缺的，但稀缺的资源还不能得到充分的利用，因为社会中存在太多的失业和闲置机器。图 1－1 中的 G 点就是稀缺资源被浪费的表现。人类社会要不断发展，不能仅仅满足于达到生产可能性曲线的水平，还要使既定的资源生产出更多的物品，如图 1－1 中的 H 点。这个问题就是如何使稀缺的资源能够得到充分利用，使稀缺资源能生产更多的物品。

资源利用包括以下三个方面的问题：

（1）为什么资源得不到充分利用？在经济学中，要解决的是"充分就业"问题，也即通过什么方法可以消除失业和资本与土地的闲置？

（2）为什么产量时高时低不稳定？在经济学中，要解决的是"经济周期和经济增长"的问题，也即通过什么方法可以实现经济持续稳定的增长？

生产可能性与选择；
资源利用

（3）货币购买力的变动对生产有哪些影响？在经济学中，要解决的是"通货膨胀"的问题，也即通过什么方法可以实现物价的稳定？

以上是宏观经济学要研究的三个问题。

四、资源配置与利用的方式

在现代经济社会中，资源配置与利用的问题是一切经济制度所共有的问题，但在不同的经济制度下，解决资源配置与利用的方法是不同的。当前经济社会中解决资源配置与利用有市场经济、计划经济与混合经济三种基本的经济制度。

1. 市场经济

市场经济是通过市场上的价格调节来决定生产和消费的经济制度。市场经济建立在发达的商品经济基础之上，产生于资本主义社会。生产的目的是商品交换，满足市场需要；不同商品生产者之间通过市场交换商品，建立联系；市场是经济资源分配的枢纽，市场机制对为谁生产、生产什么、如何生产等问题起着基础性的决定作用。

由于存在竞争，市场经济配置资源的方式可以促使商品生产者不断改进生产技术和生产方法，提高产品质量，降低成本，提高劳动生产率，改善经营管理，进而有力地推动生产力和社会的不断发展。总体上看，市场经济是一种比较有效的资源配置方式。市场经济的极端情况是自由放任经济，政府不对经济决策施加任何影响。

2. 计划经济

计划经济是由中央政府做出有关生产和分配的所有重大决策的经济制度。计划经济的特点是资源的流动通过自上而下的指令性计划和行政命令来推动；生产什么、如何生产、为谁生产由中央计划调节。资源的配置与利用依靠计划来实现。

3. 混合经济

当代经济体中没有任何一个经济体采取完全的市场经济或计划经济，所有的经济体都是既带有市场经济成分也带有计划经济成分的混合经济。混合经济是一种市场经济和计划经济相结合的资源配置与利用方式。混合经济的特点是：一方面资源配置基本上是由市场决定的，另一方面政府又通过财政政策、金融政策及其他政策对私人经济决策施加影响。

经济学的内涵 1

需要说明的是，混合经济是市场经济与计划经济不同程度的结合，但这种结合并不是一半对一半，而是以一种经济制度为主，以另一种经济制度为辅的。现在越来越多的人认识到，市场经济从总体上看比计划经济效率高，更有利于经济的发展。

经济学的内涵 2

任务二　经济学的研究内容

经济学的研究内容十分广泛，西方经济学按照其研究内容的不同，可以分为微观经济学和宏观经济学两部分。前者研究资源配置问题，后者研究资源利用问题，它们既相互联系又相互区别。

一、微观经济学

微观经济学与宏观经济学

1. 微观经济学的基本概念

微观经济学有如下基本概念。

微观经济学（Microeconomics）又称个体经济学、小经济学，主要以单个经济单位（单个生产者、单个消费者、单个市场经济活动等）作为研究对象，分析单个生产者如何将有限资源分配在各种商品的生产上以取得最大利润；单个消费者如何将有限收入分配在各种商品消费上以获得最大满足；单个生产者的产量、成本、使用的生产要素数量和利润如何确定；生产要素供应者的收入如何决定；单个商品的效用、供给量、需求量和价格如何确定等。

微观经济学是研究社会中单个经济单位的经济行为，以及相应的经济变量的单项数值如何决定的经济学说，亦称市场经济学或价格理论。微观经济学的中心理论是价格理论。

微观经济学分析个体经济单位的经济行为，在此基础上，研究现代西方经济社会的市场机制运行及其在经济资源配置中的作用，并提出微观经济政策以纠正市场失灵。

微观经济学关心社会中的个人和各组织之间的交换过程，它研究的基本问题是资源配置的决定，其基本理论就是通过供求来决定相对价格的理论。所以微观经济学的主要研究范围包括消费者选择、厂商供给和收入分配。

微观经济学的一个中心思想是自由交换往往使资源得到最充分的利用，在这种情况下，资源配置被认为是帕累托最优的。

2. 微观经济学研究的基本内容

微观经济学研究的内容相当广泛，其中主要有：均衡价格理论、消费者行为理论、生产者行为理论（包括生产理论、成本理论和市场均衡理论）、分配理论、一般均衡理论、市场失灵与微观经济政策等。

微观经济学研究市场中个体的经济行为，亦即单个家庭、单个厂商和单个市场的经济行为以及相应的经济变量。它从资源稀缺这个基本概念出发，认为所有个体的行为准则为设法利用有限资源来取得最大收获，并以此来考察个体取得最大收获的条件。在商品与劳务市场上，作为消费者的家庭根据各种商品的不同价格进行选择，设法用有限的收入从所购买的各种商品量中获得最大的效用或满足。家庭选择商品的行动必然会影响商品的价格，市场价格的变动又是厂商确定生产何种商品的信号。厂商是各种商品及劳务的供给者，厂商的目的在于如何用最小的生产成本生产出最大的产品量，获取最大限度的利润。厂商的行为又将影响到生产要素市场上的各项价格，从而影响家庭的收入。家庭和厂商的行为均通过市场上的供求关系表现出来，通过价格变动进行协调。因此，微观经济学的任务就是研究市场机制及其作用，研究均衡价格的决定，考察市场机制如何通过调节个体行为取得资源最优配置的条件与途径。微观经济学也是关于市场机制的经济学，它以价格为分析的中心。微观经济学还考察市场机制失灵时，政府如何采取干预行为与措施的理论基础。微观经济学是在马歇尔的均衡价格理论基础上，吸收美国经济学家张伯伦和英国经济学家罗宾逊的垄断竞争理论以及其他理论后逐步建立起来的。在以凯恩斯主义为代表的宏观经济学盛行之后，这种着重研究个体经济行为的传统理论，就被称为微观经济学。微观经济学与宏观经济学只是研究内容有所不同，两者的立场、观点和相关方法并无根本分歧。在理论体系上，两者相互补充、相互依存，共同构成现代西方经济学的理论体系。

微观经济学的基本假设：市场出清，即资源流动没有任何障碍；完全理性，即消费者与厂商都是以利己为目的的经济人，他们自觉地按利润最大化的原则行事，既能把最大化作为目标，又知道如何实现最大化；完全信息，是指消费者和厂商可以免费而迅速地获得的各种市场信息。

二、宏观经济学

把社会整体的经济活动作为研究内容，考察就业总水平、国民总收入等经济总量的经济学说称为宏观经济学。如果说微观经济学是考察被使用的生产资源总量在给定的条件下，这些资源怎样被分配使用于各种不同途径，即微观经济学考察的是生产哪些产品和每种产品的产销数量以及它们的相对价格，那么，宏观经济学恰恰是要考察微观经济分析中被假定为已知和既定的被使用的生产资源总量的大小是怎样决定的。同微观经济学相比，对宏观经济学可以做以下四个方面的规范：

（1）研究的对象是整个经济。宏观经济学所研究的不是经济中的各个单位，而是由这些单位所组成的整体。

（2）解决的问题是资源利用。宏观经济学把资源配置看作既定的，研究现有资源未能得到充分利用的原因。

（3）中心理论是国民收入决定理论。宏观经济学研究经济的整体，它所要考察的内容有国民收入的多少，一般物价水平的高低及其变化，全社会就业和失业人数，经济增长和经济周期等问题，涉及国民收入理论和就业理论、货币理论、通货膨胀理论、经济增长理论和经济周期理论等，还有国际贸易与国际金融等分支学科中，有关进出口贸易额和国际收支的大小以及外汇率的高低怎样决定的问题，都是宏观经济学所要研究的问题。宏观经济学的中心理论是国民收入决定理论。国民收入决定理论是宏观经济学的核心，其他理论是运用这一理论来解释整体经济中的各种问题。

（4）研究方法是总量分析。在宏观经济分析中使用的一些经济变量一般都是由微观的个量加总而成的。

宏观的总量或总量的平均数，如由各个家庭一定时期（如一年）的消费和储蓄加总而成的全社会的消费支出和储蓄总额，各个厂商一年期间的投资加总而成的全社会的投资支出，政府在预算年度的收入和支出，一个国家一年期间的进口和出口总额，国际收支总额，货币供应量和货币流通量（货币供应量和货币流通速度之乘积），国民收入和各行各业的就业人数加总而成的全社会就业量以及由各种产品的价格汇总计算出来的一般物价水平等，都是把一个社会作为一个整体进行考察时的经济变量的总量或平均数，所以宏观经济分析和宏观经济学也可以理解为总量分析和总体经济学。与此相对应，微观经济分析和微观经济学也可以理解为个量分析和个体经济学。宏观经济学是以市场机制是不完善的和政府应该、可以调节经济为假设条件的。宏观经济学是在此假设条件下，以整个国民经济为研究对象，通过研究经济中各有关总量的决定及其变化来说明资源如何才能得到充分利用的经济理论。

三、微观经济学和宏观经济学的关系

微观经济学与宏观经济学，两者各有其研究的内容和相应的分析工具，存在着区别。但它们作为一门学科的理论体系或知识体系的两大组成部分又是密切联系的。首先，它们之间是构成整体的个体与整体之间的关系。

其次，微观经济学与宏观经济学是互为前提、互相补充的。微观经济学以资源的最佳配置为目标，采取个量分析方法，从而假定资源利用已经解决；宏观经济学以资源的有效利用为目标，采取总量分析的方法，从而假定资源配置已经解决。两者都互相把对方所考虑的对象作为自身的理论前提，互相把对方的理论前提作为自身的研究对象。作为一个经济社会，不仅有资源配置问题，也有资源利用问题，只有把这两方面问题同时解决了，才能解决整个社会的经济问题。

最后，微观经济学是宏观经济学的基础。宏观经济行为的分析总是要以一定的微观经济行为的分析为其理论基础的。如就业或失业理论以及通货膨胀理论等宏观经济理论，必然涉及劳动的供求与工资的决定的工资理论，以及商品价格如何决定的价格理论。例如，从西方经济理论发展史来看，以消费者效用极大化和生产者利润最大化为前提，在产品市场和生产要素市场是完全竞争的条件下，以传统的一般均衡微观经济分析的产品价格理论和工资理论为理论基础，经济学家可以合乎逻辑地推理建立起充分就业的宏观经济模型。假如以垄断价格的价格刚性和工资刚性的微观经济行为方式为基础，用调整产量代替传统分析的调整价格以描述社会经济运行机制，经济学家可以对非自愿失业和 20 世纪 70 年代出现的“滞胀”等现象，提出合乎逻辑推理的解释。

任务三　经济学分析

经济学所要研究的资源配置和利用问题，既可以用实证的方法进行分析，也可以用规范的方法进行分析。

一、实证经济学与规范经济学

1. **实证经济学**（Positive Economics）

实证经济学是指描述、解释、预测经济行为的经济理论部分，是经济学的一种重要运用方式。从原则上说，实证经济学是独立于任何特殊的伦理观念的，不涉及价值判断，旨在回答“是什么”“能不能做到”之类的实证问题。它的任务是提供一种一般化的理论体系，用来对有关环境变化对人类行为所产生的影响做出正确的预测。对这种理论的解释力，可以通过它所取得的预测与实际情况相对照的精确度、一致性指标等来加以考察。简言之，实证经济学是或者可以说是“客观的”科学。实证经济学是客观的科学，其可以通过经验的评价，对相关假设做理性的讨论。实证经济学撇开或回避一切价值判

断（即判断某一经济事物是好是坏，对社会有无价值），在做出与经济行为有关的假定前提后，研究现实经济事物运行的规律，并分析和预测这些规律下人们开展经济行为的后果。它力求说明“是什么”的问题，或回答如果做出某种选择，将会带来什么后果的问题，而不回答是否应该做出某种选择的问题。实证经济学研究的内容具有客观实在性。

2. **规范经济学**（Normative Economics）

规范经济学是指依据一定的价值判断，提出某些分析和处理经济问题的标准，并以此树立起经济理论的前提，作为经济政策制定的依据。在西方经济学看来，由于资源的稀缺性，因而面对资源的多种用途就必然要做出选择，那么就存在一个选择标准，选择标准就是经济活动的规范。可以看出，规范经济学要解决的是“应该是什么”的问题。

实证经济学和规范经济学的区别和联系可以归纳为以下四点：

（1）是否以一定的价值判断为依据。这里的“价值判断”，通俗地讲就是对经济事物是“好”还是“坏”的认定。如果经济理论是建立在一定价值判断的基础上，则为规范经济学；反之，如果不涉及好坏，仅仅就事论事，那么就是实证经济学。“实证”，就是实例证明。

（2）解决的问题不同。如果解决的是“是什么”的问题，则是实证经济学，反之，如果解决的是“应该是什么”的问题，则为规范经济学。

（3）是否具有客观性。规范经济学中的意见分歧主要集中于对不同行为的成本收益的价值判断的差异上。正因为如此，其分析结果带有较浓的主观色彩；而实证经济学是就事论事，所以分析结果较为客观。

（4）实证经济学和规范经济学二者并不是绝对排斥的。在现实经济分析中，两种方法是经常混合使用的。

二、实证分析方法

尽管经济学应该既是实证经济学，又是规范经济学，但在当代经济学中，实证经济学是主流，实证分析方法是经济分析中最基本的方法。实证分析方法是一种根据事实加以验证的陈述，而这种实证性的陈述则可以简化为某种能根据经验数据加以证明的形式。在运用实证分析方法研究经济问题时，就是要提出用于解释事实（即经济现象）的理论，并以此为根据做出预测。

实证分析方法是现代经济学中最重要的分析方法。经济学作为一门科学，其科学性最直接的体现在于所研究的经济问题的结论应该是客观的、可检验的。要使经济学成为一门像数学、物理学一样的真正科学，必须通过实证分析揭示各种经济现象发展变化的客观规律，正确回答客观事实是怎样的。经济学的实证化是经济学科学化的唯一途径。经济学作为“社会科学的皇后”使经济学无法回避价值判断的问题，因为经济学在为一定的社会经济制度和经济利益服务时，必须对客观

规范经济学与实证经济学

经济现象的好与坏，以及应该是什么做出判断。另外，实证分析与规范分析的区分是相对的，事实上任何实证分析都是由研究者进行的，提出什么问题进行研究，采用什么研究方法，突出强调哪些因素，势必受研究者个人偏好的影响，涉及研究者个人的价值判断，不可能有完全的、绝对的实证分析。所以，许多经济学家认为，在经济学的研究中应该把实证分析方法和规范分析方法结合起来。

三、实证分析工具

实证分析要运用一系列的分析工具，诸如个量分析与总量分析、均衡分析与非均衡分析、静态分析与动态分析、定性分析与定量分析、逻辑演绎与经验归纳、经济模型以及理性人的假定等。本书着重介绍在经济学中应用最多的均衡分析，静态分析、比较静态分析和动态分析，经济模型，边际分析。

1. 均衡分析

均衡（equilibrium）是从物理学中引进的概念。在物理学中，均衡是表示同一物体同时受到几个方向不同的外力作用而合力为零时，该物体所处的静止或匀速运动的状态。经济学中的均衡是指：各种对立的、变动着的力量处于一种力量相当、相对静止、不再变动的境界。这种均衡与一条直线所系的一块石子或一个盆中彼此相依的许多小球所保持的机械均衡大体上一致。均衡一旦形成后，如果有另外的力量使它离开原来的均衡位置，则会有其他力量使它恢复到均衡，正如一条线所悬着的一块石子，如果离开了它的均衡位置，地心引力立即有使它恢复均衡位置的趋势一样。均衡又分为局部均衡（partial equilibrium）与一般均衡（general equilibrium）。局部均衡分析是假定在其他条件不变的情况下来分析某一时间、某一市场的某种商品（或生产要素）供给与需求达到均衡时的价格决定。一般均衡分析则在各种商品和生产要素的供给、需求、价格相互影响的条件下，来分析所有商品和生产要素的供给与需求同时达到均衡时所有商品的价格如何被决定。

一般均衡分析是关于整个经济体系的价格和产量结构的一种研究方法，是一种全面的分析方法，但由于一般均衡分析涉及市场或经济活动的方方面面，而这些又是错综复杂和瞬息万变的，使得这种分析非常复杂且耗费时间。所以在经济学中，大多采用局部均衡分析。

2. 静态分析、比较静态分析和动态分析

宏观经济学和微观经济学所采用的分析方法又可分为静态分析、比较静态分析和动态分析。

（1）静态分析（static analysis）就是分析经济现象的均衡状态以及有关的经济变量达到均衡状态所需要具备的条件，它完全抽掉了时间因素和具体变动的过程，是一种静止地、孤立地考察某些经济现象的方法。

（2）比较静态分析（comparative static analysis）就是分析在已知条件发生变化以

后经济现象处于均衡状态时的相应变化，以及有关的经济总量在达到新的均衡状态时的相应变化，即对经济现象有关的经济变量一次变动（而不是连续变动）的前后进行比较。也就是比较一个经济变动过程的起点和终点，而不涉及转变期间和具体变动过程本身的情况，实际上只是对两种既定的自变量和它们各自相应的因变量的均衡值加以比较。

（3）动态分析（dynamic analysis）则是对经济变动的实际过程进行分析，其中包括分析有关总量在一定时间过程中的变动，这些经济总量在变动过程中的相互影响和彼此制约的关系，以及它们在每一时点上变动的速率等。这种分析考察时间因素的影响，并把经济现象的变化当作一个连续的过程来看待。

动态分析在微观经济学中进展不大，只在蛛网定理（cobweb theorem）这类研究中，在局部均衡的基础上采用了动态分析。

在微观经济学中，无论是个别市场的供求均衡分析，还是个别厂商的价格、产量的均衡分析，都采用静态分析和比较静态分析。

在宏观经济学中，则主要采用的是比较静态分析和动态分析。凯恩斯在《就业、利息和货币通论》一书中主要采用的是比较静态分析。而其后继者们在发展凯恩斯经济理论方面的贡献，主要是长期化和动态化方面的研究，如经济增长理论和经济周期理论。

3. 经济模型

经济模型（economic model）是指用来描述与所研究的经济现象有关的经济变量之间的依存关系的理论结构。简单地说，把经济理论用变量的函数关系来表示就叫作经济模型。一个经济模型是指论述某一经济问题的一个理论，它可用文字说明（叙述法），也可用数学方程式表达（代数法），还可用几何图形表达（几何法、画图法）。任何经济现象都是错综复杂且变化多端的，如果在研究中把所有的变量都考虑进去，就会使实际研究成为不可能。所以任何理论结构或模型，必须运用科学的抽象法，舍弃一些影响较小的因素或变量，把可以计量的复杂现象简化和抽象为为数不多的主要变量，然后按照一定的函数关系把这些变量编成单一方程或联立方程组，构成模型。由于在建立模型时，选取变量的不同及对变量特点的假定不同，因此，即使对于同一个问题也会建立起多个不同的模型。

4. 边际分析

边际分析（marginal analysis）实际上是把数学中的微分学引进了经济学，边际就是一阶导数。边际分析是利用边际量对经济行为和经济变量进行数量的分析。边际是额外或增加的意思，即所增加的下一个单位或最后一个单位。在经济学分析中，简单地说，边际是指对原有经济总量的每一次增加或减少。严格地说，边际是指自变量发生微小变动时，因变量的变动率。例如，一个人已经吃了三块面包，获得了一定的效用（满足），在这个基础上再吃第四块面包所增加的效用，便是第四块面包的边际效用。边际效用就是作为自变量的消费量发生变动时，作为因变量的总效用的变动率。

在经济分析中引入边际分析是经济学的一次革命，尤其是在定量分析中边际概念和边际分析被广泛地使用。如边际效用、边际成本、边际产量、边际收益、边际消费倾向、边际储蓄倾向等。在企业决策中，边际分析主要用于确定企业规模、价格、生产要素的投入比例和产品结构等。边际分析是管理经济学的基本方法，贯穿于管理经济学决策分析的始终。运用边际分析进行企业或个人决策时，判断某项业务活动是否有利，不是根据它全部成本的大小，而是应当把由这项活动引起的边际收益和它的边际成本相比较，如果边际收益大于边际成本，就有利，否则就不利。

下面用两个简单的例子来说明边际分析在现实中的运用。

例1　汽车票价

某个体运输公司某线路的票价为100元，汽车在车站即将出发时，还有一个空位。有一个乘客只想花70元坐这辆车，70元低于每个乘客的平均成本80元。如果你是该个体运输公司的车主，你让不让该乘客上车？

从经济学的角度，应该让这个乘客上车。虽然70元低于票价100元，也低于汽车运输一趟所花费的每个乘客的平均成本80元，但车主为这名最后的乘客额外增加的成本只是在路上提供的一瓶饮料和汽车因此增加的一点汽油，费用在20元以内，这样，车主可以增加50多元的收益。

一瓶饮料和汽车增加的一点汽油是边际成本，增加的50多元是边际收益。运用边际分析，只要边际收益大于边际成本，企业就应该提供这种产品和服务。

例2　企业产品开发

某企业最近考虑开发一个产品，开发甲产品需要投入1000万元，开发乙产品需要投入800万元，企业的决策思路应该是怎样的？

显然，开发甲产品的边际成本是1000万元，开发乙产品的边际成本是800万元，从经济学的角度，只要开发甲、乙产品的边际收益分别大于或等于1000万元和800万元，两个产品的开发都是有利的。如果开发的两个产品都是边际收益大于边际成本，这个时候，选择两个产品中边际收益减去边际成本大得多的那个产品作为企业产品的开发对象是有利的。

任务四　经济学的形成与发展

一、经济学发展的历史渊源

经济学一般指20世纪30年代以后流行于欧美国家和其他某些国家与地区的经济学说。不过，这种经济学说并不是在20世纪才产生和出现的，而是从古代发展变化而来的。为了更好地了解经济学的各个主要流派，有必要在了解经济学主要流派之前，从历史的纵向发展上粗略地了解一下这种发展和变化概况。

1. 古代和中世纪的经济学说（公元前4世纪至公元15世纪）

经济学最早产生于古希腊。公元前4—11世纪，古希腊和古罗马的奴隶制庄园经济有了较快的发展，偶尔也有一些简单的、少量的商品交换。一些学者出于维护奴隶主阶级利益的需要，对当时的一些经济问题进行了研究，提出了最早的经济学概念和思想。比如说，关于商品价值和使用价值的看法、发展农业和手工业的看法、关于货币的看法等。

12—15世纪，欧洲处于封建社会的中世纪时代。在中世纪，经济上是封建的庄园经济和领地经济占主要地位，思想上和政治上是与封建王权的等级统治结合在一起的基督教神学。在对基督教教义进行世俗解释时，神学家（例如托马斯·阿奎纳）在过去的经济思想和观念基础上，以基督教的观点解释了封建经济和少量商品交换中的问题（如高利贷问题）。尽管中世纪的经济思想在某些方面比古希腊和古罗马的经济思想有所进步，但是，在某些方面则进展不大，在个别的方面（如价值理论）甚至还有退步。

经济思想和经济学说的发展以一定的、客观的社会经济实践为基础，又反过来反映一定的社会经济实践活动。近现代的西方经济思想是以商品经济和市场经济为基础的。当古代和中世纪的欧洲尚未很好地发展起商品经济和市场经济的时候，作为近现代西方经济思想先驱的古代和中世纪的经济思想事实上不可能真正成为近现代西方经济思想和学说的直接先导。只有伴随和反映近代资本主义商品经济和市场经济发展的重商主义经济学说，才能充当这一角色。

2. 近代经济学理论的形成和发展变化（公元16世纪至19世纪60年代）

近代经济学理论的形成和发展变化主要是指资产阶级古典经济学的形成和发展变化。不过，在资产阶级古典经济学形成之前，曾经有过一个重商主义经济思想和学说的形成及发展时期。重商主义经济思想和学说的主要特点是围绕如何发财致富的问题进行探讨，并在注重发展对外贸易的同时，积极主张国家对经济活动进行保护和干预。重商主义经济思想和学说为资产阶级古典经济学的产生提供了直接的前提。但是，重商主义经济思想和学说的理论观点及政策主张仍然显得比较肤浅、粗糙和片面。这些缺点和不足，在当时的经济条件下显然是无法得到进一步发展和改进的。这一任务只能留待以后来完成。

资产阶级古典经济学主要产生和发展于资本主义社会的前期，即资本主义社会的产生和取得完全胜利的时期。具体说来，这一时期就是17—19世纪中期。该时期内，西方国家的经济在资产阶级革命的配合下，得到了突飞猛进的发展。克服重商主义经济思想和学说缺陷的客观条件已经具备。资产阶级古典经济学所代表的经济思想和学说与重商主义经济思想和学说形成了鲜明的对照，其主要特点是主张实行经济自由主义。这意味着个人可以在摆脱封建经济制度残余和重商主义国家干预的情况下，实行自由经营；政府应当在保证社会基本经济制度的前提下对经济采取自由放任的态度，让市场机制自动地调节经济、配置资源。资产阶级古典经济学主要的和典型的代表是英国的经济学家亚当·斯密、大卫·李嘉图和约翰·斯图亚特·穆勒。

资产阶级古典经济学家的最主要成就是提出了以劳动价值论为主要理论的一整套经济理论体系。这包括：以劳动价值论为主同时也包括一些其他相应观点的价值论，在价值论基础上建立的生产理论、资本理论、分配理论和交换理论，与商品经济和市场经济密切相关的货币理论以及对外贸易理论等。在政策倾向上，资产阶级古典经济学家基本上都主张国家应当对经济活动采取自由放任的态度，尽量少干预社会的经济活动，或者说，基本不干预经济活动。

但是，资产阶级古典经济学的理论观点也存在着某种片面性。比如，资产阶级古典经济学家对于经济的需求方面没有充分重视，在分析方法上也显得不够精细。此外，劳动价值论往往容易为工人的利益服务而对资本家不利。这些都引起了一些经济学家的注意，引起了他们发展某些新理论的研究。正是因此，在资产阶级古典经济学时期之后，又产生了一个新古典经济学的时期。

3. 现代经济学体系的产生和发展（公元19世纪70年代至20世纪30年代）

这一时期的经济学叫作新古典经济学。它以1871—1874年经济学界所发生的一个重要事件为起点。这个重要事件就是后来经济学界所说的“边际革命”。这是指1871年英国经济学家威廉·斯坦利·杰文斯和奥地利经济学家卡尔·门格尔同时各自独立地分别出版了他们启动“边际革命”的代表性著作。而1874年，瑞士经济学家莱昂·瓦尔拉斯也独立出版了从不同角度论述相同理论体系和观点的重要著作。从这三本著作开始，直至19世纪末英国经济学家艾尔弗雷德·马歇尔的代表作《经济学原理》的出版，标志着新古典经济学理论体系的完成。

新古典经济学对于资产阶级古典经济学的主要变化是将以劳动价值论为主体的价值理论改变为边际效用价值论，引进了数学中的边际分析方法，由强调供给和生产转变为强调需求和消费。这种理论体系的主要代表是英国的马歇尔和庇古。直到20世纪30年代之前，新古典经济学一直是西方国家中占统治地位的经济思想和学说，被认为是比资产阶级古典经济学更为合理、也更为精致的理论体系。但是，新古典经济学在20世纪二三十年代的经济大萧条中，却显得一筹莫展、无能为力。

在新古典经济学最终完成的同一个时期，也出现了一些与之不同的经济理论。那些理论后来被看作宏观经济学的直接理论前驱，为后来的凯恩斯宏观经济学理论的产生和问世奠定了某种基础。那些理论和观点的主要代表人物有瑞典的维克赛尔、缪尔达尔、林达尔和挪威经济学家弗瑞希等人，也出现了美国的约瑟夫·熊彼特、欧文·费雪那样的经济学家。

4. 现代经济学理论体系和流派（公元20世纪30年代中期以后）

20世纪30年代中期以后，经济学开始出现了大变化，即发生了“凯恩斯革命”。约翰·梅纳德·凯恩斯的经济理论否定了新古典经济学的主要思想倾向，开创了一个新的经济学的时代。在这个时代中，既恢复了历史上曾经出现过的国家干预主义的经济思潮，使之在经济生活中重新占据了主流地位，也同时存在着曾经占据过主流地位但在凯恩斯主义出现后暂时退居次要地位的经济自由主义思潮。沿着国家干预主义经济思潮和经济自由主义思潮的道路，经济学从 20 世纪 30 年代中期以后不断发展变化，又衍生出许多具体的流派。本书将要着重讨论的现代经济学流派，就是从 20 世纪 30 年代中期以来，直到当前先后出现和存在的各种经济学理论体系与学说。

二、近现代经济学理论发展历史上的六次革命

综观近现代经济学的发展历史，可以说，从近代重商主义思想和学说出现以来，共经历了六次大的“革命性”的变化。

1. 1776 年亚当·斯密代表作的出版是近现代经济学理论发展史上的第一次革命

1776 年，亚当·斯密出版了他的经典性传世之作《国民财富的性质和原因的研究》（即《国富论》）。在这部划时代的巨著中，亚当·斯密批判了当时居于统治地位的重商主义经济思想和学说的政策主张，力主实行经济自由主义，反对国家干预经济生活，第一次创立了比较完整的资产阶级古典政治经济学理论体系。《国富论》从多方面为资产阶级古典政治经济学奠定了理论基础，开辟了进一步研究的方向。正是亚当·斯密的这部巨著开创了经济史上一个崭新的时代。所以，亚当·斯密《国富论》的正式出版标志着近现代经济学理论发展史上的第一次革命。

2. 19 世纪 70 年代以后出现的边际革命是近现代经济学理论发展史上的第二次革命

19 世纪 70 年代初，英国的威廉·斯坦利·杰文斯、瑞士的莱昂·瓦尔拉斯和奥地利的卡尔·门格尔几乎同时在不同的国家各自独立地提出了主观效用价值论和边际分析方法，从而对资产阶级古典经济学的劳动价值论和费用价值论提出了质疑和否定。这就是西方经济学说史上所说的“边际革命”。“边际革命”的影响一直持续到 20 世纪初期英国经济学家艾尔弗雷德·马歇尔的经济学体系的出现，最终形成了“新古典经济学体系”。事实上，从“边际革命”起直到 20 世纪初，新古典经济学一直居支配地位，这也为现代微观经济学奠定了理论基础。所以，“边际革命”被认为是近现代经济学理论发展上的第二次革命。

3. 20 世纪 30 年代的凯恩斯革命是近现代经济学理论发展史上的第三次革命

1936 年，英国经济学家约翰·梅纳德·凯恩斯出版了《就业、利息和货币通论》，引发了近现代经济学理论发展史上的第三次革命，也就是西方经济学家所说的“凯恩斯革命”。“凯恩斯革命”在经济学的研究理论、方法和政策三个方面，对新古典经济学进行了变革。

理论上，凯恩斯反对“萨伊定律”，强调总需求对国民收入起着至关重要的作用。他提出在三大心理规律的（边际消费倾向规律、流动偏好规律和资本边际效率递减规律）作用下，有效需求不足将导致大规模失业和生产过剩，而市场自动调节的机制将无

法发挥有效作用来纠正这种失调。

在方法上，凯恩斯复活了重商主义曾经使用过的宏观总量分析方法，克服了此前将货币经济和实物经济分开的“二分法”，将货币经济和实物经济合为一体。这一做法开辟了经济学研究方法的一个新时代。

在政策上，凯恩斯反对“自由放任”和“无为而治”的做法，主张国家通过财政政策和货币政策对经济进行积极的干预和调节。特别是，他创新性地提出了功能性的财政预算政策，主张以赤字财政政策来解决大的经济萧条和危机问题。

凯恩斯经济理论体系的出现确实使西方经济学发生了极大的变化，导致了现代宏观经济学的产生。这也正是“凯恩斯革命”的主要影响所在。

4. 20 世纪 50 年代货币学派的产生是近现代经济学理论发展史上的第四次革命

20 世纪五六十年代，以美国经济学家米尔顿·弗里德曼为代表的货币学派发起了对“凯恩斯革命”的反革命。这就是西方经济学家们所说的近现代经济学理论发展史上的第四次革命。

弗里德曼的理论体系认为，资本主义经济体系的不稳定，主要是由货币因素的扰动造成的。货币是支配资本主义经济中产量、就业和物价变动的唯一重要因素。因此，经济学理论中最重要的就是货币问题。从政策方面来说，弗里德曼认为，财政政策对经济只能起到负面作用，只有适当的货币政策才能稳定经济，让市场自动调节的机制充分发挥作用，实现充分就业。

弗里德曼在反对凯恩斯主义经济理论和政策主张时提出了两大思想：其一，货币供应量的增加是通货膨胀的根源；其二，短期内，货币政策比财政政策对产量具有更大的效应。这些观点后来为绝大多数经济学家所接受。

货币学派使凯恩斯主义经济学在第二次世界大战后的正统地位发生了动摇。

5. 20 世纪 60 年代的斯拉法革命是近现代经济学理论发展史上的第五次革命

1960 年，英国经济学家皮罗·斯拉法出版了《用商品生产商品》一书，在理论学术界产生了很大的影响。该书篇幅不大，但思想深刻，在复兴古典政治经济学思想路线的基础上，提出了生产价格理论，对新古典经济理论体系进行了批判。

斯拉法的这本书被认为是一部划时代的理论著作。它造成的影响不亚于一场“革命”。所以，斯拉法这本书的出版被认为是近现代经济学理论发展史上的第五次革命。

6. 20 世纪 70 年代以后理性预期学派的出现是近现代经济学理论发展史上的第六次革命

在 20 世纪 70 年代反对凯恩斯主义经济学的过程中，产生了近现代经济学理论发展史上的第六次革命。这就是理性预期学派（新古典宏观经济学派）。

理性预期学派在批评凯恩斯主义经济学的过程中，着重强调宏观经济学的微观基础问题。他们认为，人们都是理性的“经济人”，都具有最大化自己利益的行为和理性预期。因此，对于任何宏观经济政策，他们都会有相应的对策来避免或化解对自己的不利，从而造成宏观经济政策的无效。据此，理性预期学派反对凯恩斯主义经济学的各种国家干预的政策，主张由市场机制对经济自行加以调节，最终使经济达到自然率（自然失业率）的水准。

后来理性预期的概念为大多数经济学家所接受，并对以往的宏观经济理论模型和政策效果分析产生了重要的影响。正是由于这个原因，理性预期学派的出现被认为是近现代经济学理论发展史上的又一次革命。

近现代经济学理论发展史上的六次革命大致反映了经济理论体系的基本发展变化，特别是后面的四次革命反映了现代经济学各主要流派产生、发展和变化的基本过程。

三、现代经济学各流派的形成和发展

1. 现代经济学的流派划分标准

现代经济学流派的划分标准与现代经济学思潮的划分标准是有所不同的。现代经济学思潮的划分标准是以对经济活动的基本指导原则为标准的。而现代经济学流派的划分标准则要具体一些。

一般说来，现代经济学流派的划分标准是：理论观点基本一致，分析方法基本一致，政策主张基本一致。本书在主要经济思潮之下来了解现代经济学各流派。

2. 现代经济学各流派的形成和发展

现代经济学各流派的形成与发展既与凯恩斯主义经济学有直接或间接的关系，也和新古典主义经济学有直接或间接的关系。一般说来，这些经济学流派的形成与发展与下面三种情况密切相关：

（1）由于凯恩斯的追随者对凯恩斯主义经济学进行了不同的解释和补充而形成了不同的流派。这些流派包括新古典综合派（后凯恩斯主流经济学）、新剑桥学派、非均衡学派（新凯恩斯学派）、希克斯的经济学体系、新凯恩斯主义经济学。

（2）凯恩斯主义经济学在20世纪60年代末期以后遇到了经济“滞胀”的挑战，这时，与凯恩斯主义经济学相对立的各种经济学，在批评凯恩斯主义经济学的情况下，出现了恢复资产阶级古典经济自由主义思潮的倾向，其中也产生了各种不同的流派。这些流派主要有货币主义学派、理性预期学派、供给学派、新奥地利学派、伦敦学派、弗莱堡学派、芝加哥学派、公共选择学派、新制度主义经济学派。

（3）不同于凯恩斯主义经济学各流派，也不同于反凯恩斯主义经济学各流派的非主流经济学派。这包括瑞典学派、熊彼特的经济理论体系、罗斯托的经济成长阶段论、新制度学派、激进经济学派。

3. 现代经济学各流派形成和发展的趋势的意义

（1）现代经济学各流派形成和发展的趋势：主要经济思潮由轮流居于主要地位向相互渗透发展，经济思潮间的差异逐渐缩小但不会消失，而各种流派则变化较大。流派的时期特点和区域特点较为明显。

（2）现代经济学各流派形成和发展趋势的意义：第一，反映了现实经济问题的要求和矛盾。第二，反映了经济发展中不同的利益和要求。第三，反映了经济理论和认识的进步。第四，对提高经济学研究者学习和借鉴具有重要意义。

项目小结

经济学作为一门独立的学科有其特定的研究对象，这就是资源的稀缺性以及由此产生的种种问题。稀缺性既是绝对的，又是相对的。稀缺性引起了一系列经济问题，经济学也正是因稀缺性而产生的。

人类的欲望是无限的，资源又是稀缺的，人们面临选择。有选择就有代价，选择的代价就是机会成本。运用机会成本概念可以帮助经济学家进行可行性研究和最优化决策。社会的选择是利用生产可能性曲线来进行的。生产可能性曲线是指在一定资源和技术条件下，利用现有资源可能生产的最大产量组合点的轨迹。一条生产可能性曲线可以说明三个问题：资源的稀缺性、选择的必要性与机会成本。

经济学可以划分为微观经济学和宏观经济学两大部分。二者之间存在着紧密的联系，却又在某些地方存在着不同。二者共同构成了西方经济学的体系。

经济学力图寻求科学的规律性，即经济学的方法论。经济学常用的实证分析工具有：边际分析，均衡分析，静态分析、比较静态分析和动态分析，经济模型。

经济学的理论体系不是一个人的独创，它是在长期的历史进程中，经过几代人的努力而不断丰富和完善起来的。它的发展经过了几个重要的阶段：重商主义经济思想和学说是西方经济学的萌芽时期；资产阶级古典经济学的诞生标志着经济学的形成；“边际革命”奠定了现代西方经济学特别是现代微观经济学理论的基础；“凯恩斯革命”标志着现代宏观经济学的产生和建立。此后，由于凯恩斯主义经济学的困境，经济学中出现了各种非凯恩斯主义经济学或反凯恩斯主义经济学的流派，形成了经济学色彩斑斓的世界。

关键概念

稀缺性、微观经济学、宏观经济学、实证分析方法、均衡分析、静态分析、比较静态分析、动态分析、边际分析、经济模型。

实践与实训

选择题

1. 经济学中的“稀缺性”是指（　　）。
   A. 世界上大多数人生活在贫困中
   B. 相对于资源的需求而言，资源总是不足的
   C. 利用资源必须考虑下一代

D. 世界上的资源终将被人类消耗光

2. 经济物品是指（　　）。

A. 有用的物品　　B. 数量有限，要花费代价才能得到的物品

C. 稀缺的物品　　D. 数量无限，不用付出代价就能得到的物品

3. 一国的生产可能性曲线以内的点表示（　　）。

A. 生产品最适度水平　　B. 该国可利用的资源减少和技术水平降低

C. 失业或资源未被充分利用　　D. 通货膨胀

4. 经济学中的基本选择包括（　　）。

A. 生产什么，生产多少　　B. 如何来生产

C. 为谁生产　　D. 以上都包括

5. 市场经济中，解决生产什么、如何生产和为谁生产等这类问题的是（　　）。

A. 计划委员会　　B. 政府法规

C. 价格机制　　D. 以上都不是

互动讨论

1. 什么是资源的稀缺性？为什么说资源的稀缺性既是相对的又是绝对的？
2. 什么是经济学所谓的“选择”？
3. 资源利用包括哪些问题？
4. 微观经济学研究的基本内容有哪些？微观经济学与宏观经济学有何关系？
5. 经济学实证分析工具主要有哪些？

案例分析

“资源诅咒”（Resource Curse）

自从经济增长和经济发展问题引起人们的广泛关注开始，经济学家就一直致力于探究与经济增长有关的因素和条件，即增长的源泉问题。自然资源、物质资本、技术进步、人力资本、公共秩序与法律乃至信念和价值观，相继被揭示出来并置于突出的地位。其中，很多学者认为自然资源作为物质生产活动的必要投入品，构成了经济赖以发展的重要物质基础，资源相对丰裕的国家通常蕴含了更大的发展潜力。近代以来的经济发展史表明，自然资源的确对于一国国民财富的初始积累起到了非常关键的作用，如美国、澳大利亚、加拿大和斯堪的纳维亚地区的快速工业化与其丰裕的自然资源密不可分。

不过，进入20世纪80年代以来，越来越多资源丰裕的国家陷入了增长陷阱的事实引起了经济学家的深思。经验数据显示，从一个较长的时间范围来看，资源丰裕国家经济增长的速度是缓慢的，甚至是停滞的。1965—1998年，全世界低中收入国家人均GNP以年均2.2%的速度递增，而OPEC（石油输出国组织）国家同期却下降了1.3%。在全

球 65 个资源相对丰裕的国家中，只有四个国家（印度尼西亚、马来西亚、泰国、博茨瓦纳）人均 GNP 年均增速达到 4%（1970—1998 年），而一些东亚资源稀缺的经济体（如新加坡、韩国、中国香港、中国台湾等），经济增长却超过了发达国家的平均水平。因此，国际经济学界于 20 世纪 90 年代提出了一个专有名词："资源诅咒"，即丰富的自然资源并没有给国家带来好运，反而与一些对经济持续增长极为有害的变量相联系。

近年来，全世界范围内大量经济学家对"资源诅咒"命题进行了深入研究，内容涉及"资源诅咒"的成因、"资源诅咒"的传导机制、避免陷入"资源诅咒"困境的对策等多个方面，并因此形成了大量理论文献。人们有理由相信，问题的症结并不在于资源本身，而在于资源配置和利用制度的效果及其发展路径，这二者才是影响长期经济绩效的关键因素。

（资料来源：根据赵奉军（2010）及网络资料整理。参见赵奉军，资源如何避免成为"诅咒"[N]，中国民族报，2010. 04. 23）

思考题：

你认为"资源诅咒"的形成原因何在？是否有破除的对策？

项目二　需求、供给与均衡价格

知识目标

1. 理解需求和供给的含义，灵活掌握影响需求和供给的因素。
2. 理解需求曲线的形状和内在规律，领会需求定理和供给定理的内涵及原因。
3. 全面理解市场均衡的形成机制和变动规律。

能力目标

能够以动态思维方式，分析现实生活中的需求和供给现象。

思政目标

1. 掌握我国经济社会现状，及需求多样性与供给充盈性，彰显社会主义优越性。
2. 了解我国的价格政策，及对农民的扶持、对农业的支持、对乡村振兴的支撑。

引导案例

果贩与苹果的价格

白水是享有盛名的“中国苹果之乡”。根据林业专家介绍，北纬 38 度最适合苹果生长。白水正好就在这个纬度上，因此在白水全县的 72 万亩土地中，有 41 万亩种了苹果。2001 年 9 月，烟台安德利浓缩苹果汁有限公司在白水投资 8000 万元，兴建了一家每小时加工 50 吨鲜果的现代化浓缩果汁厂，2002 年 9 月 12 日正式投产，每天收购加工 1000 吨鲜果，每斤收购价 0.15 元，现金支付。9 月 12 日清晨，我们从县城乘车前往 4 公里之外的厂区，一路上不仅看到道路两旁挂满果实的苹果园，更注意到自 2 公里外一直排到厂区门口卖苹果的车队，景象之壮观，不禁让人心潮澎湃。于是，我问坐在旁边的副厂长：“他们要排多长时间的队才能卖出苹果?”“1 天、2 天，也有 3 天的。”“有多少车在这里排队?”“300 ~ 400 辆吧。”这么多车和人都要排三天的队，这要多少成本啊？我心里做了一个大致的测算：一辆车每天的机械台班费少说 100 元，加上吃喝，大致 120 元。以 300 辆车计算，一天的排队成本就是 36000 元，这对果农来说，可不是一个小数字啊！

“果农能受得了吗？”我提出这问题时，猜想副厂长肯定说：“那也比卖不出去强多了。”可是，副厂长的回答让我大跌眼镜：“这个成本其实是由厂里来付的。”“什么，你们会给排队的果农付钱？”“不。”“你不付钱，当然就是果农自己承担了，怎么是厂里来付这笔钱呢？”副厂长看出我的心思，向我说明这其中的奥秘。果汁加工讲究生产的连续性，尤其是原料不能断档。又由于苹果不像煤或矿石等原料，不能提前大量囤积。因此，要形成一定规模的排队来保证正常的生产。怎样才能实现这个生产条件呢？答案是价格。厂家通过相对偏高的收购价格，吸引周边的果源向自己集中，从而形成源源不断的供给链，保证生产的连续性。所以，从这个意义上说，排队的成本其实已经包含在收购价里面了。也就是说，没有相对偏高的价格激励，就不会有这么多人忍受排队之苦把苹果送到厂里来。又由于装车后的苹果三天后质量会受到影响，所以厂家要时刻关注排队的情况，并及时地调节收购价，以此来调整队伍的长度。队伍太长就降价，太短就提价，从而保证生产所需的均衡量，并实现成本最小化。那么，分散在方圆几十公里内的千家万户的果农，又是如何接收到这个价格信息呢？副厂长告诉我，在厂家和果农之间，还有一个环节即“果贩”。他们不仅是信息传递的枢纽，而且还是苹果运输的主要组织者。在白水的果农与厂家之间存在一支人数不少的果贩队伍，而且形成了若干体系。每个体系都有一个中心，他们通过自己的方式传递信息，指挥着各个分点上的果贩，下达在什么时间、以什么价格、收购多少苹果的指令，然后组织运输力量源源不断地向厂家供货。具体的情况是，果贩掌握了厂家“收购价”，根据距离的远近，写出对果农的果园现场收购价，价差一般在每斤4分钱左右。果贩利润等于差价减去运输成本、平均排队成本、损耗等正常开支。据介绍，这一部分开支大约是每斤2分钱。这是一种不需要刻意安排的自发秩序。其实，有市场就会自发地出现分工，给交易各方都能带来好处。更重要的是，这些好处也包括最终受惠的消费者。

按照当地不成文的行规，三方之间长期以来形成了一种均衡价格，即果贩的收入在扣除各种费用（主要是运输成本）之后，最后利润必须守住每斤2分钱，这是果贩的利润底线。如果低于每斤2分钱，果贩就停止收购。当然，果贩的利润也可能太大。如果太大，果农就会自己租拖拉机送货，或有其他竞争者进入，使价格回落，厂家也会相应调低收购价。在果农、果贩和厂家三方的交易中，每斤2分钱成为一个重要的均衡点，这个均衡点既影响了果农与果贩之间的均衡价格，也影响了果贩与厂家之间的均衡价格。

引言：需求、供给、价格三者之间的关系

（资料来源：经济学消息报《果贩与苹果的价格》郭梓林撰写，2002年10月18日）

任务一　需求理论

一、需求与需求函数

1. 需求的含义

需求又称为有效需求，是指在一定时期内，在不同的价格水平下个人或所有消费者对某一商品愿意而且能够购买的数量，即价格与其需求量之间的“价格—数量”组合关系。这一概念强调两个方面：第一，需求必须以个人愿望为出发点，没有愿望就不会产生实际的购买动机；第二，需求必须以购买能力为支持力量，没有购买能力，再强烈的购买愿望也无法转变为实际的购买行为。正是从这两个角度出发，有效需求的提法似乎更为贴切。但无论如何，需求总是由购买愿望和购买能力构成的有机整体。

此外，在理解需求的概念时，同学们还必须清楚其下述含义，即需求强调的是消费者在不同价格水平下对产品的愿望与购买能力的组合；而在某个既定的价格水平下，消费者愿意而且能够购买的商品数量称为需求量。

需求和需求函数 1

2. 影响需求的因素与需求函数

一般地说，一种商品的需求受很多因素的影响。概括地说，这些因素主要包括：

（1）商品本身的价格。假定其他商品的价格不变，通常情况是，该商品的价格越高，消费者对该商品的需求量越少；反之则反是。

（2）相关商品（主要指替代品和互补品）的价格。如果两种商品在功能上可以相互替代，则可称二者为替代品关系。例如，钢笔和铅笔在更多情况下可以相互替代，因此就可以称铅笔为钢笔的替代品，反之也可以称钢笔为铅笔的替代品。显然，一种商品价格上升时，消费者会倾向于购买其替代品，导致对其替代品需求量的增加。这样，该商品的需求量变化往往与其替代品的价格变动呈同方向变化。

如果两种商品在功能上必须配合着使用，则可称二者为互补品关系。例如，钢笔和墨水、电脑与打印机等。显然，一种商品的互补品价格上升，会提高消费者使用该商品的成本。因而下述结论应该成立：即一种商品的需求量变动与其互补品的价格变动呈反方向变化。

（3）消费者的可支配收入水平。可支配收入是消费者购买愿望转化为购买行为的基础，因此在通常情况下，消费者可支配收入增加，其对某种商品的需求量就会增加；反之则反是。这里有一点需要明确：有些商品的需求随着消费者可支配收入的增加而增加，但有些商品的需求则会随着消费者可支配收入的增加而减少，经济学中的恩格尔定理就揭示了食品需求增长与消费者可支配收入增加的反方向变动关系。另外，尽管一般情况下商品的需求会随着消费者可支配收入的增加而增长，但不同商品的需求增长速度可能是不同的。

（4）消费者偏好。所谓偏好，就是消费者对商品满足其愿望能力的主观评价的倾向性。消费者偏好实际上是消费者购买愿望得以产生的内在基础，进而它间接决定了消费者的购买行为。当然，消费者偏好也会受到诸多因素的影响而发生变化。比如广告等宣传手段可以在一定程度上强化消费者对某种商品偏好的形成，这也正是许多厂商不惜重金制作和发布广告的根本原因。

（5）人口数量与结构。人口数量的增减会直接影响需求的变化，而人口结构的变动则主要通过影响需求的结构而影响对某类商品的需求。以人口结构的变动为例，在其他条件不变的情况下，如果人口构成中男性比例上升，则剃须刀等男性用品的需求量将增加，而化妆品等女性用品的需求量则将下降；如果人口老龄化趋势加强，则保健品、药品的需求量将上升，而童装等商品的需求量将下降。

（6）消费者对未来的预期。消费者对自己的收入水平、对商品价格水平等方面的预期会直接影响到消费者当期的消费欲望。如果消费者预期自己的未来收入上升，商品的价格也将上升，则消费者会增加当前的需求和消费；反之则反是。

（7）政府的经济政策。政府的经济政策往往会直接改变消费者的收入水平、消费成本、未来预期等，因此会对消费者的需求产生抑制或促进作用。例如，2006 年 4 月 1 日，中国对消费税进行调整，新增高尔夫球及球具、实木地板等税目，这必然通过影响消费者的消费成本而最终影响这类商品的需求。

需求和需求函数2

综上，如果将影响需求的各种因素作为自变量，把商品的需求作为因变量，则可以得到需求函数如下：

$$D = f(P, P_x, P_y, I, P_r, A, E, G, \cdots) \tag{2.1}$$

其中，D 代表需求，P，P_x，P_y，I，P_r，A，E，G 等分别代表商品本身的价格、替代品价格、互补品价格、消费者的可支配收入、消费者偏好、人口数量与结构、消费者对未来的预期和政府的经济政策等一系列因素，它们中的每一个因素发生变化，都会导致需求的变化。

上述需求函数是一个包含多个自变量的多元函数。但是，为了使分析相对简化，且考虑到一种商品本身的价格对其需求量的影响更为直接、更为显著，因此大多数情况下，一般只考虑商品本身的价格与该种商品需求量之间的关系，并表示为下面的一元函数：

$$D = f(P) \tag{2.2}$$

上式也可以理解为在其他影响商品需求的因素不发生变化时，商品的需求 D 只取决于自身的价格 P。通常，需求函数可用两种方式来具体表示，即线性需求函数和非线性需求函数。线性需求函数经常采取下列表达式：

$$D = a - b \cdot P \tag{2.3}$$

这里，a 和 b 均为正数，a 和 $b \cdot P$ 之间用负号连接的原因在于价格与需求量的反方向变动关系。

非线性需求函数经常采取下列表达式：

$$D = aP^{-b} \tag{2.4}$$

其中 a 和 b 均是正数。

二、需求表、需求曲线与需求定理

需求表、需求曲线、需求定理以及需求定理的例外

1. 需求表

需求表就是表明商品价格与需求量相互关系的二维表格。例如，表 2－1 就是一个假想中的某商品的需求表，它明确表示了在每一种价格水平下消费者愿意而且能够购买的该商品的数量。

表 2－1　某商品的需求表

价格	1	2	3	4	5	6	7
需求量	100	90	80	70	60	50	40

2. 需求曲线

市场经济实践证明，不同的商品价格总是对应着不同的需求量。如果将商品价格和与之相对应的需求量的关系绘制在二维坐标平面内，就可以得到需求曲线。或者说，需求曲线就是表示其他条件不变时，商品价格（P）同需求量（Q）之间的函数关系的几何图形。图 2－1 就是根据表 2－1 中的数据绘制的某商品的需求曲线。

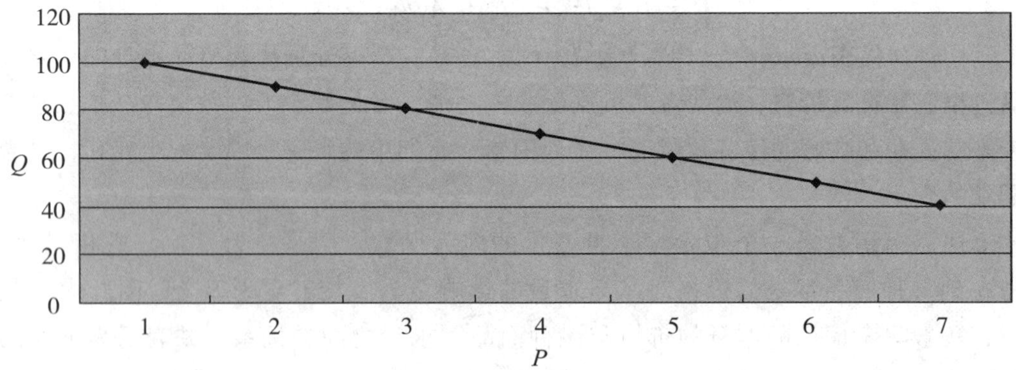

图 2－1　某商品的需求曲线

通常情况下，需求曲线一般是向右下方倾斜的，形状如图 2－2（a）和图 2－2（b）。

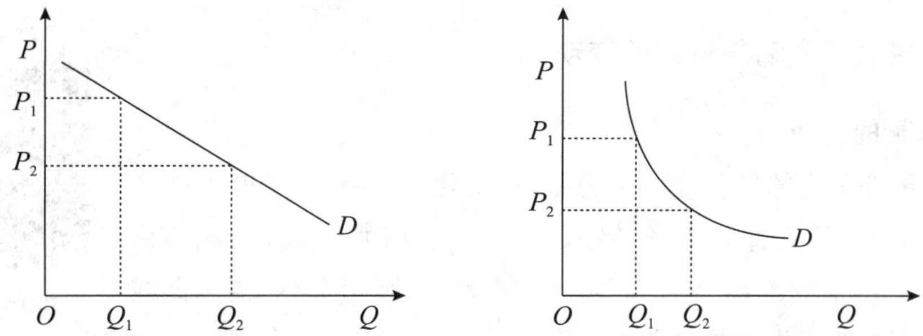

（a）线性需求曲线　　（b）非线性需求曲线

图 2－2　需求曲线

在两图中，价格由 P_1 下降为 P_2 时，需求量由 Q_1 上升为 Q_2，反映了商品需求量与其价格的反方向变动关系。其中，图 2－2（a）中的需求曲线为线性需求曲线，图 2－2（b）中的需求曲线则为非线性需求曲线。

这里有一点需要特别强调，即根据应用习惯，一般将需求量标示在横坐标轴，而将价格标示在纵坐标轴。

3. 需求定理

那么，需求量与价格之间呈反方向变动关系的深层次原因何在呢？首先，当价格上升时，人们通常会倾向于寻找并购买该种商品的替代品来替代价格上升的该种商品。这种情况经济学称为替代效应。其次，当价格上升时，如果人们的可支配收入不变，则人们的实际可支配收入下降，因而消费者会倾向于少购买该种商品。这种情况经济学称为收入效应。与价格上升的情形相反，当一种商品价格下降时，则会发生下面的情况：第一，较低的价格吸引更多的替代品的购买者，或者说，较低的价格能够带来新的购买者。第二，价格降低可使消费者的实际可支配收入增加，从而增加该种商品的购买量。

应该说，大多数商品的价格与需求量之间均具有上述关系，即二者呈反方向变动规律。我们将这一规律称为需求定理。或者说，需求定理是指商品价格上升，则其需求量将下降；商品价格下降，则其需求量将上升的规律。

但是，不容否定的是，需求定理仍然存在例外，具体包括三种情形。第一，奢侈品，如珠宝、贵重首饰等。因为奢侈品经常是身份、地位等的象征，因此其价格与需求量之间可能会呈同方向变化关系。第二，投机性商品和收藏品，如股票、黄金、邮票等。此类商品价格发生波动时，需求往往呈现不规则变化，受消费者心理预期影响很大，有时甚至会出现“追涨杀跌”的现象。第三，低档生活必需品（也称吉芬商品）。在经济萧条或社会商品价格普遍上涨时，由于低档生活必需品与其他商品相比，相对价格仍然较低，于是就会发生价格上升但需求量反而上升的情况。

三、需求量的变动与需求的变动

需求量的变动和需求的变动

1. 需求量的变动

在其他条件不变的条件下，由于价格变化而引起的需求量的变化称为需求量的变动。例如，价格从 2 上升到 3 时，需求量就会由 10 变动到 5。从需求曲线上看，需求量的变动表现为同一条需求曲线上的点沿着需求曲线发生位置移动。

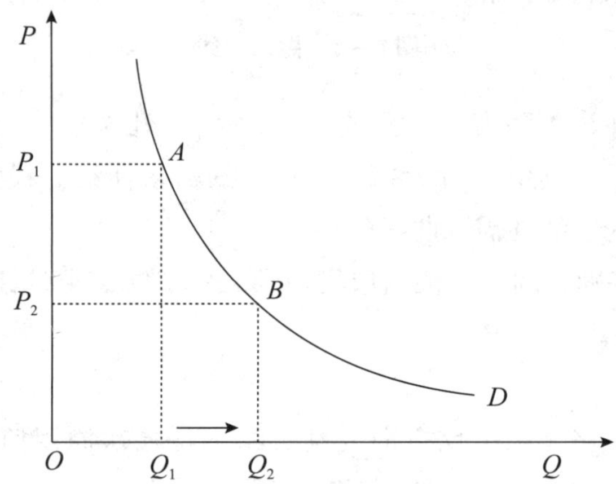

图 2－3　需求量的移动

需求量的移动如图 2－3 所示，当商品价格由 P_1 下降为 P_2，而其他条件不变时，需求量就会由 Q_1 增加到 Q_2，在需求曲线上就会表现为 A 点沿着需求曲线移动到 B 点。

2. 需求的变动

需求的变动是指在商品自身价格不变的条件下，由于其他非价格因素的变化所引起的需求量的变动，在坐标平面上一般表现为需求曲线的水平移动。需求的变动如图 2－4 所示，图中假设非价格因素发生变化（如消费者偏好发生变化），那么在每一个相同的价格水平下，消费者的需求数量都会发生变化，这一变化的最终结果就表现为消费者需求曲线的水平移动。具体来说，如果消费者的收入水平上升，在商品价格 P_0 保持不变的情况下，消费者的需求量增加为 Q_1 甚至 Q_2。如果将每个价格水平下消费者需求量的变化均在图中表示出来，消费者的需求曲线就会发生水平的移动，如从 D_0 向右水平移动到 D_1 等。

假定每个消费者对于 X 商品的需求函数均为 $Q=20-4P$，市场上一共有 100 个消费者，则市场需求函数就是 $Q_M=100\cdot(20-4P)=2000-400P$。这时，可列出 X 商品的市场需求表，如表 2－2 所示，并据此表绘制出市场需求曲线，如图 2－5 所示。

表 2－2　X 商品的市场需求表

P_X	0	1	2	3	4	5
$Q_M=2000-400P$	2000	1600	1200	800	400	0

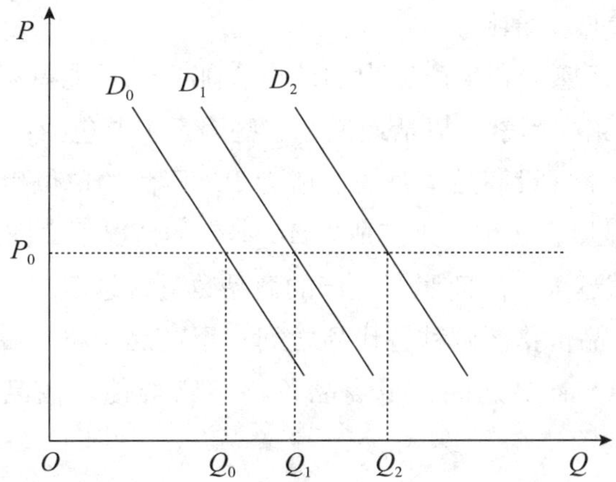

图 2－4　需求的变动

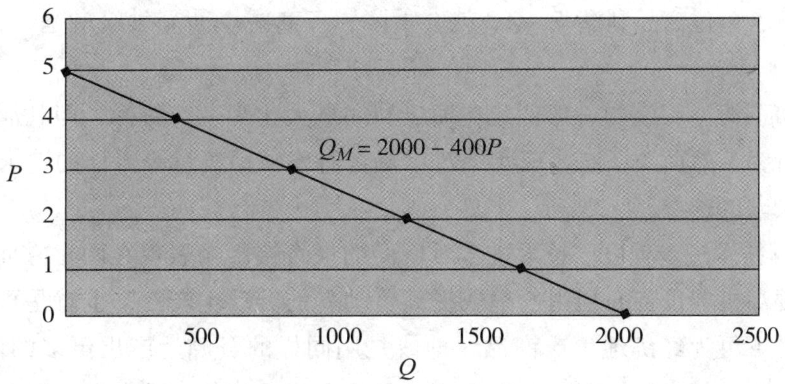

图 2－5　市场需求曲线

任务二　供给理论

一、供给与供给函数

1. 供给的含义

单一厂商的供给是指厂商或企业在一定时期内，在各种可能的价格水平下愿意并且能够出售的某种商品的各种数量。与需求的概念类似，供给的概念同样强调两个方面：第一，厂商在可以获得利润的预期下愿意向市场提供产品是供给概念的基础；第二，企业在规模、技术条件允许的条件下所具有的生产能力是供给概念的直接保证。简单地说，供给实际上是厂商或企业在生产愿望和生产能力两个方面的综合。

供给的含义、影响供给的因素

2. **影响供给的因素与供给函数**

既然供给是厂商生产愿望和生产能力的综合，那么凡是能够影响生产愿望和生产能力的因素均构成影响供给的因素。概括地说，这些因素主要包括：

（1）商品本身的价格。设商品本身的价格为 P，厂商的单位生产成本为 AC，则 $P-AC$ 为单位商品利润。显然，在单位生产成本 AC 不变的情况下，商品本身的价格 P 越高，单位商品利润 $P-AC$ 就越大，厂商愿意生产的商品数量就越多。

（2）替代品和互补品价格。两种替代品之间，甲商品价格下跌会使乙商品的供给增加，反之则反是；两种互补品之间，甲商品价格下跌会使乙商品的供给减少，反之则反是。

（3）生产要素的价格。生产要素的价格会直接影响到单位生产成本。在厂商技术和规模不变的情况下，生产要素价格上升会导致单位生产成本 AC 上升，从而在商品价格 P 不变的前提下，单位商品利润 $P-AC$ 就会下降，厂商减少商品供给就是一种理性选择；反之则反是。

（4）厂商目标。经济学一般假定厂商以利润最大化为生产目标，即利润大小决定着厂商的供给行为。然而，厂商在现实中对市场占有率、销售量等方面的追求也会直接影响厂商供给策略的选择。

（5）厂商技术进步程度。技术进步对厂商的最直接影响表现在两个方面：其一，技术进步可以提高机器设备的利用效率或提高劳动者的劳动生产率，也就是可以使厂商在给定资源条件下更为经济地生产商品，抑或是用同样的资源生产出更多的商品。其二，技术进步可以加速新商品的开发或扩大商品的市场竞争优势。综合以上两点，厂商技术进步会有利于厂商增加商品供给。

（6）政府经济政策。政府的财政政策、产业政策、货币政策等都会对厂商的成本和收益产生正面或负面影响，从而会促进或抑制厂商的供给。例如，财政部和国家税务总局于 2004 年曾经调整了汽车生产销售企业的征税办法，规定自 2004 年 7 月 1 日起，对企业生产销售达到相当于欧洲Ⅲ号排放标准的小汽车减征 30% 的消费税。这在很大程度上促进了汽车行业的小排量汽车的供给。

（7）厂商的预期。如果厂商预期未来商品价格将上升，或预期各类成本将下降，则厂商将预期到更大的获利空间，因而增加商品供给。反之，如果预期未来商品销路不畅或者价格将下降抑或成本上升，则厂商将减少商品供给。

（8）社会习俗、经济体制等因素也会通过影响产权制度、分配制度等而影响厂商的供给行为。

综上，如果把影响供给的因素作为自变量，将厂商的供给量作为因变量，则可以建立下面的多元供给函数：

$$S=f(P,P_x,P_y,P_f,A,T,G,E,O,\cdots)$$

其中，S（Supply）表示产品供给，P，P_x，P_y，P_f，A，T，G，E，O 分别代表商品

本身的价格、替代品价格、互补品价格、生产要素价格、厂商目标、厂商技术进步程度、政府经济政策、厂商预期、社会习俗与经济体制。

为了简化问题，在假定其他因素不变的条件下，如果只考虑商品本身价格对该种商品供给量的影响，则可以得到一元供给函数如下：

$$S = f(P)$$

二、供给表、供给曲线与供给定理

1. 供给表与供给曲线

供给表、供给曲线和供给定理

现实表明，厂商在特定的时期内愿意而且能够向市场提供的商品数量与该种商品的价格之间存在着一一对应的关系。把这种一一对应的关系反映在坐标平面内，就可以得到供给曲线。表 2－3 是一个假想的某商品的供给表。

表 2－3　　某商品的供给表

价格	1	2	3	4	5	6	7	8	9
供给量	0	5	12	17	21	26	31	35	42

根据表 2－3 可以得到该种商品的供给曲线，如图 2－6。

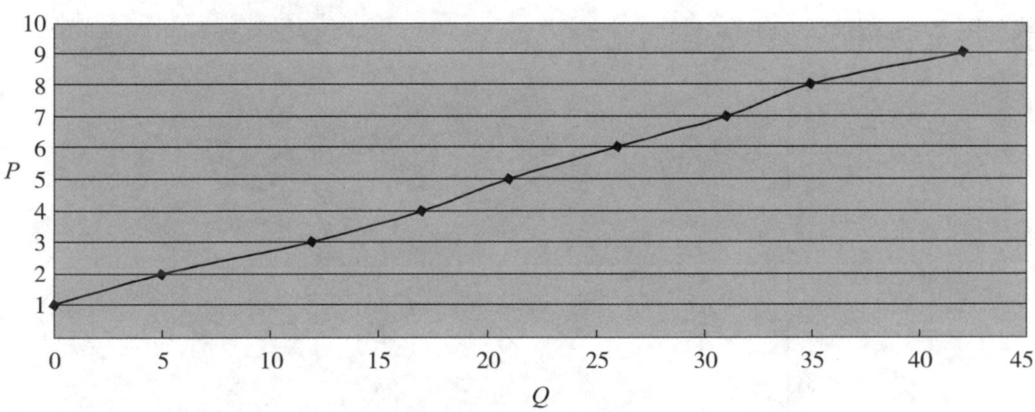

图 2－6　某商品的供给曲线

实践证明，图 2－6 具有较好的代表性，大多数商品的供给曲线均具有类似特征，即价格与供给量呈同方向变动关系。当然，该图基本是一个线性供给曲线。图 2－7 为非线性供给曲线。

在图 2－7 中，横轴表示商品的供给量，纵轴表示商品的价格，S 代表供给曲线。尽管图中 S 是非线性的供给曲线，但它与线性供给曲线所具有的共同特征在于二者均反映了供给量与商品价格的同方向变动关系。而这一变动关系又具体可描述为供给定理。

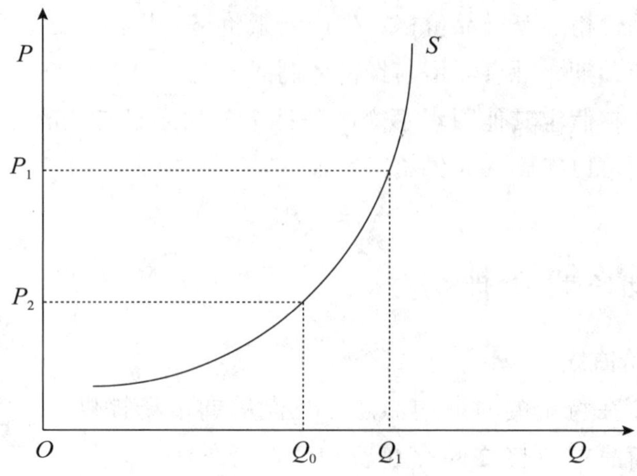

图 2－7　非线性供给曲线

2. **供给定理**

供给定理是指当非价格因素保持不变时，一种商品的供给量与其价格之间呈同方向变动关系。具体地说，供给量随着商品本身的价格上升而增加，随着商品本身的价格下降而减少。

供给定理概括了绝大多数商品供给量随价格变化而变化的规律。但是，这一定理仍然存在例外情况。劳动的供给就是一例。一般而言，在劳动者收入水平较低的情况下，工资的提高将会刺激劳动力的供给增加；但是，当工资水平提高到一定程度后，如果工资继续提高，劳动的供给不但不会增加，反而会出现绝对减少的情况。后弯的劳动供给曲线如图 2－8 所示。

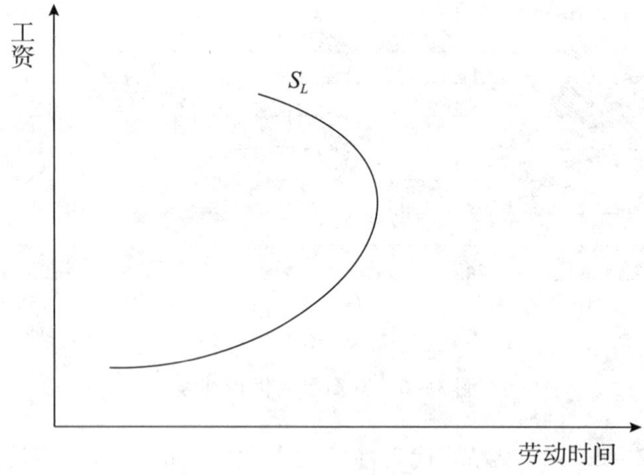

图 2－8　后弯的劳动供给曲线

劳动供给曲线之所以向后弯曲，是因为在工资水平较低的情况下，劳动者在收入和闲暇之间可能更为偏好前者，从而提高工资会促使劳动者增加劳动供给；但是，在工资水平较高的情况下，劳动者可能就会更加偏好闲暇，工资水平越高，对闲暇的需求越大，因而减少劳动的供给。

三、供给量的变动与供给的变动

1. 供给量的变动

供给量的变动是指在非价格因素保持不变的条件下，由于商品本身的价格变化而引起的供给量的变化。在供给函数 $S=f(P)$ 中，价格 P 的每一个变化都会导致供给量 S 的一个变化。因此，供给量的变动在几何图形中就表现为供给曲线上的某一点沿着供给曲线移动到供给曲线上的另一点。在图 2－9 供给量的变动中，当商品价格由 P_1 上升到 P_2，而其他条件不变时，供给曲线上的 A 点就会沿着供给曲线移动到 B 点。

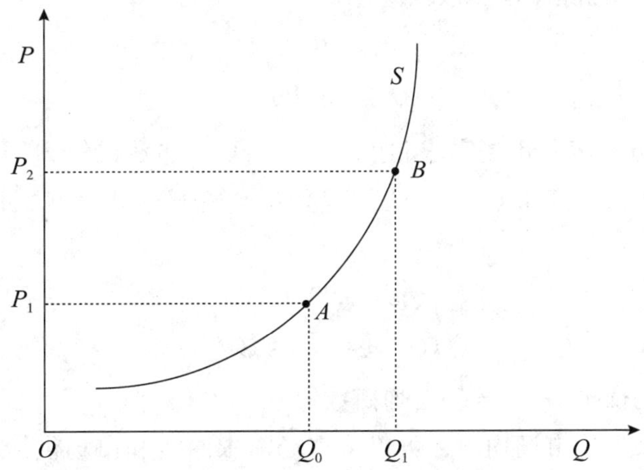

图 2－9　供给量的变动

2. 供给的变动

供给的变动是指非价格因素中的一个或多个因素发生变化时所引起的供给的变动。由于排除了价格因素的变化，所以在价格不变的情况下，供给的变动就表现为供给曲线的水平移动：供给增加，则供给曲线向右移动；供给减少，则供给曲线向左移动。供给的变动如图 2－10 所示。

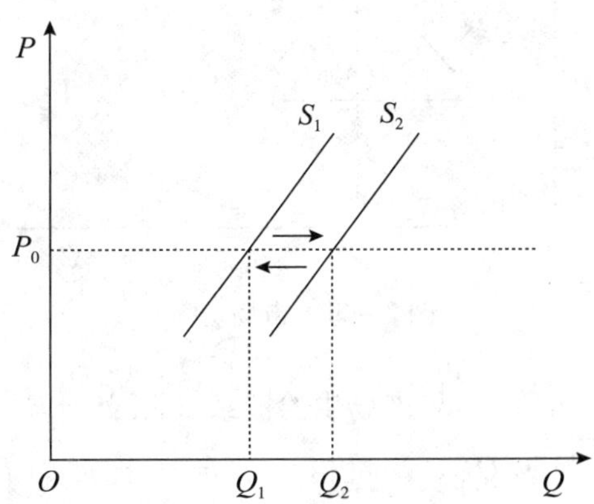

图 2－10　供给的变动

任务三 均衡价格及其变动

一、均衡价格和均衡数量

均衡价格理论 1

当市场供给和市场需求相等时的市场状况为市场均衡，而达到市场均衡时的商品价格和商品数量称为均衡价格和均衡数量。一般情况下，只要市场供给曲线和市场需求曲线是已知的，就可以通过下列联立方程求得均衡价格和均衡数量。

$$\begin{cases} Q_D = f(P) \\ Q_S = g(P) \end{cases}$$

其中，Q_D、Q_S 分别表示市场需求和市场供给，联立方程的解 P^* 和 Q^* 就是均衡价格和均衡数量。举例来说，如果 $Q_D = 200 - 2P$，$Q_S = -100 + 3P$，就可以建立下面的联立方程：

$$\begin{cases} Q_D = 200 - 2P \\ Q_S = -100 + 3P \end{cases}$$

解联立方程得均衡价格 $P^* = 60$，均衡数量 $Q^* = 80$。

利用几何图形来描述市场均衡，可以将市场需求曲线和市场供给曲线叠加在同一坐标平面内。二者的交点即为市场均衡点，此时的价格和数量分别是市场均衡价格和市场均衡数量。市场均衡如图 2－11 所示。

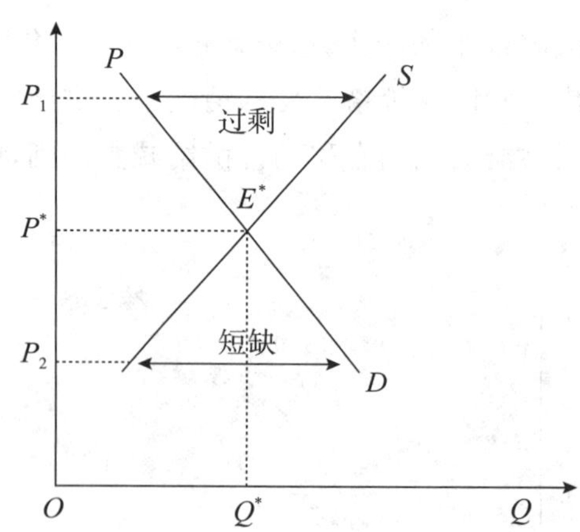

图 2－11 市场均衡

图 2－11 中，市场需求曲线 D 与市场供给曲线 S 相交于 E^* 点，决定了此时的市场均衡价格为 P^*，市场均衡数量为 Q^*。当价格高于 P^*，比如为 P_1 时，市场供给大于市场需求，市场存在过剩，价格存在向下的压力；当价格低于 P^*，比如为 P_2 时，市场需求

大于市场供给，市场存在短缺，价格存在向上的压力。无论是过剩还是短缺，由于市场竞争机制的作用，市场价格和供求数量均存在着向均衡价格 P^* 和均衡数量 Q^* 收敛的趋势，最终在 E^* 点实现市场均衡。

二、供求定理与市场均衡的变动

既然市场均衡是由市场需求和市场供给共同决定的，那么因为非价格因素发生变动，引起二者之间的任意一方发生变化或二者同时变化，都会导致市场均衡点的变动。一般来说，在竞争市场上，市场价格向供求相等的均衡价格收敛的状况经济学称为供求定理。供求定理基本可分解为四个方面：

均衡价格理论2

第一，需求的增加引起均衡价格的上升和均衡数量的增加；

第二，需求的减少引起均衡价格的下降和均衡数量的减少；

第三，供给的增加引起均衡价格的下降和均衡数量的增加；

第四，供给的减少引起均衡价格的上升和均衡数量的减少。

总之，需求的变动与均衡价格和均衡数量同方向变动；供给的变动与均衡数量同方向变动，而与均衡价格反方向变动。

供求定理的内容如图 2－12 市场均衡的变动所示。

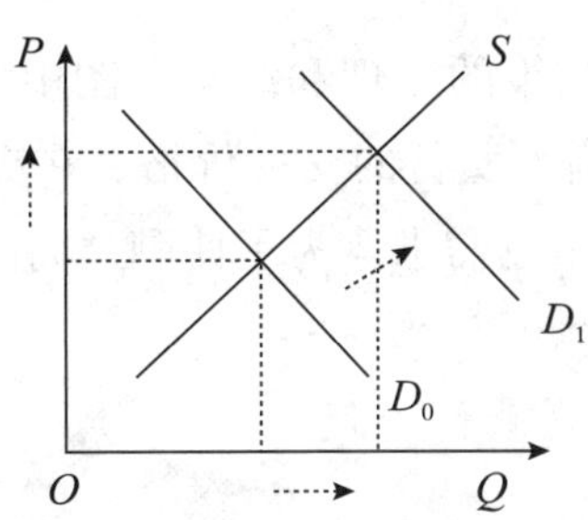

（a）需求增加与市场均衡的变动

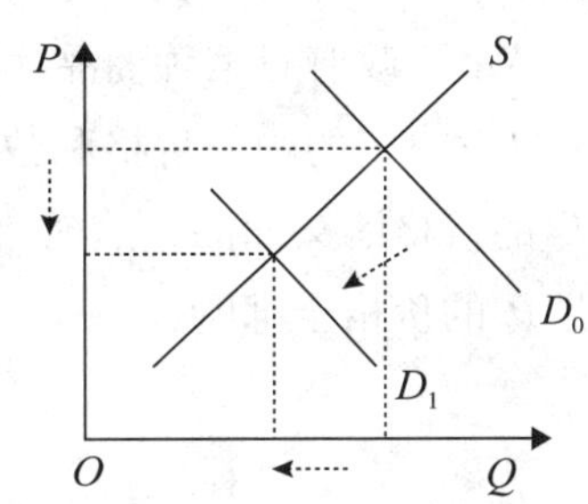

（b）需求下降与市场均衡的变动

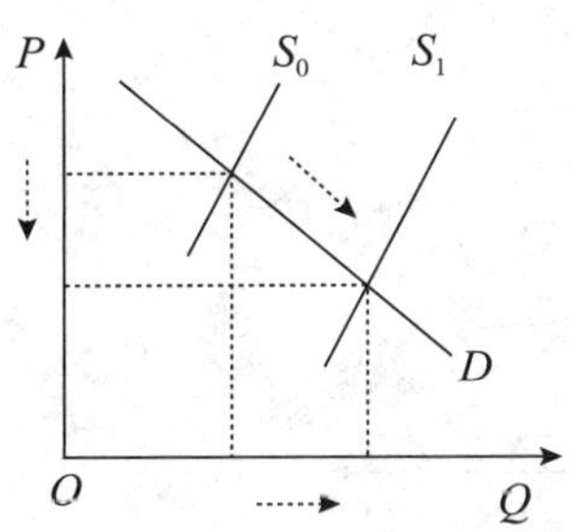

（c）供给增加与市场均衡的变动

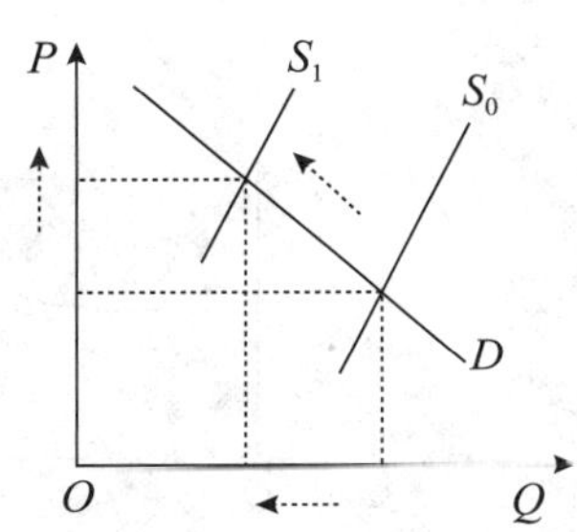

（d）供给下降与市场均衡的变动

图 2－12　市场均衡的变动

任务四　价格政策

从世界各国经济体制的类型看，当今大多数国家采取了混合经济体制，政府在经济资源的配置过程中发挥着“看得见的手”的作用。从微观角度看，政府为了实现经济目标，往往会对市场进行适当的价格干预，制定价格政策。而这种价格政策有支持价格和限制价格两种。

价格政策

一、支持价格

所谓支持价格，是指政府为了支持某些弱势行业或特殊行业的发展而规定的该行业的最低商品价格。如果政府认为依靠市场供求力量确定的某种商品的价格太低，以至于该行业内的企业难以维持简单再生产，这时政府就可以对该类商品实行支持价格保护。因此，一般来说支持价格总是要高于市场均衡价格。

在我国，农业的基础地位不言自明，但由于农产品生产周期较长，易受气候条件影响，因而生产风险较大。加之农产品的需求价格弹性较小，因此即使在丰收年份，依靠市场供求形成的均衡价格也难以使农民增收。“谷贱伤农”就是这一情况的形象概括。鉴于此，很多国家的政府均对农产品实行支持价格政策。

图 2－13 显示了政府对某种商品实行支持价格政策的原理和结果。图中 P^* 和 Q^* 为市场供求力量自发决定的均衡价格和数量。P_1 为政府所实行的支持价格。在支持价格下，消费者按照 P_1 的价格购买商品，这时市场供给大于市场需求。为了使剩余商品 Q_1-Q_0 出清，政府按照 P_1 的价格全部购买。

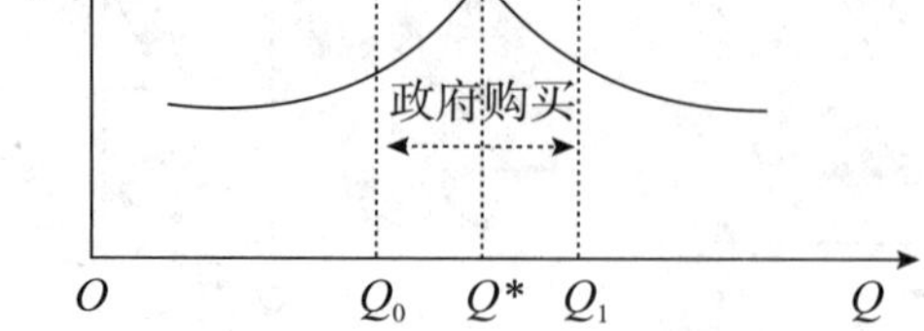

图 2－13　支持价格

二、限制价格

限制价格是政府出于防止物价过快上涨（尤其是某些生活必需品价格上涨过快）的考虑而制定的某种商品的最高价格。例如，在通货膨胀时期，政府为了防止商品价格的普遍上涨，往往限制原材料、燃料、自来水等的价格。理论上讲，限制价格总是低于市场均衡价格。

图 2－14 显示了政府对某种商品实行限制价格的原理和结果。由图 2－14 可知，如果政府对竞争市场不进行干预，而由市场机制自行调节，则市场均衡价格和均衡数量分别为 P^* 和 Q^*。但是，如果政府对该种商品实行市场限价，将其价格上限定为 P_1，将导致 Q_1-Q_0 的超额需求。

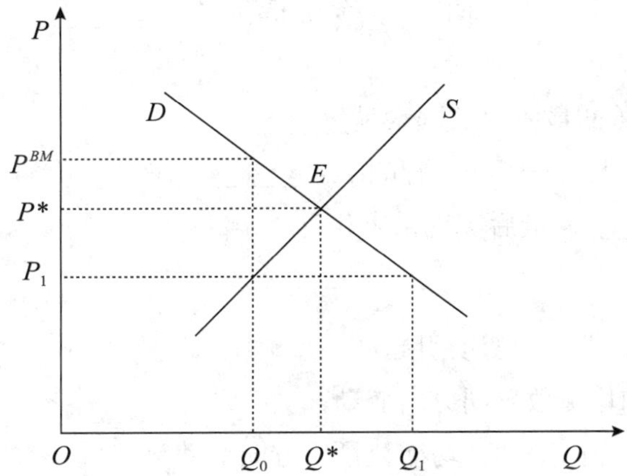

图 2－14　限制价格

诚然，限制价格政策在特殊情况下可以在一定程度上弥补市场缺陷。但是从更普遍的意义上讲，这种政策往往会导致两个不良后果，其一为排队抢购（或实行配给制），其二为黑市猖獗，如图 2－14 中的 P^{BM} 即为黑市价格。

另外，限制价格政策有时也被用于限制某些行业的发展。这种情况下，限制价格往往并不构成对市场机制的破坏。

项目小结

本项目主要讲述了需求、供给、均衡价格。需求是指个人或所有消费者在一定时期内，在不同的价格水平下，对某一商品愿意并且能够购买的数量，商品需求量和商品价格呈反向变化的关系称为需求规律，可用从左向右下方倾斜的需求曲线来表示。供给是指单一厂商或企业在一定时期内，在各种可能的价格水平下，对某一商品愿意并且能够出售的各种数量，商品供给量和商品价格呈同方向变化的关系称为供给定理，可用从左向右上方倾斜的曲线来表示。

均衡价格是指一种商品需求量和供给量相等、需求价格和供给价格相等的价格。当需求量大于供给量时，价格上升；当需求量小于供给量时，价格下降。

关键概念

需求量、需求、供给量、供给、供求定理、均衡价格、均衡数量、支持价格、限制价格。

实践与实训

一、填空题

1. 在两种互补商品之间、两种替代商品之间，价格与需求分别成________和________方向变动。

2. 在同一条供给曲线上，向上方移动是供给量________，向下方移动是供给量________。

3. 决定需求与供给的最主要的因素是________。

4. 某种商品价格上升表示该商品供给________需求。价格上升引起该商品需求________，供给________，最后实现供求相等。

二、选择题

1. 根据供求定理，供给的变动引起（　　）。

   A. 均衡价格和均衡数量同方向变动

   B. 均衡价格同方向变动，均衡数量反方向变动

   C. 均衡价格和均衡数量反方向变动

   D. 均衡价格反方向变动，均衡数量同方向变动

2. 需求曲线是表示（　　）。

   A. 需求量与供给之间关系的曲线　　B. 需求量与价格之间关系的曲线

   C. 需求量与收入之间关系的曲线　　D. 需求量与货币之间关系的曲线

3. 在同一条供给曲线上，引起沿着这条供给曲线向右上方移动的主要原因是（　　）。

   A. 生产该商品的技术进步了　　B. 生产该商品的生产要素增加

   C. 替代品价格下降　　D. 该商品价格上升

4. 如果在现有价格水平，需求量超过供给量，则（　　）。

   A. 需求量增加，供给量不变

   B. 该种商品的价格趋于下降

   C. 供给量增加，需求量不变

   D. 该种商品的价格趋于上升

5. 价格下降的收入效应之所以会引起消费者对该种商品消费的增加是因为（　　）。

   A. 这种商品的价格相对其他商品变得便宜了

B. 价格下降引起消费者实际收入增加

C. 价格下降引起消费者实际收入减少

D. 这种商品的价格相对其他商品变得贵了

6. 假定某耐用消费品的需求函数为 $Q_D = 400 - 5P$ 时的均衡价格为 50，如果需求函数变为 $Q_D = 600 - 5P$，供给不变时，均衡价格将（　　）。

A. 低于 50　　　　B. 高于 50

C. 等于 50　　　　D. 不能确定

7. 在实施最高限价且供给短缺的条件下，往往会出现（　　）。

A. 黑市交易　　　　B. 超额供给

C. 政府收购过剩品　　　　D. 均衡交易量增加

三、判断题

1. 为了维持价格上限，政府就要对供给不足的部分实行配给制和排队。(　　)

2. 当录像机的价格上升时，录像带的需求量就会减少。(　　)

3. 当咖啡的价格上升时，茶叶的需求量就会增加。(　　)

4. 一场台风摧毁了某地区的荔枝树，市场上的荔枝少了，这称为供给量减少。(　　)

5. 在市场经济中，价格的调节可以使资源配置达到最优状态。(　　)

6. 均衡价格就是供给量等于需求量时的价格。(　　)

四、计算题

已知某消费者需求函数为 $Q = 2000 + 0.2M$，式中 M 代表收入，Q 代表对某商品的需求量。试求：M 为 10000 元、15000 元时对该商品的需求量。

互动讨论

“经济学家认为，降低价格一定会使供给量下降是一条规律。可是这个规律也有例外。例如，1990 年十位数字的计算器每台卖 150 元，到 1995 年只卖 50 元，然而销售量却增加了 3 倍。可见，降低价格不一定会使供给量下降。”这一说法正确吗？请使用供求理论分析。

案例分析

1. 某大型艺术博物馆是很早以前的建筑，市政府早年曾投资 10 万元进行过一次修复，但时隔多年，博物馆又处于风雨飘摇之中。为此，市政府又投资 50 万元开始对其进行新一期的修复，并邀请省文物专家设计修复方案。但要完全修复，还需资金 2000 万元。由于资金一时不能全部到位，该博物馆的修复工程一拖再拖，存在很大的事故隐患。该博物馆馆长考虑降低门票价格来吸引更多的参观者，从而增加总收益。但也有一些人反对此方案，认为该方案未必能给博物馆增加总收益。有的人则认为可以通过提高门票价格来增加总收益。

（1）你怎样来分析该案例?

（2）从经济学的角度来看，上面哪一种方案是合理的?

2. 2003 年 10 月，中国农产品价格突然强劲大范围上涨，这还是 1997 年以来的第一次。由于中国过去几次通货膨胀都是首先由副食品价格上涨带动的，因此，粮食价格的细微变化引起人们的广泛关注。如何看待这次突如其来的农产品价格上涨呢?

据黑龙江省农垦总局局长介绍，黑龙江省作为中国主要粮食产区，地位举足轻重，而黑龙江省农垦总局是国家粮食战略后备基地，其所辖耕地面积 200 万公顷（3000 万亩）①，占黑龙江省农业总面积的 1/4，粮食产量占黑龙江省粮食总产量 1/3。农垦总局的种植结构和粮食产量对整个黑龙江省，乃至全国的粮食供应和价格都起到一定作用。

早在 2003 年春天，由于干旱使播种遭遇困难，黑龙江省就开始传言粮食价格会涨，经过夏季洪涝，到 9 月末黑龙江省提前迎来早霜，这个传言就应验了，多种因素造成黑龙江省粮食总产量比上年减少 100 亿斤。

此外，国家自实行农业结构调整以来，退耕还林等措施使农业种植面积逐年减少，中国的粮食产地面积曾高达 15 亿亩，目前已下降到 14 亿亩。此外，近五年，粮食价格低迷造成农民种植谷物的积极性减退，改种回报比较高的经济作物或弃农从事其他行业，粮食产量近三年也在逐年递减。根据国家统计局数据，2003 年粮食产量 8613 亿斤，比 2002 年下降 529 亿斤，是 1990 年以来粮食产量最低的一年。

粮食减产使得粮价自 2003 年 8 月以来出现了快速上涨。于是，2003 年秋天粮食收购价格比往年高出很多，尤其像大豆、葵花这样的经济作物，涨幅都在 30% 以上；水稻每斤由 0. 6 元涨到 0. 8 元，玉米每斤由 0. 38 元涨到 0. 45 元，大豆每斤由 0. 9 元涨到 1. 4 元，芝麻每斤由 3. 00 元涨到 8. 00 元，葵花每斤由 0. 8 元涨到了 1. 3 元。

虽然农垦总局小幅减产，但 2003 年农垦总局的农户收入至少增加了 20%。农垦总局的农户们纷纷表示，如果每年价格都这么好，他们就继续种粮。

（资料来源：《农垦局长解读粮食涨价：农户收入至少增加了 20%》，深圳新闻网，2003 年 11 月 21 日，有改动）

思考题：

根据上述材料，分析粮价上涨的原因及影响，以及相关的政策建议。

① 1 公顷 =15 亩。

项目三　弹性理论

知识目标

1. 理解并掌握需求价格弹性的定义及其分类。
2. 理解并掌握供给价格弹性的定义及其分类。

能力目标

1. 掌握需求价格弹性对厂商定价策略选择的现实影响。
2. 能够利用价格弹性对厂商的商品进行分类与定价。

思政目标

1. 了解国家产业政策，鼓励生产引导消费，不断满足人民日益增长的美好生活需要。
2. 掌握市场行情，对消费品市场进行严格监控，防止超控涨价，扰乱市场秩序。

引导案例

苏州乐园门票的变化引起的反应

2001 年夏，苏州乐园门票从 60 元降到 10 元。一时间，趋之者众，十天该园日均接待游客量创下历史之最，累计实现营业收入 400 万元以上。10 元门票引来 25 万人。盛夏的苏州乐园，十分过瘾地火了一把。“火”，是自 7 月 20 日傍晚 5 时点起来的。这是该园举办“2001 年仲夏狂欢夜”的首日，门票从 60 元降至 10 元。是夜，到此一乐的游客竟达 7 万之多，大大出乎主办者“顶多 3 万人”的预测，这个数字，更是平时该园日均游客数的 15 ~20 倍，创下开园四年以来的历史之最。到 7 月 29 日，为期 10 天的“仲夏狂欢夜”活动落下了帷幕。园方坐下来一算，喜不自禁：这 10 天累计接待游客 25 万余人，实现营业收入 400 万元以上，净利润 250 万余元……这些指标，均明显超过白天正常营业时间所得。正常情况下，苏州乐园的门票每人每张 60 元，每天的游客总数为 3000 ~4000 人，营业时间从上午 9 时到下午 5 时。而“仲夏狂欢夜”是在“业余”时间进行，即从每天下午 5 时到晚上 10 时，门票却降到 10 元。就是说，“仲夏狂欢夜”这 10 天，这家乐园在不影响白天正常营业的情况下，每天延长了5小时的营业时间，营业额和利润就翻了一番以上。

“仲夏狂欢夜”与该园举办的“第四届啤酒节”是同时进行的。42个相关厂家到乐园助兴，其实，厂家也是乘机宣传和推销自己的产品。据园方介绍，以往举办啤酒节，乐园是要收取厂家一定的“机会”费用的，但是，这次却基本不收或少收些许，而厂家须向游客免费提供一些“小恩小惠”即企业的广告宣传品等。减免了货币的支付，厂家岂有不乐的？园方也承认，众厂家的参与，带来大笔场地费，降低了乐园举办“仲夏狂欢夜”活动的风险，不过，这并非是这次活动最后成功的决定性因素。

“火”一把的关键，是原先60元一张的门票陡降到10元。非但如此，每位到乐园过“仲夏狂欢夜”的游客，凭门票，还可以领到与10元门票同等价值的啤酒、饮料和广告衫等。

需要说明的是，白天购60元门票入园后，园内的多数活动项目就不再收费；而购10元门票入园后，高科技项目和水上娱乐项目等仍要适当收取一些费用。这样算下来，园方至少可以保证自己不赔钱，何况还有那么多厂家的支撑。消费者算算，也比60元一张门票值，因为，有些游客只是参与部分娱乐项目的消费，甚至只是趁着晚间出来纳个凉、吹吹风，尤其是三口之家，更是觉得这样划算，总共花30元就能享受凉爽的空气、新鲜的啤酒、精彩的演出、美丽的焰火、赠送的礼品，太实惠了！厂家更精明，既做了广告、推销了产品，又培育了潜在的消费群体。总之，大家都赚了。

好事能否成为常态？

苏州乐园这次大大降低门票价格以后，社会效益和经济效益不降反升，特别是前者，上升的幅度极大。可惜，10天一晃就过去了，闻讯而来的许多游客感到很遗憾。园方为什么见好就收呢？园方市场促销部的人员表示，这样的好事，他们也希望能够持续下去，进而成为一种常态，但还是缺乏信心。如果长期实行低票价入园，可能会带来一时繁华，可企业的可持续发展会受到影响，因为，潜在的消费被提前实现。另外，这次活动成功了，不等于表示以后类似的活动就一定也会成功。还有，乐园的娱乐项目，几乎都是参与性的，游客太多，势必影响游乐的质量，进而影响到乐园的声誉。但是，没有人气就没有市场。眼下一些主题公园经营不景气，一个很重要的原因，就是动辄好几十元甚至过百元的门票把普通消费群体吓走了。从这个角度讲，如何不断地吸引更多的消费者到主题公园来，是个值得研究的课题。降低门槛以后，来的人肯定多了，这应该不成问题。会不会把门挤破？未必。低价位门票成为常态后，游人也会根据自己的需要和乐园方面的有关信息，来调整游乐的时间。至于潜在消费提前实现的问题，也未必。据园方介绍，到这里来的，有40%的回头客。那么，如果实行10元门票制，怎么就肯定说没有更多的回头客呢？乐园活动的形式可以经常变化，游乐的项目可以经常出新，促销的地域范围也可以扩大……能不能换着花样持续制造新卖点，有效地吸引新老游客，体现着一个娱乐企业经营能力的高低。此前，苏州乐园曾对三口之家推出390元/张的家庭年卡，结果一下销售了1万多张，50元/张的学生双月卡也很抢手，说明合理的让利会得到市场回报。

专家指出，苏州乐园是一个以高科技为主、以参与性为特征的现代化乐园，投资5亿多元，运行成本也比较高。这样的景点尚且有降低门槛的成功实践，那些众多以简单的观赏为主、投资和运行成本都十分有限而门票价格又高居不下的主题公园，恐怕有更大的降价空间。别忘了，降下入园门槛的高度，受益的是消费者，也是娱乐企业自身。

思考题：

要求学生利用所学的需求价格弹性理论分析苏州乐园价格调整的原因及效果。

不同性质商品的需求量对于其价格变动的敏感程度是不同的，甚至说同一种商品在不同的价格水平下需求量对于价格变动的敏感程度也是不同的。为了解决类似问题，就需要引入弹性理论。具体地说，经济学中的弹性理论就是用来计量需求和供给的影响因素发生变动的情况下，商品需求量和供给量对这些影响因素变化的敏感程度。

引言：弹性理论

任务一　需求价格弹性

一、需求价格弹性的定义

需求价格弹性用来衡量商品需求量的变动对于商品自身价格变动反应的敏感程度，一般用 E_D 表示。它可以表示为需求量变动的百分比与商品自身价格变动的百分比的比值。或者说，需求价格弹性的计算同样可以通过点弹性和弧弹性两类方式来求得，但点弹性相对准确，适用于价格变动比率不大的情况；而弧弹性则更为适用于价格变动比率较大的情况。一般情况下，如果不做特殊说明，下文中弹性的内涵主要指的是点弹性。

需求价格弹性的含义与计算

本书只考察一元需求函数的弹性问题。

设需求函数为 $Q = f(P)$，则需求函数可导时的需求价格弹性的公式为：

$$E_D = -\frac{dQ}{dP} \cdot \frac{P}{Q} \tag{3.1}$$

另外，需求函数不可导或表达式不清时的需求价格弹性为：

$$E_D = -\frac{\Delta Q}{\Delta P} \cdot \frac{P}{Q} \tag{3.2}$$

根据需求定理，对于大多数商品来说，由于需求量与价格的变动方向相反，所以

$\Delta Q/\Delta P$ 为负值，进而 $\frac{\Delta Q}{\Delta P}\cdot\frac{P}{Q}$ 也为负值。为了方便起见，我们一般在 $\frac{\Delta Q}{\Delta P}\cdot\frac{P}{Q}$ 的前面加上负号，以使 E_D 为正值。

为了对需求价格弹性的两个公式有一个清楚的认识，可以通过下面两个具体例子来做说明。

［例 3－1］ 设某商品的需求函数为 $Q_d = 20 - 2P$ 。求价格 $P=2$ 时的需求价格弹性，并说明其经济含义。

［分析］ 该问题中需求函数已知，且给出了初始价格点，因此可通过可导函数的点弹性公式计算。

解：根据需求函数可得 $\frac{dQ}{dP} = -2$ ，由于 $P=2$，所以 $Q=16$。

将上述数据代入需求价格弹性公式，得 $E_D = -\frac{dQ}{dP}\cdot\frac{P}{Q} = -(-2)\times\frac{2}{16} = 0.25$ 。

这里，需求价格弹性为 0.25，其经济含义是：当价格为 2 时，价格每变动 1%，需求量将反方向变动 0.25%。

［例 3－2］ 某种商品价格为 2 时需求量为 20，当价格上升为 2.5 时，需求量减少到 12。求该种商品的需求价格弹性，并说明其经济含义。

［分析］ 本题中需求函数未知，这种情况下应该使用公式 $E_D = -\frac{\Delta Q}{\Delta P}\cdot\frac{P}{Q}$ 。

解：根据题意可知：$\Delta Q = 12 - 20 = -8$；$\Delta P = 2.5 - 2 = 0.5$；$P = 2$；$Q = 20$。将这些数字代入公式，可得：

$$E_D = -\frac{\Delta Q}{\Delta P}\cdot\frac{P}{Q} = -\frac{(-8)}{0.5}\times\frac{2}{20} = 1.6$$

该种商品的需求价格弹性的含义是：价格每变动 1%，需求量平均将反方向变动 1.6%。

二、需求价格弹性的分类

不同商品的需求在价格弹性上存在差异是一种普遍情况，有些商品的需求量对价格变动反应的敏感程度可能要高一些，而有些商品的需求量对价格变动反应的敏感程度可能要差一些。根据商品的需求量对价格变动反应的敏感程度不同，将商品需求价格弹性区分为五类。

需求价格弹性的分类；需求价格弹性的影响因素

第一，需求富有弹性。需求富有弹性就是指需求量变动的幅度大于价格变动的幅度。如价格变动 1%，而需求量变动 2%。

第二，需求缺乏弹性。需求缺乏弹性是指需求量的变动幅度小于价格变动的幅度。如价格变动 1%，而需求量的变动仅为 0.3%。

第三，单位需求弹性。单位需求弹性是指需求量的变动幅度与价格变动的幅度相同。

如价格变动1%，需求量也变动1%。

第四，需求完全富有弹性。需求完全富有弹性是指价格的极其微小的变动就会导致需求量无穷大的变动。

第五，需求完全无弹性。需求完全无弹性是指无论价格变动幅度有多大，需求量均不变的情况。

在上述需求价格弹性的五种类型中，单位需求弹性、需求完全富有弹性和需求完全无弹性是较为极端的情况。严格地说，一种商品在不同的价格区间，弹性值是不同的。许多商品在较高的价格区间上是富有弹性的，而在较低的价格区间上则是缺乏弹性的。从图3－1上看，需求曲线越是平坦，并且越是靠近价格坐标轴的上端，需求价格弹性就越大；反之，需求曲线越是陡峭，并且越是接近需求量坐标轴，需求价格弹性就越小。五种需求价格弹性的分类如图3－1所示。

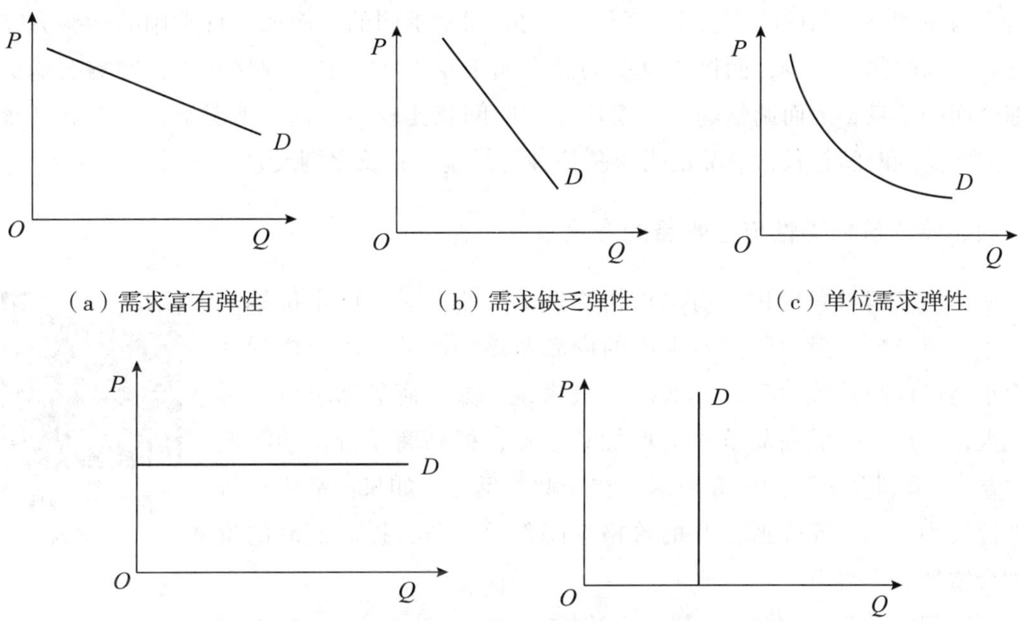

（a）需求富有弹性　（b）需求缺乏弹性　（c）单位需求弹性

（d）需求完全富有弹性　（e）需求完全无弹性

图3－1　五种需求价格弹性的分类

三、决定需求价格弹性的因素

一种商品需求价格弹性的大小会受到多种因素的影响，其中主要的因素有商品的替代品数量的多寡及相近程度、商品在消费者预算中的重要性、商品用途的多少、消费者调整购买方案所需的时间等。

第一，商品的替代品数量的多寡及相近程度是影响需求价格弹性最主要的因素。商品的替代品数量越多，替代品之间越相近，该商品的需求价格弹性就越大；反之则反是。

其原因在于，商品的替代品越多，其价格变动时消费者调整购买方案的余地就越大，因而对该商品需求量的影响就越大。

第二，商品在消费者预算中的重要性主要指消费者总支出中用于该种商品支出所占的比重。诸如食盐、粮食等商品开支在消费预算中所占比重往往较小，且消费者首先要保证该类商品的消费，因此这些商品的需求价格弹性相对较小。

第三，商品用途的多少。在其他情况不变的情况下，一种商品的用途越广泛，其需求价格弹性就越大。其原因是，一般情况下，消费者总是按照商品对其重要程度来决定购买顺序。这样，当具有多种用途的商品价格较高时，消费者就会倾向于只购买具有单一功能或功能较少的商品来满足最迫切的需要；而这类商品价格降低时，消费者将倾向于使相对次要的需求得到满足。因此，商品用途越多，受价格变动的影响就越大，需求价格弹性往往也越大。

第四，消费者调整购买方案所需的时间。不同的商品，在价格发生变动的情况下，消费者为了调整自己的购买方案，所需要的时间是不同的。例如，日常用品购买方案的调整，所需时间就较少；而机器设备的需求属于专业性需求，调整购买方案需要购买者掌握全面的信息，因而调整购买方案所需的时间就比较多。这种情况下，消费者调整购买方案所需的时间越长，商品的需求价格弹性就越小；反之则反是。

四、需求价格弹性与总收益的变化

从市场营销学角度讲，需求价格弹性的大小，对厂商定价策略会产生重要影响，因为厂商所生产的商品及该种商品需求价格弹性的大小与厂商的总收益密切相关。一般来说，如果商品需求价格弹性较大，则厂商降低商品价格会增加总收益，提高商品价格会降低总收益。“薄利多销”的内在原因就在于此。反之，如果商品需求价格弹性较小，则厂商降低商品的价格会降低总收益，提高商品的价格则会增加总收益。

需求价格弹性
与总收益

可以用一个简单的例子来说明上述结论。

假定某种商品需求价格弹性 E_D 为 2，该商品的价格为 200 元，销售量为 100 件，则此时的总收益为：

$$TR_0 = PQ = 200 \times 100 = 20000 \text{元}$$

如果该商品价格下降 10%，即由 200 元下降到 180 元。由于 $E_D = 2$，所以销售量会增加 20%，达到 120 件。这时的总收益为：

$$TR_1 = 180 \times 120 = 21600 \text{元。}$$

价格变动前后相比，虽然每件商品的价格有所下降，但总收益却增加了 1600 元。

任务二　需求的其他弹性

我们知道，除价格因素外，消费者的收入、替代品价格和互补品价格等都会影响一种商品的需求量。因此，需求弹性的范畴除了需求价格弹性之外，还包括需求收入弹性和需求交叉弹性等。

一、需求收入弹性

需求收入弹性是指需求量的变动率与收入变动率的比值，一般用 E_I 表示。它测度商品需求量的变动对于收入变动反应的敏感程度，也就是度量收入变动1%时需求量变动的比例。与一般的弹性概念相同，需求收入弹性也可以通过两种基本形式来计算。

需求收入弹性

设需求函数为 $D = f(I)$，若其可导，则

$$E_I = \frac{dQ}{dI} \cdot \frac{I}{Q} \tag{3.3}$$

若需求函数不可导或表达式不清，则

$$E_I = \frac{\Delta Q}{\Delta I} \cdot \frac{I}{Q} \tag{3.4}$$

注意，需求收入弹性公式与需求价格弹性公式尽管存在相似之处，但二者也存在较大差异。这种差异最明显的表现就是在需求收入弹性公式前并没有负号。原因在于，对于正常商品而言，随着消费者收入的增加，消费者总是倾向于多购买，因此，这类商品的需求收入弹性为正。但是，这一结论并不排除下述例外，即消费者对某些商品的需求量可能随着自身收入的增加而减少，我们将此类商品称为劣等品。劣等品的需求收入弹性一般为负。当然，随着时间的推移，原来属于正常品的商品很可能在消费者收入进一步增加的情况下转变为劣等品。

需求收入弹性的一个重要案例就是恩格尔定律。统计学家恩格尔曾使用统计资料总结出了恩格尔定律，其内容是：随着家庭收入的增加，家庭收入中用于食物方面的开支比重呈下降趋势，也就是食物的需求收入弹性是较小的。

资料阅读

2020年全国居民恩格尔系数为30.2%

2020年2月28日，国家统计局在其官网发布2020年国民经济和社会发展统计公报：全年全国居民人均消费支出21210元，比上年下降1.6%，扣除价格因素，实际下降4.0%。其中，人均服务性消费支出9037元，比上年下降8.6%，占居民人均消费支出的

比重为42.6%。按常住地分，城镇居民人均消费支出27007元，下降3.8%，扣除价格因素，实际下降6.0%；农村居民人均消费支出13713元，增长2.9%，扣除价格因素，实际下降0.1%。全国居民恩格尔系数为30.2%，其中城镇为29.2%，农村为32.7%。

（资料来源：光明网，https：//www.gmw.cn/；发表时间：2021－02－28，10：42）

二、需求交叉弹性

某种商品需求量的变动率与另一种商品价格的变动率的比值称为需求交叉弹性，一般用 E_C 表示。如果两种商品是替代关系或互补关系，那么其中一种商品的价格变动自然要影响到另外一种商品的需求量。在这种情况下，需求交叉弹性度量的是一种商品的需求量对替代品或互补品价格变动反应的敏感程度。

需求交叉弹性

设需求函数为 $D_x = f(P_y)$，即商品 x 的需求量取决于另一种商品 y 的价格，如果这一需求函数是可导的，则

$$E_C = \frac{dQ_x}{dP_y} \cdot \frac{P_y}{Q_x} \tag{3.5}$$

如果需求函数不可导或表达式不清，则

$$E_C = \frac{\Delta Q_x}{\Delta P_y} \cdot \frac{P_y}{Q_x} \tag{3.6}$$

需求交叉弹性可能取正值，也可能取负值，这取决于两种商品是替代关系还是互补关系。通常来说，若某种商品是 x 商品的替代品，则该种商品价格上升，会使 x 商品的需求量增加，此种情况下 E_C 为正。若某种商品是 x 商品的互补品，则该种商品价格上升，会使 x 商品的需求量下降，此种情况下 E_C 为负。若两种商品不相关，则 $E_C = 0$。

任务三　供给弹性

一、供给价格弹性的定义

供给量会随着商品价格的变化而变化，但是不同商品在不同的价格水平下，供给量对价格变动反应的灵敏程度是不相同的。

供给价格弹性是商品供给量的变动率与引起这种变动的自身价格变动率的比值，一般用 E_S 来表示。它测度的是商品供给量变动对于商品自身价格变动反应的敏感程度，其基本表达式有两种。

供给弹性1

如果供给函数 $Q_S = f(P)$ 是可导的，则供给价格弹性为：

$$E_S = \frac{dQ_S}{dP} \cdot \frac{P}{Q_S} \qquad (3.7)$$

如果供给函数 $Q_S = f(P)$ 是不可导的，或者供给函数表达式不清，则供给价格弹性为：

$$E_S = \frac{\Delta Q_S}{\Delta P} \cdot \frac{P}{Q_S} \qquad (3.8)$$

供给弹性 2

由于一般商品的供给量与商品自身价格同方向变动，即 dQ_S/dP 或 $\Delta Q_S/\Delta P$ 大于零，所以供给价格弹性一般大于零。

二、供给价格弹性的分类

与需求价格弹性类似，供给价格弹性也可以分为五种类型：供给富有弹性（即 $E_S > 1$）、供给缺乏弹性（即 $0 < E_S < 1$）、单位供给弹性（即 $E_S = 1$）、供给完全富有弹性（即 $E_S \to +\infty$）和供给完全无弹性（即 $E_S = 0$）。

如果供给曲线是线性的，则供给价格弹性的分类如图 3－2 所示。

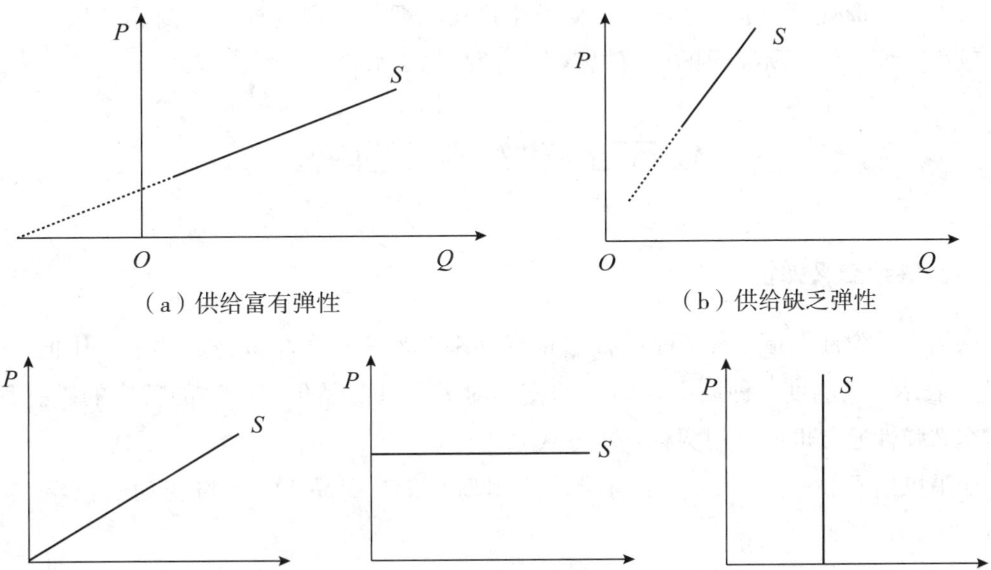

（a）供给富有弹性　（b）供给缺乏弹性　（c）单位供给弹性　（d）供给完全富有弹性　（e）供给完全无弹性

图 3－2　供给价格弹性的分类

三、影响供给价格弹性的因素

一种商品的供给价格弹性受多种因素影响，主要有供给增加的难易程度、产量调整所需的时间长短、生产成本的变化情况、厂商的技术状况和厂商规模等。

第一，供给增加的难易程度。如果在现行市场价格水平下厂商可以较容易地购买到生产所需的原材料，那么价格的微小变动就会引起产量的大幅度变动。此时供给价格弹性就较大。反之，如果厂商生产能力扩张受到严重限制，则供给量变动对价格的变动就不敏感，供给价格弹性就较小。

第二，产量调整所需的时间长短。商品价格发生变动时，厂商对产量的调整需要一定的时间。有些厂商可以在短时期内根据价格变动及时地增加产量，或者相反，这时供给价格弹性就较大。反之，有些商品的生产需要经过较长的周期（如农产品），厂商根据市场价格变动调整产量所需的时间较长，供给价格弹性就较小。

第三，生产成本的变化情况。如果产量增加只引起边际成本的轻微上升，则厂商供给价格弹性就较大；反之则反是。

第四，厂商的技术状况。按照生产要素的密集程度，可将厂商技术划分为劳动密集型、资本密集型、技术密集型等。一般地说，劳动密集型厂商在发现价格变动时，从劳动力市场上吸收劳动力或减少劳动力雇佣较为容易，因此供给价格弹性较大；反之，资本密集型和技术密集型厂商则较难根据价格变动信息迅速调整产量，因此供给价格弹性往往较小。

第五，厂商规模。通常情况下，商品生产所需要的厂商规模大，商品的供给价格弹性就较小；商品生产所需要的厂商规模小，商品的供给价格弹性就较大。

任务四　供给的其他弹性

一、供给交叉弹性

供给交叉弹性是指一种商品的供给量变动率对另一种商品价格变动率的比值，一般用 E_{RS} 表示。它测度一种商品供给量的变动对另一种商品价格变动的反应的敏感程度。供给交叉弹性通常也可以用两种基本方式来求得。

如果供给函数 $Q_S = f(P)$ 是可导的，则商品 i 对商品 j 的价格变动的供给交叉弹性为：

$$E_{RS} = \frac{dQ_i}{dP_j} \cdot \frac{P_j}{Q_i} \tag{3.9}$$

如果供给函数 $Q_S = f(P)$ 是不可导的，或是供给函数表达式不清，则商品 i 对商品 j 的供给交叉弹性为：

$$E_{RS} = \frac{\Delta Q_i}{\Delta P_j} \cdot \frac{P_j}{Q_i} \tag{3.10}$$

研究供给交叉弹性对于政府制定并实施正确的经济政策是相当重要的。简单地说，如果政府通过补贴、税收等政策来增加或减少某种商品的供给，则应考虑这种政策对其他商品供给量的直接或间接影响。

二、供给成本弹性

供给成本弹性是指一种商品的供给量变动率对于该种商品成本变动率的比值，一般用 E_{CS} 表示。它测度的是供给量的变动对于成本变动反应的灵敏程度。供给成本弹性也可以用两种基本方式来求得。

设成本为 C，如果供给函数 $Q_S = f(C)$ 是可导的，则：

$$E_{CS} = \frac{dQ_S}{dC} \cdot \frac{C}{Q_S} \tag{3.11}$$

如果供给函数 $Q_S = f(C)$ 是不可导的，或者供给函数表达式不清，则：

$$E_{CS} = \frac{\Delta Q_S}{\Delta C} \cdot \frac{C}{Q_S} \tag{3.12}$$

项目小结

价格弹性主要包括需求价格弹性、需求收入弹性和供给价格弹性，E_D表明商品需求量的变动对商品自身价格变动反应的敏感程度。E_I 表明商品需求量的变动对于收入变动反应的敏感程度。E_S表明商品供给量的变动对于商品自身价格变动反应的敏感程度。

关键概念

需求价格弹性、需求收入弹性、需求交叉弹性、供给价格弹性、供给交叉弹性、供给成本弹性。

实践与实训

一、选择题

1. 如果价格上升 10% 能使购买者总支出增加 2%，则该商品的需求价格弹性（　　）。

A. 缺乏弹性　　B. 富有弹性　　C. 具有单位弹性　　D. 完全无弹性

2. 政府对卖者出售的商品每单位征税 5 元，假定这种商品的需求价格弹性为零，可以预期价格上升（　　）。

A. 多于 5 元　　B. 少于 5 元　　C. 等于 5 元　　D. 以上都不对

3. 如某种商品的需求富有弹性，则意味着价格一定程度的下跌将会导致（　　）。

A. 卖者总收益增加　　B. 买者需求量减少

C. 买者总支出减少　　D. 买者需求增加

二、计算题

1. 假定某商品的需求是富有弹性的，当价格为 1000 元时，销售量为 1 万件。当该商品的价格下降为500元时，销售量为3万件，分析价格变动对总收益的影响。

2. 已知某消费者需求收入函数为 $Q=2000+0.2M$，式中 M 代表收入，Q 代表对某商品的需求量。试求：

当 $M=10000$ 元和15000元时的需求收入弹性。

3. A 公司和 B 公司是某一行业的两个竞争者，两种商品 A 和 B 的需求曲线分别为；$P_A=1000-5Q_A$，$P_B=1600-4Q_B$，现在两家公司的销售量为100个单位 A 和250个单位 B。

（1）分别求两种商品的需求价格弹性；

（2）A 商品降价后，B 商品的销售量增加到300个单位，同时导致 A 商品的销售量下降到75个单位，问 A 商品和 B 商品的需求交叉弹性是多少？

（3）假定 B 公司的目标是销售收入最大，你认为其降价是否合理？

互动讨论

1. 请判断下列各对商品中，哪对商品的需求价格弹性更大些？

（1）食盐　浴盐　　（2）面粉　方便面　　（3）自来水　矿泉水

（4）果汁　汇源果汁　　（5）牛奶　酸牛奶　　（6）手机　CDMA 手机

2. 当今世界各国之间的关税之争不断加剧。那么：

（1）假设 A 国的农产品主要从 B 国进口，请分析 A 国提高农产品进口关税，一定会降低来自 B 国农产品的进口量吗？

（2）假设 A 国从包括 B 国在内的30个国家进口相同的某种商品，请分析 A 国单独提高对从 B 国进口商品的关税，一定会降低本国该商品从 B 国的进口量吗？

案例分析

主机与附件的不同弹性

1987年，福建省某机械厂进口一套设备。据调查，当时有六个国家能够生产这种设备，价格在800万~1200万美元。该厂首先找日本一家企业谈判，开价800万美元，争取1000万美元成交。岂知，第一次谈判，日商就满口答应，并表示可以立即签订合同。厂长心里直打鼓："日本人这么好说话？其中必定有'鬼'！"但想来想去，货真价实，无可挑剔，便拍板敲定。设备到货使用一年以后，许多易损零部件需要更换，厂长便请日商按合同供货。日商表示可以，但价格提高一倍（合同并未规定日后供应零部件价格）。厂长心想这是"敲竹杠"，便设法向其他生产同类设备的国家购买，但由于不配套，最后被迫以高价向日商购买这些专用零部件。几年下来，这比当初花1200万美元购买还贵。厂长气愤地骂道："日本人就是'鬼'！"

最近，这位厂长有机会学到需求价格弹性，方才恍然大悟：由于国际市场竞争激烈，成套设备的主机极富弹性，而专用零配件几乎完全无弹性。因此，日商的销售策略是先在主机上让价，把购买者套住以后再在零配件上提价，这叫“堤内损失堤外补”。厂长深有感慨地说：“这本是经销ABC，不能说日本人‘鬼’，只能怪自己笨——无知!”因此，在购买外国商品、引进成套设备时，由于它们富有价格弹性，在谈判中应力争主动，以最有利的价格购进。对一些必需的附件等，尽量与主机同时一次购入，并在合同中详细写明售后服务项目。在销售商品时，也可以适当降低主机和成套设备的利润率，以扩大需求，占领市场，而与这些主机有关联的附件等，则可适当提高利润，以求得较好的综合经济效益。

（资料来源：黎诣远，《微观经济分析》，清华大学出版社，1987年）

思考题：

1. 你认为哪些因素会影响商品的需求价格弹性?
2. 对具有不同需求价格弹性的商品，应该采取怎样的定价策略才对厂商最有利?

项目四　消费者行为理论

知识目标

1. 掌握效用、总效用、边际效用、边际效用递减规律的含义。
2. 掌握无差异曲线的含义与特征、消费者预算线的含义。
3. 明确总效用与边际效用的关系。
4. 理解效用最大化及消费者均衡的条件。

能力目标

1. 学会分别用边际效用分析法和无差异曲线分析法说明消费者均衡问题。
2. 消费者如何获取最多的效用。
3. 运用边际效用递减规律分析经济现象。

思政目标

1. 了解经济学中对幸福的解读与现实生活中对幸福的感受的内涵与外延。
2. 学会用习近平总书记倡导的“奋斗幸福观”统领生活与工作，从而面向未来。

引导案例

幸福是什么：幸福 = 效用/欲望

经济学所研究的实际是面对限制条件下的最大化问题。这就是说，社会和每个人都面临稀缺性（这就是限制条件），其所做出选择的目标是实现利益最大化。这适用于各种决策，也同样适用于家庭。

家庭或者个人所追求的是自己的最大幸福。这就是说，人要使自己这一生过得尽可能幸福。对于幸福，不同人有不同的理解，哲学家把实现个人自由作为幸福；文学家把浪漫情调作为幸福；政治家把实现自己的理想抱负作为幸福；企业家把商业成功作为幸福；而凡夫俗子往往觉得“平平淡淡就是幸福”。不同的人对幸福有不同的理解，如果这样，你认为经济学家怎样理解幸福呢？

经济学家无法用一个客观标准来研究幸福。为了把幸福作为一个经济问题来研究，美国经济学家萨缪尔森提出了一个幸福方程式：幸福 = 效用/欲望。这就是说，幸福等于效用与欲望之比。从这个公式来看，幸福取决于两个因素：效用与欲望。当欲望既定时，效用越大，越幸福；当效用既定时，欲望越小越幸福。效用与幸福同比例变动，欲望与幸福反比例变动。但是，如果把欲望看作无限的，这个公式就没有意义了。因为无论效用有多大，只要它是一个既定的量，与无限的欲望相比，幸福都是零，因此，在从经济学的角度研究幸福时，我们假定欲望是既定的，这种假定与现实也并不矛盾。因为尽管从发展的角度看，欲望是无限的，但在某一个阶段内欲望可以看作是既定的。欲望的无限性表现为一个欲望满足之后又会产生新的欲望，在一个欲望未满足前，可以把这个欲望作为既定的。当欲望为既定的时，人的幸福就取决于效用，因此，可以简单地把追求幸福最大化等同于追求效用最大化。

（资料来源：梁小民，《经济学是什么》，北京大学出版社，2001 年版，第 34 页）

思考题：

1. 幸福的含义到底是什么，每个人谈谈对幸福的理解。
2. 欲望太大影响幸福的感觉吗？

研究消费者的行为在西方经济学中通常是借用效用理论来加以描述的，故消费者行为理论又被称为效用论。根据对消费者行为做出的不同假设，效用论又可划分为基数效用论和序数效用论，本项目将采用两种分析方法（边际效用分析与无差异曲线分析）来分析消费者行为，研究消费者行为是由哪些因素影响和根据什么原则决定，以及消费者的均衡问题。

引言：消费者行为的选择

任务一　欲望与效用

不同的人对幸福有不同的理解，不同的学者对幸福有不同的解释。经济学家把幸福理解为一个幸福方程式：幸福 = 效用/欲望。因此，对消费者行为的解释可以从欲望和效用两个概念开始。

一、欲望与效用的概念

1. 欲望

欲望是一种缺乏的感觉与求得满足的愿望。这也就是说，欲望是不足之感与满足之愿的统一，两者缺一都不能称为欲望。

欲望

通过该定义可知，欲望是一种心理感觉。欲望的特点是其无限性。一种欲望满足之后又会产生其他欲望，永远也没有完全满足的时候。

人的欲望尽管是无限的，但有轻重缓急之分，有不同的欲望层次。欲望是消费者需要的出发点，满足欲望是消费的目的。在幸福方程式中，假定欲望是既定的，这样幸福和效用就完全成正比。

2. **效用**

效用是指商品满足人的欲望的能力，或者说，效用是指消费者（又称居民户或家庭）在消费商品（或劳务）时所感受到的满足程度。

效用1

效用是消费者对商品满足自己的欲望的能力的一种主观心理评价。消费者消费某种商品获得的满足程度高就是效用大，反之满足程度低就是效用小。如果消费者从消费某种商品中感受到痛苦，则是负效用。当然，某种商品效用的大小不仅取决于消费者在消费该商品时的主观感受，而且受制于该商品满足消费者某种需要的物质属性，商品的使用价值是效用的基础和前提，是满足人们需要的必要条件，而效用是满足人们需要的充分条件。

效用2

二、基数效用和序数效用

根据对效用研究的度量方式不同，效用分析分为基数效用分析和序数效用分析。

基数效用论与序数效用论

1. **基数效用**

基数效用是用具体数字来研究消费者效用最大化的问题，即指按1、2、3……基数来衡量效用的大小，这是一种按绝对数衡量效用的方法，绝对数越大，效用越大。如甲商品对消费者效用是10，乙商品对消费者效用是16，则乙商品的效用大于甲商品的效用。这就是基数效用，它采用边际效用分析法研究消费者的效用问题。

2. **序数效用**

序数效用认为，效用是一种主观的满意度，很难用客观的具体数字衡量与表示，它们只能根据消费者个人喜好程度排列出大小先后的顺序，即是指按第一、第二、第三……的序数来反映效用的排序或等级。这种理论用无差异曲线分析法来研究消费者效用最大化问题。

3. **两者区别**

基数效用分析采用了效用可计量的假定；而序数效用分析采用了分高低、排顺序的假定。

任务二　基数效用——边际效用分析法

一、总效用与边际效用

总效用和
边际效用1

总效用和
边际效用2

1. 总效用

总效用是指消费者在一定时间内，消费一种或几种商品所带来的全部效用总和。它取决于消费者在一定时间内消费商品的数量。

总效应函数：$TU = f(Q)$，其中 Q 为消费商品的数量。

2. 边际效用

边际效用则指消费者在一定时间内增加一个单位商品的消费所引起的总效用的增加量。所谓“边际”就是指每多增加（减少）一个单位时，所造成的变化量。

边际效用函数：

$$MU = \Delta TU(Q)/\Delta Q f(Q) \tag{4.1}$$

当消费者消费商品增量为无限小时，即 $\Delta Q \to 0$ 时，则有：

$$MU = dTU(Q)/dQ \tag{4.2}$$

总效用与边际效用的关系如表 4－1 所示。

表 4－1　总效用与边际效用的关系

数量（Q）	总效用（TU）	边际效用（$MU = \Delta TU/\Delta Q$）
0	0	—
1	10	10
2	18	8
3	24	6
4	28	4
5	30	2
6	30	0
7	28	－2

注：Δ 表示效用量的“变化”。

3. 边际效用和总效用的相互关系

通常边际效用和总效用具有如下一般规律：

（1）边际效用是递减的；

（2）边际效用下降时，总效用增加；

（3）当边际效用为 0 时，总效用最大；

（4）边际效用为负时，总效用下降；

（5）消费一定商品的总效用是消费该商品的边际效用之和。

二、边际效用递减规律

从表 4－1 可以看出，当商品的消费量由 0 增加为 1 时，总效用由 0 增加为 10 个效用单位，总效用的增量即边际效用为 10 个效用单位。当商品的消费量由 1 增加到 2 时，总效用由 10 上升为 18，而边际效用下降为 8，依此类推，边际效用进一步递减。这说明，只要人们在既定时间内，消费一项商品的数量增加，他们的总效用就增加，但是每新增一单位商品，总效用增加的部分就减少。也就是说，一项商品的消费数量增多时，其边际效用渐减。这种现象普遍存在，被称为边际效用递减规律。

边际效用递减规律 1

从基数效用观点分析，随着消费相同商品的增加，从人的心理和生理角度看，满足消费者欲望的程度必然会下降，所以存在边际效用递减规律。

边际效用递减规律 2

用边际效用递减规律就可以说明需求定理。消费者购买商品是为了取得效用，对边际效用大的商品，消费者就愿意支付较高的价格，即消费者购买商品支付价格以边际效用为标准。按边际效用递减规律：购买商品越多，边际效用越小，商品价格越低；反之，购买商品越少，边际效用越大，商品价格越高。因此，商品需求量和价格呈反方向变化，即价格低，需求多；价格高，需求少，这就是需求定理。

边际效用递减规律 3

三、消费者均衡

消费者均衡是研究单个消费者如何把有限的货币收入分配在各种商品的购买中以获得最大的效用。也可以说，它是研究单个消费者在既定收入下实现效用最大化的均衡条件。这里通常要假设：第一，消费者的嗜好是既定的。消费者对各种商品的效用与边际效用的评价是既定的，不会发生变动。第二，消费者的收入是既定的。第三，商品的价格是既定的。

消费者均衡

（1）消费者实现效用最大化的均衡条件

如果消费者的货币收入水平是固定的，市场上各种商品的价格是已知的，那么，消费者应该使自己所购买的各种商品的边际效用与价格之比相等。或者说，消费者应使自己花费在各种商品购买上的最后一元钱所带来的边际效用相等。

假定：消费者用既定的收入 I 购买 n 种商品，P_1、P_2……P_n 分别为 n 种商品的既定的价格，λ 为不变的货币的边际效用。以 X_1、X_2……X_n 分别表示 n 种商品的数量，MU_1、MU_2……MU_n 分别表示 n 种商品的边际效用，则上述消费者效用最大化的均衡条件可以用公式表示为：

$$P_1X_1 + P_2X_2 + \cdots + P_nX_n = I \tag{4.3}$$

$$\frac{MU_1}{P_1} = \frac{MU_2}{P_2} = \frac{MU_n}{P_n} = \lambda \tag{4.4}$$

（2）消费者均衡论证

下面以消费者购买两种商品为例，具体说明消费者效用最大化的均衡条件。

与上述两式相对应，在购买两种商品情况下的消费者效用最大化的均衡条件为：

$$P_1X_1 + P_2X_2 = I \tag{4.5}$$

$$\frac{MU_1}{P_1} = \frac{MU_2}{P_2} = \lambda \tag{4.6}$$

上述均衡条件可分解为如下三种情况：

第一种情况：当 $\frac{MU_1}{P_1} < \frac{MU_2}{P_2}$ 时，理性的消费者就会调整这两种商品的购买数量：减少对商品 1 的购买量，增加对商品 2 的购买量，因为用于增加购买商品 2 的最后 1 元钱的边际效用大，从而可增加消费者的总效用。

第二种情况：当 $\frac{MU_1}{P_1} > \frac{MU_2}{P_2}$ 时，他便得到了由减少购买商品 2 和增加购买商品 1 所带来的总效用增加的全部好处，说明消费者仍然有增加总效用的空间。

第三种情况：当 $\frac{MU_1}{P_1} = \frac{MU_2}{P_2}$ 时，购买每种商品的最后 1 元钱的边际效用相等，消费者不再调整购买决策，说明总效用达到最大，消费者实现了均衡。

另外，从 $\frac{MU_i}{P_i}$ 与 λ 的关系同样可以分解为三种情况：

第一种情况：当 $\frac{MU_i}{P_i} < \lambda$ 时，这说明消费者用 1 元钱购买第 i 种商品所得到的边际效用小于所付出的这 1 元钱的边际效用。也可以理解为，消费者对第 i 种商品的消费量是太多了。

第二种情况：当 $\frac{MU_i}{P_i} > \lambda$ 时，这说明消费者用 1 元钱购买第 i 种商品所得到的边际效用大于所付出的这 1 元钱的边际效用。也可以理解为，消费者对第 i 种商品的消费量是不足的，消费者将增加该种商品的消费量，从而使 $\frac{MU_i}{P_i}$ 值下降。

第三种情况：当 $MU_i/P_i = \lambda$ 时，消费者无论购买任何一种商品的最后 1 元钱的边际效用都是相等的，消费者不再调整购买决策，说明总效用最大化，消费者实现了均衡。

四、消费者剩余

消费者剩余是指消费者愿意对一定量商品所支付的价格，即需求价格与其实际支付价格的差额。即：

消费者剩余＝需求价格－实际价格

消费者剩余

对消费者来说，需求价格取决于其对该单位商品的效用评价，该单位商品给消费者带来的边际效用越大，消费者为获得该单位商品所愿意支付的价格，即需求价格越高，反之则需求价格越低。由于边际效用是递减的，因而需求价格会随着消费者对该商品消费数量的不断增加而不断降低。

随着消费者对某一商品消费数量的不断增加，消费者对每一单位商品愿意支付的价格递减，而实际价格不变，因而消费者所获得的消费者剩余在减少。

消费者剩余可以用几何图形来表示，即消费者需求曲线以下、市场价格线之上的面积来表示。在图4－1中，D 为某消费者对某商品的需求曲线，P_0 为该商品的市场价格，此时的消费者剩余为 AP_0E 。商品价格由 P_0 下降为 P_1 ，消费者剩余就由 AP_0E 增加为 AP_1E' ，消费者剩余增加了 $P_0P_1E'E$ 。

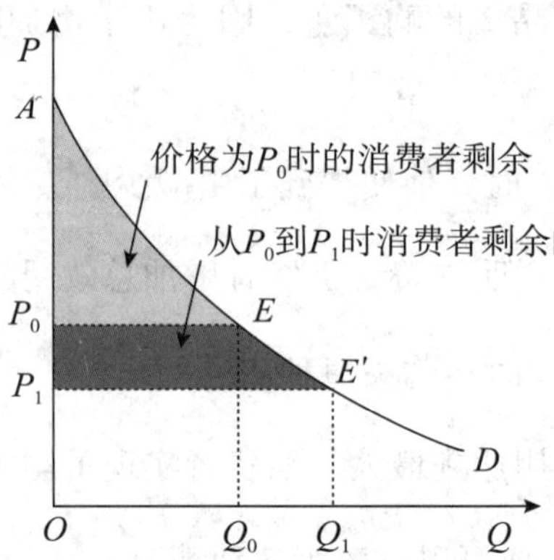

图4－1　消费者剩余

令消费者的需求函数为 $P=f(Q)$ 。则当消费者以实际价格 P_1 购买 Q_1 数量的商品时的消费者剩余，可以用公式表示为：

$$消费者剩余 = \int_0^{Q_1} f(Q)\ dQ - P_1Q_1$$

其中，需求曲线以下的积分面积表示消费者在购买 Q_1 时所愿意支付的价格，实际价格 P_1 和购买量 Q_1 的乘积表示消费者实际支付的总价格。

最后需要强调的是，消费者剩余是消费者的主观心理评价，它反映消费者通过购买和消费商品所感受到状态的改善。因此，经济学中经常运用消费者剩余度量和分析社会福利问题。

任务三　序数效用——无差异曲线分析法

一、无差异曲线及其特点

无差异曲线和偏好这一概念是联系在一起的。无差异曲线是用来表示消费者偏好相同的两种商品的不同数量的各种组合的。或者说，它是表示能给消费者带来同等效用水平或满足程度的两种商品的不同数量的各种组合的轨迹（见表 4－2 某消费者的无差异表和图 4－2 无差异曲线）。

无差异曲线的含义；
无差异曲线的特征

无差异曲线相对应的效用函数：

$$U = f(X_1, X_2) \tag{4.7}$$

其中，X_l和 X_2分别为商品 1 和商品 2 的数量；U 是常数，表示某个效用水平。由于无差异曲线表示的是序数效用，所以，这里的 U 只需表示某一个效用水平，而不在乎其具体数值的大小，有的西方学者称这种效用水平为效用指数。

表 4－2　　某消费者的无差异表

商品组合	表 a		表 b		表 c	
	X_1	X_2	X_1	X_2	X_1	X_2
A	20	130	30	120	50	120
B	30	60	40	80	55	90
C	40	45	50	63	60	83
D	50	35	60	50	70	70
E	60	30	70	44	80	60
F	70	27	80	40	90	54

图 4－2 显示，无差异曲线一般具有如下特性：

（1）同一坐标平面上的任何两条无差异曲线之间，可以有无数条无差异曲线。

（2）离原点越近的无差异曲线代表的效用水平越低；反之，离原点越远的无差异曲线代表的效用水平越高。

（3）在同一坐标平面上任何两条无差异曲线不会相交。

（4）无差异曲线是凸向原点的。

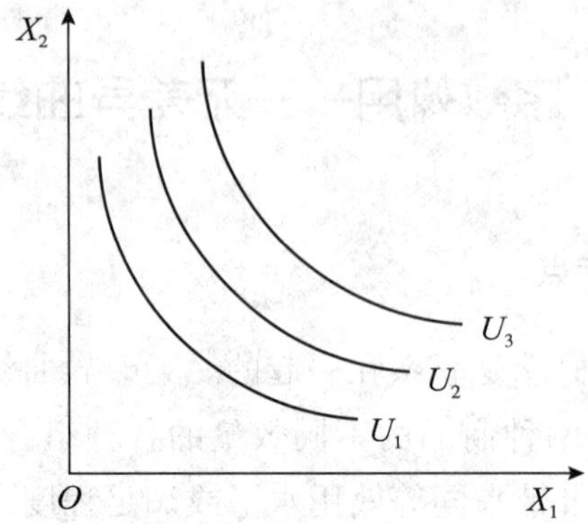

图 4－2　无差异曲线

二、商品的边际替代率

1. 商品的边际替代率

在维持效用水平或满足程度不变的前提下，消费者增加一单位的某种商品的消费时所需放弃的另一种商品的消费数量，被称为商品的边际替代率。

边际替代率

以 RCS 代表商品的边际替代率，则商品 1 对商品 2 的边际替代率的公式为：

$$RCS_{12} = -\frac{\Delta X_2}{\Delta X_1} \tag{4.8}$$

其中，ΔX_1 和 ΔX_2 分别为商品 1 和商品 2 的变化量。由于 ΔX_1 和 ΔX_2 的符号肯定是相反的，为了使商品的边际替代率取正值以便于比较，所以，在公式中加了一个负号。

假定商品数量的变化量趋于无穷小，即当 $\Delta X_1 \to 0$ 时，则商品的边际替代率的公式（4.8）可以写为：

$$RCS_{12} = \lim_{\Delta X_1 \to 0} -\frac{\Delta X_2}{\Delta X_1} = -\frac{dX_2}{dX_1} \tag{4.9}$$

显然，无差异曲线上任何一点的商品的边际替代率等于无差异曲线在该点的斜率的绝对值。

2. 商品的边际替代率递减规律

商品的边际替代率递减规律是指在维持效用水平不变的前提下，随着一种商品消费数量的连续增加，消费者为得到每一单位的这种商品所需要放弃的另一种商品的消费数量是递减的。商品的边际替代率递减的原因：随着一种商品的消费数量的逐步增加，消费者想要获得更多的这种商品的愿望就会递减，从而，消费者为了多获得一单位的这种商品而愿意放弃的另一种商品的数量就会越来越少。边际替代率递减规律如图 4－3 所示。

从几何意义上讲，商品的边际替代率递减表示无差异曲线斜率的绝对值是递减的。这一规律决定了无差异线的形状凸向原点。

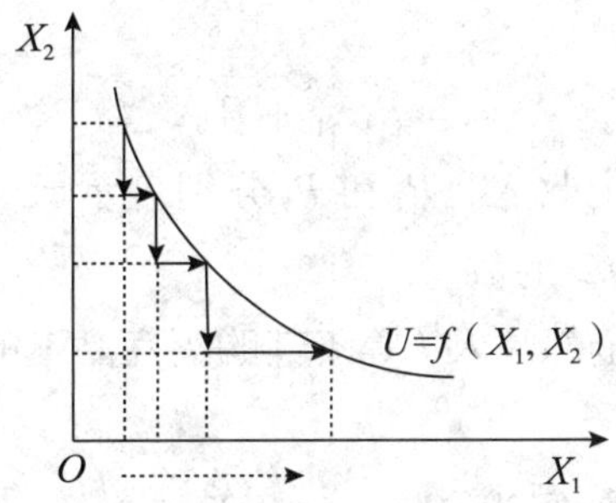

图 4－3　边际替代率递减规律

三、无差异曲线的特殊形状

1. 完全替代品情况

完全替代品指两种商品之间的替代比例是固定不变的情况。因此，在完全替代的情况下，两种商品之间的边际替代率 RCS_{12} 就是一个常数，相应的无差异曲线是一条斜率不变的直线。完全替代品的无差异曲线如图 4－4（a）所示。

2. 完全互补品情况

完全互补品指两种商品必须按固定不变的比例同时被使用的情况。因此，在完全互补的情况下，相应的无差异曲线为直角形状。完全互补品的无差异曲线如图 4－4（b）所示。

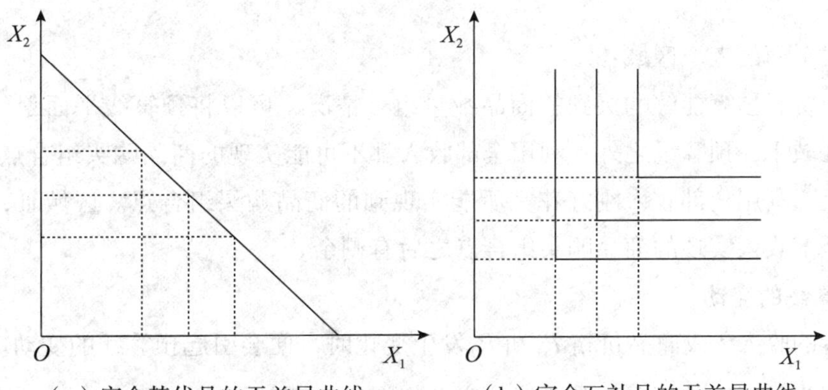

（a）完全替代品的无差异曲线　（b）完全互补品的无差异曲线

图 4－4　完全替代品和完全互补品的无差异曲线

四、消费者预算线分析

序数效用在分析消费者行为时需建立消费者预算线。

1. 消费者预算线

消费者预算线（以下简称预算线）又称为消费可能线。预算线表示在消费者收入和商品价格既定的条件下，消费者的全部收入所能购买到的两种商品的不同数量的各种组合。

预算线

预算线方程为：

$$I = P_1X_1 + P_2X_2 \tag{4.10}$$

其中，I表示消费者的既定收入，P_1和P_2分别表示已知的商品1和商品2的价格，X_1和X_2分别表示商品1和商品2的数量。

（4.10）表示：消费者的全部收入I等于其购买商品1的支出与购买商品2的支出的总和。

把上式的预算线方程也可改写为：$X_2 = -\frac{P_1}{P_2}X_1 + \frac{I}{P_2}$，预算线及预算线平面的区域划分如图4-5所示。

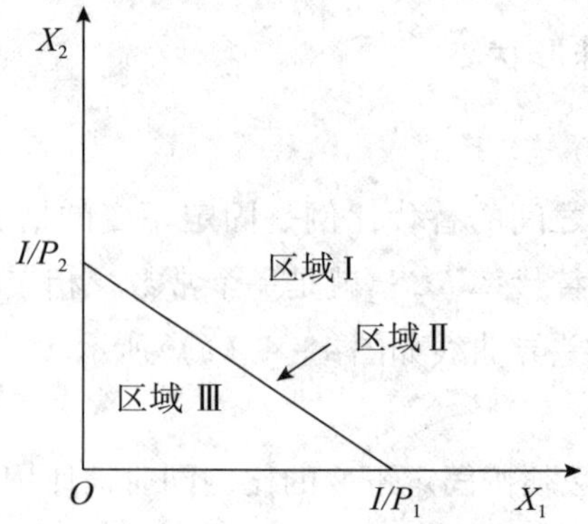

图4-5 预算线及预算线平面的区域划分

预算线平面的三个区域：

根据消费者预算能够购买到的商品数量组合情况，可以将预算线平面划分为如下三个区域：区域Ⅰ，预算线之外：利用全部收入都不可能实现的商品购买组合点。区域Ⅱ，预算线之上，利用全部收入刚好花完所能实现到的商品购买组合点。区域Ⅲ，预算线之内，利用全部收入实现的商品购买组合点之后有剩余。

2. **预算线的变动**

消费者的收入I或商品价格P_1和P_2发生变化时，便会引起预算线的变动。预算线变动可以归纳为以下三种情况，预算线的变动如图4-6所示。

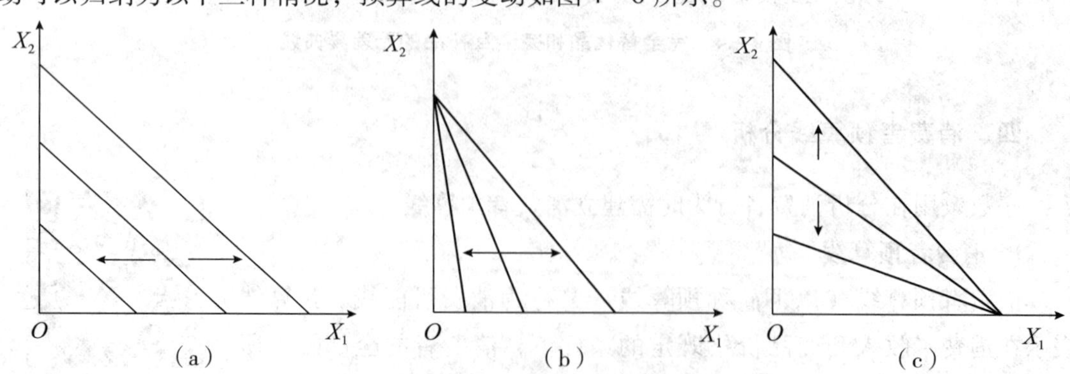

图4-6 预算线的变动

（1）当两种商品的价格不变，消费者的收入发生变化时，预算线的位置会发生平移［见图4－6（a）］。商品的价格不变，则预算线的斜率（$-P_1/P_2$）不变。于是，收入的变化只能引起预算线的截距I/P_1和I/P_2的变化。

（2）当消费者的收入不变，两种商品的价格同比例同方向变化时，预算线的位置也会发生平移［见图4－6（a）］。两种商品价格同比例同方向的变化并不影响预算线的斜率（$-P_1/P_2$），而只能引起预算线的截距I/P_1和I/P_2的变化。

（3）当消费者的收入不变，一种商品的价格不变而另一种商品的价格发生变化时，不仅预算线的斜率（$-P_1/P_2$）会发生变化，而且预算线的截距I/P_1或I/P_2也会发生变化，［见图4－6（b）、4－6（c）］。

当消费者的收入和两种商品的价格都同比例同方向变化时，预算线不发生变化。此时预算线的斜率$-P_1/P_2$不会发生变化，预算线的截距也不会发生变化。这说明消费者的全部收入用来购买其中任何一种商品的数量都是不变的，即消费者的实际收入水平没有变化。

五、序数效用下的消费者均衡

序数效用把无差异曲线和预算线结合在一起来说明消费者的均衡。

1. 消费者的最优购买行为必须满足两个条件

（1）最优的商品购买组合必须是消费者最偏好的商品组合。也就是说，最优的商品购买组合必须是能够给消费者带来最大效用的商品组合。

（2）最优的商品购买组合必须位于给定的预算线上。任何一个理性的消费者在用一定的收入购买商品时，其目的是从中获得尽可能大的消费满足。

消费者均衡
（无差异曲线分析法）

2. 消费者的最优购买行为分析

假定消费者的偏好给定，再假定消费者的收入和两种商品的价格给定，那么，消费者应该如何选择最优的商品组合，以获得最大的效用呢？可以得到以下两点：

第一，消费者偏好给定的假定，意味着给定了一个由该消费者的无数条无差异曲线所构成的无差异曲线簇。从中取出三条，这便是图4－7（序数效用下的消费者均衡）中三条无差异曲线U_1、U_2和U_3的由来。

第二，消费者的收入和两种商品的价格给定的假定，意味着给定了该消费者的一条预算线，这便是图4－7中唯一的一条预算线AB的由来。

图中既定的预算线AB和其中一条无差异曲线入相切于E点，则E点就是在既定收入约束条件下消费者能够获得最大效用水平的均衡点。为什么唯有E点才是消费者效用最大化的均衡点呢？这是因为，就无差异曲线U_3来讲，虽然它代表的效用水平高于无差异曲线U_2，但它与既定的预算线既无交点也无切点。这说明消费者在既定的收入水平下无法实现无差异曲线U_3上的任何一点的商品购买组合。就无差异曲线U_1来讲，虽然它与

预算线 AB 交于 C、D 两点，表明消费者利用现有的收入可以购买 C、D 两点的商品组合，但是这两点的效用水平低于无差异曲线 U_2，因此理性的消费者不会选择这两种组合。显然，只有当既定的预算线 AB 与无差异曲线 U_2 相切于 E 点时，消费者才在既定的收入条件下获得最大的满足。故 E 点就是消费者实现效用最大化的均衡点。

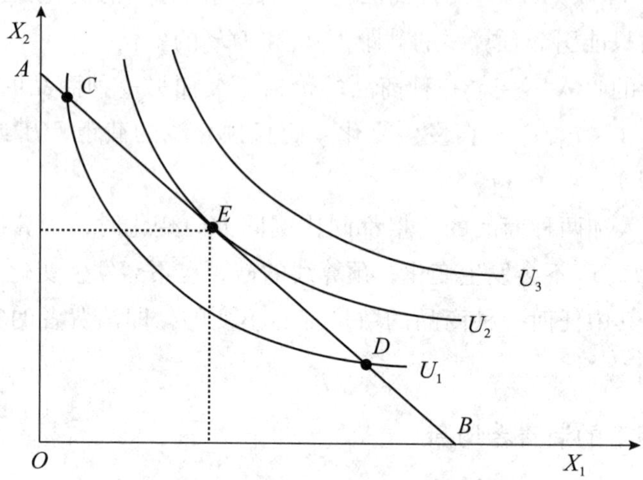

图 4－7　序数效用下的消费者均衡

3. 消费者效用最大化的均衡条件

一方面，在切点 E，无差异曲线 U_2 和预算线 AB 的斜率是相等的；另一方面，预算线斜率的绝对值可以用两种商品的价格之比来表示。所以，在 E 点有：

$$RCS_{12} = P_1/P_2 \tag{4.11}$$

这就是消费者效用最大化的均衡条件。它表示：在一定的收入约束条件下，为了得到最大的消费满足，消费者应选择最优的商品购买数量的组合，使得两种商品的边际替代率等于两商品的价格之比。也可以说，它表示：在消费者的均衡点上，消费者愿意用一单位的某种商品去交换另一种商品的数量应该等于该消费者能够在市场上用一单位的这种商品去交换另一种商品的数量。

任务四　替代效应和收入效应

一、替代效应和收入效应的含义

由于商品的相对价格发生变化，消费者增加跌价商品的购买量以替代价格相对上涨的商品的现象，称为替代效应。而由于总支出的变化引起的向另一条无差异曲线的移动而导致购买量变化的现象，则称为收入效应。

二、正常物品的替代效应和收入效应

当商品的价格发生变化引起消费者的实际收入水平发生变化时，补偿预算线是用来表示以假设的货币收入的增减来维持消费者的实际收入水平不变的一种分析工具。

具体来说，在商品价格下降引起消费者的实际收入水平提高时，假设可以取走消费者的一部分货币收入，以使消费者的实际收入维持原有的水平，则补偿预算线在此就可以用来表示使消费者的货币收入下降到只能维持原有的无差异曲线的效用水平（即原有的实际收入水平）。

通常情况下，对于正常物品来说，替代效应与价格呈反方向的变动，收入效应也与价格呈反方向的变动。在它们的共同作用下，总效应必定与价格呈反方向变动。正因为如此，正常物品的需求曲线是向右下方倾斜的。

三、正常物品和低档物品的区别与收入效应

商品可以分为正常物品和低档物品两大类。

1. 正常物品和低档物品

正常物品的需求量与消费者的收入水平呈同方向的变动，即：正常物品的需求量随着消费者收入水平的提高而增加，随着消费者收入水平的下降而减少。

低档物品的需求量与消费者的收入水平呈反方向的变动，即：低档物品的需求量随着消费者收入水平的提高而减少，随着消费者收入水平的下降而增加。

2. 正常物品和低档物品的收入效应

当正常物品的价格下降（或上升）导致消费者实际收入水平提高（或下降）时，消费者会增加（或减少）对该正常物品的需求量。也就是说，正常物品的收入效应与价格呈反方向变动。

对于低档物品来说，当某低档物品的价格下降（或上升）导致消费者的实际收入水平提高（或下降）时，消费者会减少（或增加）对该低档物品的需求量。也就是说，低档物品的收入效应与价格呈同方向变动。

四、低档物品的替代效应和收入效应

对于低档物品来说，替代效应与价格呈反方向变动，收入效应与价格呈同方向变动，而且，在大多数的场合，收入效应的作用小于替代效应的作用，所以，总效应与价格呈反方向的变动，相应的需求曲线是向右下方倾斜的。

五、吉芬物品的替代效应和收入效应

1. 吉芬物品

所谓吉芬物品，是指需求量与价格呈同方向变动的特殊商品。这类商品价格变化规律由英国经济学家吉芬首先发现，故而得名。

2. 吉芬物品的需求曲线向右上方倾斜

吉芬物品是一种特殊的低档物品。作为低档物品，吉芬物品的替代效应与价格呈反方向变动，收入效应则与价格呈同方向变动。事实上，吉芬物品的特殊性就在于：它的收入效应的作用很大，以至于超过了替代效应的作用，从而使得总效应与价格呈同方向的变动。这也就是吉芬物品的需求曲线呈现出向右上方倾斜的特殊形状的原因。

现将正常物品、低档物品和吉芬物品的替代效应和收入效应所得到的结论综合于表4－3。

表4－3　　商品价格变化所引起的替代效应和收入效应

商品类别	替代效应与价格的关系	收入效应与价格的关系	总效应与价格的关系	需求曲线的形状
正常物品	反方向变化	反方向变化	反方向变化	向右下方倾斜
低档物品	反方向变化	同方向变化	反方向变化	向右下方倾斜
吉芬物品	反方向变化	同方向变化	同方向变化	向右上方倾斜

项目小结

西方经济学中所研究的消费者，又称居民户（house-hold），是指能做出统一的消费决策的经济单位，它可能是一个人，也可能是一个由某些人组成的家庭。居民户提供生产要素，获得收入，进而消费，消费的原则是要达到最大的满足程度，即效用最大化。因此，消费者行为理论就是要说明居民户如何使用自己既定的收入进行消费来达到效用最大化。

西方经济学家先后用基数效用与序数效用来研究消费者行为。基数效用认为，效用是可以计量并加总求和的，所以效用的大小可以用基数（1，2，3…）来表示。序数效用认为，效用是不可以计量并加总求和的，所以只能用序数（第一，第二，第三……）来表示满足程度的高低与顺序，就是说，消费者只能根据各种商品组合给予其的满足程度的顺序加以排列，而不能确切地说出各种商品组合的效用到底是多大。这种按第一、第二、第三……的序数偏好程度来相对地计量、比较效用的方法称为序数效用。基数效用用边际效用分析法来研究消费者行为，序数效用用无差异曲线分析法来研究消费者行为。

消费者行为理论对企业决策的启示：

(1) 在市场经济中，消费者主权是指企业要根据消费者的需求进行生产。通过消费者行为理论可知，消费者购买商品是为了效用最大化，而且，商品的效用越大，消费者愿意支付的价格越高。

(2) 根据消费者行为理论，企业在决定生产什么时首先要考虑商品能给消费者带来多大效用。效用是一种心理感觉，取决于消费者的偏好。所以，企业要使自己生产出的商品能卖出去，而且能卖高价，就要分析消费者的心理，能满足消费者的偏好。消费者的偏好首先取决于消费时尚。不同时代有不同消费时尚，一个企业要成功，不仅要了解当前的消费时尚，还要善于发现未来的消费时尚。这样才能从消费时尚中了解到消费者的偏好及变动，并及时开发出能满足这种偏好的商品。同时，消费时尚也受广告的影响。一个成功的广告会引导一种新的消费时尚，左右消费者的偏好。从社会层面来看，影响消费者偏好的是消费时尚与广告，但从个人层面来看，消费者的偏好要受个人立场和伦理道德观的影响。所以，企业在开发商品时要定位于某一群体消费者，根据特定群体的爱好来开发商品。

(3) 通过消费者行为理论还可知，一种商品的边际效用是递减的。如果一种商品仅仅是数量增加，它带给消费者的边际效用就在递减，消费者愿意支付的价格就低了。因此，企业的商品要多样化，即使是同类商品，只要有差异，就不会引起边际效用递减。边际效用递减原理启示企业要进行创新，生产不同的商品。

关键概念

效用、基数效用、序数效用、总效用、边际效用、边际效用递减规律、无差异曲线、边际替代率、消费者预算线、消费者均衡、替代效应、收入效应。

实践与实训

一、单项选择题

1. 某消费者偏好 A 商品甚于 B 商品，原因是（　　）。
   A. A 商品的价格最低　　B. A 商品紧俏
   C. A 商品有多种用途　　D. 对消费者而言，A 商品的效用最大
2. 下列对商品边际效用的理解不正确的是（　　）。
   A. 消费者在一定时间内每增加（减少）一个单位的商品的消费所引起的总效用的增（减）量
   B. 最后增加的那个单位的消费所提供的效用
   C. 消费一定数量的某种商品所获得总效用
   D. 数学表达式为 $MU=\Delta TU/\Delta Q$（TU 表示总效用，Q 表示商品数量）
3. 关于基数效用，不正确的是（　　）。
   A. 基数效用中效用可以以确定的数字表达出来
   B. 基数效用中效用可以加总
   C. 基数效用和序数效用使用的分析工具完全相同
   D. 基数效用认为消费一定量的某物的总效用可以由每增加一个单位的消费所增加的效用加总得出

4. 某消费者逐渐增加某种商品的消费量，直到达到了效用最大化，在这个过程中，该商品的（　　）。

A. 总效用和边际效用不断增加

B. 总效用不断下降，边际效用不断增加

C. 总效用不断增加，边际效用不断下降

D. 总效用和边际效用不断下降

5. 总效用曲线达到顶点时（　　）。

A. 边际效用曲线达到最大点　　B. 边际效用为零

C. 边际效用为正　　D. 边际效用为负

6. 边际效用随着消费量的增加而（　　）。

A. 递减　　B. 递增　　C. 不变　　D. 先增后减

7. 序数效用论认为，商品效用的大小（　　）。

A. 取决于它的使用价值　　B. 取决于它的价格

C. 不可比较　　D. 可以比较

8. 如果消费者消费 15 个面包获得的总效用是 100 个效用单位，消费 16 个面包获得的总效用是 106 个效用单位，则第 16 个面包的边际效用是（　　）。

A. 108 个　　B. 100 个　　C. 106 个　　D. 6 个

9. 已知商品 X 的价格为 8 元，商品 Y 的价格为 3 元，若某消费者买了 5 个单位的 X 和 3 个单位的 Y，此时 X、Y 的边际效用分别为 20、14，那么为获得效用最大化，该消费者应该（　　）。

A. 停止购买两种商品　　B. 增加 X 的购买，减少 Y 的购买

C. 增加 Y 的购买，减少 X 的购买　　D. 同时增加对两种商品的购买

10. 消费者剩余是指消费者购买某种商品时，从消费中得到的（　　）。

A. 满足程度

B. 满足程度超过他实际支付的价格部分

C. 边际效用

D. 满足程度小于他实际支付的价格部分

11. 消费者剩余是消费者的（　　）。

A. 实际所得　　B. 主观感受

C. 没有购买的部分　　D. 消费剩余部分

12. 根据无差异曲线分析，消费者均衡是（　　）。

A. 无差异曲线与预算线的相切之点

B. 无差异曲线与预算线的相交之点

C. 离原点最远的无差异曲线上的任何一点

D. 离原点最近的预算线上的任何一点

13. 某低档物品的价格下降，在其他情况不变时，（　　）。

A. 替代效应和收入效应相互加强导致该低档物品需求量增加

B. 替代效应和收入效应相互加强导致该低档物品需求量减少

C. 替代效应倾向于增加该低档物品的需求量，而收入效应倾向于减少其需求量

D. 替代效应倾向于减少该低档物品的需求量，而收入效应倾向于增加其需求量

14. 假设消费者张某对 X 和 Y 两种商品的效用函数为 $U=XY$，张某收入为500元，X 和 Y 的价格分别为 $P_X=2$ 元，$P_Y=5$ 元，张某对 X 和 Y 两种商品的最佳组合是（　　）。

A. $X=25 Y=50$　　B. $X=125 Y=25$

C. $X=125 Y=50$　　D. $X=50 Y=125$

二、多项选择题

1. 效用是（　　）。

A. 指商品满足人的欲望和需要的能力和程度

B. 一种主观感受

C. 客观存在的

D. 使用价值

E. 价值

2. 随着消费商品数量的增加（　　）。

A. 边际效用递减　　B. 边际效用总大于零

C. 边际效用会小于零　　D. 每单位商品增加的总效用减少

E. 总效用不断减少

3. 以下关于边际效用的说法正确的有（　　）。

A. 边际效用不可能为负值

B. 边际效用与总效用呈同方向变动

C. 对于通常情况来说，消费者消费商品服从边际效用递减规律

D. 在边际效用大于等于零时，边际效用与总效用呈反方向变动

E. 每增加（减少）一个单位商品的消费所引起的总效用的增（减）量

4. 总效用和边际效用的关系（　　）。

A. 当边际效用为零时，总效用最大　　B. 当边际效用为零时，总效用递增

C. 当边际效用为负时，总效用递减　　D. 当边际效用为负时，总效用不变

E. 当边际效用为正时，总效用递增

三、判断题

1. 因为边际效用递减，所以一般商品的需求曲线向右下方倾斜。（　　）

2. 当消费某种商品的边际效用为负时，则总效用达极大值。（　　）

3. 当边际效用减少时，总效用也是减少的。(　　)

4. 需求量和商品的价格呈反方向变化是由边际效用递减规律决定的。(　　)

5. 消费者均衡就是消费者获得了最大边际效用。(　　)

6. 消费者剩余是指消费者所获得的边际效用最大。(　　)

7. 价格下降时，任何商品的替代效应都是正数。(　　)

8. 价格下降时，低档物品的收入效应都是正数。(　　)

9. 同一杯水具有相同的效用。(　　)

10. 两种商品的价格不同，但对于消费者来说，花在这两种商品上的最后 1 元钱的边际效用有可能相同。(　　)

四、计算分析题

1. 某消费者周收入 80 美元，食物价格是每单位 1 美元，衣服价格是每单位 2 美元。他用 80 美元每周所能购买的食物和衣服的不同的组合见下表：

食物（单位）	衣服（单位）	总支出（美元）
0	40	80
20	30	80
40	20	80
60	10	80
80	0	80

请画出该消费者的消费可能线（无差异曲线）。

2. 消费者有 120 元，当 X 商品的价格为 20 元，Y 商品的价格为 10 元时，各种不同数量的 X 商品和 Y 商品的边际效用如下表：

Q_X	MU_X	Q_Y	MU_Y
1	16	1	10
2	14	2	8
3	12	3	7.5
4	5	4	7
5	2	5	6.5
6	1	6	6
		7	5.5
		8	5
		9	4.5

续表

Q_X	MU_X	Q_Y	MU_Y
		10	4
		11	3.5
		12	3

该消费者在购买多少数量的 X 商品和多少数量的 Y 商品时，可以实现效用最大化？这时货币的边际效用是多少？

3. 某大学生只有 6 天时间准备期末考试。该生要考数学、经济学、英语三门课。他的目标是要取得三门课尽可能高的总成绩（或者说三门课尽可能高的平均成绩）。他每门课的成绩依赖于他分配在每门课上的复习时间。根据时间的安排，每门课成绩最佳估计分数如下：

经济学		英语		数学	
复习时间（天）	成绩（分）	复习时间（天）	成绩（分）	复习时间（天）	成绩（分）
0	20	0	40	0	80
1	45	1	52	1	90
2	65	2	62	2	95
3	75	3	71	3	97
4	83	4	78	4	98
5	90	5	83	5	99
6	92	6	86	6	99

该生如何分配复习时间才能使总成绩最高？

互动讨论

1. 如果你有一辆需要四个轮子才能开动的车子已经有了三个轮子，那么当你装上第四个轮子时，这第四个轮子的边际效用似乎超过了第三个轮子的边际效用，这是否违反了边际效用递减规律？

2. 试解释以下关于水和金刚钻的价值悖论：水对人们很有用，必不可少，但水却很便宜；金刚钻对人们的用途很有限，但却很昂贵。

3. 某消费者原来每月煤气开支为 50 元，煤气的某些用途如取暖等可用电替代。现在煤气价格上涨 100%，其他商品价格不变，政府给予消费者 50 元作价格补贴，试问该消费者处境改善了还是恶化了？为什么？

4. 对不同消费者，画出对啤酒与可乐的偏好的无差异曲线：

（1）消费者甲喜欢啤酒但不喜欢可乐，他总是喜欢有更多的啤酒而不管有多少可乐；

（2）消费者乙认为在任何情况下，三瓶可乐和两瓶啤酒无差别；

（3）消费者丙喜欢喝啤酒、可乐混在一起各占一半的饮料，他从不只喝啤酒或只喝可乐。

案例分析

从春晚看边际效用递减规律

大约从20世纪的80年代初期开始，中国老百姓在过春节的年夜饭中增添了一套诱人的内容，那就是观看春节联欢晚会。记得1982年第一届春节联欢晚会的出台，在当时娱乐事业尚不发达的中国引起了极大的轰动。晚会的节目成为全国老百姓在街头巷尾和茶余饭后津津乐道的题材。

晚会年复一年地举办，投入的人力和物力越来越大，技术效果越来越先进，场面设计越来越宏大，节目种类也越来越丰富。但不知从哪一年起，人们对春节联欢晚会的评价却不如从前了，春节联欢晚会成了一道众口难调的“大菜”。

其实这与边际效用递减规律有关。在其他条件不变的前提下，当一个人在消费某种商品时，随着消费量的增加，他（她）从中得到的效用是越来越少的，这种现象普遍存在，就被视为一种规律。边际效用递减规律虽然是一种主观感受，但在其背后也有生理学的基础：反复接受某种刺激，反应神经就会越来越迟钝。第一届春节联欢晚会让人们欢呼雀跃，但举办次数多了，由于刺激反应弱化，尽管节目本身的质量在整体提升，但人们对晚会节目的感觉却越来越差了。

边际效用递减规律时时在支配着人们的生活，尽管有时人们没有明确地意识到。在大多数情况下，边际效用递减规律决定了第一次最重要。难怪人们最难忘的是自己的初恋，最难忘恋爱中第一次约会的地点。

思考题：

1. 举例说明什么是边际效用递减规律？
2. 边际效用递减规律的启示是什么？

项目五　生产者行为理论

知识目标

1. 掌握生产要素与生产函数的概念与形式。
2. 理解短期生产函数。
3. 理解长期生产函数。
4. 掌握规模报酬的概念及其变化情况。

能力目标

1. 学会分析总产量、平均产量与边际产量之间的关系。
2. 确定企业最佳的产量水平。

思政目标

1. 理解高素质高技术技能人才是企业生产要素的理念。
2. 了解疫情之下我国企业（口罩生产）转型快、产量高、质量好，为世界疫情防控做出了巨大贡献。

引导案例

旅行社在旅游淡季如何经营

某旅行社在旅游淡季推出从天津到北京世界公园一日游38元（包括车费和门票）的项目。我的一位朋友不信，认为是旅行社的促销手段，38元连世界公园的门票都不够。我给他分析，这是真的。因为旅行社在淡季游客不足，而旅行社的大客车、工作人员这些生产要素是不变的。一个游客都没有，汽车的折旧费、工作人员的工资等固定费用也要支出。任何一个企业的生产经营都有长期与短期之分，从长期看如果收益大于成本就可以生产。更何况38元的票价对旅行社来说也还是有钱赚的。我给他算一笔账，一个旅行社的大客车载客50人，共1900元；高速公路费和汽油费假定是500元；门票价格10元，共500元；旅行社净赚900元。在短期，不经营也要有固定成本的支出，因此只要收益能弥补可变成本，就可以维持下去。换个说法，每位乘客支付的费用等于平均可变成本，就可以经营。另外，公园在淡季门票和团体票也会打折，同样是这个道理。

（资料来源：张淑云，《经济学——从理论到实践》，化学工业出版社，2004 年）

思考题：

1. 企业的适度规模是如何确定的？
2. 为什么民航公司愿意向顾客提供折扣机票？

决定供给的是生产，因此同学们在了解了决定需求的消费者行为理论以后，就可以接着学习决定供给的生产者即厂商行为理论。在了解厂商的行为时，假设厂商是具有完全理性的经济人，他们生产的目的是实现利润最大化。正是这种生产目的决定了供给量与价格呈同方向变动的供给定理。但是，厂商为了实现利润最大化，不仅要考虑物质技术关系，而且要考虑成本与收益之间的经济关系，实现经济效率。

引言：生产者与生产理论

任务一　企业与生产函数

一、企业的概念和类型

生产者亦称企业。它是指能够做出统一的生产决策的单个经济单位，能够向市场提供商品或服务。厂商以追求利润为目的，进行生产和经营活动。按基本的法定组织形式，厂商主要分为个人企业、合伙制企业和公司制企业三种类型。

企业及生产要素

1. 个人企业

个人企业也称独资企业，是由单个人所有的企业。即无论是业主自己经营，还是雇用他人经营，业主都需要支付全部费用，做出一切生产经营决策，并获得全部利润。个人业主对企业债务承担无限责任，并且筹资能力有限，生产规模的扩大受到自身因素的限制。

2. 合伙制企业

合伙制企业又称合资企业，它是由两个或两个以上的人共同分担经营责任的企业。这类企业虽不需要经过特定的法律程序，但都会以协议的形式规定合资人的责任和利益。与个人企业相比，易于筹资和扩大生产规模，但其发展空间仍然有限。出资人对企业负债负有无限责任。

3. 公司制企业

公司制企业简称公司，是以法律程序建立的法定经济实体，其特点是企业的创办者和所有人相分离。公司成立后可以发行股票，股票可以转让或出售。股票所有者即为公司的股东。由股东推选出董事组成董事会以代表他们的利益。股东对企业债务负有限责任，其数额以持有的股票为限。

与个人企业和合伙制企业相比，公司制企业有利于筹集大量资金。由于有限责任和股票相对分散，因而风险对单个股东而言相对较小。又因股票可以自由买卖，因而公司通常不会受到个别股东是否持有股票的影响。

二、生产函数

1. 生产要素

生产要素是指生产中使用的各种资源，按传统分类方法，生产要素被划分为劳动、资本、土地和企业家才能四种基本类型。

劳动是指蕴含在劳动者体内并投入到生产过程中的劳动能力，可以分为脑力劳动和体力劳动。

资本是指投入到迂回生产过程中以便生产更多商品和服务的货币或物品。它有多种表现形式，其基本表现形式为物质资本，如厂房、机械设备、原材料等。此外，它还包括货币资本（流动资金、票据和有价证券）、无形资本（商标、专利和专有技术）和人力资本（经教育、培育和保健获得的体力、智力、能力和文化）。

土地是指生产中所使用的，以土地为主要代表的各种自然资源，它是自然界中本来就存在的。例如，土地、水、原始森林、各类矿藏等。

企业家才能是指企业所有者或经营者所具有的管理、组织和协调生产活动的能力。劳动、资本和土地的配置，需要企业家进行组织。企业家的基本职责是组织生产、销售产品和承担风险。

2. 生产函数

（1）生产函数概述

生产函数是表示在一定时期内，在技术水平不变的情况下，生产中所使用的各种生产要素的数量及组合与所能生产的最大产量之间的关系。生产函数一般表达式如下：

$$Q = f(L,K,N,T,\cdots)$$

生产函数

式中 Q 表示产量，L 代表劳动，K 代表资本，N 代表土地，T 代表企业家才能，f 表示产出和投入之间的函数关系。其经济含义是：在既定的技术条件下，生产 Q 数量的某产品取决于所投入 L、K、N、T 等生产要素的组合与数量。

理解生产函数的概念需要注意以下几个问题：

①生产函数中的产量，是指一定的投入要素组合所能生产出来的最大产量，也就是说，生产函数所反映的投入与产出关系是以企业的投入要素都得到充分利用为假定条件的。

②生产函数取决于技术水平。生产技术的改进，可能会改变投入要素的比例，导致新的投入产出关系，即新的生产函数。

③生产一定量某种商品所需要的各种生产要素的配合比例被称为技术系数。它可以是固定的，但更多情况下是可以改变的。例如：在农业中，可以多用劳动少用土地进行精耕细作式经营，也可以少用劳动多用土地进行广种薄收式经营。在工业中也有劳动密集型技术与资本密集型技术之分。

（2）一些具体的生产函数

①固定投入比例生产函数（里昂惕夫生产函数）

任何生产过程中的各种生产要素投入数量之间都存在一定的比例关系。固定投入比例生产函数是指在每一产量上任何一对要素投入量之间的比例都是固定的生产函数。假定生产过程中只使用劳动和资本两种要素，则固定投入比例生产函数的通常形式为：

$$Q = Min(L/\mu,\ K/\nu)$$

式中：Q 表示产量；L 和 K 分别表示劳动和资本的投入量；常数 μ 和 ν 分别为固定的劳动和资本的生产技术系数，它们分别表示一单位产品所需要的固定的劳动投入量和资本投入量。该式的生产函数表示：产量 Q 取决于 L/μ 和 K/ν 这两个比值中较小的一个，即使其中的一个比例数值较大，那也不会提高产量。因为，在这里，常数 μ 和 ν 作为劳动和资本的生产技术系数是给定的，即生产必须按照 L 和 K 之间的固定比例展开，当一种生产要素的数量不能变动时，另一种生产要素的数量再多也不能增加产量。

②柯布—道格拉斯生产函数

著名的柯布—道格拉斯生产函数（也称 $C-D$ 函数）是由美国数学家柯布（Cobb）和经济学家道格拉斯（Douglas）提出的，函数的一般表达式为：

$$Q = f(L,\ K) = AL^{\alpha}K^{\beta}$$

如果将 L 、K 增加 λ 倍，则有：

$$A(\lambda L)^{\alpha}(\lambda K)^{\beta} = \lambda^{(\alpha+\beta)}AL^{\alpha}K^{\beta} = \lambda^{(\alpha+\beta)}Q$$

因此，根据 $\alpha+\beta$ 的数值，就可以很容易地判断出柯布—道格拉斯生产函数的规模报酬类型，若 $\alpha+\beta>1$，则为规模报酬递增；若 $\alpha+\beta=1$，则为规模报酬不变；若 $\alpha+\beta<1$，则为规模报酬递减。

三、短期生产函数与长期生产函数

1. 短期生产函数

微观经济学通常以一种可变生产要素的生产函数考察短期生产理论，短期指生产者来不及调整全部生产要素的数量，至少有一种生产要素的数量是固定不变的时间周期。

假定生产中只投入劳动和资本两种生产要素。短期内，假设只有一种可变投入劳动随产量变化而变化，资本保持不变，生产函数

生产函数：短期与长期

可以表示为：

$$Q = f(L, \bar{K}) = f(L)$$

这就是通常采用的一种可变生产要素的生产函数的形式，它也被称为短期生产函数。

2. 长期生产函数

微观经济学通常以两种可变生产要素的生产函数考察长期生产理论，长期指生产者可以调整全部生产要素数量的时间周期。

在长期中，劳动和资本投入都可以发生变化，因此，其生产函数可以表示为：

$$Q = f(L,K)$$

该式就是两种可变生产要素的生产函数，即长期生产函数。

任务二　短期生产函数

在分析要素投入和产量之间的关系时，可以从简单的一种可变生产要素的短期生产函数开始，研究资本固定，劳动可变情况下的短期生产函数。

短期生产函数

一、总产量、平均产量和边际产量

1. 总产量、平均产量和边际产量的概念

（1）总产量

总产量是指与投入一定量的可变生产要素相对应的最大产量。用公式表示为：

$$TP_L = f(L)$$

（2）平均产量

平均产量是指单位生产要素的平均产出量。如果用 L 表示生产要素的投入量，那么，平均产量可用公式表示为：

$$AP_L = \frac{TP_L}{L}$$

（3）边际产量

边际产量是指增加一单位生产要素投入所增加的产量。如果 ΔL 表示劳动的投入的增量，用 ΔTP 表示总产量的增量，那么，边际产量可用公式表示为：

$$MP_L = \Delta TP_L/\Delta L \text{ 或 } MP_L = \lim_{\Delta L \to 0} \Delta TP_L/\Delta L = dTP_L/dL$$

2. 边际收益递减规律

边际收益递减规律也称边际报酬递减规律。是指在技术水平不变的条件下，当把一种可变生产要素投入到一种或几种不变生产要素中时，最初边际产量是递增的，但当该生产要素的增加超过一定限度时，边际产量会递减，甚至还会变为负值。

边际收益递减规律

边际收益递减规律存在的原因是：在任何产品的生产过程中，可变要素投入量和不变要素投入量之间存在一个最佳组合比例。在没有达到最佳组合比例之前，可变要素的投入量相对于不变要素来说还太少，因此增加可变要素投入可以使生产要素的组合逐渐接近最佳组合比例。在这一过程中，边际产量是递增的。但是，从达到最佳组合比例开始，继续增加可变要素，可变要素的投入量相对于不变要素来说就太多，生产要素的组合比例逐渐偏离最佳组合比例，边际产量便呈现递减趋势。

3. 总产量、平均产量和边际产量相互之间的关系

如图 5－1 产量曲线所示，横轴代表劳动投入量，纵轴代表产量。TP_L 为总产量曲线，AP_L 为平均产量曲线，MP_L 为边际产量曲线。可以看出总产量、平均产量、边际产量之间的关系具有如下特点：

（1）总产量曲线和平均产量曲线之间的关系。由于 $AP_L = TP_L/L$，连接 TP_L 上任意一点与坐标原点的直线，其斜率表示该点的 AP_L 值。因此，随着劳动投入量的增加，直线的斜率也随之增加，当直线与 TP_L 曲线相切时，斜率最大，随后又逐渐减少。图 5－1 中，当劳动的投入量为 L_2 时，在 TP_L 曲线上的 B 点处有一条过坐标原点的直线与之相切，它所对应在 AP_L 曲线上的 B' 点代表的平均产量达到最大值。

（2）总产量曲线和边际产量曲线之间的关系。由于 $MP_L = dTP_L/dL$，所以，TP_L 曲线上任一点的切线的斜率就是与该点相对应的 MP_L 值。当 TP_L 曲线随劳动投入量的增加而以递增的速度增加时，其斜率为正，MP_L 曲线相应上升，直到 TP_L 曲线的斜率投入在拐点 A 达到最大值；过 A 点以后，当 TP_L 曲线随劳动投入量的增加而以递减的速度增加时，MP_L 曲线随 TP_L 曲线斜率递减而下降；TP_L 曲线在 C 点达到最大值，其斜率为零，MP_L 曲线在 C' 点与横轴相交；过 C 点后，由于劳动投入量的增加使得总产量减少，TP_L 曲线的斜率为负，因此，MP_L 曲线的值也变为负值，其曲线在横坐标轴的下方。

（3）平均产量曲线和边际产量曲线之间的关系。MP_L 曲线与 AP_L 曲线相交于 AP_L 曲线的最高点 B'。在 B 点，连接该点与原点的直线正好切于 TP_L 曲线，从而其斜率等于该点切线的斜率，因此，$AP_L = MP_L$。在 B' 点之前，平均产量上升，边际产量大于平均产量；在 B' 点之后，平均产量开始下降，边际产量小于平均产量，所以 AP_L 曲线与 MP_L 曲线必然相交于 AP_L 曲线的最高点 B'。由于边际产量的变动比平均产量的变动更敏感，因此，图 5－1 中无论是上升还是下降，边际产量曲线都比平均产量曲线的变动要大。

二、生产要素的合理投入区

根据短期生产的总产量曲线、平均产量曲线、边际产量曲线之间的关系，可以将短期生产划分为三个阶段，如图 5－1 所示。

第一阶段：是劳动投入量从零增加到 L_2 的阶段。在这一阶段，随着劳动投入量的不断增加，总产量在不断上升，平均产量也在不断上升。同时相对于不变的资本量而言，劳动投入量不足，所以劳动投入量的增加可以使资本利用效率越来越高，不但总产量可以增加，而且劳动生产率，也就是劳动的平均产量也是递增的。由此看来，劳动投入量不应该停止在这一阶段，而应至少增加到 L_2 点为止。否则，资本无法得到充分的利用。

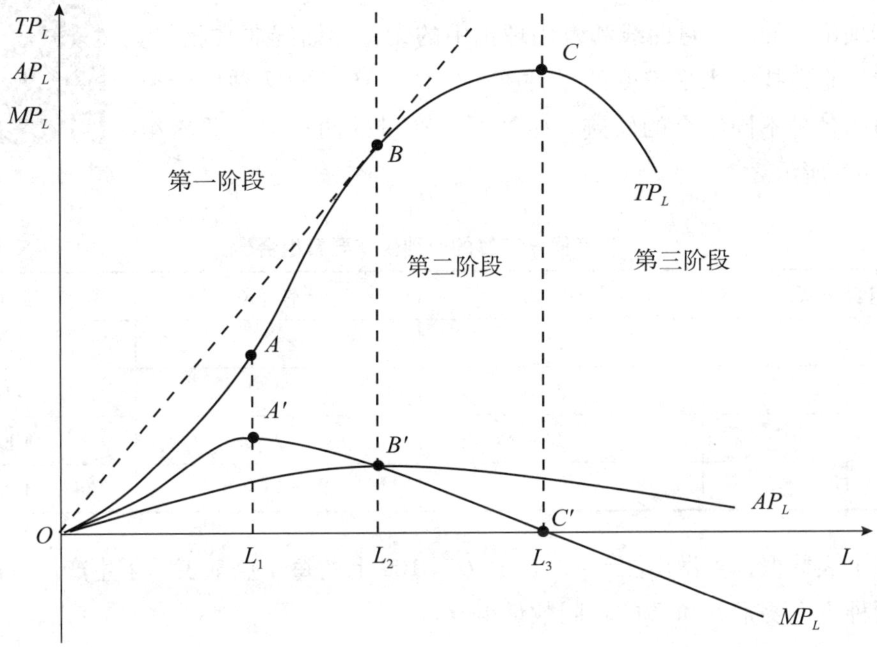

图 5－1　产量曲线

第二阶段：是劳动投入量从 L_2 到 L_3 的阶段。在这一阶段，随着劳动投入量的不断增加，不变的资本越来越接近充分利用。由于劳动生产率开始下降，则平均产量开始递减。虽然边际产量继续下降，但还是正值，因而总产量还是在不断上升，只是上升的幅度越来越小。

第三阶段：是劳动投入量超过 L_3 以后的阶段。在这一阶段，随着劳动投入量的继续增加，不变的资本已经被完全充分利用，已经不再有增加产量的潜力。不但平均产量在继续下降，而且边际产量已成为负值，也就是总产量开始绝对减少。显然，劳动投入量绝不应该超过 L_3 。

综合以上分析，任何理性的生产者既不会将生产停留在第一阶段，也不会在第三阶段进行生产，所以生产只能在第二阶段进行，也就是说，理性的生产者必然选择在第二阶段进行生产。

任务三　长期生产函数

在长期生产中，所有生产要素的投入数量都是可以改变的。任何一个理性的生产者都会选择一个最优的生产要素组合以实现利润最大化目标。要解决这个问题，必须将等产量曲线和等成本线结合起来。

一、等产量曲线

1. 等产量曲线的含义

生产理论中的等产量曲线和效用理论中的无差异曲线非常相似。等产量曲线是在技术水平不变的条件下生产同一产量的两种生产要素投入量的各种不同组合的轨迹。生产同一产量的两种生产要素组合如表 5－1 所示。

等产量曲线

表 5－1　　生产同一产量的两种生产要素组合

组合方式	劳动（L）	资本（K）	产量（Q）
A	1	5	100
B	2	3	100
C	3	2	100
D	5	1	100

根据上表数据，可做出图 5－2（a）。$Q=100$ 上的每一点都表示了生产同等产量可供选择的两种生产要素 L 和 K 的不同数量组合。

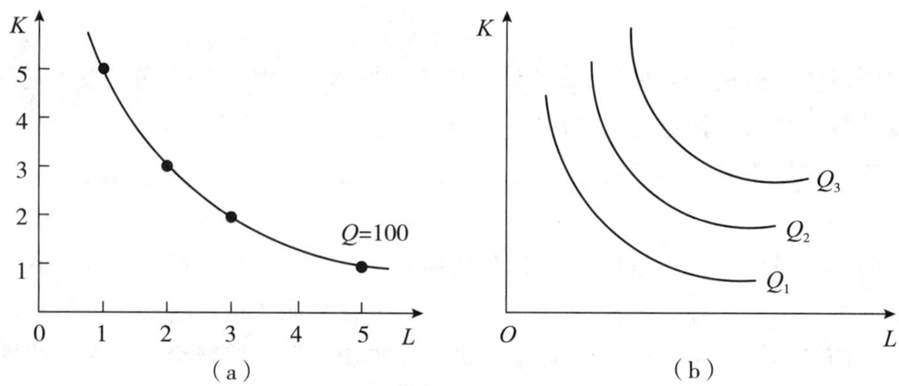

图 5－2　等产量曲线

根据给定的生产函数，理论上可以在同一坐标系中画出无数条等产量曲线，每一条等产量曲线代表不同的产量水平，如图 5－2（b）所示。

2. 等产量曲线的特征

与无差异曲线相似，等产量曲线具有如下特征：

（1）等产量曲线向右下方倾斜，其斜率为负值。这是因为，保持产量不变，增加一种生产要素的投入量时，必须减少另一种生产要素的投入量。

（2）在同一平面坐标系中，可以有无数条等产量曲线，离原点越远的等产量曲线代表较高的产量水平，离原点越近的等产量曲线代表较低的产量水平。

（3）同一平面图上的任意两条等产量曲线不能相交。因为在交点上两条等产量曲线代表了相同的产量水平，与第二个特征相矛盾。

（4）等产量曲线是一条凸向原点的线。

二、边际技术替代率

1. 边际技术替代率的含义

在维持产量水平不变的条件下，增加一单位某种生产要素投入时所减少的另一种生产要素的投入数量，被称为边际技术替代率。劳动对资本的边际技术替代率公式为：

$$MRTS_{LK} = -\frac{\Delta K}{\Delta L} \text{ 或 } MRTS_{LK} = \lim_{\Delta L \to 0}\left(-\frac{\Delta K}{\Delta L}\right) = -\frac{dK}{dL}$$

可以证明边际技术替代率等于两种生产要素的边际产量之比，则上面的两个公式还可以写成：

$$MRTS_{LK} = -\frac{\Delta K}{\Delta L} = \frac{MP_L}{MP_K} \text{ 或 } MRTS_{LK} = -\frac{dK}{dL} = \frac{MP_L}{MP_K}$$

2. 边际技术替代率递减规律

在维持产量水平不变的前提下，当一种生产要素的投入量不断增加时，每一单位的这种生产要素所能替代的另一种生产要素的数量是递减的。这一现象被称为边际技术替代率递减规律。这一现象可以通过边际技术替代率等于相应的边际产量之比加以证明：随着劳动这一生产要素的不断增加，由于生产要素的边际报酬递减规律，使其边际产量不断下降，即上式中的 MP_L 不断减少；与此同时，资本要素的减少使上式中的 MP_K 不断增加，所以 MP_L/MP_K 的值随劳动的增加而减少，等产量曲线斜率的绝对值也随劳动的增加而减少，表现为等产量曲线凸向原点，即边际技术替代率是递减的。

三、等成本线

在生产要素市场上，厂商对生产要素的支付构成了厂商的生产成本。成本问题是追求利润最大化的厂商必须考虑的一个经济问题。

等成本线

1. 等成本线的定义

等成本线是在生产要素价格既定时，用一定成本所能购买的两种生产要素不同组合的点的轨迹。假设劳动和资本是生产某种产品所需要的两种生产要素，C 代表既定的成本水平，P_L、P_K、L 和 K 分别代表劳动与资本的价格和投入量，则成本方程可表示为：

$$P_L \cdot L + P_K \cdot K = C$$

或者写成：

$$K = -\frac{P_L}{P_K}L + \frac{C}{P_K}$$

根据成本方程可以画出等成本线，如图 5－3 所示。

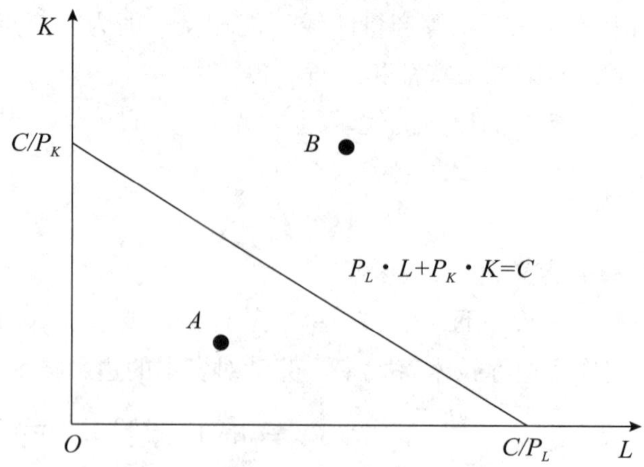

图 5－3　等成本线

2. **等成本线的特征**

如图 5－3 所示，等成本线具有以下特征：

（1）等成本线以内区域中的任一点 A，表示既定的全部成本都用来购买该点的劳动和资本的组合以后还有剩余；

（2）等成本线以外区域中的任一点 B，表示用既定的全部成本购买该点的劳动和资本的组合是不够的；

（3）等成本线上的任一点，表示用既定的全部成本正好能购买到该线上的点所表示的劳动和资本组合。

四、最优的生产要素组合

生产要素最适组合

生产者在生产过程中如何降低生产成本，提高产量，即如何投入生产要素的组合使既定产量条件下的成本最小化或既定成本条件下的产量最大化。可以把等产量曲线和等成本线画在同一个平面坐标系中确定生产要素的最优组合。

1. **既定产量条件下的成本最小化**

生产者在既定的产量条件下会力求实现最小成本。把厂商的等成本线和等产量曲线画在同一个平面坐标系中，就可以确定厂商在既定产量下实现最小成本的最优生产要素组合点，即生产的均衡点。

既定产量条件下的成本最小化如图 5－4 所示，C_1、C_2、C_3 代表三条不同的等成本线，由于产量 Q 既定，所以只有一条等产量曲线。在一定产量约束下的等产量曲线可以和许多等成本线相交，但只能和一条等成本线相切。图中等产量曲线 Q 和等成本线 C_2 相切于 E 点，该点为产量约束条件下的生产者均衡点，此时，劳动投入 L_0 个单位，资本投入 K_0 个单位。

等成本线 C_1 虽然代表的成本较低，但它与既定的等产量曲线既无交点又不相切，它

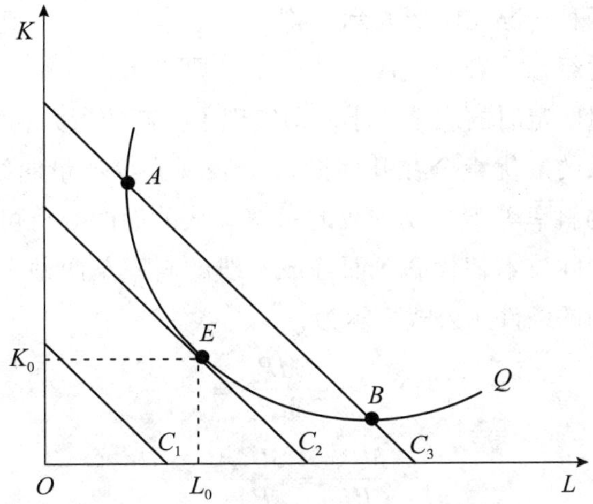

图 5－4　既定产量条件下的成本最小化

无法实现等产量曲线所代表的产量 Q 。等成本线 C_3 虽然与既定的等产量曲线相交于 A 、B 两点，可以实现等产量曲线所代表的产量 Q ，但它代表的成本过高，通过沿着等产量曲线由 A 点向 E 点或者由 B 点向 E 点移动，都可以获得相同的产量而使成本下降。所以，只有在切点 E 才是在既定产量下实现最小成本的生产要素组合。

2. 既定成本条件下的产量最大化

既定成本条件下的产量最大化（见图 5－5）和既定产量条件下的成本最小化的最优生产要素投入分析完全一样。

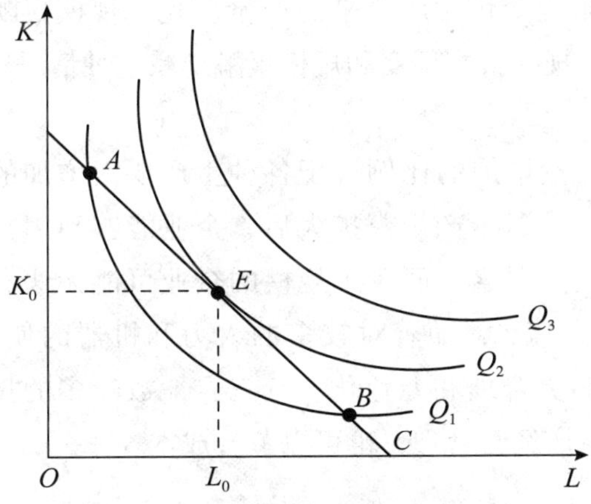

图 5－5　既定成本条件下的产量最大化

在图 5－5 中，给出了代表三种不同产量水平的等产量曲线 Q_1 、Q_2 、Q_3 ，等成本线 C 和等产量曲线 Q_2 相切于 E 点，和等产量曲线 Q_1 相交于 A 、B 两点，和等产量曲线 Q_3 既不相交也不相切。E 点表示生产者实现了生产者均衡，即生产要素投入分别是 L_0 和 K_0 ，产量为 Q_2 。其他的任何投入生产要素组合不是降低了产量，就是增加成本才能实现。

根据上述分析，两种情况在图形表示上都是等成本线与等产量曲线的切点，此时的生产要素组合即为最优组合，表明生产者按此生产要素组合进行生产，实现了成本既定时的产量最大，或产量既定时的成本最小，即实现了生产的最大利润。

由于生产要素投入的最优组合在几何图形上表现为等产量曲线与等成本线的切点，这就要求等产量曲线的斜率等于等成本线的斜率。从前面的分析可知，等产量曲线的斜率是两种生产要素的边际技术替代率，而等成本线的斜率是两种生产要素价格之比的负值，因此，生产者均衡的条件用公式表示为：

$$MRTS_{LK} = -\frac{MP_L}{MP_K} = -\frac{P_L}{P_K}$$

或

$$\frac{MP_L}{P_L} = \frac{MP_K}{P_K}$$

上式表明生产者用单位成本无论购买哪一种生产要素，所获得的边际产量都相等。按照生产者均衡的条件，若 $MP_L/P_L > MP_K/P_K$，生产者用更多的劳动来代替资本会使自己的境况变好；若 $MP_L/P_L < MP_K/P_K$，生产者用更多的资本来代替劳动会改善自己的境况。两种情况的调整直至 $MP_L/P_L = MP_K/P_K$，此时生产者达到均衡。

五、规模报酬

规模报酬分析涉及的是企业的生产规模变化与所引起的产量变化之间的关系。企业只有在长期内才能变动全部生产要素，进而变动生产规模。规模报酬变化是指在其他条件不变的情况下，企业内部各种生产要素按相同比例变化时所带来的产量变化，规模报酬变化可以分规模报酬递增、规模报酬不变和规模报酬递减三种情况。

规模经济1

1. 规模报酬递增

规模报酬递增是指产量增加的比例大于各种生产要素增加的比例。其产生的原因有：其一，生产规模扩大后，企业能够利用更先进的技术和机器设备等生产要素，而较小规模的企业可能无法利用这样的技术和生产要素。其二，随着对较多的人力和机器的使用，企业内部的生产分工能够更合理和专业化。其三，人数较多的技术培训和具有一定规模的生产经营管理，也可以节省成本。

规模经济2

2. 规模报酬不变

产量增加的比例等于各种生产要素增加的比例，称为规模报酬不变。

3. 规模报酬递减

产量增加的比例小于各种生产要素增加的比例，称为规模报酬递减。

一般来说，当企业从最初的很小生产规模开始逐步扩大的时候，企业面临的是规模报酬递增的阶段。在企业得到了由生产规模扩大所带来的产量递增的全部好处后，一般会继续扩大生产规模，将生产保持在规模报酬不变的阶段，这个阶段有可能很长。在这以后，企业若继续扩大生产规模，就会进入一个规模报酬递减的阶段。

项目小结

西方经济学中所谓的“生产”，是指一切能够创造或增加效用的人类活动，而生产过程就是各种生产要素进行组合、共同协作、生产出产品的过程。从物质技术的角度来分析，生产过程可以分解为两个方面：一是投入（input），即生产过程所使用的各种生产要素如劳动、土地、资本和企业家才能等；二是产出（output），即生产出来的各种物质产品的数量。

在研究生产者的行为时，假定生产者都是具有完全理性的经济人。他们生产的目的是实现利润最大化，即在既定的产量之下实现成本最小，或在既定的成本下达到产量最大。当企业生产规模扩大时，产量的增加会大于、小于或等于生产要素的变动。如果产量增加的比例大于生产要素扩大的比例，这就是规模报酬递增；如果产量增加的比例小于生产要素扩大的比例，这就是规模报酬递减；如果产量增加的比例与生产要素扩大的比例相同，这就是规模报酬不变。当企业在生产规模扩大时有可能导致规模经济与规模不经济。等产量曲线与等成本线的切点是生产要素的最佳组合点。最佳组合的条件是每种投入的边际产量与价格之比应该相等，从而达到成本最小而产量最大。

关键概念

生产函数、总产量、平均产量、边际产量、等产量曲线、等成本线、规模报酬。

实践与实训

一、单项选择题

1. 下面哪个可能是厂商选择的短期调整（　　）。

A. 扩大已存在的工厂规模　　B. 雇用工人以加长工作时间

C. 改变农作物的品种　　D. 关闭生产设备

2. 等产量曲线平行向外移动表明（　　）。

A. 产量提高了　　B. 成本增加了

C. 生产要素的价格按不同比例提高了

D. 生产要素的价格按相同比例提高了

二、多项选择题

1. 厂商在生产过程中投入的生产要素主要有（　　）。

A. 劳动　　B. 资本

C. 土地
D. 企业家才能
E. 利润

2. 边际技术替代率（　　）。
A. 是在产出量保持不变的前提下，增加一个单位投入要素替代另一种投入要素的技术上的比率
B. 是在产出量变动的前提下，增加最后一个单位投入要素替代另一种投入要素的技术上的比率
C. 是负的，并且呈递减趋势
D. 是正的，并且呈递减趋势
E. 是负的，并且呈递增趋势

3. 在生产要素的最佳组合上（　　）。
A. $MP_1/P_1 = MP_2/P_2 = \cdots = MP_n/P_n$
B. $MRTS_{LK} = MP_L/MP_K = P_L/P_k$
C. 等产量曲线与等成本线相交
D. 等产量曲线与等成本线相切
E. 等产量曲线与等成本线分离

4. 规模报酬的类型有（　　）。
A. 规模报酬递增
B. 规模报酬先上升而后下降
C. 规模报酬递减
D. 规模报酬先下降而后上升
E. 规模报酬不变

三、判断题

1. 有了劳动、资本、土地就可生产出产品。（　　）
2. 如果边际产量递减，那么平均产量一定也是递减的。（　　）
3. 生产者在产量最大化情况下可以实现生产要素的最佳组合。（　　）

互动讨论

1. 假如，你家有一个门脸房，你用它开了一家杂货点，一年下来你算账的结果是 1 万元资金进货，收入 5 万元。如果门脸房出租按市场价一年是 2 万元，你原来有工作年收入也是 2 万元；从经济学角度分析你自己经营是否合适？但是如果你下岗，又如何选择？

2. A 企业第一年生产规模扩大 40% 后，其收益增加了 60%，第二年生产规模继续扩大 40%，收益增加了 30%，A 企业计划在第三年继续扩大生产规模。试对 A 企业扩大规模的行为作出经济分析。

3. 在一条等产量曲线上有 a、b、c、d 四点，每一点的边际技术替代分别为 2、3/4、1/2、2/5。如果所使用的生产要素 X、Y 的价格分别为每单位 40 元和 100 元。试问：上述四点哪一点为生产者的均衡点？

4. 假设货币成本 M 为 600 元，劳动 L 的价格为 2 元，资本 K 的价格为 1 元，画出等成本曲线。如果 L 的价格上升为 3 元，K 的价格上升为 1.5 元，此时的等成本曲线将如何移动？

案例分析

2022 年中国钢铁市场供需现状分析　国家调控政策遏制钢铁产量增长

本文核心数据：中国粗钢产量、粗钢表观消费量、生铁产量及增速

1. 受调控影响中国粗钢产销下降

2021 年上半年，受国内外需求拉动，中国累计粗钢产量 5.63 亿吨，同比增长 11.80%，创同期历史新高。下半年，随着国家调控政策的落实，钢铁产量过快增长的势头得到有效遏制。自 7 月以来，粗钢产量连续 6 个月保持同比下降。2021 年累计粗钢产量 10.33 亿吨，同比减少约 3200 万吨，下降 3.0%。

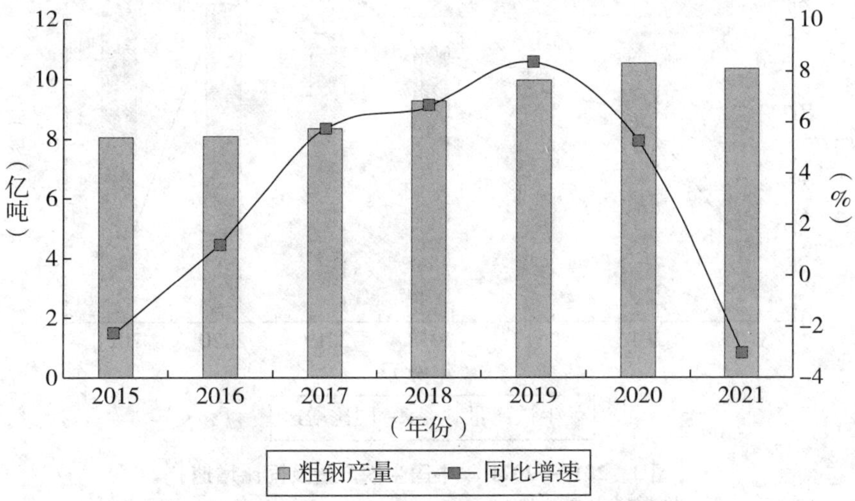

图 1　2015—2021 年中国粗钢产量及同比增速

资料来源：国家统计局、前瞻产业研究院整理。

2021 年全年，中国累计粗钢表观消费量约 9.92 亿吨，同比下降 5.3%。

2. 中国生铁市场振动下行

尽管处于 21 世纪，钢铁依旧是人类社会发展不可或缺的原材料，是衡量一个国家综合国力和工业水平的重要指标。中国是钢铁工业大国，每年为全球供应超过一半以上的钢铁。但 2021 年由于徐州生铁企业因 2020 年去产能关停而影响产量，同时受制于原料成本提高，生铁企业利润出现倒挂，生铁企业整体开工积极性维持低位。2021 年中国累计生产生铁 8.69 亿吨，累计同比下降 4.30%。

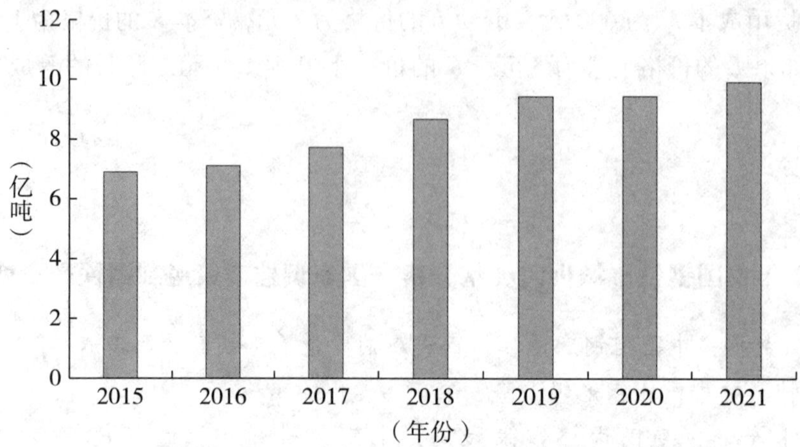

图 2　2015—2021 年中国累计粗钢表观消费量

资料来源：国家统计局、前瞻产业研究院整理。

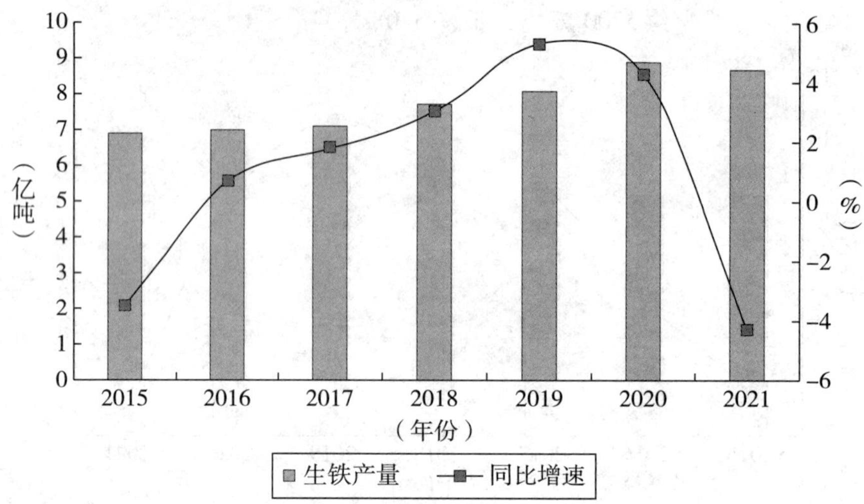

图 3　2015—2021 年中国生铁产量及同比增速

资料来源：国家统计局、前瞻产业研究院整理。

3. 中国钢材进口量重回疫情前水平

2021 年全年，中国累计生产钢材 13.37 亿吨，累计同比增长 0.60%，累计日产 366.21 万吨、同比增长 0.88%。

近十年中国钢材进口总量保持平稳，尤其是近五年每年的进口总量在 1300 万吨上下。2020 年中国钢材进口量因国内需求率先复苏、海外资源价格优势显著等原因大幅增长至 2023.3 万吨，2021 年钢材进口量重回疫情前平均水平，但高基数效益下同比降幅较为显著。从单月进口变化来看，全年进口量保持平稳，运行区间在 100 万 ~ 142 万吨。2021 年海外需求恢复力度超过预期，供应存在缺口，导致海外钢价高于国内。出口资源向美欧等高价区域流动、进口成本显著提升、抑制了国内企业进口积极性等原因造成了全年进口量同比大幅减少。

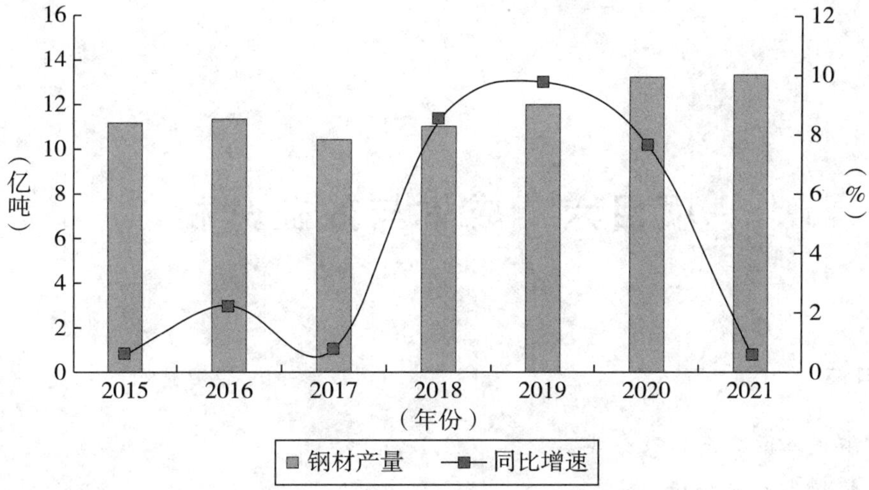

图 4　2015—2021 年中国钢材产量及同比增速

资料来源：国家统计局、前瞻产业研究院整理。

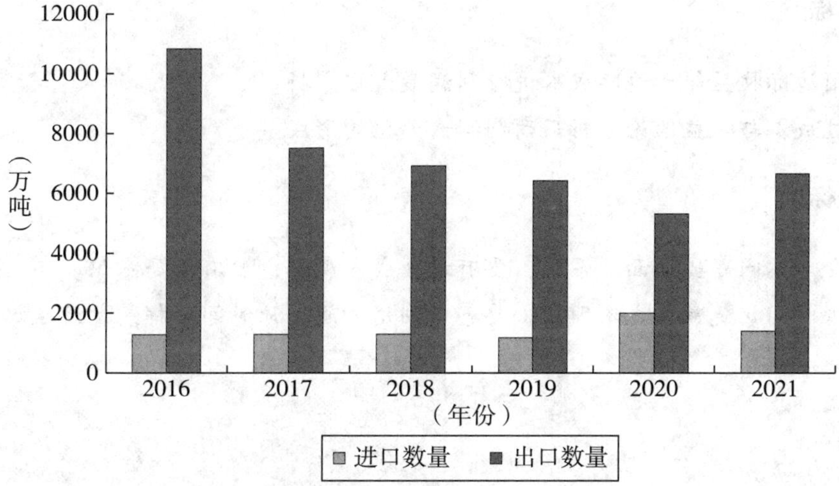

图 5　2016—2021 年中国钢材进出口数量

资料来源：中国海关、前瞻产业研究院整理。

2021 年，中国钢铁行业虽然整体产量有所下降，但行业继续深化供给侧结构性改革，进一步巩固钢铁去产能成果，推动行业绿色低碳转型，积极应对国内外需求形势变化，积极保供稳价，维护产业链供应链安全稳定，行业总体运行态势良好，为行业高质量发展奠定了良好的基础。

以上数据及分析请参考前瞻产业研究院《中国钢铁行业发展前景与投资战略规划分析报告》。

（资料来源：前瞻网，https：//bg. qianzhan. com/report/detail/300/220729 – 7068b403. html）

思考题：

1. 什么是规模经济？规模经济会不会受到客观状况的影响？

2. 国家宏观政策是如何调控我国钢铁市场的？

项目六　成本与效益分析

知识目标

1. 理解成本的概念以及分类。
2. 掌握短期成本分析。
3. 掌握长期成本分析。

能力目标

1. 运用边际收益等于边际成本进行利润最大化分析。
2. 通过成本与收益理论分析厂商利润最大化的形成。

思政目标

1. 学会考虑问题要全面、系统，要有综合成本观念，要有大局意识。
2. 掌握时间就是最大成本理念，要善于利用时间，让时间发挥最大效益。

引导案例

读大学的成本和收益

引言：上大学与工作的选择

读大学的成本是什么呢？回答这个问题时，通常人们会把一个大学生上四年大学的学费、书费、生活费加总起来，但这种总和并不是一个大学生上大学所付出的全部成本。读四年大学的学费、书费和生活费只是上大学的会计成本，而计算上大学的成本需要考虑机会成本。一种东西的机会成本是为了得到这种东西所放弃的东西。从这一意义上讲，生活费并不是上大学的真正成本。一个人即使不上大学，也要有睡觉的地方，也要吃东西。只有在大学的住宿和伙食比其他地方贵时，贵的这一部分才是上大学的成本。

上大学最大的成本——时间。当你把四年的时间用于听课、读书和写文章时，你就不能把这段时间用于工作。对大多数大学生而言，为上大学而放弃的工资是他们接受高等教育最大的一项成本。因此，计算上大学的成本时，应当把因上大学而付出的一切，包括显性的和隐性的成本都考虑在内。

上大学的收益是使知识丰富和一生拥有更好的工作机会，以及较高的收入、高学历带来的名誉、地位等效应。每个人上大学的成本相差不大，但收益相差很大。有的同学在大学阶段不认真学习，知识存量没有增加多少。

在现实生活中，许多人在做出决策时，通常知道应考虑伴随每一项可能的行动而带来的机会成本。例如，那些有足球天赋的运动员，如果在高中毕业后去踢足球，每年就可能赚上百万元人民币。而四年所赚的钱可能会远远高于一个大学生一生的收入。这些有天赋的青年深知他们上大学的机会成本极高，他们通常不会花费这种巨额成本去获取上大学的收益。类似的情况还有那些具备模特气质和条件的女孩子，她们放弃上大学也是因为当模特的收入高，上大学的机会成本太高。当人们了解机会成本的概念后就知道并不是每个年轻人都适合上大学。

思考题：

1. 读大学之前算没算好一笔账？
2. 机会成本在投资决策中有什么作用？

任务一　成本的概念与分类

厂商的生产成本通常被看作厂商对所购买的生产要素的货币支出。然而，在经济学的分析中，仅从这样的角度理解成本概念是不够的。为此，经济学家们提出了机会成本的概念以及显性成本和隐性成本的概念。

1. 机会成本

机会成本是在资源稀缺的条件下，当决策者选择某项方案时，所放弃的使用相同的生产要素而在其他备选方案中所能得到的最高收入。

机会成本

例如，某人有 10 元资金，可供选择的投资及收益情况如下：开商店，可年获利 2 元；开饭馆，可年获利 3 元；炒股票，可年获利 4 元；炒期货，可年获利 5 元。如果他最后选择了炒期货，也就是同时放弃了其他几种投资机会。他利用 10 元资金炒期货年获利 5 元的机会成本就是炒股票的年获利 4 元。

2. 显性成本和隐性成本

厂商的全部成本可以区分为显性成本和隐性成本两个部分。

（1）显性成本

显性成本是指厂商在生产要素市场上购买或租用所需要的生产要素的实际支出。例如：某厂商雇用了一定数量的工人，从银行取得了一定数量的贷款，并租用了一定数量的土地，为此，这家厂商就需要向工人支付工资，向银行支付利息，向土地出租者支付地租，这些支出构成了该厂商的生产显性成本。显性成本在会计账目上有直接表现，并需要实际支付。

成本与利润；
显性成本与隐性成本

(2) 隐性成本

隐性成本是指厂商本身自己拥有的且被用于厂商生产过程的那些生产要素的总价格。包括：厂商自有资金的利息，自有土地的地租，自有厂房、设备等固定资产的折旧费，及厂商所有者自己所提供的劳务报酬等。经济学认为，厂商从生产要素市场上购买或租用的生产要素应支付报酬。同样道理，投入的自有生产要素也应获得相应报酬。不同的是，对自有生产要素报酬的支付不一定体现在会计账目上。厂商所有者自己所提供的企业家才能的报酬，即正常利润是一种隐成本，而厂商所雇用的经营管理人员的报酬采用工资的形式，属于显性成本的范畴。

3. 短期成本与长期成本

西方经济学将成本分为短期成本与长期成本。短期与长期不是简单的时间长短，而是有其特定的经济学含义。

短期成本与长期成本

(1) 短期成本

短期是指厂商不能根据自身所要达到的产量来调整其全部生产要素的时期。短期内，厂商只能在既定的生产规模下，根据产量要求调整原材料、动力、工人等可变的生产要素，而不能调整土地、厂房、大型设备、管理人员等固定生产要素。

(2) 长期成本

长期是指厂商能根据自身所要达到的产量来调整其全部生产要素的时期。从长期来看，所有的生产要素都是可以调整的。

任务二　短期成本分析

1. 短期总成本

在短期内，厂商投入的一部分生产要素固定不变，而另一部分是变动的。因此，厂商的短期总成本可以分为短期总固定成本（TFC）和短期总可变成本（TVC）。

短期成本的分类

(1) 短期总固定成本

短期总固定成本（TFC）是指不随产量变动而变动的成本。例如，对于一个食品厂来说，固定成本包括厂房的租金、机器设备的折旧费、银行贷款的利息、管理人员的薪金等。在短期内不管厂商的产量为多少，这些费用都必须支付。所以，短期总固定成本不随产量的变动而变动，即使产量为零，短期总固定成本也仍然存在。

（2）短期总可变成本

短期总可变成本（*TVC*）是指随着产量的变动而变动的成本。例如，厂商对原材料、燃料和工人工资的支付等。在短期内厂商可以根据产量的变动不断调整相关生产要素的投入量，所以，短期总可变成本随产量的变动而变动。当产量为零时，短期总可变成本为零。

（3）短期总成本

短期总成本（*STC*）是指厂商在短期生产中所付出的全部成本，包括短期总固定成本和短期总可变成本。每一产量水平下的短期总成本等于每一产量下的短期总固定成本加上短期总可变成本。其函数形式为：

$$STC(Q) = TFC + TVC(Q)$$

短期成本曲线

短期总固定成本曲线、短期总可变成本曲线、短期总成本曲线如图 6－1 所示，短期总成本曲线是短期总可变成本曲线向上平移得到的，平移的距离等于短期总固定成本。

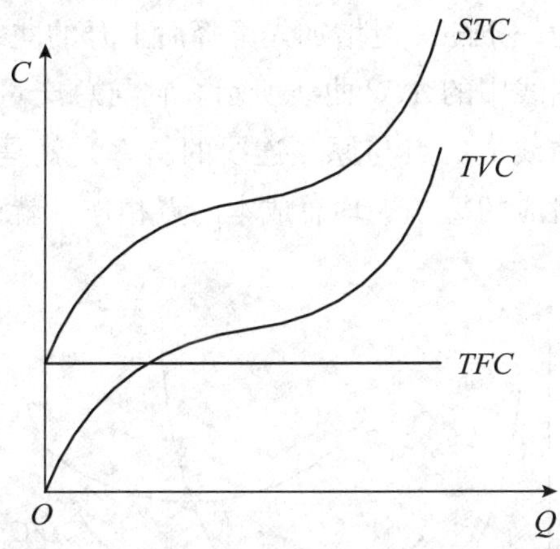

图 6－1　短期总固定成本曲线、短期总可变成本曲线、短期总成本曲线

2. 短期平均成本

（1）短期平均固定成本

短期平均固定成本（*AFC*）是指厂商在短期内每生产一单位产品所消耗掉的短期总固定成本。用公式表示为：

$$AFC = \frac{TFC}{Q}$$

短期平均固定成本曲线为一条向横轴和纵轴无限延伸的曲线，表示在短期总固定成本一定的前提下，短期平均固定成本随产量的增加而减少，随产量的减少而增加。如图 6－2 短期平均成本各曲线

各种成本的计算

和短期边际成本曲线中的 AFC 曲线所示。

（2）短期平均可变成本

短期平均可变成本（AVC）是指厂商在短期内每生产一单位产品所消耗掉的短期总可变成本。用公式表示为：

$$AVC(Q)=\frac{TVC(Q)}{Q}$$

短期平均可变成本曲线为一条随产量增加先下降后上升的曲线。如图 6－2 短期平均成本各曲线和短期边际成本曲线中的 AVC 曲线所示。它与短期总可变成本曲线的联系就在于：每一产量水平对应的短期总可变成本曲线上的点与原点连线的斜率，就是该产量水平下的短期平均可变成本，将产量水平与其对应的短期平均可变成本的点相连，就是短期平均可变成本曲线。

（3）短期平均总成本

短期平均总成本（ATC）是厂商在短期内每生产一单位产品所消耗的全部成本，等于短期平均固定成本与短期平均可变成本之和。用公式表示为：

$$ATC(Q)=AFC+AVC(Q)$$

短期平均总成本曲线为一条随产量增加先下降后上升的曲线。如图 6－2 短期平均成本各曲线和短期边际成本曲线中的 ATC 曲线所示。它与总产量曲线的联系在于：每一产量水平对应的短期总成本曲线上的点与原点连线的斜率，就是该产量水平下的短期平均总成本，将产量水平与其对应的短期平均总成本的点相连，就是短期平均总成本曲线。

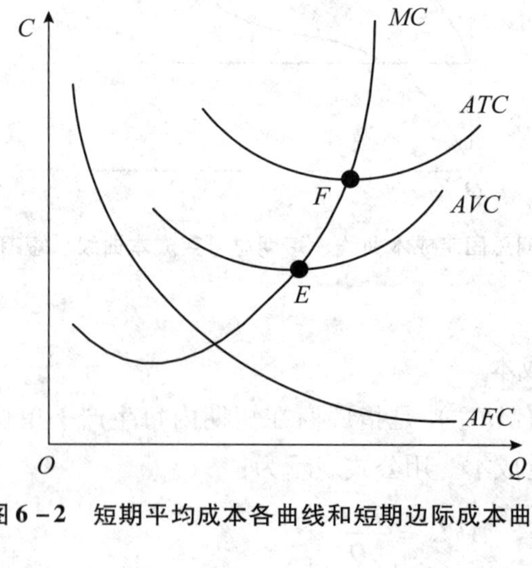

图 6－2　短期平均成本各曲线和短期边际成本曲线

3. 短期边际成本

短期边际成本（MC）是厂商在短期内产量变动一单位带来的总成本变化量。用公式表示为：

$$MC(Q) = \frac{\Delta TC(Q)}{\Delta Q}$$

当 Q 的变动量趋于零时，$MC(Q) = \lim\limits_{\Delta Q \to 0} \frac{\Delta TC(Q)}{\Delta Q} = \frac{dTC(Q)}{dQ}$

短期边际成本曲线为一条随产量增加先下降后上升的曲线，如图 6－2 短期平均成本各曲线和短期边际成本曲线中的 MC 曲线所示。它与短期总成本曲线的联系在于：每一产量水平对应的短期总成本曲线上的点的切线斜率就是该产量水平下的短期边际成本，将产量水平与其对应的短期边际成本的点相连，就是短期边际成本曲线。

4. 短期平均成本曲线和短期边际成本曲线的关系

如图 6－2 所示，ATC 曲线和 AVC 曲线以及 MC 曲线都呈 U 形特征，MC 曲线先后分别于 AVC 曲线和 ATC 曲线相交于这两条曲线的最低点。下面来分析一下形成这两种情况的原因。

各种成本曲线的相互关系

为解释这一现象，首先来分析 MC 曲线呈 U 形特征的原因。前面在分析短期生产的时候，得出一条规律，即在短期生产中，在其他条件不变的前提下，随着一种可变生产要素投入量的增加，它所带来的边际产量先是递增，达到最大值后再递减，这条规律被称为边际报酬递减规律。这条关于产量变动情况的规律如果用成本变动情况来说明的话，在开始的边际产量递增阶段，增加一单位可变生产要素投入所产生的边际产量递增，反过来说，增加一单位可变生产要素投入所产生的边际成本递减；在以后的边际产量递减阶段，增加一单位可变生产要素投入所产生的边际产量递减，反过来说，增加一单位可变生产要素投入所产生的边际成本递增。这种对应关系可以简单描述为：在短期生产中，边际产量递增阶段对应的是边际成本的递减阶段，边际产量递减阶段对应的是边际成本的递增阶段，与边际产量最大值相对应的是边际成本的最小值。正因为如此，边际成本曲线呈现 U 形特征。

是什么原因使得 AVC 曲线以及 ATC 曲线都呈 U 形特征，并且与 MC 曲线相交于 AVC 曲线以及 ATC 曲线的最低点呢？在任何情况下，边际量和平均量之间存在这样的关系：当边际量大于平均量时，边际量就会使平均量增大；当边际量小于平均量时，边际量就会使平均量减小；当两者相等时，边际量等于平均量。

同样，当边际成本小于平均成本时，平均成本是下降的；当边际成本大于平均成本时，平均成本是上升的。表现在图 6－2 中，在 E 、F 两点左侧，短期边际成本小于短期平均可变成本以及短期平均总成本；在 E 、F 两点右侧，短期边际成本大于短期平均可变成本以及短期平均总成本；在 E 、F 两点上，短期边际成本分别等于短期平均可变成本以及短期平均总成本，即短期边际成本曲线先后通过短期平均可变成本曲线和短期平均总成本曲线的最低点。正是由于 MC 曲线在边际报酬递减的作用下呈先降后升的 U 形，这就使得 AVC 曲线以及 ATC 曲线也必然呈 U 形，同时 MC 曲线与 AVC 曲线以及 ATC 曲线相交于两者的最低点。

任务三　长期成本分析

从长期来看，厂商的生产要素都是可变的，因而没有固定成本，所有的长期成本都是可变成本。所以，厂商的长期成本曲线不同于其短期成本曲线。长期成本可以分为长期总成本、长期平均成本、长期边际成本三种。

长期成本分析

1. 长期总成本

长期总成本（LTC）是指厂商长期生产一定量产品所需要的成本总和。长期总成本是产量的函数，随产量的增加而增加，其函数形式可以表示为：

$$LTC = LTC(Q)$$

长期总成本曲线如图6－3所示。该曲线从原点出发，向右上方倾斜，表示长期总成本是产量的函数，产量为零，也就不存在长期总成本，随着产量的增加，长期总成本也增加。只不过先是以递减的速度增加，而后以递增的速度增加。LTC 曲线的形状主要是由规模经济因素决定的。在开始生产阶段，生产要素投入量大，而产量小，生产要素没有得到充分利用，这时成本增加的比率大于产量增加的比率，LTC 曲线比较陡峭。当产量增加到一定程度后，生产要素开始得到充分利用，这时成本增加的比率小于产量增加的比率，表现为规模收益递增，LTC 曲线比较平坦。最后由于规模收益递减，成本增加的比率又大于产量增加的比率，LTC 曲线又比较陡峭。可见，长期总成本曲线的形状是由规模收益先递增后递减决定的。

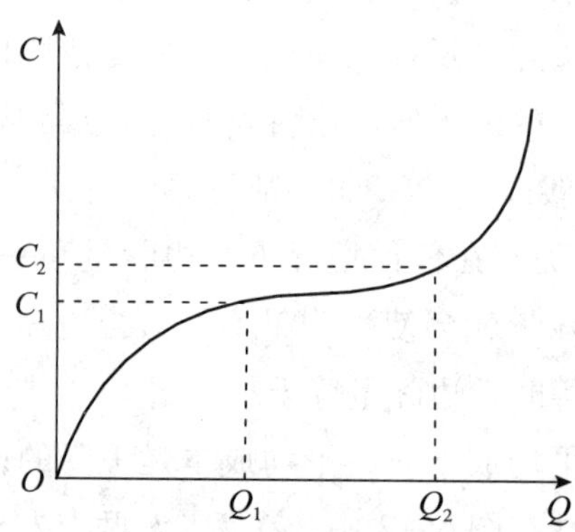

图6－3　长期总成本曲线

2. 长期平均成本

长期平均成本（LAC）是指厂商长期生产中平均每单位产品所消耗的成本。由于长期中所有的成本都是可变的，所以，长期平均成本曲线不同于短期平均成本曲线，可以根据短期平均成本曲线推导出长期平均成本曲线。

（1）长期平均成本曲线的形状

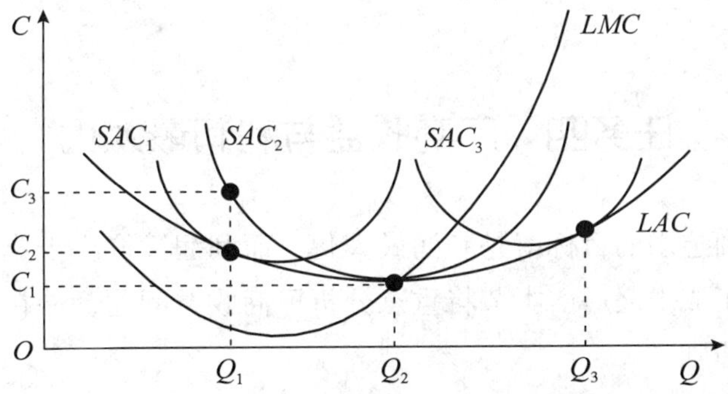

图 6－4　长期平均成本曲线

如图 6－4 长期平均成本曲线表明其形成与短期平均成本曲线相关。图中 SAC_1 曲线、SAC_2 曲线、SAC_3 曲线是三条短期平均成本曲线，它们分别代表小型厂商、中型厂商、大型厂商。长时间内，厂商可以根据产量大小选择生产规模，其目标是使平均成本最低。例如，当产量为 Q_1 时，要选择小型生产规模，因为这时平均成本 C_2 是最低的。若选择中型生产规模，厂商将付出 C_3 的成本。当产量为 Q_2 时，则要选择中型生产规模，这时平均成本 C_1 是最低的。同理，要生产 Q_3 的产量，厂商将选择大型生产规模。

从长期来看，厂商可以根据它所要达到的产量来调整生产规模，以使它付出的平均成本最小。既然每个产量水平上平均成本达到了最低，那么，长期平均成本也就达到了最低。所以，长期成本曲线位于所有的短期成本曲线之下。短期平均成本曲线是无数的，长期平均成本曲线就是一条与无数条短期平均成本曲线相切的线。它表明长期平均成本是在每一产量水平下可能达到的最低平均成本。如图 6－4 中的 *LAC* 曲线。

（2）长期平均成本曲线的特征

从图 6－4 可以看出，*LAC* 曲线是一条 *U* 形曲线。这是因为起初 *LAC* 随着产量的增加而减少，这时存在规模经济；以后，*LAC* 随着产量的增加而增加，这时存在规模不经济。所以 *LAC* 曲线是一条先下降而后上升的 *U* 形曲线。正如前文所介绍的，规模经济的产生可能是由于采用了现代化的大型设备，大规模的生产使每个工人从事某种专门的工作。规模不经济通常是由于大规模的生产使管理团队变得庞大。管理低效造成的。

LAC 曲线虽然是 *U* 形曲线，但它是比 *SAC* 曲线更为平坦的 *U* 形曲线。这说明 *LAC* 曲线无论是上升还是下降都比较缓慢。这是因为在较长的时期内厂商可以调整生产规模，从规模收益递增到规模收益递减之间有一个较长的规模收益不变的阶段。在短期中，规模收益不变的阶段很短，甚至没有。

3. 长期边际成本

长期边际成本（*LMC*）是指较长时期内每增加一单位产品所增加的成本。*LMC* 也是随着产量的增加先减少而后增加，因此，*LMC* 曲线也是一条先下降而后上升的 *U* 形曲线，如图 6－4 所示。*LMC* 曲线与 *LAC* 曲线相交于 *LAC* 曲线的最低点。即在 *LMC* 小于 *LAC* 时，

LAC 曲线下降；在 *LMC* 大于 *LAC* 时，*LAC* 曲线上升。在 *LAC* 曲线的最低点，*LMC* 等于 *LAC* 。

任务四　厂商收益与利润最大化

归根结底，厂商追求的目标就是利润最大化，而利润又取决于成本与收益的对比关系。因此，在分析了成本之后，本节将重点分析厂商收益问题，并在此基础上确定厂商利润最大化的基本原则。

一、总收益、平均收益与边际收益

总收益是指厂商销售产品得到的全部收入，即价格与销售量的乘积。总收益中同时包含了成本和利润，是二者之和。

收益可以分为总收益、平均收益和边际收益。其中，总收益是厂商销售一定量产品所得到的全部收入，平均收益是厂商每销售一单位产品所得到的收入，而边际收益则是指厂商每增加销售一单位产品所增加的收入。

以 TR 代表总收益，AR 代表平均收益，MR 代表边际收益，以 Q 代表销售量，以 ΔQ 代表增加的销售量，则这三者的关系为：

$$TR = AR \times Q$$

$$AR = \frac{TR}{Q}$$

$$MR = \frac{\Delta TR}{\Delta Q}$$

在理解上述各类收益概念时，应注意以下几点：

第一，收益并不等于利润，不是出售产品所赚的钱，而是出售产品所得到的钱。利润分为经济利润和正常利润。企业的经济利润指企业的总收益和总成本之间的差额，简称企业的利润。企业所追求的最大利润，指的就是最大的经济利润。经济利润也被称为超额利润。

正常利润是指厂商对自己所提供的企业家才能的报酬的支付，是成本的组成部分。

第二，收益与产量的关系。收益是产量与价格的乘积。以 P 为价格，TP、AP、MP 分别表示总产量、平均产量、边际产量，那么则有下面一组关系式成立：

$$TR = TP \times P$$

$$AR = AP \times P$$

$$MR = MP \times P$$

如果不考虑价格因素，收益与产量是相等的。因此，总收益、平均收益、边际收益的变动规律和总产量、平均产量、边际产量的变动规律是相同的。

第三，在不同的市场结构中，收益变动的规律并不完全相同，边际收益曲线与平均收益曲线的形状也并不相同。

二、利润最大化原则

在经济分析中，利润最大化的基本原则可以概括为边际收益等于边际成本，即 $MR = MC$。

为什么在边际收益等于边际成本时才能实现利润最大化呢？原因在于：如果边际收益大于边际成本，表明厂商每多生产一单位产品所增加的收益大于生产这一单位产品所增加的成本。这时，对该厂商来讲，还有潜在的利润没有得到，厂商增加生产是有利的，也就是说没有达到利润最大化。反之，如果边际收益小于边际成本，表明厂商每多生产一单位产品所增加的收益小于生产这一单位产品所增加的成本。这对该厂商来说，多生产就会多损失，这也谈不上利润最大化，因此厂商必然要减少产量。

无论是边际收益大于边际成本还是小于边际成本，厂商都要调整其产量，说明这两种情况下都没有实现利润最大化。只有在边际收益等于边际成本时，厂商才不会调整产量，表明已把该赚的利润都赚到了，即实现了利润最大化。厂商对利润的追求要受到市场条件的限制，不可能实现无约束的利润。这样，利润最大化的条件就是边际收益等于边际成本。厂商要根据这项原则来确定自己的产量。

项目小结

成本是指厂商在生产活动中所使用的各种生产要素的价格，其中包括正常利润。成本可分为显性成本与隐成本、机会成本、总成本、平均成本与边际成本。成本理论可分为短期成本理论与长期成本理论，短期总成本有短期总固定成本与短期总可变成本之分，而长期中所有的成本都是可变的。

收益是厂商出售产品所得到的全部收入，利润等于总收益减去总成本。利润最大化原则是边际收益等于边际成本，并且在利润最大化情况下厂商可以达到生产要素的最佳组合。

关键概念

显性成本、隐性成本、短期成本、长期成本、边际成本、平均收益、边际收益。

实践与实训

一、单项选择题

1. 不随着产量变动而变动的成本称为（　　）。

A. 平均成本　　B. 固定成本

C. 长期成本　　D. 总成本

2. 从长期来看，下列成本中哪一项是不存在的（　　）。
   A. 固定成本　　B. 机会成本
   C. 平均成本　　D. 隐性成本
3. 随着产量的增加，短期平均固定成本（　　）。
   A. 在开始时减少，然后趋于增加　　B. 一直趋于减少
   C. 一直趋于增加　　D. 在开始时增加，然后趋于减少
4. 固定成本是指（　　）。
   A. 厂商在短期内必须支付的不能调整的生产要素的费用
   B. 厂商要增加产量所要增加的费用
   C. 厂商购进生产要素时所要支付的费用
   D. 厂商在短期内必须支付的可能调整的生产要素的费用
5. 下列有关厂商的利润、收益和成本的关系的描述正确的是（　　）。
   A. 收益多、成本高，则利润就大　　B. 收益多、成本高，则利润就小
   C. 收益多、成本低，则利润就大　　D. 收益多、成本低，则利润就小
6. 收益是指（　　）。
   A. 成本加利润　　B. 成本
   C. 利润　　D. 利润减成本
7. 利润最大化的原则是（　　）。
   A. 边际收益大于边际成本　　B. 边际收益小于边际成本
   C. 边际收益等于边际成本　　D. 边际收益于边际成本没有关系
8. 如果边际收益大于边际成本，那么减少产量就会使（　　）。
   A. 总利润减少　　B. 总利润增加
   C. 对利润无影响　　D. 使单位利润减少
9. 在一个超市中，最可能是可变成本的是（　　）。
   A. 保险费　　B. 货柜款
   C. 银行借款利息　　D. 收款员的工资
10. 长期边际成本曲线与长期平均成本曲线的相交点是（　　）。
   A. 长期边际成本曲线的最低点
   B. 长期平均成本曲线的最低点
   C. 长期平均成本曲线下降阶段的任何一点
   D. 长期边际成本曲线的最高点
11. 长期边际成本与长期平均成本的关系是（　　）。
   A. 长期边际成本大于长期平均成本，长期边际成本下降
   B. 长期边际成本小于长期平均成本，长期边际成本下降
   C. 长期边际成本大于长期平均成本，长期平均成本上升

D. 长期边际成本小于长期平均成本，长期平均成本上升

12. 在长期平均成本曲线的递增阶段，长期平均成本曲线切于短期平均成本曲线的（　　）。

A. 右端　　B. 左端

C. 最低点　　D. 无法确定

13. 只有在长期平均成本曲线的最低点，长期平均成本曲线切于某一条短期平均成本曲线的（　　）。

A. 最低点　　B. 左端

C. 右端　　D. 无法确定

14. 一般来说，长期平均成本曲线是（　　）。

A. 先减后增　　B. 先增后减

C. 按一固定比率增加　　D. 按一固定比率减少

二、多项选择题

1. 厂商在生产过程中投入的生产要素主要有（　　）。

A. 劳动　　B. 资本

C. 土地　　D. 企业家才能

E. 利润

2. 总成本分为（　　）。

A. 短期成本　　B. 边际成本

C. 固定成本　　D. 变动成本

E. 长期成本

3. 短期成本分为（　　）。

A. 短期平均成本　　B. 短期机会成本

C. 短期总成本　　D. 短期边际成本

E. 短期生产成本

4. 总收益大于总成本的部分叫（　　）。

A. 经济利润　　B. 贡献利润

C. 超额利润　　D. 利润

E. 正常利润

5. 长期边际成本与长期平均成本的关系是（　　）。

A. 长期边际成本大于长期平均成本，长期边际成本上升

B. 长期边际成本小于长期平均成本，长期边际成本下降

C. 长期边际成本大于长期平均成本，长期平均成本上升

D. 长期边际成本小于长期平均成本，长期平均成本上升

E. 长期边际成本小于长期平均成本，长期平均成本下降

6. 在长期平均成本曲线下降的区域（　　）。

A. 长期平均成本小于等于短期平均成本

B. 无法确定

C. 长期平均成本曲线是短期平均成本曲线最低点的连线

D. 短期平均成本曲线的最低点在长期平均成本曲线上

E. 长期平均成本曲线与各条短期平均成本曲线相切于短期平均成本的左侧

7. 以下说法中正确的是（　　）。

A. *MC* 大于 *AVC* 时，*AVC* 曲线下降

B. *MC* 小于 *AVC* 时，*AVC* 曲线下降

C. *MC* 等于 *AVC* 时，*AVC* 曲线下降

D. *MC* 等于 *AVC* 时，*AVC* 曲线达到最低点

E. *MC* 等于 *AVC* 时，*AVC* 曲线达到最高点

8. 厂商利润最大化是指（　　）。

A. 成本既定下的产量最大　　B. 产量最大

C. 成本最小　　D. 产量既定下的成本最小

E. 价格最低

9. 固定成本是指厂商（　　）。

A. 在短期内必须支付的生产要素的费用

B. 在短期内不能调整的生产要素的支出

C. 厂房及设备折旧等不变生产要素引起的费用

D. 长期固定不变的成本

E. 在短期内不随产量变动的那部分生产要素的支出

10. 长期平均成本曲线与短期平均成本曲线的关系是（　　）。

A. 长期平均成本曲线是短期平均成本曲线的包络曲线

B. 长期平均成本曲线是所有短期成本曲线最低点的连线

C. 长期平均成本曲线的每一点都对应着一个短期平均成本曲线上的点

D. 长期平均成本曲线都在各短期平均成本曲线的下方

E. 所有的短期平均成本曲线都与长期平均成本曲线相切

三、判断题

1. 机会成本就是隐性成本。（　　）

2. 由于固定成本在所有产量上都是不变的，平均固定成本在所有产量上都是不变的。（　　）

3. 当厂商在每一投入上花费的资金数量相同时，就可达到生产均衡点。（　　）

4. 厂商产量最大也就是利润最大化。(　　)

5. 厂商增加一单位产量时所增加的变动成本就是平均成本。(　　)

6. 短期总成本曲线与长期总成本曲线都是从原点出发向右上方倾斜的一条曲线。(　　)

7. 短期边际成本曲线和短期平均成本曲线一定相交于平均成本曲线的最低点。(　　)

互动讨论

1. 在市场经济的今天，有一些人不顾条件所限想把企业做大，包括人为强迫企业合并，或者不顾实际情况的制约进行多元化经营。试用本项目所学理论分析这种现象。

2. 在现实中，经常出现一些企业经营惨淡，但仍在营业的情况。这时产品的价格也相当低，甚至低于成本，企业为什么这样做呢？试用短期成本理论分析这一现象，并认识这一理论对企业经营决策的重要意义。

3. “企业的产量越多，利润越多，越能实现利润最大化。”这句话对吗？为什么？

案例分析

1. 王元是职业学校的应届毕业生。临近毕业时，他面临着三种选择。一是选择继续学习深造。那么他需要付出的代价是：学费 7500 元/学年；住宿费 1200 元/学年；学习资料费 500 元/学年；基本生活费 300 元/月。三年共计花费 38400 元。二是选择就业，他可以利用学校学到的职业技能进入一家合资企业工作，月收入约 1500 元。每月基本生活费 300 元。三年中，他可以获得净收入 43200 元。三是选择边工作边学习，他可以选择一家国有企业工作，月收入约 800 元。同时利用业余时间，进入成人教育学院学习深造。这样他每年的学习生活费用如下：学费 3200 元/学年；学习资料费 250 元/学年；基本生活费 300 元/月。三年来收入 28800 元，学习生活费用 21150 元，净收入 7650 元。

如果你是王元，应该选择哪一种？各种选择给你带来怎样的机遇与成本？

2. 在你的生活中或许有时有人会对你说“覆水难收”，或者“过去的事就让它过去吧！”这些谚语含有一定的道理。经济学家说，当成本已经发生而且无法收回时，这种成本是沉没成本。一旦成本沉没了，它就不再是机会成本了。因为对沉没成本无所作为，当你做出包括经营战略在内的各种社会生活决策时可以不考虑沉没成本。

我们对企业停止营业决策的分析，是沉没成本无关性的一个例子。我们假设，企业不能通过暂时停产来收回它的固定成本。因此，在短期中，企业的固定成本是沉没成本，而且，企业在决定产量时可以不考虑这些成本。企业的短期供给曲线是在平均可变成本曲线以上的边际成本曲线的那一部分，而且，固定成本的大小对供给决策无关紧要。

沉没成本的无关性解释了现实中企业是如何决策的。例如，20 世纪 90 年代，许多航空公司有大量亏损。美洲航空公司 1992 年报告的亏损为 4.75 亿美元，三角航空公司亏损 5.65 亿美元，而美国航空公司亏损 6.01 亿美元。但是，尽管有亏损，这些航空公司继续出售机票并运送乘客。乍一看，这种决策似乎让人惊讶：如果航空公司飞机飞行要亏损，为什么航空公司的老板不干脆停止他们的经营呢？

其实航空公司的许多成本在短期中是沉没成本。如果一个航空公司买了一架飞机而且不能转卖，那么，飞机的成本就沉没了。飞行的机会成本只包括燃料的成本和机务人员的工资。只要飞行的总收益大于这些可变成本，航空公司就应该继续经营。而且，事实上它们也是这样做的。

沉没成本的无关性对个人决策也是重要的。例如，设想你对看一场新放映的电影的可接受价格是10美元。你用7美元买了一张票，但在进电影院之前，你丢了票。你应该再买一张吗？或者你应该马上回家并拒绝花14美元看电影？答案是你应该再买一张票。看电影的利益（10美元）仍然大于机会成本（第二张票的7美元）。你丢了的那张票的7美元是沉没成本。覆水难收，不要为此而懊恼。

思考题：

1. 请分析上述案例中的沉没成本的含义，并且利用成本知识联系生活中的例子。
2. 可变成本、固定成本与沉没成本有没有联系？

项目七　市场理论

知识目标

1. 理解和掌握各类市场的含义、类型及其特征。

2. 理解和掌握完全竞争市场下厂商实现利润最大化的均衡条件、完全竞争厂商的短期均衡与长期均衡。

3. 理解和掌握三类非完全竞争市场的含义和特征；垄断厂商的需求曲线、收益曲线，以及短期均衡与长期均衡；寡头厂商的价格和产量的决定。

能力目标

1. 学会用图分析完全竞争厂商的需求曲线和收益曲线，以及完全竞争厂商的短期均衡和完全竞争厂商的短期供给曲线。

2. 学会用图分析垄断厂商的收益曲线和短期均衡；学会用图分析垄断竞争厂商的需求曲线和垄断竞争厂商的短期均衡。

思政目标

1. 了解与认识垄断的弊端，打破垄断经营，实现各经济主体之间的公平竞争。

2. 深刻认识到霸权主义行径给世界贸易带来的负面影响，反垄断反霸权任重道远。

引导案例

三大原因导致国际油价持续下跌

上周国际原油价格继续大跌，纽约原油和布伦特原油价格分别创出两年和四年新低。受其拖累，国内商品期货品种全线下跌，尤其是工业品跌幅更大。

三大原因导致国际油价大跌

2014 年 10 月 10 日，纽约原油和布伦特原油均在盘中创下新低点，但在空头回补力量的影响下收盘出现微弱反弹，布伦特11月石油期货收高0.16美元，报每桶90.21美元，盘中触及2010年12月来最低的88.11美元。11月美国NYMEX原油期货收报每桶85.82美元，微升0.05美元，稍早触及2012年7月来最低的83.59美元。以2014年六月份的高点算，布伦特原油最多已经跌去25美元/桶，纽约原油也已经跌去近22美元/桶。

市场人士分析，来自三方面的原因导致原油价格下跌。

一是全球经济增速放缓。近期无论是中国还是美国、德国的经济数据均不尽如人意。上周国际货币基金组织（IMF）2014年第三次下调全球经济增长预估，将2014年全球经济增长预期下调至3.3%，将2015年全球经济增长预期下调至3.8%。同时警告称："欧元区核心经济体、日本和巴西等大型新兴市场国家或成长放缓。"

二是供给增加。国际油价下跌并不会让产油国减少生产，相反是"越穷越生"。美国能源信息署（EIA）最新数据显示，截至10月3日，美国商业原油库存为3.617亿桶，增加500万桶，增幅远高于市场预期的200万桶。

石油输出国组织（欧佩克）曾经讨论过减产保价，但世界最大石油出口商沙特阿拉伯国家石油公司于10月1日开始对所有出口产品降价。德意志银行表示，此举意味着作为石油输出国组织中最重要的成员，沙特阿拉伯准备开打价格战，而非用减产来减轻市场供应过剩的状况。花旗集团分析师认为，此举很可能进一步加剧油价下跌。

另外，由于欧美制裁俄罗斯，导致俄罗斯不得不增加石油产量来弥补经济缺口，俄罗斯原油产出接近苏联解体以来的最高水平。

三是投机资金推波助澜。美国商品期货委员会最新统计，截至10月7日，纽约商品交易所原油期货中持仓量1503764手，增加17908手。大型投机商在纽约商品交易所原油期货中持有净多头293683手，比前一周减少2263手。其中多头增加8953手；空头增加11216手。法国兴业银行分析，市场中有非常大量的行权价为90美元的卖出期权，合约规模接近5000万桶，头寸非常大。随着油价跌破这些价位，投资者们被迫对冲这些头寸，进而加剧了跌势。

国内商品期货市场走势不佳

钢铁煤炭等期货品种则在9月的大幅下挫后出现企稳迹象，但寻底之路仍然漫长。从库存方面来看，截至10月8日，全国钢材库存总量为1214.8万吨，较前一周上升5.3%，结束持续30周的库存下降。这显示黄金周假期钢厂发货力度不减，但下游停工较多需求萎缩，库存量有阶段性增大，特别是市场缺货现象将得到明显的缓解，对反弹形成压制。

煤炭走势相比之下则稍显乐观。招商证券相关人员认为，10月随着用煤旺季以及煤炭限产的双重叠加，控制进口政策启动，进口煤下降趋势将会延续，煤炭行业从严重供过于求恢复到供求均衡，煤价预期看涨。

（资料来源：人民网，http：//www. people. com. cn/，2014 年 10 月 16 日 09：39）

引言：经济中的竞争

思考题：

1. 国际原油价格是怎么形成的？
2. 为什么国际原油价格会持续暴跌？

任务一　市场的类型及其成因

一、市场的含义

市场指从事物品买卖的交易场所或接洽点。即一个市场可以是一个有形的买卖物品的交易场所，也可以是利用现代化通信工具进行物品交易的接洽点。从本质上讲，市场是物品买卖双方相互作用并得以决定其交易价格和交易数量的一种组织形式或制度安排。

二、市场的类型

任何一种交易物品都有一个市场。经济中有多少种交易物品，就相应地有多少个市场。例如，可以有石油市场、土地市场、大米市场、自行车市场、铅笔市场等。

（一）按交易物品分类

把经济中所有的可交易的物品分为生产要素和商品这两类，相应地，经济中所有的市场也可以分为生产要素市场和商品市场两类。

（二）根据不同的市场结构的特征分类

1. 决定市场类型划分的主要因素

第一，市场上厂商的数目；

第二，厂商所生产的商品的差别程度；

第三，单个厂商对市场价格的控制程度；

第四，厂商进入或退出一个行业的难易程度。

其中，第一因素和第二因素是最基本的决定因素。

2. 市场的分类

在经济分析中，根据不同市场结构的特征，将市场划分为四种类型：完全竞争市场、垄断竞争市场、寡头垄断市场和完全垄断市场。

表 7 - 1 对市场类型的划分和特征进行了简单的介绍，在后文对每一类市场进行考察

时，会对每一类市场的特征做出详细的分析。

3. 市场类型的划分和特征

表 7－1　　市场类型的划分和特征

市场类型	厂商数目	商品差别程度	对价格控制程度	进出一个行业的难易程度	接近哪种商品市场
完全竞争市场	很多	完全无差别	没有	很容易	一些农业品
垄断竞争市场	很多	有差别	有一些	比较容易	一些轻工业品、零售业
寡头垄断市场	几个	有差别或者无差别	相当程度	比较困难	钢、汽车、石油
完全垄断市场	一个	唯一的商品，没有接近的替代品	很大程度，但经常受到管制	很困难，几乎不可能	公用事业，如水、电

在本项目的学习中，需要区别与市场这一概念相对应的另一个概念即行业，行业指为同一个商品市场生产和提供商品的所有厂商的总体。市场和行业的类型是一致的。譬如，完全竞争市场对应的是完全竞争行业，垄断竞争市场对应的是垄断竞争行业等。

任务二　完全竞争市场

一、完全竞争市场的含义和特征

完全竞争市场是指竞争充分而不受任何阻碍和干扰的一种市场结构。完全竞争市场必须具备以下条件：

完全竞争市场的特点及需求曲线

（1）市场上有大量的卖者和买者。作为众多参与市场经济活动的经济主体中的个别厂商或个别消费者，单个的销售量和购买量都只占很小的市场份额，其供应能力或购买能力对整个市场来说是微不足道的。这样，无论是卖方还是买方都无法左右市场价格，或者说单个经济主体将不把价格作为决策变量，他们是价格接受者。显然，在交换者众多的市场上，若某厂商要价过高，消费者可以从别的厂商处购买商品和劳务，同样，如果某消费者压价太低，厂商可以拒绝出售给该消费者而不怕没有别的消费者光临。

（2）参与经济活动的厂商出售的商品具有同质性。这里的商品同质不仅指商品之间的质量、性能等无差别，还包括在销售条件、装潢等方面是相同的。因为商品是相同的，对于购买商品的消费者来说哪一个厂商生产的商品并不重要，他们没有理由偏爱某一厂商的商品，也不会为得到某一厂商的商品而必须支付更高的价格。同样对于厂商来说，没有任何一家厂商拥有市场优势，他们将以可能的市场价格出售自己的商品。

（3）厂商可以无成本地进入或退出一个行业，即所有的资源都可以在各行业之间自由流动。劳动可以随时从一个岗位转移到另一个岗位，或从一个地区转移到另一个地区；资本可以自由地进入或撤出某一行业。资源的自由流动使得厂商总是能够及时地向获利的行业运动，及时退出亏损的行业，这样，效率较高的厂商可以吸引大量的投资，缺乏效率的厂商则会被市场淘汰。资源的流动是促使市场实现均衡的重要条件。

（4）参与市场经济活动的经济主体具有完全信息。市场中的每一个卖者和买者都掌握与自己决策、与市场交易相关的全部信息，这一条件保证了消费者不可能以较高的价格购买，厂商也不可能以高于现行的价格卖出商品，每一个经济主体都可以根据所掌握的完全信息，确定自己的最优购买量或最优生产量，从而获得最大的经济利益。

符合以上四个条件的市场被称为完全竞争市场。完全竞争市场是一个非个性化的市场。因为，市场中的每一个买者和卖者都是市场价格的被动接受者，而且，他们中的任何一个成员都既不会也没有必要去改变市场价格；每个厂商生产的商品都是完全相同的，毫无自身的特点；所有的资源都可以完全自由地流动，不存在同种资源之间的报酬差距；市场上的信息是完全的，任何一个交易者都不具备信息优势。因此，完全竞争市场中不存在交易者的个性。所有的消费者都是相同的，都是无足轻重的，相互之间意识不到竞争；所有的厂商也都是相同的，也都是无足轻重的，相互之间也意识不到竞争。因此，完全竞争市场中不存在现实经济生活中的那种真正意义上的竞争。

在现实经济生活中，真正符合以上四个条件的市场是不存在的。通常只是将一些农业品市场，如大米市场、小麦市场等，看成是比较接近完全竞争市场的。通过学习完全竞争市场模型，可以得到关于市场机制及其配置资源的一些基本原理，而且，该市场类型也可以为其他市场类型的经济效率分析和评价提供一个参照对比。

二、完全竞争厂商的需求曲线

市场上对某一个厂商所产商品的需求状况，可以用该厂商所面临的需求曲线来表示，该曲线简称为厂商的需求曲线。在完全竞争市场上，由于厂商是既定市场价格的接受者，所以，完全竞争厂商的需求曲线是一条由既定市场价格水平出发的水平线，如图7－1（b）所示。在图7－1（a）中，市场的需求曲线 D 和供给曲线 S 相交的均衡点 E 所决定的市场的均衡价格为 P_e，相应地，在图7－1（b）中，由给定的价格水平 P_e 出发的水平线 d 就是厂商的需求曲线。水平的需求曲线意味着：厂商只能被动地接受给定的市场价格，且厂商既不会也没有必要去改变这一价格水平。

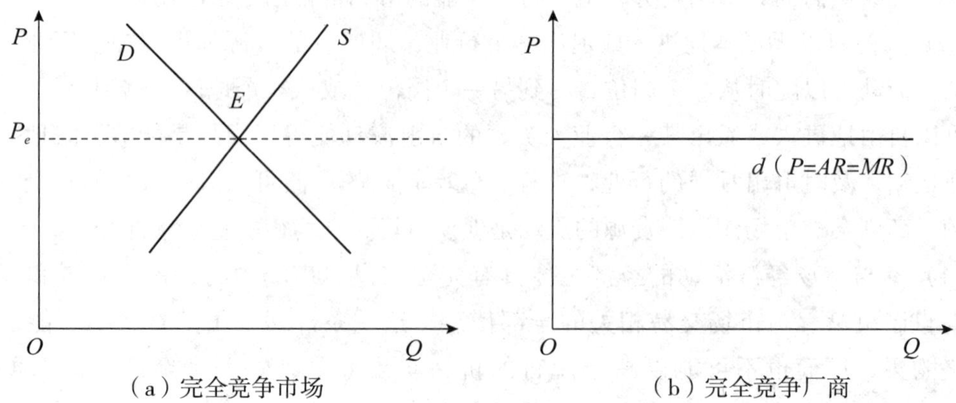

图 7-1　完全竞争厂商需求曲线

在完全竞争市场中，单个消费者和单个厂商无力影响市场价格，他们中的每一个人都是被动地接受既定的市场价格，但这些并不意味着完全竞争市场的价格是固定不变的。在其他一些因素的影响下，如经济中消费者收入水平的普遍提高，经济中先进技术的推广，或者政府有关政策的作用，等等，使得众多消费者的需求量和众多生产者的供给量发生变化时，供求曲线的位置就有可能发生移动，从而形成市场的新的均衡价格。

在这种情况下，就会得到由新的均衡价格水平出发的一条水平线，如图 7-2（b）所示。在图中，开始时的需求曲线为 D_1，供给曲线为 S_1，市场的均衡价格为 P_1，相应的厂商的需求曲线是价格水平 P_1 出发的一条水平线 d_1。以后，当需求曲线的位置由 D_1 移至 D_2，同时供给曲线的位置由 S_1 移至 S_2 时，市场均衡价格上升为 P_2，于是相应的厂商的需求曲线是由新的价格水平 P_2 出发的另一条水平线 d_2。可见，厂商的需求曲线可以出自各个不同的给定的市场均衡价格的水平，但它们总是呈水平线的形状。

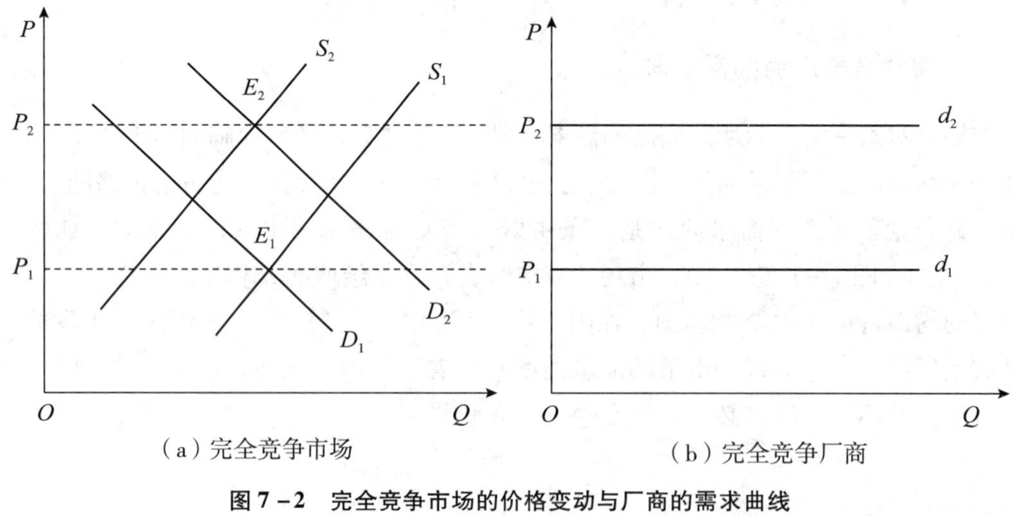

图 7-2　完全竞争市场的价格变动与厂商的需求曲线

三、完全竞争厂商的收益曲线

(一) 厂商的收益

厂商的收益就是厂商的销售收入。厂商的收益可以分为总收益、平均收益和边际收益，它们的英文简写分别为 TR、AR 和 MR。

1. 总收益 TR

指厂商按一定价格出售一定量商品时所获得的全部收入。以 P 表示既定的市场价格，以 Q 表示销售总量，总收益的定义公式为：

$$TR(Q) = P \times Q \tag{7.1}$$

2. 平均收益 AR

指厂商在平均每一单位商品销售上所获得的收入。平均收益的定义公式为：

$$AR(Q) = TR(Q)/Q \tag{7.2}$$

3. 边际收益 MR

指厂商增加一单位商品销售所获得的总收入的增量。边际收益的定义公式为：

$$MR = \Delta TR(Q)/\Delta Q \tag{7.3}$$

由公式（7.3）可知，每一销售量水平上的边际收益值就是相应的总收益曲线的斜率。

(二) 完全竞争厂商的收益曲线

厂商的收益取决于市场上对其所产商品的需求状况，或者说，厂商的收益取决于厂商的需求曲线的特征。在不同的市场类型中，厂商的收益曲线具有不同特征。

1. 完全竞争厂商的收益特点

下面将说明完全竞争厂商的需求曲线是如何决定相应的收益曲线的。在后文的分析中，均假定厂商的销售量等于厂商所面临的需求量。这样，完全竞争厂商的水平的需求曲线又可以表示：在每一个销售量上，厂商的销售价格是固定不变的；于是，必然会有厂商的平均收益等于边际收益，且等于既定的市场价格的结论，即必有 $AR = MR = P$。

2. 完全竞争厂商收益曲线的特征

完全竞争厂商的收益曲线如图 7-3 所示，下面逐一说明：

（1）完全竞争厂商的平均收益 AR 曲线、边际收益 MR 曲线和需求曲线 d 三条线重叠，它们都用同一条由既定价格水平 P 出发的水平线来表示。

其理由是：在厂商的每一个销售量水平都有 $AR = MR = P$，且厂商的需求曲线本身就是一条由既定价格水平出发的水平线。

（2）完全竞争厂商的总收益 TR 曲线是一条由原点出发的斜率不变的直线。

其理由在于：在每一个销售量水平，MR 的值是 TR 曲线的斜率，且 MR 值等于固定不变的价格水平。关于这一点，也可以用公式说明：

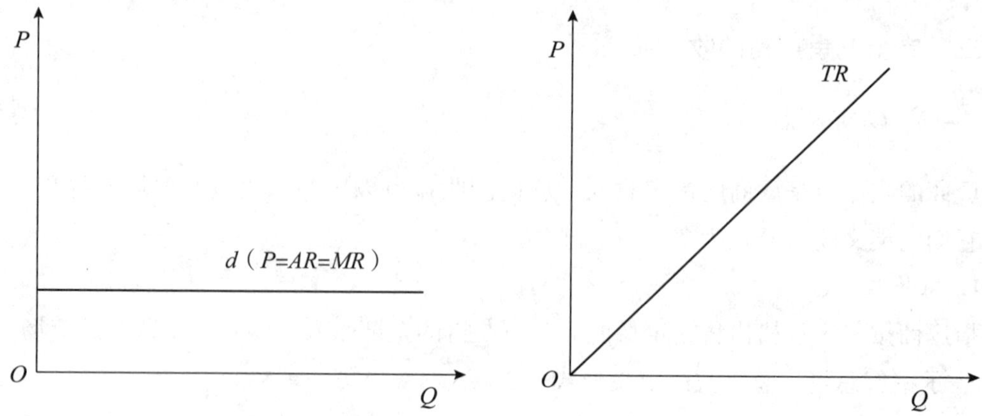

图 7 – 3　完全竞争厂商的收益曲线

$$MR = dTR/dQ = d(P \cdot Q)/dQ = P \tag{7.4}$$

四、厂商实现利润最大化的均衡条件

厂商进行生产的目的是追求利润最大化，那么，厂商实现利润最大化的均衡条件是什么？在本节，以完全竞争厂商的短期生产为例推导利润最大化的均衡条件。

1. 边际收益 *MR* 等于边际成本 *MC* 是厂商实现利润最大化的均衡条件。即：

$$MR = MC \tag{7.5}$$

2. 厂商实现利润最大化的均衡条件

第一，厂商实现最大利润的生产均衡点。

在图 7 – 4 利润最大化中，有某完全竞争厂商的一条短期生产的边际成本曲线 *SMC* 和一条由既定价格水平出发的水平的需求曲线 *d*，这两条线相交于 *E* 点。*E* 点就是厂商实现最大利润的生产均衡点，相应的产量 Q^* 就是厂商实现最大利润时的均衡产量。这是因为，具体地看，当产量小于均衡产量 Q^*，例如为 Q_1 时，厂商的边际收益大于边际成本，即有 $MR > SMC$。这表明厂商增加一单位产量所带来总收益的增加量大于所付出的总成本的增加量，也就是说，厂商增加产量是有利的，可以使利润得到增加。所以，如图 7 – 4 中指向右方的箭头所示，只要 $MR > SMC$，厂商就会增加产量。同时，随着产量的增加，厂商的边际收益 *MR* 保持不变而厂商的边际成本 *SMC* 是逐步增加的，最后，$MR > SMC$ 的状况会逐步变化成 $MR = SMC$ 的状况。在这一过程中，厂商得到了扩大产量所带来的全部好处，获得了其所能得到的最大利润。相反，当产量大于均衡产量 Q^*，例如为 Q_2 时，厂商的边际收益小于边际成本，即有 $MR < SMC$。这表明厂商增加一单位产量所带来的总收益的增加量小于所付出的总成本的增加量，也就是说，厂商增加产量是不利的，会使利润减少。所以，如图 7 – 4 中指向左方的箭头所示，只要 $MR < SMC$，厂商就会减少产量。同时，随着产量的减少，厂商的边际收益仍保持不变，而厂商的边际成本 *SMC* 是逐步下降的，最后 $MR < SMC$ 的状况会逐步变成为 $MR = SMC$ 的状况。在这一过程中，厂商所获得

的利润逐步达到最高的水平。

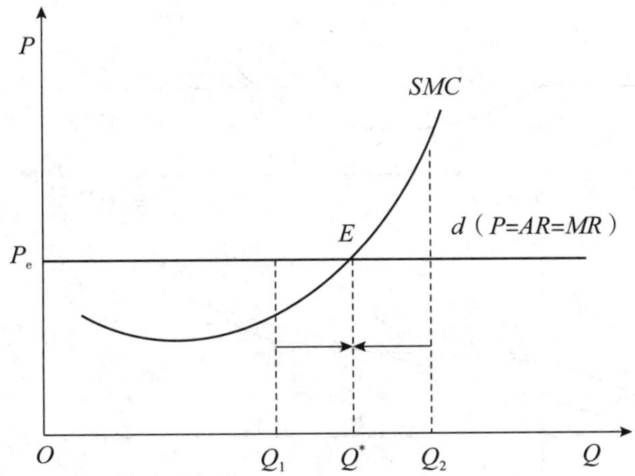

图 7－4　利润最大化

由此可见，不管是增加产量，还是减少产量，厂商都是在寻找能够带来最大利润的均衡产量，而这个均衡产量就是使得 $MR=SMC$ 的产量。所以说，边际收益 MR 等于边际成本 MC 是厂商实现利润最大化的均衡条件。

第二，利润最大化的均衡条件：$MR=MC$。

在图 7－5 利润最大化（2）中，MR 曲线和 SMC 曲线的相交点 E 就是利润最大化的均衡点，相应的利润最大化产量是 Q^*。与图 7－5（a）相对应，在图 7－5（b）中，在均衡产量水平 Q^*，总收益 TR 曲线和总成本 STC 曲线的斜率相等（取决于在 Q^* 时有 $MR=SMC$），这两条曲线之间的垂直距离表示厂商所实现的最大利润。在图 7－5（c）中，利润 π 曲线在均衡产量水平 Q^* 达到最高点。

在此需指出，以上是以完全竞争厂商的短期生产为例推导利润最大的均衡条件，但是，这一均衡条件对于非完全竞争市场的厂商，甚至对于长期生产，也都是适用的。总之，一般地说，边际收益等于边际成本是厂商实现最大利润的均衡条件，通常写为 $MR=MC$。

所以，厂商应该根据 $MR=MC$ 的原则来确定最优的产量，以实现最大的利润。

最后，需要说明的是 $MR=MC$ 的均衡条件，有时也被称为利润最大或亏损最小的均衡条件。这是因为，当厂商实现 $MR=MC$ 的均衡条件时，并不意味着厂商一定能获得利润。从更广泛的意义上讲，实现 $MR=MC$ 的均衡条件，能保证厂商处于由既定的成本状况（由给定的成本曲线表示）和既定的收益状况（由给定的收益曲线表示）所决定的最好的境况之中。这就是说，如果在 $MR=MC$ 时，厂商是获得利润的，则厂商所获得的一定是相对的最大的利润；相反，如果在 $MR=MC$ 时，厂商是亏损的，则厂商所遭受的一定是相对的最小的亏损。

五、完全竞争厂商的短期均衡

在完全竞争厂商的短期生产中，市场的价格是给定的，而且，生产中的不变生产要

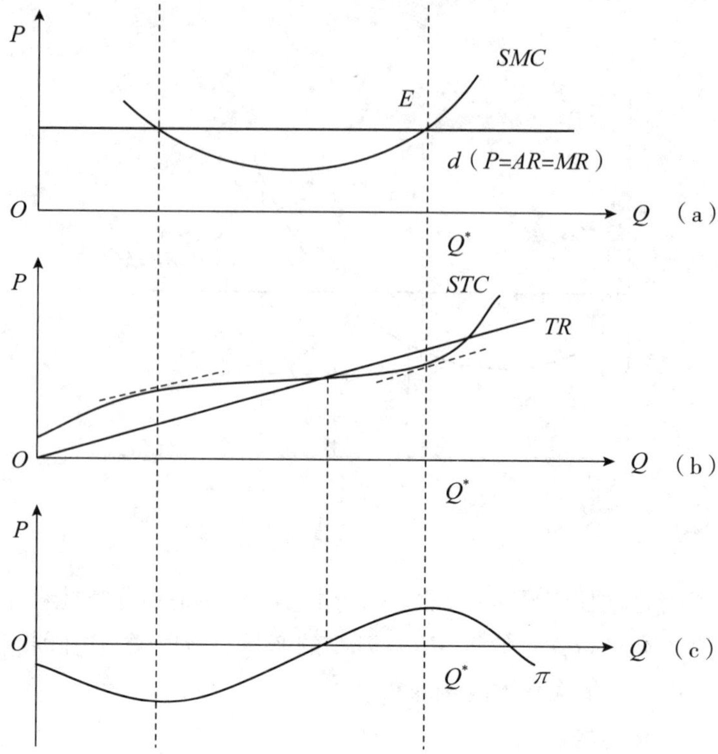

图 7－5　利润最大化

素的投入量是无法变动的，即生产规模也是给定的。因此，在短期，厂商是在给定的生产规模下，通过对产量的调整来实现 $MR=SMC$ 利润最大化的均衡条件。

完全竞争市场的短期均衡

如多个厂商实现 $MR=SMC$ 时，有可能获得利润，也可能亏损，把各种可能的情况都考虑在内，完全竞争厂商的短期均衡可以具体表现为图 7－6 中的五种情况。

（1）在图 7－6（a）中，根据 $MR=SMC$ 的利润最大化的均衡条件，厂商利润最大化的均衡点为 MR 曲线和 SMC 曲线的交点 E，相应的均衡产量为 Q^*。在 Q^* 的产量上，平均收益为 EQ^*，平均成本为 FQ^*。由于平均收益大于平均成本，厂商获得利润。在图中，厂商所产的单位商品的利润为 EF，产量为 OQ^*，两者的乘积（$EF \times OQ^*$）等于总利润量，它相当于图中阴影部分的面积。

（2）在图 7－6（b）中，厂商的需求曲线 d 相切于 SAC 曲线的最低点，这一点是 SAC 曲线和 SMC 曲线的交点。这一点恰好也是 $MR=SMC$ 的利润最大化的均衡点 E。在均衡产量 Q^* 上，平均收益等于平均成本，都为 EQ^*，厂商的利润为零，但厂商的正常利润实现了。由于在这一均衡点 E 上，厂商既无利润，也无亏损，所以，该均衡点也被称为厂商的收支相抵点。

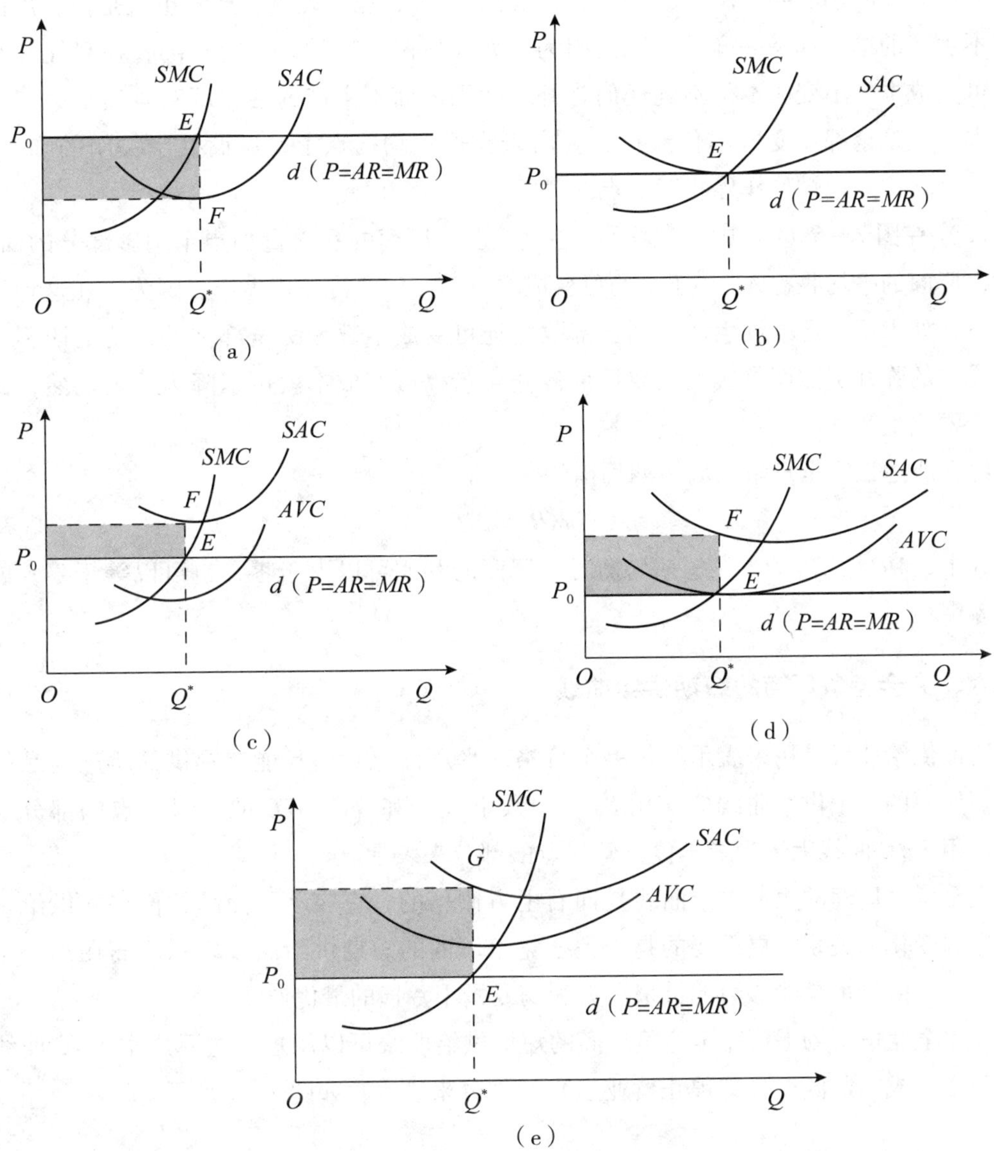

图7－6　完全竞争厂商的短期均衡

（3）在图7－6（c）中，由均衡点E和均衡产量Q^*可知，厂商的平均收益小于平均成本，厂商是亏损的，其亏损量相当于图中的阴影部分的面积。但由于在Q^*的产量上，厂商的平均收益AR大于平均可变成本AVC，所以，厂商虽然亏损，但仍继续生产。这是因为，只有这样，厂商才能在用全部收益弥补全部可变成本以后还有剩余，以弥补在短期内总是存在的不变成本的一部分。所以，在这种亏损情况下，生产要比不生产强。

（4）在图7－6（d）中，厂商的需求曲线d相切于AVC曲线的最低点，这一点是AVC曲线和SMC曲线的交点。这一点恰好也是$MR=SMC$的利润最大化的均衡点。在均衡产量Q^*上，厂商是亏损的，其亏损相当于图中的阴影部分的面积。此时，厂商的平均

收益 AR 等于平均可变成本 AVC，厂商可以继续生产，也可以不生产，也就是说，厂商生产或不生产的结果都是一样的。这是因为，如果厂商生产的话，则全部收益只能弥补全部的可变成本，不变成本得不到任何弥补。如果厂商不生产的话，厂商虽然不必支付可变成本，但是全部不变成本仍然存在。由于在这一均衡点上，厂商处于关闭的临界点，所以，该均衡点也被称作停止营业点或关闭点。

（5）在图 7－6（e）中，在均衡产量 Q^* 上，厂商的亏损量相当于阴影部分的面积。此时，厂商的平均收益 AR 小于平均可变成本 AVC，厂商将停止生产。因为，在这种亏损情况下，如果厂商还继续生产，则全部收益连可变成本都无法全部弥补，就更谈不上对不变成本的弥补了。而事实上只要厂商停止生产，可变成本就可以降为零。显然，此时不生产要比生产强。

综上所述，完全竞争厂商短期均衡的条件是：

$$MR = MC \tag{7.6}$$

式中，$MR=AR=P$。在短期均衡时，厂商的利润可以大于零，也可以等于零，或者小于零。

六、完全竞争厂商的短期供给曲线

所谓供给曲线是用来表示在每一个价格水平厂商愿意而且能够提供的所产商品的数量的。厂商的短期供给曲线应该用 SMC 曲线上大于和等于 AVC 曲线最低点的部分来表示，即用 SMC 曲线大于和等于停止营业点的部分来表示。

完全竞争厂商的短期供给曲线是向右上方倾斜的，它表示了商品的价格和供给量之间同方向变化的关系。更重要的是：完全竞争厂商的短期供给曲线表示厂商在每一个价格水平上的供给量是能够给他带来最大利润或最小亏损的最优产量。

在完全竞争市场上，完全竞争厂商的短期供给曲线可以用短期边际成本 SMC 曲线高于平均变动成本最低点（即停止营业点）的部分来表示，如图 7－7 所示。

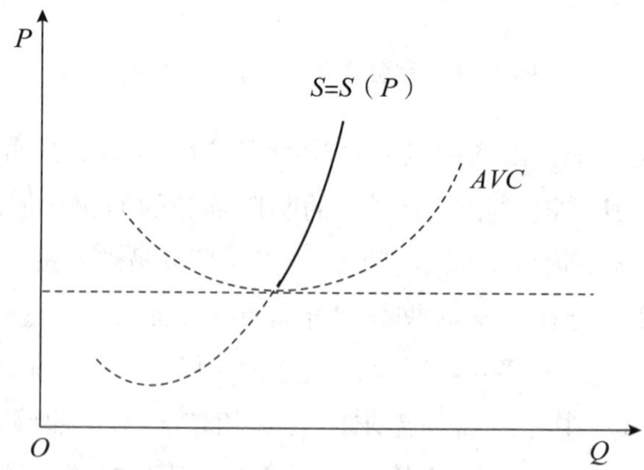

图 7－7　完全竞争厂商的短期供给曲线

七、完全竞争行业的短期供给曲线

在任何价格水平上，一个行业的供给量等于行业内所有厂商的供给量的总和。据此，假定生产要素的价格不变，则一个行业的短期供给曲线由该行业内所有厂商的短期供给曲线的水平加总而得到。下面，用图 7－8 完全竞争行业的短期供给曲线具体加以说明。

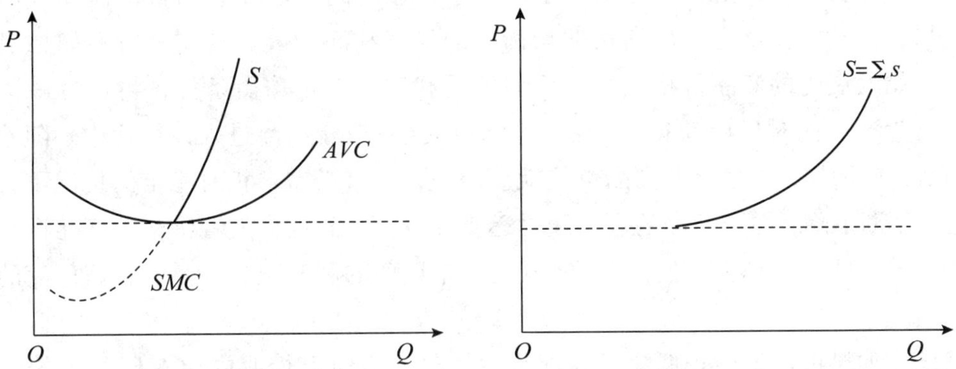

（a）厂商的短期供给曲线　　（b）行业的短期供给曲线

图 7－8　完全竞争行业的短期供给曲线

在图中，假定某完全竞争行业中有 100 个相同的厂商，每个厂商都具有相同的短期成本曲线和相应的短期供给曲线，用图 7－8（a）中的实线 S 表示。将这 100 个相同的厂商的短期供给曲线水平相加，就得到图 7－8（b）中完全竞争行业的短期供给曲线 S。可见，在每一个价格水平，行业的供给量等于这 100 个厂商的供给量的总和。例如，当价格为 P_1 时，每个厂商的供给量为 10，则行业的供给量为 1000（$=10\times100$）。当价格为 P_2 时，每个厂商的供给量为 25，则行业的供给量为 2500（$=25\times100$）。

可以将厂商的短期供给函数和行业的短期供给函数之间的关系用公式表示为：

$$S(P) = \sum S_i(P) \tag{7.7}$$

式中，$S_i(P)$ 为第 i 个厂商的短期供给函数；$S(P)$ 表示行业的短期供给函数。如果行业内的 n 个厂商具有相同的短期供给函数，则公式（7.7）可以写成：

$$S(P) = n \cdot s(P) \tag{7.8}$$

可见，完全竞争行业的短期供给曲线保持了完全竞争厂商的短期供给曲线的基本特征。也就是说，行业的短期供给曲线也是向右上方倾斜的，它表示市场的商品价格和市场的短期供给量呈同方向变动。而且，行业的短期供给曲线上与每一价格水平相对应的供给量都是可以使全体厂商在该价格水平获得最大利润或最小亏损的最优产量。

八、完全竞争厂商的长期均衡

从长期看，完全竞争厂商的所有生产要素都是可变的，厂商通过对全部生产要素的调整来实现最大利润。完全竞争厂商在长期中对生产要素的调整表现为两方面，一是厂商自身对最优生产规模的调整，二是厂商进入或退出一个行业即厂商数目的调整。这里仅就第二点做一说明。

前文已经指出，在完全竞争市场，生产要素可以在不同部门之间自由流动，或者说厂商可以自由进入或退出一个行业。实际上生产要素总是会流向能获得更大利润的行业，也总是会从亏损的行业退出，正是由于行业之间生产要素的自由流动或厂商的自由进出，导致了完全竞争厂商长期均衡时的经济利润为零。具体来看，如果当某一行业刚开始发展时的商品价格较高，厂商根据利润最大化均衡条件，将选择最优生产规模进行生产。此时厂商获得了利润，这会吸引一部分厂商进入该行业中。随着行业内厂商数量的增加，市场上的商品供给就会增加，在市场需求相对稳定的情况下，市场价格就会不断下降，单个厂商的利润随之逐步减少，厂商也将随着价格的变化进一步调整生产规模。只有当市场价格水平下降到使单个厂商的利润减少为零时，新厂商的进入才会停止。

相反，如果市场价格较低，厂商面临亏损时，会使得行业内原有厂商中的一部分退出该行业的生产，随着行业内厂商数量的逐步减少，市场上商品的供给就会减少，若市场需求相对稳定，商品的市场价格就会上升，单个厂商的利润又会随之逐步增加。只有当市场价格水平上升到使单个厂商的亏损消失即利润为零时，厂商的退出才会停止。

总之，不论是新厂商的加入，还是原有厂商的退出，最终这种调整将使市场价格达到等于长期平均成本最低点的水平。在这一水平，行业中的每个厂商既无利润，也无亏损，但都实现了长期均衡。图 7－9 就显示了完全竞争厂商的长期均衡状况。

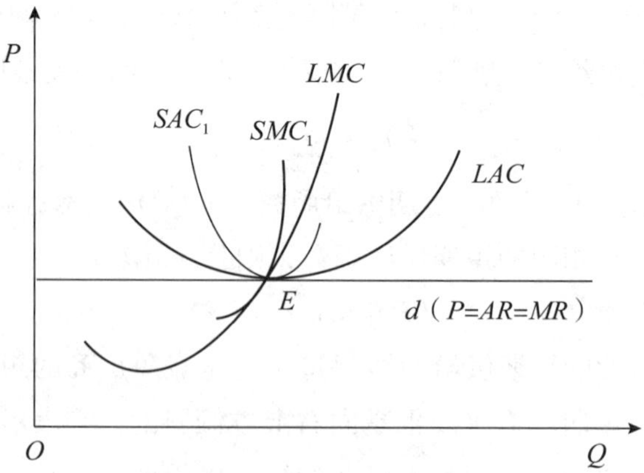

图 7－9　完全竞争厂商的长期均衡

图中点 E 是完全竞争厂商的长期均衡点。在这个长期均衡点上，LAC 曲线达到最低点，代表最优生产规模的 SAC_1 曲线相切于该点，相应的 SMC_1 曲线和 LMC 曲线都从该点通过，厂商面对的需求曲线与 LAC 曲线相切于这一点。总而言之，完全竞争厂商的长期

均衡出现在 LAC 曲线的最低点。此时不仅生产的平均成本降到长期平均成本的最低点，而且商品的价格也等于最低的长期平均成本。

因此可得到完全竞争厂商的长期均衡条件为：

$$MR = LMC = SMC = LAC = SAC = AR = P \tag{7.9}$$

此时单个厂商的利润等于零。

九、完全竞争行业的长期均衡

在短期均衡分析中，存在着生产要素价格不变的假定，于是直接由单个厂商的短期供给曲线水平相加得到行业的供给曲线。但是在长期分析中，情况就有所不同了。当厂商进入或退出一个行业时，整个行业产量的变化有可能对生产要素的市场需求产生影响，进而影响生产要素的价格。完全竞争行业的长期均衡，就是分析长期中需求变化和生产要素价格变动对行业供给的影响。

根据生产要素价格变动对行业的不同影响，可以把行业区分为三类：当一个行业扩大生产时使用的生产要素价格保持不变的则称为成本不变行业、使用的生产要素价格上涨的则称为成本递增行业及使用的生产要素价格下降的称为成本递减行业。

（一）成本不变行业的长期均衡

成本不变行业是指该行业的产量变化所引起的生产要素需求的变化，不对生产要素的价格发生影响。当成本不变时，完全竞争行业达到长期均衡的供给曲线是一条水平线。它表明：成本不变的行业是在不变的均衡价格水平提供产量，该均衡价格水平等于厂商的不变的长期平均成本的最低点。或者说，当市场需求变化时，会引起行业长期均衡产量的同方向变化，但长期均衡价格不会发生变化。

（二）成本递增行业的长期均衡

成本递增行业是指该行业的产量增加所引起的生产要素需求的增加会导致生产要素的价格上升。当成本递增时，完全竞争行业达到长期均衡的供给曲线是一条向右上方倾斜的曲线。它表明：当行业实现长期均衡时，虽然产量增加了，但是其价格也上涨了。这是由外部不经济提高了投入物的价格或降低了投入物的生产效率引起的。例如增加投入物的供应量必须提高其价格才能获得，或者由于行业扩大生产后不得不增雇效率较低的工人，再或者一些产业随着行业的扩展，它的产出率发生递减现象，等等，这些都使行业的长期平均成本曲线 LAC 上移。

（三）成本递减行业的长期均衡

成本递减行业是指该行业的产量增加所引起的生产要素需求的增加会导致生产要素的价格下降。当成本递减时，完全竞争行业达到长期均衡的供给曲线是一条向右下方倾斜斜的曲线。它表明：当行业实现长期均衡时，不但产量增加，而且其价格也降低了。这主要是外部经济在起作用。随着一个行业的发展而产生的外部经济可以概括为两个方面：一是降低了投入物的价格，二是提高了投入物的生产效率。例如，由于行业的扩大，改善了运输条件，使得行业中各家厂商降低了运输成本。行业的扩大，有条件大量供应原材料和半成品，它们的价格将会降低，质量也会提高，从而降低采购成本。行业的扩大也有可能使公共资金随之扩大，就有可能资助人员培训，从而提高劳动力的技术水平和更有效地利用已知的技术。总之，外部经济能降低厂商的长期平均成本。

任务三　完全垄断市场

一、完全垄断市场的含义和特征

完全垄断又称独占、卖方垄断或纯粹垄断，与完全竞争市场结构相反，完全垄断市场是指一家厂商控制了某种商品全部供给的市场结构。完全垄断市场具有以下特征：

（1）厂商数目唯一，一家厂商控制了某种商品的全部供给。完全垄断市场上垄断厂商排斥其他竞争对手，独自控制了一个行业的供给。由于整个行业仅存在唯一的供给者，厂商就是行业。

（2）垄断厂商是市场价格的制定者。由于垄断厂商控制了整个行业的供给，也就控制了整个行业的价格，成为价格制定者。垄断厂商可以有两种经营决策：以较高价格出售较少产量，或以较低价格出售较多产量。

（3）垄断厂商所产商品不存在任何相近的替代品。否则，其他厂商可以生产替代品来代替垄断厂商所产商品，垄断厂商就不可能成为市场上唯一的供给者。因此消费者无其他选择。

（4）其他任何厂商进入该行业都极为困难或不可能，要素资源难以流动。完全垄断市场存在进入障碍，其他厂商难以参与生产。

完全垄断市场和完全竞争市场一样，都只是一种理论假定，是对实际中某些商品的一种抽象，现实中绝大多数商品都有若干替代品。

二、完全垄断的形成

垄断厂商之所以能够成为某种商品的唯一供给者，是由于该厂商控制了这种商品的供给，使其他厂商不能进入该市场并生产同种商品。导致垄断的原因一般有以下几方面：

（1）对资源的独家控制。如果一家厂商控制了用于生产某种商品的全部资源或基本资源的供给，其他厂商就不能生产这种商品，从而该厂商就可能成为一个垄断者。

（2）规模经济的要求形成自然垄断。如果某种商品的生产具有十分明显的规模经济性，需要大量固定资产投资，规模报酬递增阶段要持续到一个很高的产量水平才能出现，此时，大规模生产可以使成本大大降低。那么由一个大厂商供给一种商品的全部市场需求的平均成本最低，两个或两个以上的厂商供给该商品就难以获得利润。这种情况下，该厂商就形成自然垄断。许多公用行业，如电力供应、煤气供应、地铁等是典型的自然垄断行业。

（3）拥有专利权。专利权是政府和法律允许的一种垄断形式。专利权是为促进发明创造，发展新商品和新技术，而以法律的形式赋予发明人的一种权利。专利权禁止其他人生产某种商品或使用某项技术，除非得到发明人的许可。一家厂商可能因为拥有专利权而成为某种商品的垄断者。不过专利权带来的垄断地位是暂时的，因为专利权有法律时效。

（4）政府特许权。某些情况下，政府以颁发执照的方式限制进入某一行业的人数，如大城市出租车驾驶执照等。很多情况下，一家厂商可能获得政府的特权，而成为某种商品的唯一供给者，如邮政、公用事业等。执照特权使某行业内现有厂商免受竞争，从而具有垄断的特点。政府给予厂商特许权的前提是厂商同意政府对其经营活动进行管理和控制。

如同完全竞争市场一样，完全垄断市场的假设条件也很严格。在现实的经济生活里，完全垄断市场也几乎是不存在的。在西方经济学中，由于完全竞争市场的经济效率被认为是最高的，从而完全竞争市场模型通常被用来作为判断其他类型市场经济效率高低的标准，那么，完全垄断市场模型就是从经济效率最低的角度来提供这一标准的。

三、垄断厂商的需求曲线和收益曲线

1. 垄断厂商需求曲线的特点

由于完全垄断市场中只有一个厂商，所以，市场的需求曲线就是垄断厂商所面临的需求曲线，它是一条向右下方倾斜的曲线。

2. 垄断厂商需求曲线的含义

仍假定厂商的销售量等于市场的需求量，于是，向右下方倾斜的垄断厂商的需求曲线表示：垄断厂商可以用减少销售量的办法来提高市场价格，也可以用增加销售量的办法来压低市场价格。即垄断厂商可以通过改变销售量来控制市场价格，而且，垄断厂商的销售量与市场价格呈反方向变动。

3. 垄断厂商的收益曲线

厂商所面临的需求状况直接影响厂商的收益，这便意味着厂商的需求曲线的特征将决定厂商的收益曲线的特征。

为了更为直观地说明垄断厂商的总收益、边际收益和平均收益情况，首先需要了解垄断厂商 TR、MR、AR 的关系，见表 7－2。

表 7－2　　垄断厂商 *TR*、*MR*、*AR* 的关系

价格 (1)	数量 (2)	*TR* (3) = (1) × (2)	*MR* (4) = Δ(3) / Δ(2)	*AR* (5) = (3) / (2)
7	1	7	7	7
6	2	12	5	6
5	3	15	3	5
4	4	16	1	4
3	5	15	－1	3
2	6	12	－3	2
1	7	7	－5	1

根据表 7－2 中的第一与第二栏，就可画出垄断厂商的收益曲线（见图 7－10）中的需求曲线；而根据表中的第二与第四栏可画出（见图 7－15）垄断竞争市场代表性厂商的短期均衡中的边际收益曲线。

由图 7－10 垄断厂商的收益曲线可得到如下基本结论：

（1）由于垄断厂商的平均收益 *AR* 总是等于商品的价格 *P*，所以，在图中，垄断厂商的 *AR* 曲线和 *d* 曲线重叠，都是同一条向右下方倾斜的曲线。

（2）由于 *AR* 曲线是向右下方倾斜的，则根据平均量和边际量之间的相互关系可以推知，垄断厂商的边际收益 *MR* 总是小于平均收益 *AR*。因此，图中 *MR* 曲线位于 *AR* 曲线的左下方，且 *MR* 曲线也向右下方倾斜。

（3）由于每一销售量上的边际收益 *MR* 值就是相应的总收益 *TR* 曲线的斜率，所以在图中，当 $MR>0$ 时，*TR* 曲线的斜率为正；当 $MR<0$ 时，*TR* 曲线的斜率为负；当 $MR=0$ 时，*TR* 曲线达最大值点。

在这样的关系中，可以判断：垄断厂商绝不会在边际收益等于 0 或为负数时生产。在需求弹性大于 1 时（即图中的需求曲线 *AC* 部分），价格下跌，总收益会增加，因此边际收益为正值。当弹性变成 1 时，总收益不变，因此，边际收益等于 0。当弹性小于 1 时，总收益会下降，因此，边际收益就变成了负值。

从这样的关系中，追求利润最大的垄断厂商，也就只会在需求曲线弹性大于 1 的 *AC* 部分生产。

当然，垄断厂商的需求曲线既可以是直线形的，也可以是曲线形的。

图 7－10 中垄断厂商的需求曲线是直线形的，该图体现了垄断厂商的 *AR* 曲线、*MR* 曲线和 *TR* 曲线相互之间的一般关系。在此，需要提出的是，当垄断厂商的需求曲线为直线形时，相应的边际收益曲线还有其他一些重要的特征。关于这一点具体分析如下：

假定线性的反需求函数为：

$$P = a - bQ \tag{7.10}$$

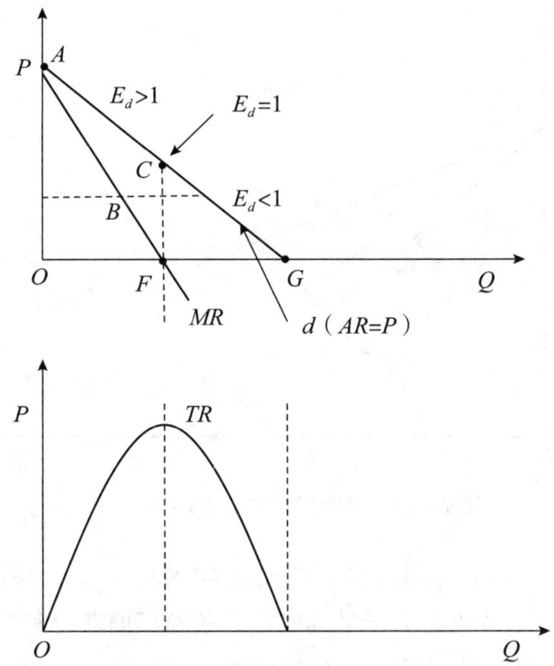

图 7－10　垄断厂商的收益曲线

式中，a、b 为常数，且 a、$b>0$。由上式可得总收益函数和边际收益函数分别为：

$$TR(Q)=PQ=aQ-bQ^2 \tag{7.11}$$

$$MR=a-2bQ \tag{7.12}$$

根据（7.10）式和（7.12）式可求得需求曲线和边际收益曲线的斜率分别为：

$$dP/dQ=-b \tag{7.13}$$

$$dMR/dQ=-2b \tag{7.14}$$

由此可得出以下结论，当垄断厂商的需求曲线为直线形时，需求曲线和边际收益曲线的纵截距是相等的，且边际收益曲线的横截距是需求曲线横截距的一半，即边际收益曲线平分由纵轴到需求曲线的任何一条水平线（如在图 7－10 中有 $OF=FG$）。

四、垄断厂商的短期均衡

（一）垄断厂商的短期均衡

垄断厂商为了获得最大的利润，也必须遵循 $MR=MC$ 的原则。在短期内，垄断厂商无法改变不变生产要素的投入量，垄断厂商是在既定的生产规模下通过对产量和价格的同时调整，来实现 $MR=SMC$ 的利润最大化的原则的。这可用图 7－11 垄断厂商的短期均衡（一）来说明。

图中的 SMC 曲线和 SAC 曲线代表垄断厂商的既定的生产规模，d 曲线和 MR 曲线代表垄断厂商的需求和收益状况。垄断厂商根据 $MR=SMC$ 的利润最大化的均衡条件，将

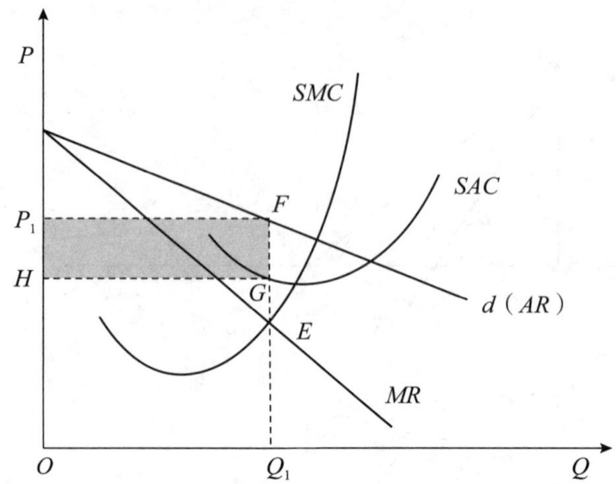

图 7－11　垄断厂商的短期均衡（一）

产量和价格分别调整到 Q_1 和 P_1 的水平。在短期均衡点 E 上，垄断厂商的平均收益为 FQ_1，平均成本为 GQ_1，平均收益大于平均成本，垄断厂商获得利润。单位商品的平均利润为 FG，总利润量相当于图中的阴影部分的面积。

（二）垄断厂商获得最大利润的均衡条件

从图 7－11 可见，只要 $MR > SMC$，垄断厂商增加一单位产量所得到的收益增量就会大于所付出的成本增量。这时，厂商增加产量是有利的。随着产量的增加，如图所示，MR 会下降，而 SMC 会上升，两者之间的差额会逐步缩小，最后达到 $MR = SMC$ 的均衡点，厂商也由此得到了增加产量的全部好处。而 $MR < SMC$ 时，情况正好与上面相反。所以，垄断厂商的利润在 $MR = SMC$ 处达最大值。

（三）垄断厂商在短期内的利润

垄断厂商在 $MR = SMC$ 的短期均衡点上，可以获得最大的利润，也可能是亏损的（尽管亏损额是最小的）。造成垄断厂商短期亏损的原因，可能是既定的生产规模的成本过高（表现为相应的成本曲线的位置过高），也可能是垄断厂商所面临的市场需求过小（表现为相应的需求曲线的位置过低），垄断厂商短期均衡时的亏损情况如图 7－12 垄断厂商的短期均衡（二）所示。

图 7－12 中，垄断厂商遵循 $MR = SMC$ 的原则，将产量和价格分别调整到 Q_1 和 P_1 的水平。在短期均衡点 E，垄断厂商是亏损的，单位商品的平均亏损额为 GF，总亏损额相当于图中矩形 HP_1FG 的面积。与完全竞争厂商相同，在亏损的情况下，若 $AR > AVC$，垄断厂商就继续生产；若 $AR < AVC$，垄断厂商就停止生产。若 $AR = AVC$，垄断厂商则认为生产和不生产都一样。在图 7－12 中，平均收益 FQ_1 大于平均可变成本 IQ_1，所以，垄断厂商是继续生产的。

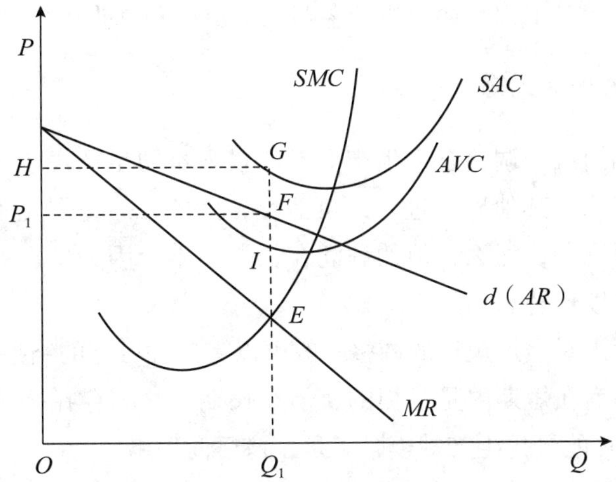

图 7－12 垄断厂商的短期均衡（二）

由此可以得到垄断厂商短期均衡条件为：

$$MR = SMC \tag{7.15}$$

可见，垄断厂商在短期均衡点上可以获得最大利润、可以利润为零，也可以承受最小亏损。

五、垄断厂商的供给曲线

在上一节完全竞争市场理论中，从完全竞争厂商的短期边际成本曲线推导出完全竞争厂商的短期供给曲线，并进一步得到行业的短期供给曲线。但是，在完全垄断市场条件下并不存在这种具有规律性的供给曲线。

供给曲线表示在每一个价格水平生产者愿意而且能够提供的商品数量。它表现产量和价格之间一一对应的关系。

在完全竞争市场条件下，每一个厂商都无法控制市场价格，它们都是在每一个既定的市场价格水平，根据 $P = SMC$ 的均衡条件来确定唯一能够带来最大利润（或最小亏损）的产量。这种价格和产量之间一一对应的关系，是构造完全竞争厂商和完全竞争行业的短期供给曲线的基础。

但是，完全垄断市场条件下的情况就不相同了。垄断厂商是通过对产量和价格的同时调整来实现 $MR = SMC$ 的，而且，P 总是大于 MR 的。随着厂商所面临的向右下方倾斜的需求曲线的位置移动，厂商的价格和产量之间不再必然存在如同完全竞争市场条件下的那种一一对应的关系，而是有可能出现一个价格水平对应几个不同的产量水平，或一个产量水平对应几个不同的价格水平的情形。

由此可以得到更一般的结论：凡是在或多或少的程度上带有垄断因素的不完全竞争市场中，或者说，凡是在单个厂商对市场价格具有一定的控制力量时，相应地，在单个厂商的需求曲线向右下方倾斜的市场中，是不存在具有规律性的厂商和行业的短期供给曲线的。这一结论适用于下面将要分析的垄断竞争市场和寡头市场。

六、垄断厂商的长期均衡

垄断厂商在长期内可以调整全部生产要素的投入量即生产规模，从而实现最大的利润。完全垄断市场排除了其他厂商进入的可能性，因此，与完全竞争厂商不同，如果垄断厂商在短期内获得利润，那么，他的利润在长期内不会因为新厂商的加入而消失，垄断厂商在长期内是可以保持利润的。

垄断厂商在长期内对生产规模的调整一般可以有三种可能的结果：

第一种，垄断厂商在短期内是亏损的，但在长期，又不存在一个可以使它获得利润（或至少使亏损为零）的最优生产规模，于是，该厂商退出生产。

第二种，垄断厂商在短期内是亏损的，在长期内，它通过对最优生产规模的选择，摆脱了亏损的状况，甚至获得利润。

第三种，垄断厂商在短期内利用既定的生产规模获得了利润，在长期中，它通过对生产规模的调整，使自己获得更大的利润。至于第一种情况，不需要再分析。对第二种情况和第三种情况的分析是相似的，下面对垄断厂商的长期均衡利用图 7－13 着重分析。

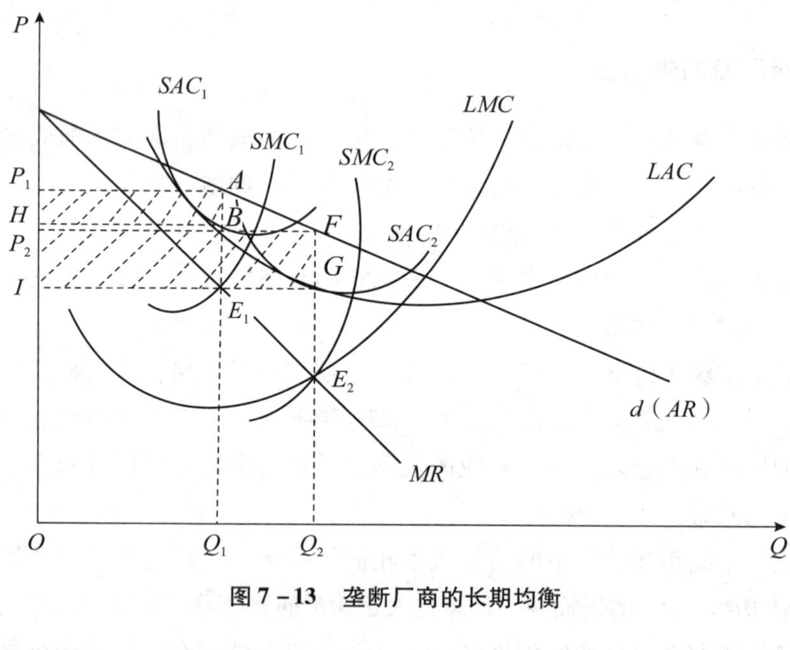

图 7－13　垄断厂商的长期均衡

图中的 d 曲线和 MR 曲线分别表示垄断厂商所面临的市场的需求曲线和边际收益曲线，LAC 曲线和 LMC 曲线分别为垄断厂商的长期平均成本曲线和长期边际成本曲线。假定开始时垄断厂商是在由 SAC_1 曲线和 SMC_1 曲线所代表的生产规模上进行生产。

在短期内，垄断厂商只能按照 $MR = SMC$ 的原则，在现有的生产规模上将均衡产量和均衡价格分别调整到 Q_1 和 P_1。在短期均衡点 E_1 上，垄断厂商获得的利润为图中较小的阴影部分面积 HP_1AB。

在长期中，垄断厂商通过对生产规模的调整，进一步增大利润。按照 $MR = LMC$ 的长期均衡原则，垄断厂商的长期均衡点为 E_2，长期均衡产量和均衡价格分别为 Q_2 和 P_2，垄断厂商所选择的相应的最优生产规模由 SAC_2 曲线和 SMC_2 曲线所代表。此时，垄断厂商获得了比短期更大的利润，其利润量相当于图中较大的阴影部分面积 IP_2FG。

由此可见，垄断厂商之所以能在长期内获得更大的利润，其原因在于长期内垄断厂商的生产规模是可调整的和市场对新加入厂商是完全关闭的。

如图 7－13 所示，在垄断厂商的 $MR = LMC$ 长期均衡产量上，代表最优生产规模的 SAC_2 曲线和 LAC 曲线相切于 G，相应的 SMC_2 曲线、LMC 曲线和 MR 曲线相交于 E_2 点。所以，垄断厂商的长期均衡条件为：

$$MR = LMC = SMC \tag{7.16}$$

垄断厂商在长期均衡点上一般可获得利润。

最后，由于垄断厂商所面临的需求曲线就是市场的需求曲线，垄断厂商的供给量就是全行业的供给量，所以，本节所分析的垄断厂商的短期均衡价格和长期均衡价格以及均衡产量的决定，就是完全垄断市场的短期均衡价格和长期均衡价格与均衡产量的决定。

任务四　垄断竞争市场

一、垄断竞争市场的条件

完全竞争市场和完全垄断市场是理论分析中的两种极端的市场类型。在现实经济生活中，通常存在的是垄断竞争市场和寡头垄断市场。其中，垄断竞争市场与完全竞争市场比较接近。

（一）垄断竞争市场

垄断竞争市场是这样一种市场组织：一个市场中有许多厂商生产和销售有差别的同种商品。

垄断竞争市场中的生产集团：在垄断竞争理论中，把市场上大量的生产非常接近的同种商品的厂商的总和称作生产集团。例如，汽车加油站集团、快餐食品集团、理发店集团等。

（二）垄断竞争市场的特征

作为垄断竞争市场具有如下基本特征：

1. 市场中存在着较多数目的厂商，彼此之间存在着较为激烈的竞争

由于每个厂商都认为自己的产量在整个市场中只占有一个很小的比例，因而厂商会认为自己改变产量和价格，不会招致其他竞争对手相应的报复行动。

2. **厂商所生产的商品是有差别的，或称“异质商品”**

至于商品差别是指同一商品在价格、外观、性能、质量、构造、颜色、包装、品牌、服务及商标广告等方面的差别以及以消费者想象为基础的虚幻的差别。由于存在这些差别，使得商品成了带有自身特点的“唯一”商品了，也使得消费者有了选择的必然，使得厂商对自己独特商品的生产销售量和价格具有控制力，即具有了一定的垄断能力，而垄断能力的大小则取决于它的商品区别于其他厂商所产商品的程度。商品差别程度越大，垄断程度越高。

在经济学中，这一条件是决定垄断竞争市场中存在垄断性的重要原因，因为商品的差异造成了无穷多的独特的商品市场，厂商在其独具的市场中具有控制能力，形成对各个独特商品市场的垄断。

3. **厂商进入或退出该行业都比较容易，资源流动性较强**

垄断竞争市场是常见的一种市场形态，如肥皂、洗发水、毛巾、服装、布匹等日用品市场，餐馆、旅馆、商店等服务业市场，牛奶、火腿等食品类市场，书籍、药品等市场大都属于此类。

二、垄断竞争厂商的需求曲线

（一）垄断竞争厂商的需求曲线的特征

由于垄断竞争厂商生产的是有差别的商品，因而对该商品都具有一定的垄断能力，和完全竞争厂商只是被动地接受市场的价格不同，垄断竞争厂商对价格有一定的影响力。比如，垄断竞争厂商如果将它的商品的价格提高一定的数额，则习惯于消费该商品的消费者可能也不会放弃对该商品的消费，该商品的需求不会大幅度下降。但若垄断竞争厂商大幅度提价的话，由于存在大量的替代品，消费者就可能舍弃这种偏好，转而购买该商品的替代品。因此，垄断竞争厂商所面临的需求曲线相对于完全竞争厂商而言要更陡一些（更缺乏弹性），而相对于垄断厂商来讲他们希望需求曲线更缓一些，即更富有弹性。

由于在垄断竞争行业中厂商生产的商品都是有差别的替代品，因而市场对某一厂商商品的需求不仅取决于该厂商的价格——产量决策，而且取决于其他厂商对该厂商的价格——产量决策是否采取对应的措施。比如一个厂商采取降价行动，如果其他厂商不降价，则该厂商的需求量可能上升很多，但如其他厂商也采取降价措施，则该厂商的需求量不会增加很多。这样在分析垄断竞争厂商的需求曲线时，就要分两种情况进行讨论。

（二）垄断竞争厂商所面临的两种需求曲线

垄断竞争厂商所面临的两种需求曲线通常被区分为 d 需求曲线和 D 需求曲线。下面用图 7－14 来分别说明。

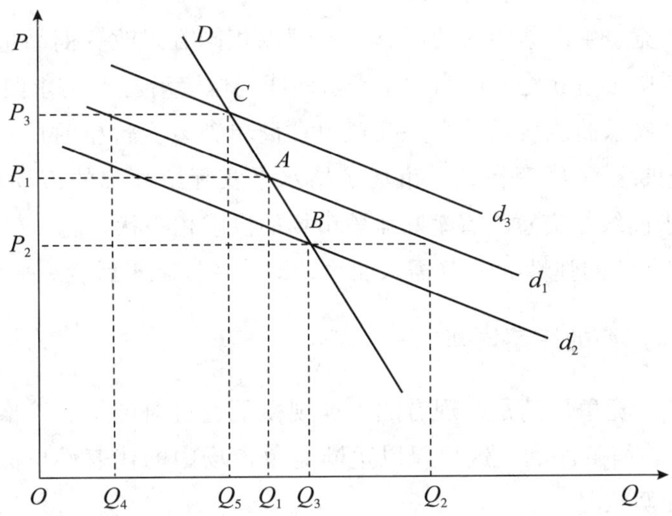

图 7－14　垄断竞争厂商所面临的需求曲线

1. 关于 d 需求曲线

d 需求曲线比较平坦，表示在垄断竞争生产集团中的单个厂商改变商品价格，而其他厂商的商品价格保持不变时，该厂商的商品价格与销售量之间的对应关系。在市场中有大量的厂商存在，因而单个厂商会认为自己的行动不会引起其他厂商的反应，于是它便认为自己可以像垄断厂商那样，独自决定价格。这样，单个厂商在主观上就有一条斜率较小的需求曲线，称为主观需求曲线。

2. 关于 D 需求曲线

D 需求曲线表示在垄断竞争生产集团中的单个厂商改变商品价格，而其他所有厂商也使商品价格发生相同变化时，该厂商的商品价格和销售量之间的关系。在现实中，一个垄断竞争厂商降低价格时，其他厂商为了保有自己的市场，势必也会跟着降价，该厂商因而会失去一部分顾客，需求量的上升不会如厂商想象的那么多，因而还存在着另外一条需求曲线，称为客观需求曲线或比例需求曲线。

在图 7－14 中，垄断竞争厂商的主观需求曲线为 d_1，该厂商最初的产量为 Q_1，最初的价格为 P_1，因而位于主观需求曲线 d_1 上的 A 点。当该厂商将产品的价格由 P_1 下调至 P_2 后，按照其主观需求曲线 d_1，该厂商预期其销售量将提高至 Q_2。但是，由于该厂商降价时，其他厂商也将采取同样的措施，以保有自己的市场占有率，因此，该厂商的销售量实际只有 Q_3，即介于 Q_1 和 Q_2 之间。当厂商意识到这点之后，厂商的主观需求曲线就会做出相应的调整，改为通过 B 点的 d_2。相反，如果该厂商将它的价格由 P_1 提高至 P_3，该厂商按照主观需求曲线 d_1 会预期自己的需求量将降低至 Q_4，但由于其他厂商也同样采取提价措施，该厂商需求量的下降并不像预期的那么多，实际的需求量为 Q_5，该厂商的主观需求曲线也将随之调整至通过 C 点的 d_3。根据客观需求曲线的定义，连接 A、B、C 三点的曲线 D 即是客观需求曲线。

3. d 需求曲线和 D 需求曲线的关系

第一，当垄断竞争生产集团内的所有厂商都以相同方式改变商品价格时，整个市场价格的变化会使得单个垄断竞争厂商的 d 需求曲线的位置沿着 D 需求曲线发生平移。

第二，由于 d 需求曲线表示单个垄断竞争厂商单独改变价格时所预期的产量，D 需求曲线表示每个垄断竞争厂商在每一市场价格水平实际所面临的市场需求量，所以，d 需求曲线和 D 需求曲线相交意味着垄断竞争市场的供求相等状态。

第三，d 需求曲线的弹性大于 D 需求曲线，即前者较之于后者更平坦一些。

三、垄断竞争厂商的短期均衡

在短期内，垄断竞争厂商是在现有的生产规模下通过对产量和价格的同时调整来实现 $MR=SMC$ 这一均衡条件的。这里仅以垄断竞争市场中的代表性厂商为例，说明垄断竞争厂商的短期均衡状况。

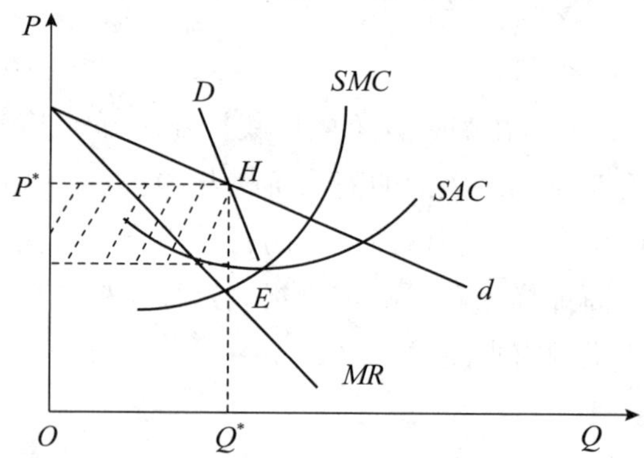

图 7－15　垄断竞争市场代表性厂商的短期均衡

如图 7－15 垄断竞争市场代表性厂商的短期均衡所示，代表性厂商调整价格的最终结果，将使得 d 需求曲线和 D 需求曲线相交点 H 上的产量和价格，恰好是 $MR=SMC$ 时的均衡点 E 所要求的产量 Q^* 和价格 P^*。此时，垄断竞争厂商便实现了短期均衡，并获得了利润，利润量相当于图中阴影部分的面积。当然，垄断竞争厂商在短期均衡点上并非一定能获得最大的利润，也可能是最小的亏损。这取决于均衡价格是大于还是小于 SAC。在垄断竞争厂商亏损时，只要均衡价格大于 SAC，垄断竞争厂商在短期内还是继续生产的；只要均衡价格小于 SAC，垄断竞争厂商在短期内就会停产。

总之，垄断竞争厂商短期均衡的条件是：

$$MR = SMC \tag{7.17}$$

在短期均衡的产量上，必定存在一个 d 需求曲线和 D 需求曲线的交点，它意味着市场上的供求是相等的。此时，垄断竞争厂商可能获得最大利润，也可能利润为零，还可能蒙受最小亏损。

四、垄断竞争厂商的长期均衡

长期来看，垄断竞争厂商不仅可以调整生产规模，还可以加入或退出垄断竞争生产集团。这就意味着，垄断竞争厂商在长期均衡时的利润必定为零，即在垄断竞争厂商的长期均衡点上，d 需求曲线必定与 LAC 曲线相切，如图 7－16 垄断竞争市场代表性厂商的长期均衡所示。

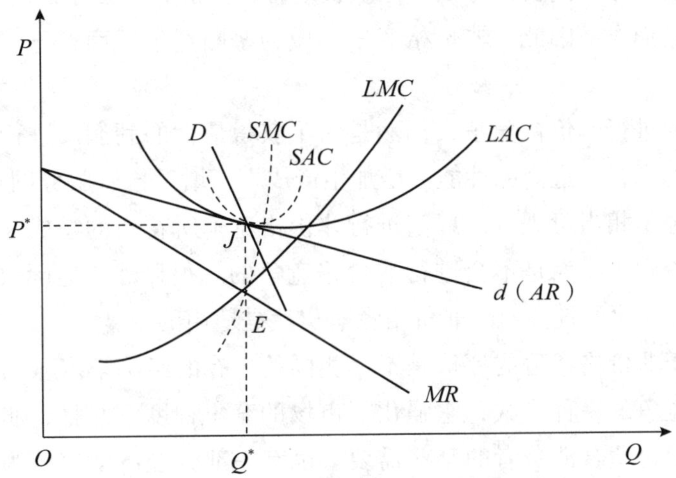

图 7－16　垄断竞争市场代表性厂商的长期均衡

图 7－16 中，在代表性厂商的长期均衡产量 Q^* 上，SAC_1 曲线和 SMC_1 曲线表示生产 Q^* 产量的最优生产规模；MR 曲线、LMC 曲线和 SMC_1 曲线相交于同一点均衡点 E，即有 $MR=LMC=SMC$；d 需求曲线与 LAC 曲线相切于 LAC 曲线与 SAC 曲线的切点 J，即有 $AR=LAC=SAC$，厂商的超额利润为零；D 需求曲线与 d 需求曲线也相交于 J 点，即意味着市场上的供求相等。

总而言之，垄断竞争厂商的长期均衡条件为：

$$MR = LMC = SMC \tag{7.18}$$

$$AR = LAC = SAC \tag{7.19}$$

在长期的均衡产量上，垄断竞争厂商的利润为 0，且存在一个 d 需求曲线和 D 需求曲线的交点。

五、垄断竞争厂商的供给曲线

垄断竞争厂商所面临的需求曲线与垄断厂商一样也是向右下方倾斜的，因此也无法找到价格与产量之间一一对应的关系。同时，假设价格一定，垄断竞争厂商所供给市场的产量不仅取决于其本身的价格——产量决策，而且取决于其他厂商的价格——产量决策的结果，更增加了厂商供给的不确定性。因此在垄断竞争市场上，是不存在具有规律性的供给曲线的。

六、非价格竞争问题

垄断竞争厂商往往通过改进商品品质、精心设计商标和包装、改善售后服务以及广告宣传等手段，来扩大自己商品的市场销售份额，这就是非价格竞争。

在垄断竞争市场上，厂商之间既存在价格竞争，也存在非价格竞争。就价格竞争而言，它虽然能使一部分厂商得到好处，但从长期看，价格竞争会导致商品价格持续下降，最终使厂商的利润消失。因此，非价格竞争便成为垄断竞争厂商普遍采取的另一种竞争方式。

垄断竞争厂商进行非价格竞争，仍然是为了获得最大的利润。进行非价格竞争是需要花费成本的。例如，改进商品性能会增加生产成本，增设售后服务网点需要增加投入，广告宣传的费用也是相当可观的。厂商进行非价格竞争所花费的总成本必须小于由此所得到的总收益，否则，厂商是不会进行非价格竞争的。很显然，边际收益 *MR* 等于边际成本 *MC* 的利润最大化原则，对于非价格竞争仍然是适用的。

经济学家对于非价格竞争的评价是不尽相同的。有的经济学家认为，非价格竞争作为厂商之间相互竞争的一种形式，它强化了市场的竞争程度，并且，非价格竞争的一些具体做法，客观上也适合消费者的某些需要。也有一部分经济学家认为，非价格竞争增加了消费者对某些商品的依赖程度，从而使得厂商加强了对自己商品的垄断程度。

尤其，关于广告作用的这一问题，更是引起经济学家的广泛关注。一般说来，经济学家认为，将广告分为信息性广告和劝说性广告两类，是有助于问题的分析的。就信息性广告而言，它提供了关于商品的比较充分的信息，有利于消费者做出最佳的购买决策，且节约了消费者的信息搜寻成本。而且，信息性广告之间的相互竞争有利于经济资源的合理配置。相反，劝说性广告却很少能提供对消费者来说真正有用的信息。尽管劝说性广告也会增加商品的销售量，但被诱导的消费者往往并不能够购买到自己实际需要且真正满意的商品。在现实生活中，每一个广告宣传往往既带有提供信息的成分，又同时带有劝说的成分。正因为如此，评价广告的作用就存在一定的困难。

任务五　寡头垄断市场

一、寡头垄断市场的含义和特征

寡头垄断市场又称寡头市场，指由少数几家大型厂商控制某种商品供给的绝大部分乃至整个市场的一种市场类型。寡头垄断市场是介于垄断竞争市场与完全垄断市场之间的一种市场类型。寡头厂商之间生产的商品可以是同质的，例如钢铁、水泥、石油、有色金属、塑料、橡胶等行业；而在某些行业，商品则是有差别的，例如汽车、飞机、家用电器、铁路运输、电信服务业等。

寡头垄断市场的关键是：每家厂商首先要推测竞争对手的决策，然后根据利润最大化原则确定自己的决策，相互之间利害关系极为密切。寡头厂商数量是很不易确定的，它与垄断竞争市场的界限不是以厂商数量为标准，而是主要取决于厂商之间的关系。在寡头垄断市场下，厂商相互注视对手的行动（在商品的价格、产量、广告开支等方面采取的行动），并估计和注视自己采取行动后竞争方的反应。概括寡头垄断市场的特征如下：

（1）寡头厂商的数目屈指可数，但消费者众多，寡头厂商在一定程度上控制商品价格和绝大部分的市场份额。

（2）商品差别可有可无。寡头厂商提供的商品可以是相同的，也可以是有差别的。由此分为无差别寡头垄断市场和有差别寡头垄断市场。

（3）存在进入的障碍，其他厂商无法顺利地进入该行业。一种可能性是这些寡头行业存在规模经济，使得大规模的生产占有强大的成本优势和产量优势，大厂商不断发展壮大，而小厂商则无法生存，最终形成少数几个寡头厂商竞争的局面；有时寡头厂商之间相互勾结，构筑进入的壁垒，阻止其他厂商进入；寡头厂商为了减少其竞争压力，也会采用收购、兼并一些小厂商等形式来减少厂商的数目。在有的行业，寡头垄断市场的形成则直接由于政府的产业政策所致（寡头厂商数目较稳定）。

（4）寡头厂商之间相互利害关系最后极为密切，各方均是反应后再决策，故在产量和价格上没有“确定的均衡”。由于寡头垄断市场中寡头厂商的数目较少，每个寡头厂商在市场中都占有很大的份额，对市场都有举足轻重的影响力。一个寡头厂商的价格和产量变动，不仅会影响到该寡头厂商的市场份额和所得利润，而且会直接影响到其他寡头厂商的市场份额和所得利润，因而寡头厂商所做的价格—产量决策也很容易遭到其竞争对手的报复。所以，寡头厂商在做出决策的时候必须把其竞争对手可能采取的对策考虑进去，而竞争对手可能采取的对策又是难以推测的。正因为如此，既无法推导出寡头厂商的有规律的供给曲线，又无法确定寡头厂商的有规律的需求曲线。这一点和其他厂商非常不同。

由于寡头厂商在进行决策的时候必须考虑到其他厂商可能采取的对策，而其竞争对手的策略又是千变万化的，竞争对手如何反应是寡头厂商事前所无法准确预计的，因此，寡头厂商的决策具有很大的不确定性。所以，寡头厂商的价格—产量决策过程就是该寡头厂商与其他寡头厂商之间相互博弈的过程，价格的确定实际上是一个搜寻的过程。我们知道，完全竞争厂商是价格的被动接受者，而垄断厂商则是价格的主动制定者，但寡头厂商则只能是“价格搜寻者”。

正是由于寡头厂商之间价格决策的不确定性，寡头厂商之间往往尽力避免打“价格战”。在寡头垄断行业中除价格竞争之外，更经常进行的是非价格竞争，比如广告竞争、品牌竞争、服务竞争等。

二、寡头垄断市场的形成原因

寡头垄断市场的主要形成原因有：某些商品的生产必须在相当大的生产规模上进行才能达到最好的经济效益；行业中几家厂商对生产所需的基本生产资源的供给具有绝对的控制权；政府的扶植和支持。由此可见，寡头垄断市场的成因和垄断竞争市场的成因是很相似的，只是在程度上有所差别而已。寡头垄断市场是比较接近垄断竞争市场的一种市场类型。

三、寡头行业分类

寡头行业可按不同方式分类。

（1）根据商品特征，可以分为纯粹寡头行业和差别寡头行业两类。

在纯粹寡头行业中，厂商之间生产的商品没有差别。例如，可以将钢铁、水泥等行业看作纯粹寡头行业。在差别寡头行业中，厂商之间生产的商品是有差别的。例如可以将汽车、冰箱等行业看作差别寡头行业。

（2）根据厂商的行动方式，可以分为有勾结行为的（合作的）寡头行业和独立行动的（不合作的）寡头行业两类。

四、寡头厂商的价格和产量的决定

寡头厂商的价格和产量的决定比较复杂。其主要原因在于：在寡头垄断市场上，每个寡头厂商的产量都在全行业的总产量中占一个较大的份额，因此每个寡头厂商的产量和价格的变动都会对其他竞争对手以至整个行业的产量和价格产生举足轻重的影响。正因为如此，每个寡头厂商在采取某项行动之前，必须首先要推测或掌握这项行动对其他寡头厂商的影响以及其他寡头厂商可能做出的反应，然后，才能在考虑到这些反应方式的前提下采取最有利的行动。所以，每个寡头厂商的利润都要受到行业中所有厂商的决策的相互作用的影响。寡头厂商们之间相互影响的复杂关系，使得寡头理论复杂化。一般说来，不知道竞争对手的反应方式，就无法建立寡头厂商模型。或者说，有多少关于竞争对手的反应方式的假定，就有多少寡头厂商模型，就可以得到多少不同的结果，因此，在经济学中，还没有一个寡头厂商模型，可以对寡头垄断市场的价格和产量的决定做出一般的理论总结。

下面先介绍两个经典的寡头厂商模型，即古诺模型和斯威齐模型。这两个模型都属于独立行动条件下的寡头厂商模型。

（一）古诺模型

古诺模型是由法国经济学家安东尼·奥古斯丁·古诺于1838年最早提出，它研究的是一个双寡头垄断市场。古诺以“拥有两个零边际成本的矿泉水市场”为例，提出如下假定：两个寡头厂商 A 和 B 生产同一种商品；厂商产量为独立变量，产量总和影响市场价格；每个寡头厂商均以实现利润最大化为目的，以对方产量维持前一时期水平为前提，来决定自己每一时期的产量；两个寡头厂商面临相同的需求曲线等。

假设厂商 A 和厂商 B 的产量分别为 Q_A 和 Q_B，市场需求函数为：

$$P = 90 - Q$$

由于市场供给量是 $Q_A + Q_B$，所以需求函数也可以写成：

$$P = 90 - Q_A - Q_B$$

由于成本为零，厂商 A 的利润可以写成：

$$\pi_A = PQ_A = (90 - Q_A - Q_B)Q_A = 90Q_A - Q_AQ_B - Q_A^2$$

假定厂商 B 的产量不变，则厂商 A 要实现利润最大化，必须满足一阶条件：

$$\partial \pi / \partial Q_A = 90 - Q_B - 2Q_A = 0$$

可以求出：

$$Q_A = 45 - 0.5Q_B$$

该式称为厂商 A 的反应函数。它表示了在厂商 B 的各种产量水平上，厂商 A 在最大利润原则下所要生产的产量组合。也可以说，对于厂商 B 的每一个产量 Q_B，厂商 A 都会做出最优反应，确定能够给自己带来最大利润的产量 Q_A。

同样的方法，可以求得厂商 B 的反应函数为：

$$Q_B = 45 - 0.5Q_A$$

可以看出，只要一个厂商变动产量，另一个厂商也必须跟着变动自己的产量。所以市场实现均衡时就意味着两个厂商的产量引起对方的反应是相容的，这时两个厂商都没有变动产量的意愿。所以上述两个反应函数必须同时成立。将两个反应函数联立，即可解得厂商的均衡解为：

$$Q_A = Q_B = 30$$

由于市场总容量是 90，也就是说，两个厂商均衡的产量都是市场容量的 1/3，两个厂商的总产量实际只有市场总容量的 2/3。剩余的 1/3 的市场容量是寡头垄断市场所无法满足的，因而可以看作寡头垄断市场给社会所造成的损失。

推而广之，设每个寡头厂商提供的产量为 Q_E，市场总容量为 Q，市场上寡头厂商数量为 n，则有下式成立：

$$Q_E = \frac{Q}{n + 1}$$

（二）斯威齐模型

斯威齐模型是美国经济学家保罗·斯威齐于 20 世纪 30 年代所建立的。由于寡头厂商之间打价格战的结果往往是两败俱伤，竞争的双方利润都趋向于零。所以在寡头垄断市场上，商品的价格往往比较稳定，寡头厂商比较喜欢采用非价格竞争方式，即便采用价格战的方式也是非常慎重的。寡头厂商不愿轻易地变动商品价格，价格能够维持一种比较稳定的状态的情况，被称为价格刚性。斯威齐模型就是解释在寡头垄断市场上出现的这种价格刚性现象。

斯威齐模型首先假定：当一个寡头厂商降低价格的时候，其他寡头厂商会跟着降价；当一个寡头厂商提高价格的时候，其他寡头厂商会保持价格不变。做这样的假定的原因是，当一个寡头厂商降低它的商品的价格的时候，其他寡头厂商如果不跟着降价，那么其他寡头厂商的市场份额就会减少，从而产量下降，利润下跌；而当一个寡头厂商提高它的商品价格的时候，如果其他寡头厂商价格保持不变，那么提价的寡头厂商的一部分市场份额将会自动被其他寡头厂商瓜分，从而使其他寡头厂商的产量上升，利润增加。所以斯威齐模型中需求曲线呈现弯折的形状，称为弯折的需求曲线。

斯威齐模型的具体形式如图 7－17 折弯的需求曲线所示。

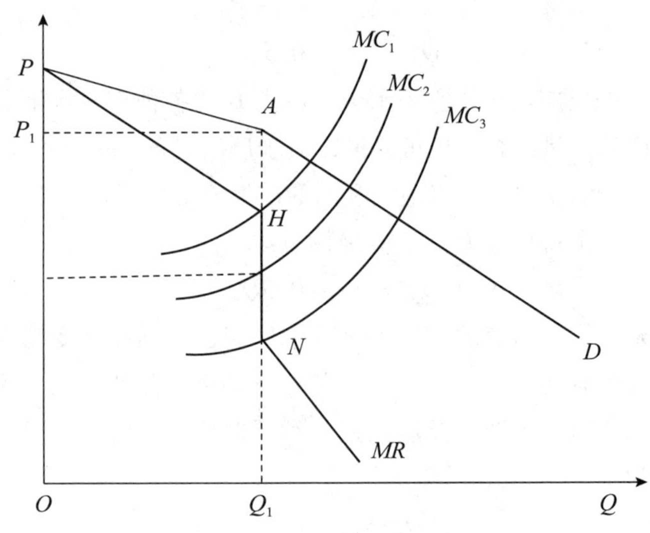

图 7－17　折弯的需求曲线

假定寡头厂商原来处于 A 点，即产量为 Q_1，价格为 P_1。按照斯威齐模型的假定，寡头厂商提价的时候，其他寡头厂商价格不变，因而提价寡头厂商的需求量将会下降很多，即商品富有弹性；当寡头厂商降价的时候，其他寡头厂商的价格也下降，因而降价寡头厂商的需求量不会增加很多，从而商品是缺乏弹性的。与需求曲线相对应的边际收益曲线也标在图 7－17 中，可以看出，在 H 点与 N 点之间，边际收益曲线有一个较大的落差。如果寡头厂商的边际成本为 MC_2，寡头厂商的产量和价格将分别是 Q_1 和 P_1；如果寡头厂商边际成本提高至 MC_1，寡头厂商的产量和价格仍然是 Q_1 和 P_1；如果寡头厂商的边际成本降低到 MC_3，寡头厂商的利润最大化的产量和价格仍然不变。由此可见，寡头厂商的成本即使在一个很大的范围内发生变动，但只要是在 H 点和 N 点之间，寡头厂商的产量和价格仍将保持稳定。

任务六 不同市场的经济效率的比较

前面介绍了四种不同的市场类型：完全竞争、完全垄断、垄断竞争和寡头垄断。这四种市场类型具有不同的特点，不同市场类型中的厂商的价格决策、产量决策都不相同，其竞争策略和竞争程度也不一样，因而经济效率也就不同。下面对这四种市场类型做简单比较。

一、需求曲线和供给曲线

厂商的供给曲线和厂商所面临的需求曲线是厂商决策的基本依据，也是厂商所在市场的一个最基本的特征。完全竞争厂商只能被动地接受市场的价格，因而其需求曲线是水平的，也就是具有完全弹性，在不同的市场价格下，完全竞争厂商决定自己的产量从而实现自己的利润最大化，因而其供给曲线也是可以推导的，其短期供给曲线和 *SMC* 曲线重合。而对不完全竞争厂商来讲，不仅可以通过调整产量来追求利润最大化，也可以通过调整价格来追求利润最大化，因而不完全竞争厂商无法推导出厂商的供给曲线。不完全竞争厂商都能够在一定程度上影响市场的价格（比如垄断厂商本身就是市场价格的制定者，而寡头厂商则能够操纵市场价格，是市场价格的搜寻者，而垄断竞争厂商则是市场价格的影响者），因而其需求曲线都是向右下方倾斜的，但斜率各不相同。一般来说，垄断程度越高，需求曲线的斜率（绝对值）就越大，以垄断厂商的需求曲线最为陡峭，寡头厂商次之，垄断竞争厂商更为平缓。注意：寡头厂商由于厂商之间的相互制约与依赖关系，一般是不能推导出需求曲线的，但在特殊的假定前提下，则可以导出其需求曲线。

二、经济效率

有人把经济学理解为研究资源有效配置的科学。一个经济社会，其资源是否实现了有效配置则要看它在现有资源条件的约束下能否以最小的成本实现最大的收益，这实际就是经济效率的问题。那么，如何判断经济效率呢？一般来讲，可以有两个标准：一是看平均成本的高低，二是看价格是否等于长期边际成本。

完全竞争厂商实现长期均衡时 P 与 *LAC* 曲线的最低点相等，这时平均成本最低，可以记作 $P=\text{Min}$（*LMC*），并且均衡价格最低，均衡产量最高。垄断竞争厂商长期均衡时，和完全竞争厂商一样经济利润为 0，但均衡点却位于 *LAC* 曲线最低点的左边，因而产量更低，平均成本更高；寡头厂商和垄断厂商产量要更低，价格高出 *LAC* 曲线最低点更多，且 *LAC* 也更高。所以垄断程度越高，厂商的长期平均成本以及商品价格都更高，但产量却更低。平均成本高、产量低，说明厂商的生产是无效率的，价格高说明消费者要为此付出更高的代价。因而从全社会的角度看，垄断程度越高，效率越低。

判断经济效率的第二个标准是看在长期均衡时，价格（P）是否等于长期边际成本（LMC）。P 可以看作商品的边际社会价值，LMC 可以看作商品的长期边际社会成本。因此，$P=LMC$ 时，说明资源得到了充分利用，所得到的净社会价值即社会福利是最高的。$P>LMC$ 时，意味着厂商如果增加产量，净社会价值将增加，说明此时社会资源没有得到有效配置，是无效率的。依据这个标准，完全竞争的效率最高，完全垄断的效率最低。

既然微观经济学得出的一般结论是垄断无效率，那么是否就是说垄断就一无是处呢？在经济学界，这是有争论的。主要表现在如下几个方面：

（一）垄断与技术进步的关系

一般认为，垄断厂商由于可以通过对市场的垄断而获取超额垄断利润，因而缺乏进行技术创新的动力，不但如此，垄断厂商还会想尽各种办法来阻止其他厂商利用新技术、新工艺、新产品来威胁自身的垄断地位，千方百计地压制技术进步。这种看法有一定的事实依据，比如一些大的垄断厂商看到有新技术威胁到自己时，便会采用兼并、收购等公开的和非公开的手段，将新技术据为己有或使新技术闲置或者干脆挤垮对方。但相反的例子似乎更多。即使像微软公司这样垄断了操作系统市场80%以上份额的企业也时时感受到竞争的压力，不断地寻求技术进步，花费大量人力物力进行技术创新。所以，有的经济学家认为，垄断是有利于技术进步的，其理由有三：一是垄断厂商由于能得到超额垄断利润，因而最有条件来进行技术创新，寻求不断地降低其生产成本的方法；二是垄断厂商并非没有技术进步的动力，因为它时时会感到其他厂商对自己这一充满了利润空间的市场的觊觎，技术上的一点漏洞都可能成为别人乘虚而入的切入点，技术上的一刻落后也可能导致满盘皆输的结局；三是由于存在制度上的障碍，事实上没有哪家厂商能够靠挤垮对手等手段来维持自身的地位，而只有靠不断的技术创新才有可能将长期潜在的竞争对手排斥在自己的市场之外。

（二）垄断与规模经济

完全竞争市场和垄断竞争市场充斥的大都是小型厂商，因而缺乏规模经济，成本较高。在寡头垄断市场和完全垄断市场中往往是一些大型厂商，可以进行大规模的生产，因而能够获得规模经济，因此可以大大地降低成本和价格。在很多行业如钢铁、冶金、汽车、石油化工等都是如此，而在有的行业，引入竞争机制反而会造成社会资源的浪费或损害消费者的利益，比如城市居民的取暖、邮政等。

（三）垄断与商品差异

完全竞争市场生产的都是同质的、无差异的商品，无法满足消费者对消费品的各种不同的偏好。而显然消费者的偏好是不同的，丰富多彩的商品满足了他们的不同偏好，因而能使他们的福利水平提高。显然完全竞争市场尽管可以以较低的价格向消费者提供大量的商品，但并不是消费者的理想选择。垄断竞争市场和寡头垄断市场，生产的商品是多样化的，这些多样化的商品满足了消费者的不同偏好。因而有的经济学家认为，垄断竞争所带来的一点效率上的损失可以看作是经济社会为了商品的多样化所付出的必然的代价。

（四）关于广告支出

完全竞争市场由于商品是无差别的，因而完全竞争厂商也无须做广告；而垄断竞争厂商和寡头厂商为了避免激烈的价格竞争，更多地采用非价格竞争的形式，广告竞争就是其中一种最常用的方式。马歇尔将广告分为两类：建设性广告和竞争性广告。建设性广告传播有用的信息，它提供了消费者选择时所必须知道的价格、质量以及商品特色等信息，也使厂商的新商品为更多的消费者所知晓，因而能够扩大厂商的市场规模，增加了商品的总需求量，因而是有益的。另外广告也为新厂商的商品进入市场提供了可能性，减少了进入市场的障碍，可能对产业结构产生有益的竞争性影响；竞争性广告是指一个固定的市场上不同厂商的商品为了市场份额而进行广告竞争。由于有的厂商做了竞争性广告，其他厂商也会被迫卷入这种竞争。这种竞争性广告仅仅是对消费者的视觉和听觉的“轰炸”，其作用不过是加深其商品在消费者头脑中的印象，自身的市场扩大就是别的厂商市场的缩小，所以如果所有厂商都全面减少这种广告，对总需求不会有影响，但如果某一个厂商从广告战中撤出，就会遭受损失。所以从全社会的角度看，这种广告只是提高了厂商的营运成本，从而提高了价格，所以对消费者是不利的。如果减少这种广告，节省出来的资源可以被用于生产其他商品，从而提高全社会的经济效率。

项目小结

1. 根据市场垄断和竞争的程度可以将厂商所处的市场分为四种类型，即：完全竞争市场、完全垄断市场、垄断竞争市场和寡头垄断市场。在完全竞争市场上，厂商和消费者都是价格的接受者，而在后三类市场上厂商是价格的制定者，因为厂商所产商品的产量影响到了商品的价格。

2. 在完全竞争市场上，厂商所面临的平均收益曲线、边际收益曲线与需求曲线，这三条曲线是重合的。实现长期均衡的条件是 $P=LMC$。即各个厂商让自身的长期边际成本与市场给定的价格相等。

3. 在完全垄断市场上，厂商均衡的条件是 $MR=LMC$。垄断厂商依此逐渐调整生产规模，由于垄断厂商排斥其他厂商的进入，因而垄断厂商在长期内能获得高额利润。

4. 垄断竞争市场的长期均衡条件为：$MR=LMC=SMC$，$AR=LAC=SAC$，达到长期均衡时，厂商的经济利润为零。

5. 寡头垄断市场上的均衡体现在各个寡头厂商的短期均衡，均衡的条件是：$MR=MC$。

6. 不同市场类型的经济效率是不一样的，完全竞争市场的经济效率最高，垄断竞争市场的经济效率较高，寡头垄断市场的经济效率较低，而完全垄断市场的经济效率最低。

关键概念

完全竞争市场、完全垄断市场、垄断竞争市场、寡头垄断市场。

实践与实训

选择题

1. 完全竞争市场是指（　　）。
   A. 市场参与者的购销量只占整个市场交易量的极小一部分
   B. 市场参与者只能接受价格，而不能影响价格
   C. 交易的商品是同质的
   D. 以上全对
2. 下列行业中哪一个最接近完全竞争模式？（　　）
   A. 飞机　　B. 卷烟　　C. 大米　　D. 汽车
3. 在完全竞争的条件下，如果某行业中的厂商的商品价格等于平均成本，那么（　　）。
   A. 新的厂商要进入这个行业
   B. 原有厂商要退出这个行业
   C. 既没有厂商进入也没有厂商退出这个行业
   D. 既有厂商进入也有厂商退出这个行业
4. 假定在某一产量水平上，某厂商的平均成本达到了最小值，这意味着（　　）。
   A. 边际成本等于平均成本　　B. 厂商获得了最大利润
   C. 厂商获得了最小利润　　D. 厂商的超额利润为零
5. 厂商在停止营业点（　　）。
   A. $P=AVC$　　B. $AR=AVC$
   C. 企业总损失等于 TFC　　D. 以上都对
6. 以下最不可能成为垄断者的是（　　）。
   A. 一个小镇上唯一的一名医生
   B. 可口可乐公司
   C. 某地区的电力公司
   D. 某地区的自来水公司
7. 下列不能成为进入一个行业的壁垒的是（　　）。
   A. 垄断利润　　B. 立法　　C. 专利权　　D. 资源控制

8. 垄断厂商拥有控制市场的权力，这意味着（　　）。
   A. 垄断厂商面对一条向右下方倾斜的需求曲线
   B. 如果他的商品增加一个单位，则全部商品的销售价格必须降低
   C. 垄断厂商的边际收益曲线低于其需求曲线
   D. 以上都对
9. 在完全竞争市场中，下列哪种情况下厂商将扩大其产出水平？（　　）
   A. 价格低于边际成本　　B. 价格高于边际成本
   C. 边际收益低于边际成本　　D. 边际收益高于边际成本
10. 当成本相同时，垄断厂商和完全竞争厂商一致的是（　　）。
   A. 利润最大化目标　　B. 产出水平
   C. 长期中的经济利润　　D. 生产的有效率
11. 一个垄断厂商在长期中一直获得经济利润，那么（　　）。
   A. 该厂商的生产比完全竞争市场的厂商更有效率
   B. 其他厂商无法进入该行业与其竞争
   C. 政府和垄断厂商之间必定串谋来维持一个高价格
   D. 垄断厂商的需求曲线缺乏弹性，从而使得其获得更多的收益
12. 当垄断竞争厂商处在长期均衡点时，长期平均成本曲线处于（　　）。
   A. 上升阶段　　B. 下降阶段
   C. 水平阶段　　D. 以上三种情况都可能
13. 垄断竞争市场上厂商的短期均衡发生于（　　）。
   A. 边际成本等于实际需求曲线产生的边际收益时
   B. 平均成本下降时
   C. 主观需求曲线与实际需求曲线相交，并有边际成本等于主观需求曲线产生的边际收益时
   D. 主观需求曲线与平均成本曲线相切时
14. 寡头垄断和垄断竞争之间的主要区别是（　　）。
   A. 厂商的广告开支不同
   B. 非价格竞争的数量不同
   C. 厂商之间相互影响的程度不同
   D. 以上都不对
15. 在折弯需求曲线模型中，折弯点左右两边的需求弹性是（　　）。
   A. 左边弹性大，右边弹性小　　B. 左边弹性小，右边弹性大
   C. 左右两边弹性一样大　　D. 以上都不对

互动讨论

1. 家电行业的制造商发现，为了占有市场份额，他们不得不采取一些激烈竞争策

略，包括广告、售后服务、商品外观设计等。因此，家电行业被认为是完全竞争行业。这种说法对吗？

2. “虽然很高的固定成本是厂商亏损的原因，但永远不会是厂商停业的原因。”你同意这种说法吗？

3. 某一厂商有新旧两台机器，平时旧机器只是备用，试问在什么情况下这台旧机器才会被投入使用？从中你可以得出什么结论？

4. “在长期均衡点，完全竞争市场中每个厂商的利润都为零。因而，当价格下降时，所有这些厂商就无法继续经营。”这句话对吗？

5. 垄断厂商是价格的制定者，这是否意味着该厂商对于给定的产量，可以任意索取一个价格？

案例分析

全球大型并购升温，恐加剧后疫情时代市场垄断

自 2020 年 7 月初以来，一系列重磅交易标志着全球大型并购的重启。

金融信息公司路孚特（Refinitiv）统计显示，全球并购金额于 2020 年 4 月跌破 1000 亿美元，降至 3 月的 6 成。但 2020 年 6 月和 7 月的并购活动总额均超过 3000 亿美元。规模超 10 亿美元的并购在 7 月达到 40 件，而 4 月仅有 10 件。

由于经营环境受疫情影响发生剧烈变化，部分企业出售业务是为了更好地生存。美国马拉松石油 8 月宣布将旗下附带便利店的连锁加油站 Speedway 以 210 亿美元出售给 7 - 11 日本母公司，原因在于新冠疫情导致汽油需求锐减，马拉松石油公司二季度净利润减少了 99%，该公司日后将专注于石油产品的运输和冶炼。

与此同时，大型公司还希望抢占有望快速增长的领域，增加自身在该领域的份额。8 月 19 日，美国强生宣布斥资 65 亿美元收购生物药品企业摩蒙塔制药；2020 年 7 月，半导体公司 ADI 拟作价 200 亿美元收购竞争对手 Maxim；西门子医疗 8 月 2 日同意以现金方式收购瓦里安医疗系统公司，估值约 164 亿美元。

最受瞩目的潜在交易还包括微软对字节跳动旗下 TikTok 的收购，估值为 100 亿美元至 300 亿美元。拥有 1 亿美国月活用户的 TikTok 还引来了 Twitter 和甲骨文的竞购，知情人士称，字节跳动的两大投资方，私募基金“泛大西洋投资”和风险投资公司红杉资本也将参与对 TikTok 美国业务的收购。

花旗集团欧洲、中东和非洲并购业务主管 Alison Harding - Jones 表示，“我们预计会看到的交易是大型战略收购、是受冲击最严重行业的公司之间的换股交易，以及越来越多的私募股权竞购。”

瑞银全球并购联席主管 Nestor Paz - Galindo 表示，一些公司正寻求达成交易，帮助自身度过疫情后更严峻的经济形势“大家都在思考如何建立规模，形成韧性，这是并购的

推动力。"

并购活跃的背后还存在着充裕资金的推动。由于主要国家央行实行宽松货币政策，并购所需贷款的利率负担小，较有利于大型并购案的推进。

Centerview Partners 联合创始人 Blair Effron 则更为谨慎，其表示"目前的问题是，在无法面对面的环境中下大赌注的能力已经缩水。在卫生危机消退后，变革性的交易才会增多。"

值得警惕的是，并购行为的反弹将导致市场垄断加强。《日本经济新闻》编委西村博之分析称，在 2008 年金融危机后，全球并购也出现加速。虽然在危机之后金额减少，但到 2015 年创出历史新高，数量保持坚挺。在这期间，市场的垄断化加强。2018 年分析显示，美国 75% 的产业垄断率高于 20 年前，尤其是在金融危机后。

美国马萨诸塞州参议员伊丽莎白·沃伦等民主党人士曾在 2020 年 4 月提出《大流行期间反垄断法》，计划要求市值超过 1 亿美元的公司或金融机构暂停并购行为。但该法案尚未在国会取得进展。8 月 10 日公布的一项民调显示，57% 美国人支持上述并购禁令。

疫情期间，在坐拥数亿用户的科技巨头们的股价节节攀升之时，美国四大科技公司（谷歌、Facebook、苹果、亚马逊）的负责人也在 7 月底接受国会反垄断调查的质询。该调查预计将在年底前出台有关更新反垄断法的报告。

记者：田思奇 2020 年 08 月 26 日报道

（资料来源：新浪网，https：//www. sina. com. cn/）

思考题：

1. 什么是垄断市场？垄断市场的优缺点是什么？
2. 疫情对垄断市场有什么影响？如何应对？

项目八　分配理论

知识目标

1. 理解和掌握完全竞争厂商使用生产要素的原则；掌握厂商和行业对生产要素的需求。

2. 掌握要素市场的均衡。

3. 理解和掌握个人劳动供给曲线，替代效应与收入效应以及均衡工资率的形成；土地的供给和均衡地租的决定；资本供求与均衡；收入分配平等程度的测定。

能力目标

1. 学会用图分析完全竞争厂商对生产要素的需求曲线，会推导要素市场的需求曲线。

2. 学会用图形分析生产要素边际商品价值曲线；分析厂商和行业的生产要素需求曲线和供给曲线；以及完全竞争要素市场和不完全竞争要素市场的均衡分析。

3. 学会用替代效应和收入效应分析劳动的供给曲线的形状，学会解释土地供给曲线的特殊形状以及地租的决定因素；学会分析资本的需求和供给以及均衡利率的决定。

思政目标

1. 认识到提高人口素质，增强创新能力，成为高素质、高技术技能型劳动者的紧迫性。

2. 了解人口增量减缓、科技取代人力、劳动供给减少、就业压力增加的现状，要积极主动面对就业市场，学会把握机会。

引导案例

我国放开三孩的政策正式入法

三孩政策，是我国积极应对人口老龄化的一项生育政策。

2021 年 5 月 31 日，中共中央政治局召开会议并指出，为进一步优化生育政策，实施一对夫妻可以生育三个子女政策及配套支持措施。

政策背景

从“双独二孩”“单独二孩”到“全面二孩”，经过十几年循序渐进的调整，生育孩子的权利正逐步回归家庭。

面对持续低迷的人口出生率，辽宁、湖北、新疆等地出台了更加积极的生育政策，延长产假时间、提高生育补助等“真金白银”的政策相继实施。陕西省则明确表示，要适时全面放开计划生育。同时，限制生育三孩及以上的政策虽然存在，但一些地方在执行过程中已逐步放开，生育三孩无须缴纳社会抚养费，一些补助或免费服务项目也适用于三孩家庭。

从“双独二孩”到“单独二孩”，再到2016年实施“全面二孩”，我国生育政策逐渐放开。加上日前各地“真金白银”的补助补贴，可以看出，对于鼓励生育，从国家到地方，都会越来越重视。

政策公布

2021年5月31日，中共中央政治局召开会议，会议指出，进一步优化生育政策，实施一对夫妻可以生育三个子女政策及配套支持措施，有利于改善中国人口结构、落实积极应对人口老龄化国家战略、保持中国人力资源禀赋优势。

配套措施

2021年5月31日，中共中央政治局召开会议，审议《关于优化生育政策促进人口长期均衡发展的决定》。会议就积极应对人口老龄化、调整生育政策等问题做出部署。

将婚嫁、生育、养育、教育一体考虑，加强适婚青年婚恋观、家庭观教育引导，对婚嫁陋习、天价彩礼等不良社会风气进行治理，提高优生优育服务水平，发展普惠托育服务体系，推进教育公平与优质教育资源供给，降低家庭教育开支。要完善生育休假与生育保险制度，加强税收、住房等支持政策，保障女性就业合法权益。对全面两孩政策调整前的独生子女家庭和农村计划生育双女家庭，要继续实行现行各项奖励扶助制度和优惠政策。要建立健全计划生育特殊家庭全方位帮扶保障制度，完善政府主导、社会组织参与的扶助关怀工作机制，维护好计划生育家庭合法权益。要深化国家人口中长期发展战略和区域人口发展规划研究，促进人口长期均衡发展。

“三孩政策”正式入法！

第十三届全国人民代表大会常务委员会第三十次会议于2021年8月20日在北京人民大会堂闭幕。会议审议通过了关于修改《中华人民共和国人口与计划生育法》的决定，这一决定自公布之日起施行。

国家提倡适龄婚育、优生优育，一对夫妻可以生育三个子女。明确实施“三孩政策”，取消社会抚养费等制约措施，加强婴幼儿照护服务，以及保障计划生育家庭合法权益等多方面的内容。

国家采取财政、税收、保险、教育、住房、就业等支持措施，减轻家庭生育、养育、教育负担。

《中华人民共和国人口与计划生育法》自2002年9月1日起施行，2015年实施“全面二孩”政策时进行了修改。这部法律自施行以来，对落实计划生育基本国策，促进人口与经济、社会、资源、环境协调发展，发挥了重要作用。党的十八大以来，根据我国人口发展变化形势，促进人口长期均衡发展的生育政策逐步调整完善，各项工作取得了显著成效。此次修订重点围绕实施“三孩政策”，规定“一对夫妻可以生育三个子女”。这是继“全面二孩”政策后，党中央统筹人口发展战略做出的又一重大决策，也是这次修法的核心内容之一。

（资料来源：中华人民共和国中央人民政府，http：//www. gov. cn/xinwen/2021 – 08/21，有改动）

思考题：

1. 你对开放三孩政策持什么观点？
2. 开放三孩政策对国家有什么影响？

19世纪的西方经济学家们习惯于把生产要素分为三类，即土地、劳动和资本。这三类生产要素的价格，则被分别称作地租、工资和利润。因此，那时的生产要素价格理论就是地主、工资收入者和资本家这三个主要社会经济阶级之间的收入分配理论。到19世纪末，第四种生产要素——企业家才能被“发现”。于是，利润被看作企业家才能的收益，而资本所有者的收益被看作“利息”。

生产要素价格决定的主要理论基础是所谓的边际生产率分配论。边际生产率分配论最先由美国经济学家J. B. 克拉克提出。他认为，在其他条件不变和边际生产力递减的前提下，一种生产要素的价格取决于其边际生产力。后来的西方经济学家对J. B. 克拉克的理论做了改进。他们认为，生产要素的价格不仅取决于其边际生产力，也取决于一些其他因素。边际生产力只是决定生产要素需求的一个方面。除此之外，厂商在决定生产要素需求时还要考虑生产要素的边际成本。只有当使用生产要素的边际成本和边际收益（边际生产力）相等时，厂商才在生产要素使用上达到了利润最大化。此外，生产要素的供给也是决定其价格的一个重要方面。总之，生产要素的市场价格与其他商品一样，也由其需求和供给两个方面共同决定。

本项目论述完全竞争条件下生产要素的需求和供给。

任务一　生产要素的配置原则

在上一章分析市场时，完全竞争市场的特点描述为：大量的具有完全信息的买者和卖者，并买卖完全相同的商品。显然，这种完全竞争厂商实际上只是“商品市场上的完全竞争厂商”。如从商品市场的分析扩展到商品市场加要素市场，则仅仅是商品市场的完全竞争还不足以说明厂商的完全竞争性，还必须要求要素市场也是完全竞争的。以下是对完全竞争厂商使用生产要素原则的介绍。

假定完全竞争厂商只使用一种生产要素、生产单一商品、追求最大限度的利润。利润最大化要求任何经济活动的“边际收益”和“边际成本”必须相等。这一原则不仅适用于商品数量的决定，而且也适用于生产要素使用量的决定。

1. 使用生产要素的“边际收益”——边际商品价值

（1）商品的边际收益

在完全竞争市场分析中，一个厂商的收益函数等于商品产量与商品价格的乘积，用公式可表示为：

$$R(Q) = Q \times P \tag{8.1}$$

式中，R（或该节中的 TR）、Q 和 P 分别为厂商的总收益、产量和商品价格。在公式中，商品价格 P 是既定常数。这是因为，在完全竞争条件下，商品买卖双方数目很多且商品毫无差别，任何一家厂商单独增加或减少其产量都不会影响商品价格。商品价格与单个厂商的产量多少没有关系。由于商品价格固定不变，厂商的收益便可以看成取决于另一个因素，即产量。因此，总收益 R 被看成是产量 Q 的函数。由收益函数求收益对产量的一阶导数即得边际收益。边际收益表示厂商增加一单位产量所增加的收益。

（2）生产要素的边际商品价值

在商品市场分析中，收益只被看成是产量的函数而与生产要素无关。现转入生产要素市场，则应进一步看到，产量本身又是生产要素的函数。设完全竞争厂商使用的生产要素为劳动 L，则使用一定量的劳动要素将创造出一定量的产量。劳动要素与产量之间的这种数量关系，就是生产函数：

$$Q = Q(L) \tag{8.2}$$

若将（8.2）式代入（8.1）式，则可以将收益看成生产要素的（复合）函数：

$$R(L) = Q(L) \times P \tag{8.3}$$

上式中的商品价格仍然是固定不变的常数。

在商品市场理论中，收益是产量的函数。因此，收益可以对产量求导数。收益对产量的导数就是商品的边际收益 MR。而在完全竞争条件下，这个边际收益等于商品的价格，即 $MR=P$。在要素市场理论中，收益成了生产要素的（复合）函数。因此，为了求得生产要素的边际收益，必须以生产要素为自变量求取导数。根据（8.3）式可知，这个导数为 $MP \cdot P$。式中，第一个因子 MP 就是以前讨论过的生产要素的边际商品（或边际生产率），即：

$$MP = dQ(L)/dL \tag{8.4}$$

它表示增加使用一个单位生产要素所增加的产量。生产要素的边际商品 MP 与既定商品价格 P 的乘积 $MP \cdot P$ 显然就表示增加使用一单位生产要素所增加的收益。这就是完全竞争厂商使用生产要素的“边际收益”。为了与前一章的商品的边际收益概念相区别，通常把使用生产要素的“边际收益”叫作边际商品价值，并用 *VMP* 表示。于是有：

$$VMP = dQ(L)/dL \tag{8.5}$$

它表示在完全竞争条件下，厂商增加使用一个单位生产要素所增加的收益。这里再次强调，应特别注意边际商品价值 *VMP* 与商品的边际收益 *MR* 的区别：商品的边际收益或者简称边际收益通常是对产量而言，故称为商品的边际收益；边际商品价值则是对生产要素而言，是生产要素的边际商品价值。

（3）生产要素边际商品价值曲线

生产要素边际商品价值 *VMP* 也是生产要素的函数，也可以写成 *VMP*（*L*），并且，由于商品价格 *P* 为正的常数，边际商品价值曲线显然也与边际商品曲线一样向右下方倾斜。

由于生产要素的边际商品 *MP* 是产量对生产要素的导数，故它也是生产要素的函数。根据“边际生产力递减规律”，该函数曲线向右下方倾斜，即：随着生产要素使用量的增加，其边际商品将不断下降。更进一步，生产要素的边际商品价值 *VMP* 也是生产要素的函数，由于商品价格 *P* 为正的常数，边际商品价值曲线显然也与边际商品曲线一样向右下方倾斜。

表 8－1 给出了某个只使用劳动要素的厂商的边际商品价值的部分数据。

表 8－1　　　　完全竞争厂商的边际商品和边际商品价值

要素数量 *L*	边际商品 *MP*	商品价格 *P*	边际商品价值 *VMP* = *MP* × *P*
1	10	2	20
2	9	2	18
3	8	2	16
4	7	2	14
5	6	2	12
6	5	2	10
7	4	2	8
8	3	2	6
9	2	2	4
10	1	2	2

图 8－1 则是根据表 8－1 的数据绘制的。图中，横轴表示劳动要素的数量 *L*。纵轴表示边际商品 *MP* 和边际商品价值 *VMP*。由图可见，边际商品价值曲线与边际商品曲线一样均向右下方倾斜。一般来说，边际商品价值曲线的位置高低取决于两个因素，即生产要素的边际商品函数 *MP*（*L*）和商品价格 *P*。随着价格的上升或生产要素的边际商品函数上升，边际商品价值曲线将向右上方移动。反之则相反。边际商品价值函数与边际商品函数的相对位置关系则取决于商品价格是大于 1 还是小于或等于 1。如果商品价格大于 1（如表 8－1 中 *P* = 2），则对于给定的某个生产要素数量，边际商品价值大于边际商品，因而整个边际商品价值曲线高于边际商品曲线。如果商品价格小于 1，则情况恰好相反，边际商品价值曲线将位于边际商品曲线的下方。特别是，商品价格恰好等于 1 时，边际

商品价值退化为边际商品，两条曲线完全重合。

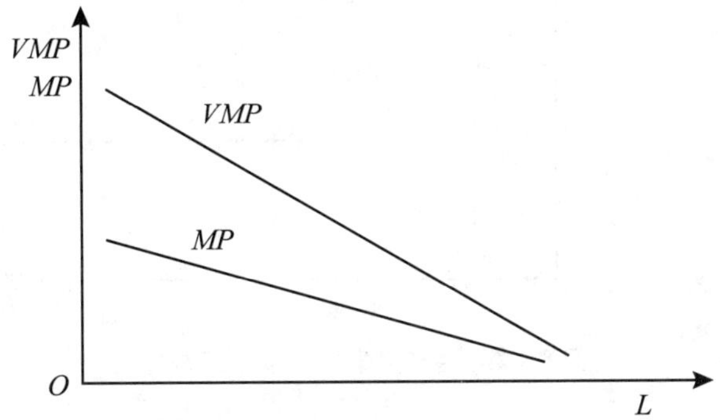

图 8－1　边际商品和边际商品价值

2. 使用生产要素的“边际成本”——生产要素价格

由于成本函数是表示厂商的成本与产量水平之间的各种关系，成本仅被看成为产量的函数：

$$C = C(Q) \tag{8.6}$$

由于产量本身又取决于所使用的生产要素的数量，故成本也可以直接表示为生产要素的函数。这一函数即为在前文所提到过的成本方程。根据成本方程便可以得到生产要素使用的成本概念。若设所使用的劳动要素的价格即工资为 W，则使用劳动要素的成本就可表示为：

$$C = W \cdot L \tag{8.7}$$

即成本等于劳动要素价格和劳动要素数量的乘积。式中，劳动要素价格 W 是既定不变的常数。这是因为，在完全竞争条件下，劳动要素买卖双方数量很多且劳动要素毫无区别，任何一家厂商单独增加或减少其劳动要素购买量都不会影响劳动要素价格。由于劳动要素价格为既定常数，使用劳动要素的“边际成本”即成本函数对劳动要素的导数恰好就等于劳动价格：

$$dC(L)/dL = W \tag{8.8}$$

它表示完全竞争厂商增加使用一单位生产要素所增加的成本。其图形特征如图 8－2（生产要素投入的边际成本）所示。其中，（8.8）式的含义是：例如，设劳动价格为固定的每小时 5 元，则厂商每增加使用一小时劳动就需要且仅需要付出 5 元的成本。于是它所使用的劳动要素的“边际成本”为 5 元。需注意在论述商品市场中，成本是作为产量的函数，而在论述生产要素市场中，成本是作为要素的函数。正是由于这一不同，才引起边际成本在两种情况下的不同表现形式：在项目四中，边际成本是指增加一单位商品所增加的成本，是商品的边际成本；而在本项目中，生产要素使用的边际成本是指增加一单位生产要素所增加的成本。

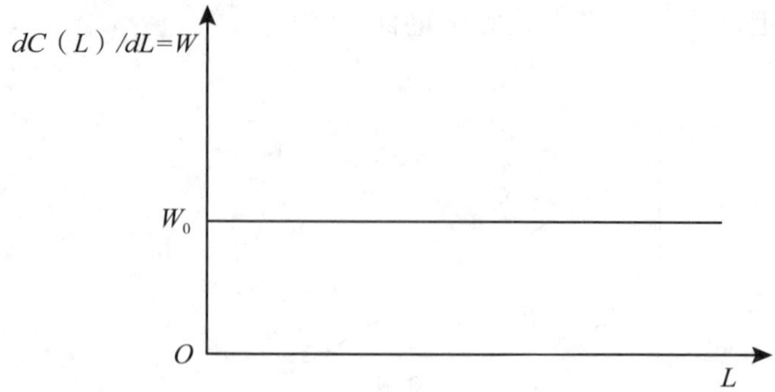

图8－2　生产要素投入的边际成本

3. 完全竞争厂商使用生产要素的原则

这一原则，可以简单地表述为：使用生产要素的“边际成本”和相应的“边际收益”相等。在完全竞争条件下，厂商使用生产要素的边际成本等于生产要素价格 W，而使用生产要素的边际收益是边际商品价值 VMP，因此，完全竞争厂商使用生产要素的原则可以表示为：

$$VMP = W \tag{8.9}$$

或者：

$$MP \cdot P = W \tag{8.10}$$

当上述原则或条件被满足时，完全竞争厂商达到了利润最大化，此时使用的生产要素数量为最优生产要素数量。

为了更好地理解这个原则，再来分析 $VMP \neq W$ 时的情况。

如果 $VMP > W$，则增加使用一单位生产要素所带来的收益就会大于所引起的成本，于是厂商将决定增加生产要素的使用以提高利润。随着生产要素使用量的增加，生产要素的价格不变，边际商品价值将下降，从而最终使 $VMP = W$。

如果 $VMP < W$，则减少使用一单位生产要素所损失的收益就会小于所节省的成本，因厂商将决定减少生产要素的使用以提高利润。随着生产要素使用量的减少，要素的边际产品从而边际产品价值将上升，最终也将达到 $VMP = W$。总体来说，不论是 VMP 大还是 W 大，只要二者不相等，厂商都未达到利润最大化，现有要素使用量都不是最优数量，厂商都将改变（增加或减少）要素使用量。只有当 $VMP = W$，即边际商品价值恰好等于生产要素价格时，厂商的生产要素使用量才使利润达到了最大。

任务二　生产要素的需求和供给

一、生产要素需求和供给的性质

商品的价格（和产销数量）是由商品的需求和供给共同决定的。同样，生产要素的价格（和使用量）是由生产要素的需求和供给共同决定的。但是同商品的需求和供给相比，生产要素的需求和供给又具有不同的性质。

（一）就生产要素的需求来说，生产要素的需求来自厂商

厂商对生产要素的需求不同于人们对商品的需求。人们对商品的需求是一种直接需求，也就是为了直接满足自己的欲望。厂商购买生产要素不像人们购买商品那样是为了直接满足消费的需要，而是为了用生产要素来生产商品以供应市场。

所以，与消费者对商品的需求取决于商品的效用和边际效用不同，厂商对生产要素的需求取决于生产要素所具有的生产出商品的能力。换言之，厂商对生产要素的需求根源于人们对商品的需求，所以，经济学把厂商对生产要素的需求称为派生的需求，意指厂商对生产要素的需求是人们对生产要素所产出的商品的需求派生出来的。

（二）生产要素的需求不仅是一种派生的需求，也是一种联合的需求或相互依存的需求

这就是说，任何生产行为所需要的都不是一种生产要素，而是多种生产要素，各种生产要素之间是互补的。如果只增加一种生产要素而不增加另一种，就会出现边际收益递减现象。而且，在一定的范围内，各种生产要素也可以互相替代。生产要素相互之间的这种关系说明它的需求是联合的或相互依存的。

（三）就生产要素的供给来看，它不是来自厂商，而是来自个人或家庭

个人或家庭在消费理论中是消费者，在要素价格理论中是生产要素所有者。个人或家庭拥有并向厂商提供各种生产要素。

生产要素主要有四种，即劳动、资本、土地与企业家才能。这四种生产要素的所有者分别是劳动者、资本所有者、土地所有者和企业家，他们为厂商提供这些生产要素而分别取得工资、利息、地租和利润。工资、利息、地租和利润就是这些生产要素的价格。前文说过，商品价格取决于它的效用和边际效用，而厂商需要这些生产要素则是因为它们能生产商品，因此生产要素价格最终取决于它们各自对生产商品所做出的贡献。

在市场经济条件下，商品市场和生产要素市场是相互依存、相互制约的：厂商作为商品的生产者需求生产要素而供给商品。与此相对应，生产要素的所有者则供给生产要素而需求商品。厂商在生产要素市场上买进生产要素时付出的价款形成生产要素所有者的收入，同时也构成商品的成本；生产要素的所有者出卖生产要素取得的收入成为厂商出卖其商品的销售价款的源泉。所以，从整个社会生产过程来看，成本、收入和价值这三个经济范畴具有如下恒等关系：商品成本 = 生产要素收入 = 商品价值。

（四）利润最大化

同商品的价格（和产销数量）是由商品的供给和需求共同决定的一样，生产要素的

价格（和使用量）也是由生产要素的需求和供给共同决定的。

在厂商通过调整产量来实现其利润最大化的分析中，假定生产要素的价格是不变的；在生产要素市场分析中，则假定厂商生产出来的商品的价格是给定的，厂商要通过生产要素购买的数量来实现其利润最大化，因此，厂商利润最大化的过程也就决定了对生产要素的需求。

当厂商对每一种生产要素投入量做出决策时，其利润最大化的必要条件（一阶条件）是生产要素的边际投入等于其边际收益。设厂商的收益和成本均与其生产要素投入相关，是所投入的生产要素数量的函数，因此有：

$$R = R(L,K) \tag{8.11}$$

$$C = C(L,K) \tag{8.12}$$

其中，L、K 为投入的生产要素，R（L，K）和 C（L，K）分别为投入的生产要素的收益函数和成本函数。于是，厂商的利润函数为：

$$\pi = R(L,K) - C(L,K) \tag{8.13}$$

利润最大化的条件是：

$$dR/dL = dC/dL \text{，且 } dR/dK = dC/dK$$

二、厂商和行业对生产要素的需求

在完全竞争的要素市场，生产要素的边际成本就是生产要素的价格，从利润最大化的目标出发，厂商要使生产要素的边际收益等于其边际成本，否则，厂商就要调整生产要素的投入数量。在短期内，某些生产要素（如厂房、机器设备等）的投入是无法改变的。假定只有劳动 L 和资本 K 两种生产要素投入，那么短期内资本是固定不变的，劳动投入是可变的。由此带来的结果是，厂商在短期内对生产要素的需求与其在长期内对生产要素的需求有着不同的特性。

（一）厂商对生产要素的需求

假定在要素市场上，要素市场完全竞争，资本是固定不变的。在短期内对厂商对某一生产要素的需求进行分析，如厂商短期内对劳动的需求。

图 8－3（利润最大化的劳动投入量）给出了厂商的劳动边际收益商品曲线 MRP_L。在完全竞争的要素市场中，劳动的市场价格为 W_0，厂商面临的劳动供给曲线 S 是一条水平线，它到水平轴的距离为 W_0，W_0同时也是劳动的边际成本。

（1）当 S 曲线与 MRP_L曲线相交于 A 点，对应的劳动投入量为 L_0。此时，劳动的边际收益等于边际成本，这时厂商能获得最大的利润。

（2）由于 MRP_L曲线向下倾斜，故有 $MRP_L < W_0$，即厂商得到的劳动边际收益小于边际成本。因此，厂商不应增加这一单位的劳动，否则将使总利润减少。

（3）当厂商的劳动投入量在 L_0的基础上减少一个单位劳动，即为 L_{0-1}时，劳动的边

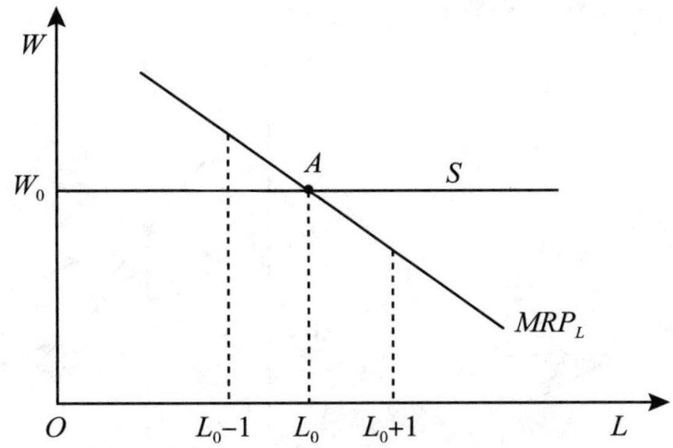

图 8 -3　利润最大化的劳动投入量

际收益大于边际成本，此时，再增加一个单位的劳动，将使总利润增加，所以厂商应该增加劳动投入量。

因此，从利润最大化出发，厂商应该按照曲线 MRP_L 与劳动价格水平线的交点来决定所投入的劳动数量。当劳动的价格变动时，其劳动投入数量就沿着 MRP_L 曲线随之变动。厂商对劳动的需求曲线如图 8 -4 所示，如果工资上升到 W_1，相应的利润最大化的劳动投入量应该为 L_1，而如果工资下降到 W_2，劳动雇用数量应该为 L_2。因此，对劳动的任一市场价格，由厂商的劳动边际收益商品曲线确定的劳动的投入量可以使厂商的利润达到最大化。所以，厂商的劳动边际收益商品曲线 MRP_L 就是厂商对劳动的需求曲线，它表示了厂商在一定的工资水平下所愿意投入的劳动的数量。

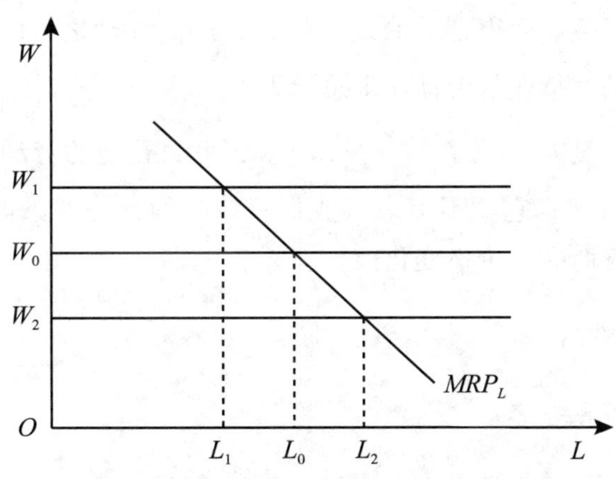

图 8 -4　厂商对劳动的需求曲线

（二）行业对生产要素的需求

当厂商所在的行业是垄断行业时，厂商对生产要素的需求曲线就是该行业对生产要素的需求曲线。

当行业内有许多厂商时，整个行业对生产要素需求是单个厂商对这种生产要素的需求总和，但又不是简单的加总，其推导如下：

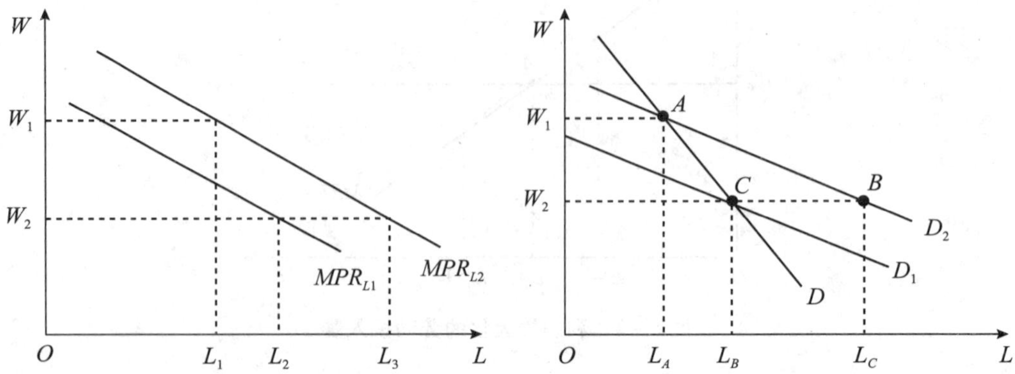

（a）厂商对劳动的需求曲线　　（b）行业对劳动的需求曲线

图 8－5　厂商和行业对劳动的需求曲线

图 8－5（a）为厂商对劳动的需求曲线的变化情况，假定开始劳动的价格是 W_1，对某厂商对劳动的需求为量为 L_1，若市场的劳动价格下降到 W_2，由 MPR_{L1} 可知，若其他条件不变，厂商将投入 L_2 数量的劳动。但事实上，当市场的劳动价格下降，行业内所有厂商支付的工资都下降，他们将投入更多的劳动，同时，所有厂商商品的产量增加，商品市场中的供给曲线向右移动，从而使商品的市场价格下降。由于 $MRP = MP \times P$，在 MP 不变的情况下，价格 P 的下降导致单个厂商的劳动需求曲线左移，从 MPR_{L1} 移至 MPR_{L2}，对应劳动购买数量由 L_2 变为 L_3。行业对劳动的需求曲线如图 8－5（b）所示，D_1 为各厂商初始的劳动需求曲线叠加后得到的曲线，D_2 为各厂商移动之后的劳动需求曲线加总的结果。在工资变动之前，行业的劳动需求总量为 L_A（$L_A = \sum L_1$），而在工资下降到 W_2 时，行业的劳动总需求量为 L_C（$L_C = \sum L_3$）。因此，行业的劳动需求曲线 D 应该由图中 A 与 C 点的连线来决定，它比不考虑行业加总效应的另外两条曲线 D_1 和 D_2 更加陡峭些，因为它考虑了最终商品的价格变化。

三、生产要素的供给

（一）生产要素供给者

在生产过程中所投入的物品有中间产品和最初的生产要素。在厂商生产过程中所投入的原材料都是中间产品，在要素市场分析中，所指的要素都是最初的生产要素。最初的生产要素就是指生产过程中的原始投入，即指未经加工的生产要素投入，主要包括劳动、资本和自然资源。

（二）生产要素市场的供给

生产要素市场的供给就是要确定生产要素供给量关于生产要素价格的函数。首先，在分析生产要素供给时，需要区分两个不同的概念：一是某一时期内生产要素的存量，二是生产要素所有者愿意提供或出卖的生产要素数量。一般而言，生产要素的存量都是相对固定的，但是由于生产要素所有者愿意提供的生产要素数量随着生产要素价格的变动而变动，所以它是可变的。本节分析的就是生产要素供给数量与生产要素价格之间的关系。

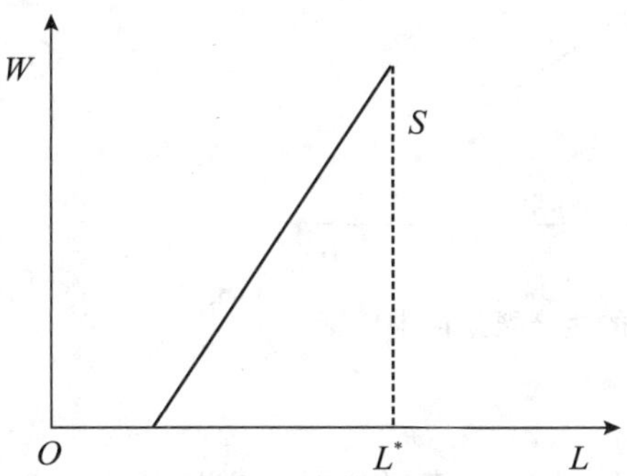

（a）所有行业的生产要素供给

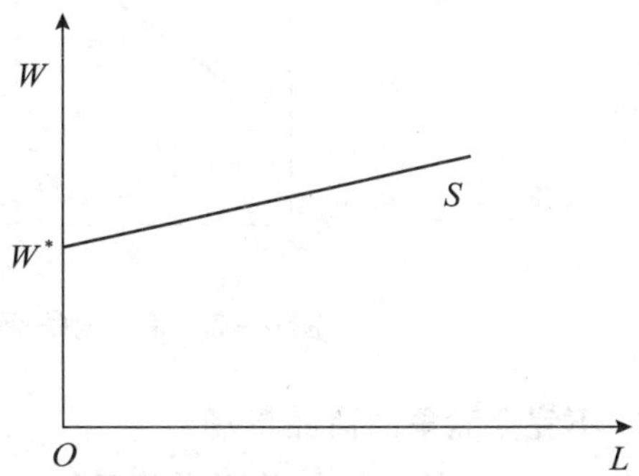

（b）某一行业的生产要素供给曲线

图 8-6　要素的市场供给曲线

其次，生产要素供给曲线的形状与所考察的市场大小有关。一般来说，生产要素供给曲线是一条向右上方倾斜的曲线，即生产要素的价格越高，生产要素所有者愿意提供的数量就越多。对所有行业而言，例如劳动供给，整个社会的劳动供给曲线是一条几乎垂直的曲线，并且最大供给量不会超过社会劳动的总存量 L^*，如图 8-6（a）所示；某一行业的生产要素供给曲线是相当平坦或至少是斜率很小的向上倾斜的曲线；对某一厂商来说，其面临的就是一条几乎水平的生产要素供给曲线，因为即使该厂商是商品市场的大企业或垄断厂商，也很难在生产要素市场上享受同样的地位。

任务三　要素市场的均衡

一、完全竞争要素市场

在分析完全竞争要素市场的均衡时，要考虑两种情况：一种情况是厂商在商品市场是均衡的；另一种情况是厂商在商品市场上有垄断能力。

1. 完全竞争的商品市场

完全竞争商品市场的生产要素供求均衡如图 8-7 所示，曲线 D 为某一行业对生产要素的需求曲线，曲线 S 为该行业生产要素的供给曲线，行业的均衡点为 E，行业的均衡生产要素价格或生产要素的报酬为 W_E，而行业对生产要素的均衡投入量为 L_E，所以，在完全竞争商品市场上，每一种生产要素得到的报酬就是该生产要素的边际生产力与商品价格的乘积。

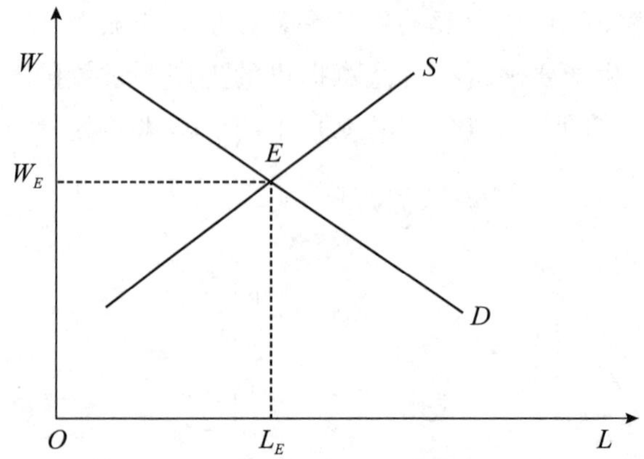

图 8－7　完全竞争商品市场的生产要素供求均衡

2. **不完全竞争的商品市场**

此时，厂商的边际收益不再等于价格，当投入生产要素增加时，产品的边际收益 MR 下降。所以，厂商的 MRP 曲线应该位于其处于完全竞争时得到的 MRP 曲线的下方，不完全竞争商品市场厂商对生产要素的需求如图 8－8 所示，表现在图中其就是一条更加陡峭的 MRP 曲线。因为在完全竞争商品市场，厂商的 MR 等于 P，因此，随着生产要素投入的增加，只有生产要素的边际产量 MR 递减，而在不完全竞争商品市场中，MP 和 MR 都要递减。故如果市场上要素的价格为 W^*，不完全竞争厂商对该生产要素的需求量为 L_1，要小于完全竞争厂商的需求量 L_2，这是因为不完全竞争的产量要小于完全竞争的产量。

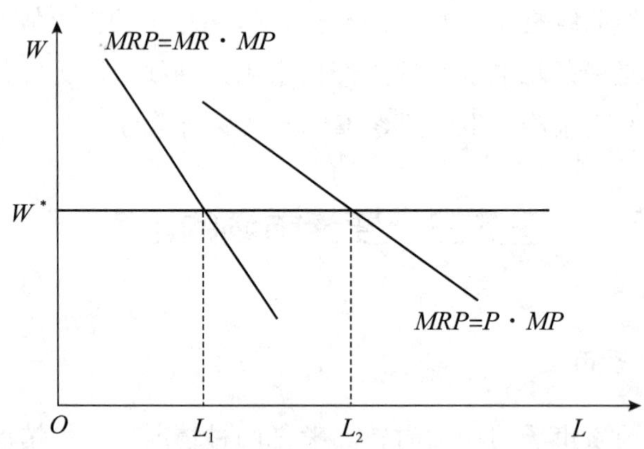

图 8－8　不完全竞争商品市场厂商对生产要素的需求

二、不完全竞争要素市场

1. **买方垄断的要素市场**

买方垄断，意味着要素市场上只有一家雇用者。作为要素市场的独家买主，买方垄断厂商面临的要素供给曲线是整个社会要素市场的供给曲线，是一条向上倾斜的曲线。

买方垄断厂商可以“制定”价格，即可以减少要素雇用量来压低要素价格。

其中：边际成本为 *MFC* 称为边际要素成本，代表每增加一个单位要素的购买所增加的支出；平均成本 *AFC* 称为平均要素成本，是每单位要素的价格。在买方垄断时，边际要素成本比要素供给曲线上升得更快，买方垄断的要素市场供求均衡如图 8－9 所示。

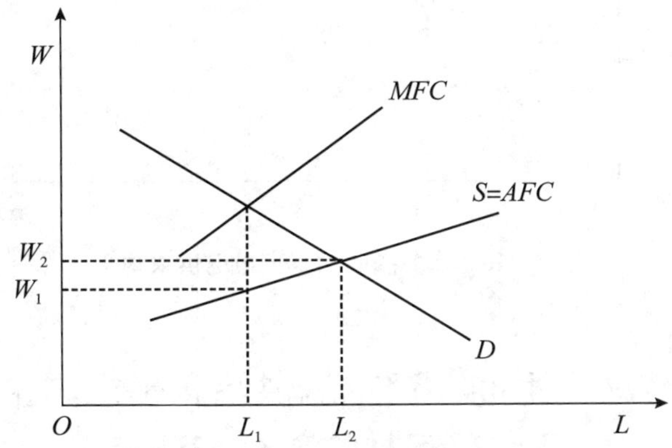

图 8－9　买方垄断的要素市场供求均衡

图 8－9 中，假定买方垄断厂商的边际收益 *MRP* 决定的要素需求曲线为 *D*，按照边际收益等于边际成本的原则，则均衡雇用量为 L_1，显然其小于完全竞争厂商的需求量 L_2。另一方面，当要素雇用量为 L_1时，买方垄断厂商可将要素价格压低到 W_1，这一价格又低于完全竞争要素市场情况下应有的价格 W_2。所以，买方垄断厂商通过人为地减少对要素的雇用数量而压低要素价格。

产生买方垄断的原因主要包括生产要素的专业化、地理上的隔绝和买方垄断卡特尔等。

2. 卖方垄断的要素市场

卖方垄断即指某种要素市场只有一家卖主。卖方垄断者面临的要素需求曲线是整个行业要素市场的需求曲线，是一条向右下方倾斜的曲线。卖方垄断者可通过控制要素供给量来决定要素价格。

卖方垄断的要素市场供求均衡如图 8－10 所示，在完全竞争下，要素市场上的要素需求曲线 *D*，要素供给曲线 *S*，将会有 L_2数量的要素将在 W_2的价格下被购买。若出现卖方垄断，卖方垄断的边际收益曲线 *MR* 将位于需求曲线 *D* 下方，卖方垄断者将要素供给量限制在 L_1，相应的均衡价格为 W_1；当要素供给量为 L_1时，卖方垄断者可将要素价格抬高到 W_1，大于完全竞争要素市场情况下应有的价格 W_2。

三、双边垄断

双边垄断即同时出现买方垄断和卖方垄断。若出现双边垄断，市场的均衡只可能在讨价还价的过程中形成，在此不做过多解释。

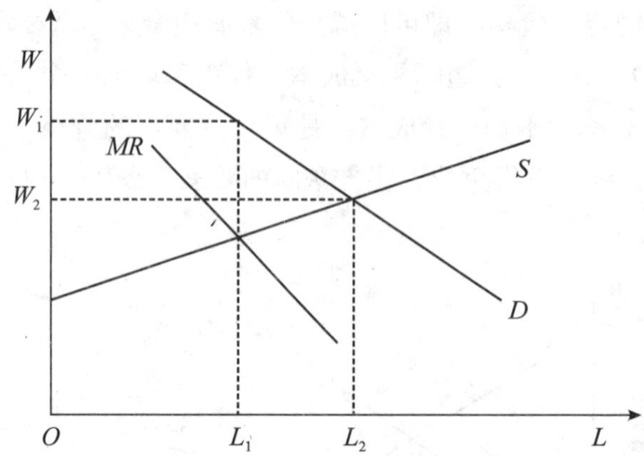

图 8－10　卖方垄断的要素市场供求均衡

任务四　劳动、土地、资本的供给和需求与企业家才能及其利润并收入分配测定

一、劳动的供给与需求

（一）个人劳动供给曲线

劳动供给是指劳动者所提供的一定劳动（工作）或服务的时间数，它涉及消费者对其拥有的既定时间资源在劳动和闲暇两个方面的分配。

在现实生活中，一个消费者每天能够利用的时间资源不可能超过 24 小时，消费者可以把 24 小时中的一部分提供给市场（也就是消费者提供劳动），而把其他部分用于睡觉、吃饭、娱乐、休闲等活动，一般把劳动之外的时间都称作闲暇。消费者提供劳动可以带来收入，收入用于消费可以提高消费者的效用，闲暇本身就可以给消费者带来效用，所以消费者会把其每天 24 小时的时间在劳动供给和闲暇之间进行权衡。消费者会把多少时间用于闲暇，多少时间提供给市场，实际就是消费者的效用最大化决策。

一般地说，消费者的劳动供给曲线具有一个鲜明特点，即它不仅具有向右上方倾斜的部分，也具有向后弯曲的部分。消费者的劳动供给曲线如图 8－11 所示。

在图 8－11 中，在 b 点以下的部分是正常的向右上方倾斜的曲线，而在 b 点以上供给曲线是“向后弯曲”的，即向左上方倾斜。向后弯曲的劳动供给曲线意味着当劳动的价格上升时，劳动的供给非但不上升，反而下降。

（二）劳动供给曲线向后弯曲的原因：替代效应与收入效应

为了理解这一问题，可将闲暇看作一种能够给消费者带来效用的商品。一个消费者在一定时间内要增加闲暇就必须减少劳动投入，从而收入就会降低，所以劳动收入就是

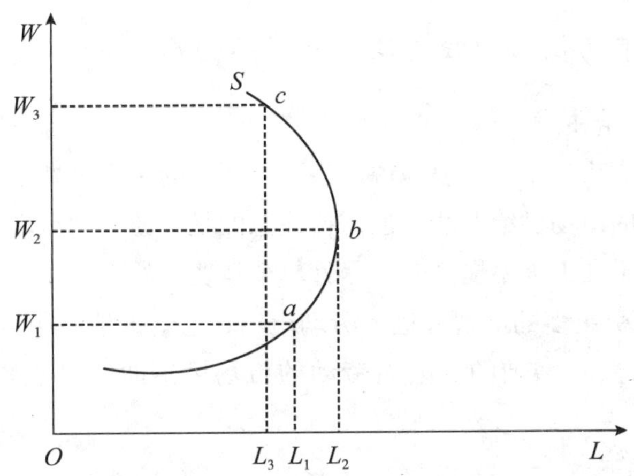

图 8－11　消费者的劳动供给曲线

闲暇的机会成本。这样，可以将劳动的价格即工资率看作闲暇这种特殊商品的价格。于是从消费者行为理论中所讲的价格变化对消费者均衡影响的分析，完全适用于消费者对工作和闲暇的选择。

一方面，当工资率上升的时候，闲暇商品的价格提高，闲暇商品和其他商品的相对价格变得更加昂贵，在效用总水平不变的前提下，理性的消费者理所当然地会减少闲暇商品的消费，而增加劳动供给，也就是获取更高的收入，这就是替代效应。可以看出替代效应导致工资率与劳动供给呈同方向变化。另一方面，由于闲暇是一种正常物品，工资率的上升引起消费者的收入增加，收入的增加会提高消费者对闲暇商品的需求，这就是收入效应。显然收入效应导致工资率与劳动供给呈反方向变化。在工资率提高时，由于替代效应，消费者会增加劳动的供给，由于收入效应，消费者会减少劳动的供给。当替代效应大于收入效应时，总效应是劳动供给增加，当收入效应大于替代效应时，总效应是劳动供给减少。所以劳动的供给曲线向右上方弯曲的部分是替代效应大于收入效应的结果，而向后弯曲的部分则是收入效应大于替代效应的结果。

那么收入效应能否大于替代效应呢？一般来说，正常商品的替代效应是大于收入效应的。这是因为在消费者的购物篮子里通常某种商品只占很小一个比例，这种商品的价格变动通常对消费者的实际收入水平影响不大，但对商品之间的相对价格影响较大，因此，替代效应总是大于收入效应。但对闲暇商品来讲则不同。由于消费者的收入大部分来自劳动供给，工资率的上升会大大增加消费者的收入水平，因而具有较大的收入效应。当消费者的工资率处于较低水平时，收入效应尚不足以抵消替代效应，但当消费者的工资率处于较高水平时，工资率的上升导致消费者的收入增加，消费者比以前更珍视闲暇而宁愿放弃收入，这时劳动供给不是增加而是减少。

（三）劳动的市场供给曲线与均衡工资率的形成

1. 劳动的市场供给曲线

在完全竞争的要素市场中，一般地说，将以上所讲的单个消费者的劳动供给曲线横向加总就可以得到劳动的市场供给曲线。但需要注意的是，劳动的市场供给曲线并不一定是向后弯曲的，这是由于在工资率提高时，尽管单个消费者的劳动供给可能会减少，但是由于较高的工资率会吸引更多的消费者进入劳动市场，这就抵消了个人劳动供给量的减少，使得总的劳动供给依然是增加的。因而劳动的市场供给曲线是正常的向右上方倾斜的曲线。

2. 均衡工资率的形成

在完全竞争的要素市场上，厂商对劳动的市场需求曲线就是经行业调整之后的边际商品价值曲线的加总，由于边际报酬递减规律的作用，该曲线是向右下方倾斜的；在卖方垄断（商品市场垄断、要素市场完全竞争）的情况下劳动的市场需求曲线就是边际收益商品曲线 *MRP* 的水平加总，因而也是向右下方倾斜的。在这两种情况下，劳动的均衡价格由劳动的需求和供给共同决定，均衡工资率的决定如图 8－12 所示。

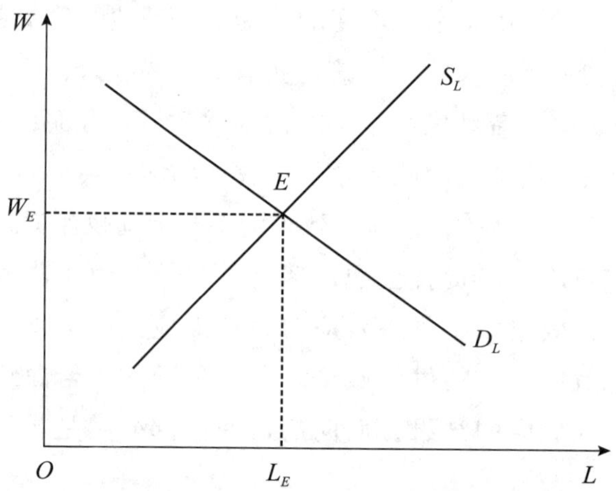

图 8－12　均衡工资率的决定

在图 8－12 中，横轴为劳动的数量，纵轴为工资率，S_L为劳动的市场供给曲线，D_L是劳动的市场需求曲线。在需求曲线和供给曲线的交点 E，劳动的供给和需求趋于均衡，均衡的工资率为 W_E，均衡的劳动供给为 L_E。劳动的价格即工资率是由劳动的市场供给和市场需求共同决定的，劳动的市场供给和需求的变动就会引起劳动价格的变动。劳动供给曲线变动的原因可能有：①消费者的非劳动收入的水平，如果消费者能够不通过劳动而通过如股票投资等途径获得较高的收入，那么劳动的供给将减少；②社会习俗，比如在西方有越来越多的妇女走出家庭从事劳动；③人口的总量、性别构成等的变化。

上文说明了工资决定的一般理论，并不说明工人在同一行业或不同行业里的工资水平都一样。实际的工资水平受到很多因素的影响。比如，有的行业舒适、安静、安全、有趣，有的行业则肮脏、吵闹、危险、枯燥，前者会吸引众多的求职者，后者则少有人问津，因此前者工资低后者工资高，这种工资差别叫作补偿性工资差别；劳动者之间的工作效率的差别也是工资差别的一个重要原因；工会在西方劳动市场上起着举足轻重的作用，工会对劳动市场的垄断会使得工人的实际工资水平高于竞争性的工资水平；政府的最低工资法等许多因素也会影响工人的工资；此外，劳动市场的信息不完全、对劳动者流动的限制、性别歧视等都是造成工资差别的因素。

二、土地的供给和地租的决定

（一）土地的供给

经济学中的土地泛指一切自然资源。从短期来看，土地的自然供给可以看作一个固定不变的量，但从长期来看，人类可以通过改造沙漠、移山填海、围海造田等增加土地的自然供给，人类也可能由于洪涝、风沙等自然灾害和污染、毁林、对土地的破坏性使用等人为因素导致土地的有效供给减少。但从整体来看，在一个较短的时期内，土地自然供给的增减在总的土地自然供给中所占的比例非常之小，为了简化问题，一般把土地的自然供给看作一个固定不变的量。

当土地市场是完全竞争的时候，无论土地的价格如何，土地所有者都会将其拥有的全部土地提供给市场。因此，土地的供给曲线是垂直的。土地的市场供给曲线是由个人供给曲线加总而成，因此土地的市场供给曲线也是垂直的。

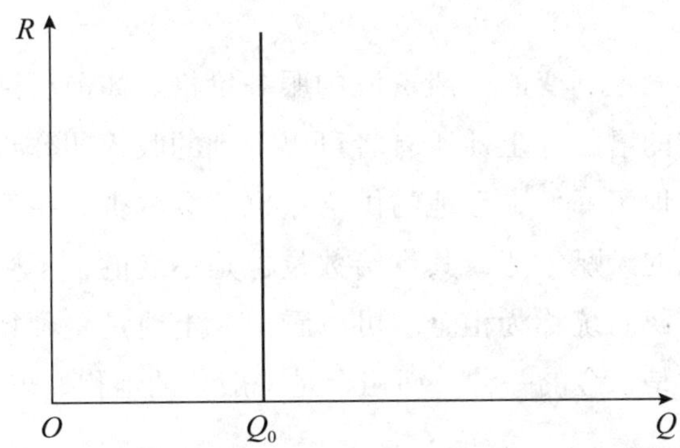

图 8－13　土地的供给曲线

图 8－13 是土地的供给曲线。图中横轴为土地的供给量 Q，纵轴为土地的价格—地租，Q_0为土地的供给曲线，为一条垂线。

（二）均衡地租的决定

土地的服务价格称为地租，地租的大小由土地的供给和需求决定。如图 8－14（地租的决定）所示，在完全竞争的经济中，土地的市场供给曲线 S 是垂直的，土地的市场需求曲线 D 是向右下方倾斜的，因此，土地的市场供给曲线和市场需求曲线的交点 E 是土地供求实现均衡的均衡点，在 E 点的地租为 R_E，即均衡地租。

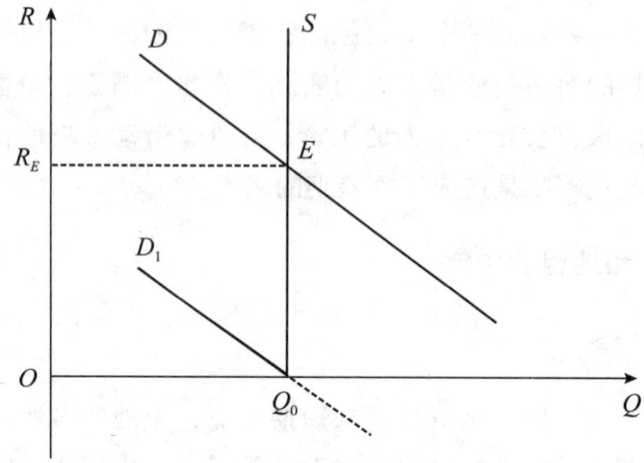

图 8－14　地租的决定

从图 8－14 可以看出，在土地的供给不变的情况下，如果需求不断下降，即需求曲线下移，地租也将下降。随着土地的需求不断上升，地租也会不断地提高。所以说，产生地租的根本原因在于土地是稀缺的，供给不能增加，而需求不断上升。如果土地的供给不变，则地租的产生纯然是由土地的需求的不断提高导致的。

（三）租金、准租金和经济租金

1. 租金

租金是指供给同样固定不变的一般资源的服务价格。如前所述，土地的供给曲线是固定不变的，由于需求的增加，土地所有者可以得到的收入叫作地租。地租提高，土地的供给量也不会提高；地租降低，土地的供给量也不会减少。在经济中还存在着其他的一些要素，比如某些人的天赋才能，其供给数量也是不变的，不受价格涨落的影响，这些要素所得到的价格，我们统称为租金。可以看出，土地是一种特有的资源，所以地租只是租金的一个特例，是租金的一种，而租金是一般化的地租。

2. 准租金

准租金指对任何供给量暂时固定的（短期内相对固定）要素的支付。除土地外，任何一种在短期内供给量相对固定的要素的使用都须支付一定的价格。在现实中，有些要素在短期内是不变的，在长期中可变，这类要素所获得的收入，就叫作准租金。比如厂商投资建设的厂房、机器等物品，在短期内即使厂商不能盈利，也无法把它们从现有的用途中转移到收益较高的领域，反过来，即使厂商盈利很多，也无法迅速增加这些物品的供给。因此，这些资本品在短期内供给是不变的，但在长期内却是可变的。

图 8－15 是准租金的一个示意图：

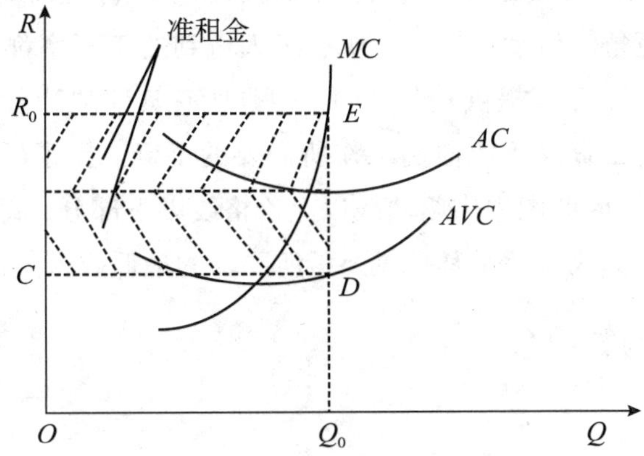

图 8－15　准租金

图 8－15 表示了一个完全竞争厂商的短期决策情况。在价格为 R_0 时，按照厂商利润最大化的原则 $MR=MC$，厂商的均衡点为 E，均衡产量为 Q_0，因此厂商的总收益为 OR_0EQ_0 的面积。由于 $OCDQ_0$ 可以看作对可变要素支付的成本，因而固定要素的总收益就可以表示为 R_0CDE 的面积，如图中的阴影部分所示，这一部分的收入就是固定要素所获的准租金。

3. 经济租金

经济租金可以定义为要素所得到的收入超过其在其他场所可能得到的收入部分。可以理解为要素的当前收入超过其机会成本的部分，简言之，经济租金等于要素收入减去机会成本。

从租金的分析可以看出，租金的特点在于要素价格的变化不会影响到租金的供给。有一部分要素收入类似于租金，即从要素收入中减去该部分并不会影响要素的供给，即把要素的这一部分收入称为经济租金。也就是说，经济租金并不是吸引该要素用于当前使用所必需的。

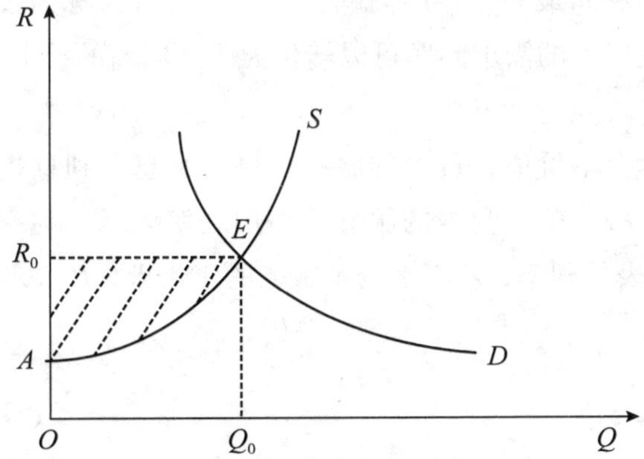

图 8－16　经济租金

图 8－16 是经济租金示意图。供给和需求均衡时，要素的价格是 R_0，要素的使用量是 Q_0。供给曲线显示要素所有者提供要素所要求的最低价格或者说是要素所有者在某一

价格下愿意提供的要素的数量，所以要素所有者为提供 Q_0的要素所能够接受的最低总价格相当于 $OAEQ_0$的面积，也就是供给曲线以下、均衡供给 Q_0左面的区域。假定所研究的是劳动市场，在完全竞争的劳动市场上，所有工人得到的工资率都是 R_0，这一工资率是用来使最后一个“边际”工人提供其劳动的，但是所有其他“边际内”工人都获得了同样的工资，他们得到的工资大于使他们工作所需要的工资。要素所有者所获得的总收益相当于 OR_0EQ_0的面积，因此图中供给曲线以上价格线以下部分，即图中阴影部分的面积就是要素所有者所得到的收益超过其提供要素所要求的最低收入的部分，即经济租金。

三、资本供求与均衡

（一）资本与利息

1. 资本

资本是由经济制度本身所生产出来的并被用作投入要素以便进一步生产更多的商品和服务的物品。因此，作为资本需具备如下特征：

（1）资本由人类的经济活动所生产，因而它的总量是可以改变的；

（2）资本之所以被生产出来，并非为了消费，而是为了能够生产出更多的商品和服务；

（3）资本在生产过程中被作为投入要素长期使用。

由上述特点，资本区别于一般的消费品，也区别于土地和劳动等要素。

资本的供给来自消费者的储蓄。消费者的货币收入中除消费以外的部分即为储蓄，消费者的储蓄被企业借贷之后用于购买资本品，便转化为资本。为了将问题简化，假定储蓄全部转化为资本。这样资本供给问题就转化为消费者的储蓄决策问题。

资本的需求方是厂商，厂商购买资本品的目的是使用这些资本品以生产更多的商品和服务从而实现自己的利润最大化。厂商购买资本品的行为称为投资，因此投资形成了资本的需求。所以研究资本的需求问题可以转化为研究厂商的投资决策问题。

2. 利息

资本的源泉价格为资本价值，资本的服务价格为利息。利息指资本的服务价格，指为使用资本而支付的报酬。单位资本的服务价格用利率表示。利率等于资本服务的年收入与资本价值之比。r 表示利率，Z 表示资本服务的年收入，P 表示资本价值。则：

$$r = Z/P \tag{8.14}$$

（二）资本的供给

1. 储蓄

资本的供给主要取决于消费者的储蓄决策。消费者会把其收入的一部分消费掉，而把另一部分储蓄起来，留待以后消费。假设消费者今年储蓄 100 元，明年他能够得到 110 元，那么这增加的 10 元就是利息，以 10 元利息除以储蓄额 100 元，得到利率 10%，这个利率就是资本供给的价格。这里可以看出，消费者之所以没有把其所有的收入都在今年消费掉，而是储蓄了一部分，正是为了获取利息，这样今年他减少消费 100 元，明年他可以消费 110 元，可见消费者今年减少一些消费正是为了以后能够多消费。

可以发现，消费者对于消费和储蓄的决策实际是一种跨时期决策，他要决定的是今年消费多少、明年消费多少，而前面所讲的消费者对土地和劳动的决策则是一种即期决策。消费者直接把收入消费掉，当然直接地就增加了他的效用；他把收入的一部分储蓄起来明年消费，可以得到一个额外的收入即利息，可以提高其效用水平。消费者的目的是实现其效用最大化，在这里就是要实现今年的效用和明年的效用的总和的最大化。

2. 资本供给曲线

储蓄是资本供给的源泉，但资本供给曲线并不等于储蓄曲线。就一个社会、一定时期而言，资本形成取决于过去已形成的储蓄量，同时假定资本的自用价值为 0，因此在短期内，资本供给曲线为一条垂直于横轴的直线。但从长期来看，随着利率的上升，储蓄量的增加，资本供给曲线则被不断推向右方。短期资本供给曲线如图 8－17 所示。

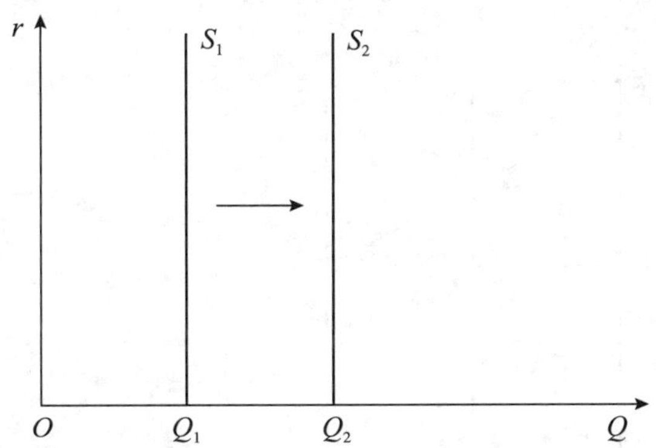

图 8－17　短期资本供给曲线

（三）资本的需求与均衡利率的决定

1. 资本的需求

从整个社会来看，对资本的需求主要来自厂商。前文已述及，厂商的投资行为形成了对于资本的需求。那么影响厂商投资决策的因素是什么呢？在厂商进行投资决策时，其追求的是利润最大化，其所考虑的主要方面是预期利润率和利率，另外还要考虑到投资风险。这一点与土地、劳动等要素是不同的，当土地所有者和劳动者提供要素时，无论厂商是盈利还是亏损，土地所有者和劳动者都能根据合同获取相应的报酬；而对于资本的投资则不是这样，因为投资总是伴随着风险。厂商一旦进行投资，其所花费的大部分成本就变为沉淀成本，并且一项投资往往持续的时间很长，所需资金庞大，所以厂商的投资决策实际上是风险决策，它牵涉一系列影响因素，这里略过不谈。下面主要讨论利率对厂商投资需求的影响。

厂商在进行投资决策的时候，由于利息构成了厂商的成本，所以如果一个投资项目的预期利润率大于市场的利率，那么就意味着厂商预期的资本收益大于成本，厂商投资该项目就可以获得利润；如果一个投资项目的预期利润率小于市场的利率，那么厂商的预期资本收益小于成本，厂商就会亏损，所以厂商会放弃该项目或转而去寻求其他合适的项目。注意，如果厂商的投资所用资金是自有资金，利息可被看成是机会成本，上述分析依然有效。如果厂商的各个投资项目的预期利润率不变，而市场利率提高，就会有许多的投资项目被否定，从而厂商的投资意愿降低，投资就会下降，从而对可贷资本的需求下降；如果市场利率降低，厂商的成本降低，就会使一些原本不合算的项目变得有利可图，厂商的投资意愿上升，投资增加，对可贷资本的需求就会上升。因此资本的需求曲线也是向右下方倾斜的曲线。

2. 均衡利率的决定

下面来看资本市场的均衡问题。资本市场的均衡如图 8－18 所示，横轴表示资本数量 Q，纵轴表示利率 r，S 是市场的资本供给曲线，D 是市场的资本需求曲线。资本的供给曲线和需求曲线的交点表示了资本市场的均衡点。

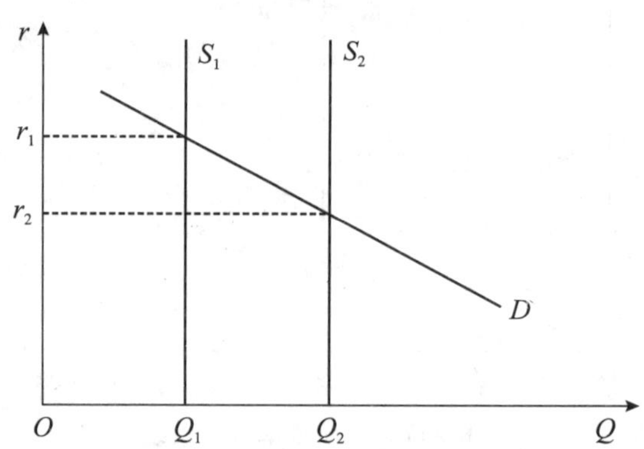

图 8－18　资本市场的均衡

在短期内资本供给曲线 S_1 与需求曲线相交，形成短期均衡利率 r_1 和均衡资本量 Q_1，较高的利率会促使储蓄进一步增加，从而资本供给曲线向右移动，供给曲线 S_2 与需求曲线在较低的利率水平上相交，形成均衡利率 r_2 和均衡资本量 Q_2。在 r_2 上，利率降到储蓄量与投资量恰好和资本存量相等，于是资本存量稳定在 Q_2 水平上，资本市场达到了长期均衡，除非资本的需求曲线上移或者人们对未来消费偏好增强。

四、企业家才能及其利润

企业要进行生产活动，就必须把各种生产要素组织并协调起来，这个组织者就是企业家。作为企业家有两个主要的任务，一是生产的组织和协调，二是对企业的经营行为承担风险，并且尽可能把风险降到最低。

作为对企业家才能这种特殊的生产要素的报酬，利润有着与工资、地租等要素收入不同的特点：首先，利润可大可小、可正可负，不像劳动、土地那样其收入可以事先通过合同确定并只能是正值；其次，利润是与市场的不确定性联系在一起的，可以出现剧烈的波动，不像其他生产要素有一个社会平均的价格水平做保证。

在社会化大生产之前，由于企业主同时又是企业家，利息与利润事实上不可分，因而利润问题并不是经济学要研究的重要课题。随着大规模生产的出现，许多企业的所有权和经营权逐渐分离，所有权归企业主而经营权归企业家，企业家才能作为一种独立的生产要素才得以出现。在经济学中就常常把利息作为资本收入而把利润作为企业家才能的收入。

（一）利润的分类

利润通常分为两种：正常利润和经济利润。关于正常利润的内容，经济学中大致有两种看法：

（1）正常利润包括三方面，即企业家才能的报酬、平均分摊收益和风险报酬，之所以把上述三部分都归入正常利润是因为这些收益之和正好等于企业家愿意从事生产经营所必需的报酬。

（2）正常利润包括平均分摊收益和风险报酬两部分，企业家才能的报酬通常是以薪金的形式给付的，因此列入工资当中。

下面分别解释企业家才能的报酬、平均分摊收益和风险报酬这三部分收入。

企业家才能的报酬就是企业家组织管理企业的才能这个生产要素的报酬。平均分摊收益指企业家自有资本的报酬，即股息和红利。股息一般应大于等额货币在同时间内所能取得的利息。风险报酬是指由于企业家承担投资风险所应得的那部分收入，通常风险越大，风险报酬也就越大。

经济利润是超过正常利润的那一部分利润。企业得到经济利润的途径主要有两个：一个是创新，另一个是垄断。创新是著名经济学家熊比特提出的一个理论，他认为创新是企业家独特的任务，包括这样一些活动：引进一些新产品、开辟一个新市场、引进一种新技术、获得一种新原料的新来源、生产组织方法上的新发明及其应用。有了创新，即使市场的价格不变，企业也照样可以得到经济利润。在不断有其他企业模仿之后，企业的创新利润就会逐渐消失。但创新的过程是动态的，当旧有的创新利润尚未消失之前，新的创新就会出现，所以在整个经济中。经济利润总是存在的。在企业对商品市场具有垄断能力的时候，企业通过降低产量、提高价格而获得超额垄断利润。

（二）企业家追求利润的意义

企业家对利润的追求，客观上具有重要的意义：

（1）正常利润中包含了企业家承担风险的报酬，因此鼓励企业家去承担企业经营的不确定性风险，有利于企业的发展壮大。如果没有利润的诱惑，凡是有风险的商品的生产就没有人愿意去从事。

（2）经济利润向企业指出了哪些行业应该发展，哪些企业应该压缩，这就是利润导向机制。某些企业获得经济利润就会促使其他企业调整自身的生产方向和规模，也可能退出某个行业进入另一个行业。所以经济利润导致了资源在经济中的重新配置。

（3）超额利润是企业进行创新的动力和物质基础。企业为了追求超额利润，就必须不断进行创新，创新商品的不断推广也会有利于社会发展。同时要进行新技术的改进和发明等创新活动，就必须要有充分的财力做保障。经济利润的存在为创新活动提供了重要的财力支持。

（4）超额利润也为企业进一步扩大生产规模创造了条件，为企业的发展提供了资金。

五、收入分配平等程度的测定

前面分析了生产要素价格决定理论，这些理论构成经济学中分配理论的重要基础。但是还有一个重要的问题，那就是每个人在经济社会中所拥有的资本不一样，所拥有的土地资源也存在极大的差别，每个人的天赋和从小所受的教育不同，勤劳的程度不同，因而在经济社会中人们所能得到的收入存在很大的差别，这就是收入分配的不平等问题。一个经济社会如果收入分配过于不平等，国民收入的大部分落到少数人手里，而大多数人一贫如洗，这样的社会必然是一个不稳定的社会。反之，如果一个经济社会收入分配过于平均化，每个人无论工作的勤劳程度如何、工作业绩如何，都得到同样的收入，这个社会一定是一个缺乏效率的社会。正因为如此，建立一个能够测度一个国家收入分配不平等程度的标准或指标是至关重要的。

（一）洛伦兹曲线

洛伦兹曲线是由美国统计学家 M. O. 洛伦兹于 1905 年提出来的，旨在用以比较和分析一个国家在不同时代，或者与不同国家在同一时代的收入和财富的平等情况。具体做法是，首先按照经济中人们的收入由低到高的顺序排队，然后统计经济中收入最低的 10% 人群的总收入在整个经济的总收入中所占的比例，再统计经济中收入最低的 20% 的人群的总收入在整个经济的总收入中所占比例……依次类推。注意：这里的人口百分比和收入百分比在统计时都是累积百分比。将得到的人口累积百分比和收入累积百分比的统计数据投影在图 8－19 洛伦兹曲线中，得到一系列的点，将这一系列的点用平滑的曲线连接得到一条曲线，就是图中的 *ODY* 曲线，这条曲线就叫作洛伦兹曲线。

图 8－19 中的对角线 *OY* 具有特殊的含义，因为 *OY* 是 45°线，在这条线上横坐标与纵坐标相等，即经济中收入最低的 10% 的人得到社会总收入的 10%，收入最低的 20% 的人得到社会总收入的 20%……也就是人口累积百分比等于收入累积百分比，因此 *OY* 表示经济社会中每个人得到了同样的收入，因而 *OY* 又被叫作绝对平均线。而折线 *OHY* 则

表示相反的收入分配状况，它意味着经济中极少数的人得到了社会100%的收入，因而这条线又叫作绝对不平均线。一个国家的收入分配状况既非绝对平均，又非绝对不平均，因而实际的洛伦兹曲线位于绝对平均线与绝对不平均线之间。洛伦兹曲线将 *OYH* 三角形分成了两部分，一部分为 *A*，另一部分为 *B*。显然 *A* 的面积越小，洛伦兹曲线与绝对平均线越接近，说明收入分配越平等，*A* 的面积越大，即洛伦兹曲线弯曲的弧度越大，它与绝对不平均线越接近，它所代表的收入分配就越不平等。

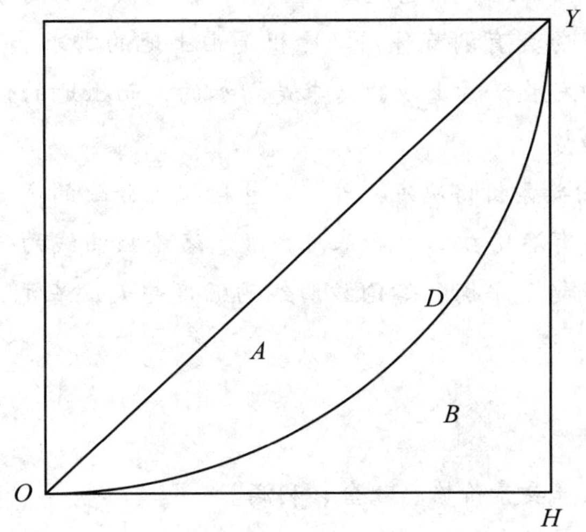

图 8－19　洛伦兹曲线

（二）基尼系数

根据洛伦兹曲线，洛伦兹曲线与收入绝对平均线围成的面积，同洛伦兹曲线与收入绝对平均线与收入绝对不平均线围成的面积之和的比，称为基尼系数，用 *G* 来表示。它是衡量一个国家贫富差距的标准。计算公式为：

$$G = \frac{A}{A + B} \tag{8.15}$$

显然，$0 \leqslant G \leqslant 1$。公式中，当 $A = 0$，基尼系数为 0 时，表示绝对平等；当 $B = 0$，基尼系数为 1 时，表示绝对不平等。基尼系数越小，则表明收入分配越平均。

市场经济国家衡量收入差距的一般标准为：基尼系数在 0.2 以下表示绝对平均；0.2 ~ 0.3 表示比较平均；0.3 ~ 0.4 表示较为合理；0.4 ~ 0.5 表示差距较大；0.5 以上说明收入差距悬殊。

项目小结

1. 分配理论要解决为谁生产的问题，即生产出来的商品按什么原则分配给社会各阶层。分配理论的中心是各生产要素根据其在生产中所做出的贡献获得相应的报酬。即劳动的提供者得到工资，资本的提供者得到利息，土地的提供者得到地租，企业才能的提供者得到利润。

2. 分配理论就是要解决生产要素的价格问题，生产要素的需求与供给决定了生产要素的价格。本项目从生产要素的需求与供给入手，介绍了工资率、利息、地租等；然后，从社会的角度研究分配问题及收入分配平等化的一些相关政策。

3. 工资是由劳动生产要素的需求曲线和供给曲线的交点决定，在工会存在的情况下对工资有一定的影响。同样地，利息是由资本的需求和供给的均衡状态决定的，在市场经济中，利率对资本市场具有调节作用。地租是由土地的需求和供给的均衡状态决定，一般来说，随着经济的发展，对土地的需求是增加的，而土地的供给是固定不变的，所以地租有不断上升的趋势。

4. 分配理论除了由要素价格决定之外，还包括收入分配的衡量标准和政策。收入分配平均程度的衡量标准有洛伦兹曲线和基尼系数。洛伦兹曲线的弧度越小，基尼系数越接近于零，收入分配越趋于平衡。洛伦兹曲线的弧度越大，基尼系数越接近于1，表明收入分配越不平衡。

关键概念

边际商品价值、生产要素价格、租金、利润。

实践与实训

选择题

1. 厂商对生产要素的需求不是（　　）。

A. 间接需求　　B. 引致需求

C. 对单种要素的需求　　D. 联合的需求

2. 如果厂商处于完全竞争市场中，且要素 A 是其唯一的可变要素，则该厂商对要素 A 的需求曲线由以下何者给出？（　　）

A. VMP 曲线　　B. MPP 曲线

C. MFC 曲线　　D. 都不是

3. 生产要素的需求曲线之所以向右下方倾斜，是因为（　　）。

A. 要素的边际收益产量递减　　B. 要素生产的产品的边际效用递减

C. 要素参加生产的规模报酬递减　　D. 以上均不是

4. 完全竞争商品市场与不完全竞争商品市场两种条件下的生产要素的需求曲线相比（　　）。

A. 前者与后者重合　　B. 前者比后者陡峭

C. 前者比后者平坦　　D. 无法确定

5. 资本的供给曲线是（　　）。

A. 一条水平线　　B. 一条垂直线

C. 一条向后弯的曲线　　D. 向右上方倾斜

6. 工资率的上升所导致的替代效应是指（　　）。

A. 工作同样长的时间可以得到更多的收入

B. 工作较短的时间也可以得到相同的收入

C. 工人宁愿工作更长的时间，用收入带来的享受替代闲暇带来的享受

D. 以上均对

7. 某工人在工资率为每小时 2 美元的时候每周挣 80 美元，每小时 3 美元的时候每周挣 105 美元，由此可以断定（　　）。

A. 收入效应起着主要作用　　B. 替代效应起着主要作用

C. 收入效应和替代效应都没有发生作用　　D. 无法确定

8. 如果政府大力提倡用先进的机器来替代劳动，这将导致（　　）。

A. 劳动的供给曲线向右移动　　B. 劳动的需求曲线向右移动

C. 劳动的供给曲线向左移动　　D. 劳动的需求曲线向左移动

9. 假设某球星的年薪为 10 万美元，但他若从事其他职业，最多只能得到 3 万美元，则该球星所获的经济地租为（　　）。

A. 10 万美元　　B. 3 万美元

C. 7 万美元　　D. 0

10. 假设生产某种商品需要使用 A、B、C 三种要素，当 A 的投入量连续增加时，它的边际物质商品（　　）。

A. 在 B 和 C 的数量及技术条件不变时将下降

B. 在技术条件不变但 B 和 C 的数量同比例增加时下降

C. 在任何条件下都下降

D. A 和 B

互动讨论

1. 简述完全竞争厂商使用生产要素的原则。

2. 为什么劳动供给曲线可能是向后弯曲的？

3. 试评述以下两种观点：一种观点是“土地价格的上涨导致房屋价格的上涨”；另一种观点是“房屋的价格上涨导致了土地价格的上涨”。

案例分析

“基尼系数”就是这样得到修正的

中国基尼系数 2009 年为 0.490，2010 年为 0.481，2011 年为 0.477，2012 年为

0. 474，2013 年为 0. 473，呈逐步回落趋势。2014 年中国居民收入基尼系数为 0. 469。这是基尼系数自 2009 年来连续第六年下降。尽管如此，超越 0. 4 警戒线的这一数值仍须引起高度重视。作为能以一个数值反映总体收入差距状况的指标，基尼系数具有一定说服力，但由于中国特殊国情，基尼系数似乎不足以概括收入差距的真实性。

根据国家统计局调查数据，2014 年全国城镇居民人均可支配收入为 28844 元，比上年增长 9. 0%，扣除价格因素实际增长 6. 8%。记者梳理发现，上海、北京、浙江、江苏、广东、天津、福建、山东、辽宁这 9 个地区的城镇居民人均可支配收入超过了全国平均水平。

从收入数额分析，2014 年上海、北京、浙江、深圳等省市的城镇居民人均可支配收入都超过了 4 万元大关，其中，上海最高，达 48841 元，北京 48532 元，位居第二，深圳 40948 元，浙江 40393 元。

从东中西看，收入差距依然十分显著。2014 年，青海省城镇居民人均可支配收入为 22307 元，甘肃暂排最后，为 21804 元。

基尼系数用来定量测定收入分配的差异程度，其数值在 0 到 1 之间，越接近 0 表明收入分配越趋向平等，反之则越趋向不平等。近年来关于中国基尼系数的争议不断。

（资料来源：排行榜网，http：//www. phbang. cn/，2015 年 03 月 03 日）

思考题：

基尼系数连续下降说明了什么？

项目九　一般均衡理论与福利经济学

知识目标

1. 理解局部均衡分析与一般均衡分析的区别。

2. 了解瓦尔拉斯的一般均衡模型，了解交换与生产的帕累托最优条件。

3. 掌握福利经济学研究的主要内容。

能力目标

1. 利用局部均衡分析与一般均衡分析的方法解释当前社会发生的经济现象。

2. 掌握判断社会福利的标准与实现社会福利最大化的必要条件。

思政目标

1. 在理解局部均衡与一般均衡的概念时，好比要充分认识到在建设小康社会的道路上，全面建成小康社会，实现整体小康才是最终目标。

2. 认识到效率与公平是经济学家与政府面临的一个永恒的难题，如何实现效率优先、兼顾公平的原则，需要政府正确的引导。先富帮后富，最终实现共同富裕的目标。

引导案例

2020年物价调控目标较好实现 居民消费价格指数上涨2.5%

本报北京1月11日电（记者陆娅楠）国家统计局11日发布数据，2020年全年，全国居民消费价格指数（CPI）比上年上涨2.5%。“居民消费价格涨幅3.5%左右”的物价调控目标较好实现。2020年12月，CPI环比和同比均由降转涨。

国家统计局城市社会经济调查司高级统计师董莉娟介绍，2020年12月，各地区各部门巩固拓展疫情防控和经济社会发展成果，居民消费需求持续增长，同时受特殊天气以及成本上升影响，CPI由降转涨。

从环比看，CPI由2020年11月下降0.6%转为上涨0.7%。其中，食品价格由11月下降2.4%转为上涨2.8%，影响CPI上涨约0.62个百分点。董莉娟分析，受持续低温天气影响，食品中的鲜菜、鲜果的生产和储运成本增加，价格分别上涨 8.5% 和 3.5%；随着元旦、春节到来，消费需求季节性增加，同时饲料成本有所上升，猪肉价格由 11 月下降 6.5% 转为上涨 6.5%，羊肉价格由 11 月持平转为上涨 2.6%，鸡蛋价格由 11 月下降 1.6% 转为上涨 2.9%。

从同比看，CPI 由 11 月下降 0.5% 转为上涨 0.2%。其中，食品价格由 11 月下降 2.0% 转为上涨 1.2%，影响 CPI 上涨约 0.26 个百分点。

2020 年 12 月，国内需求稳定恢复，加之部分国际大宗商品价格持续攀升，带动工业品价格继续上行。从环比看，工业生产者出厂价格指数（PPI）上涨 1.1%，涨幅比 11 月扩大 0.6 个百分点。从同比看，PPI 下降 0.4%，降幅比 11 月收窄 1.1 个百分点。

（资料来源：中国青年网 http：//www.youth.cn/2021－01－12 05：31）

思考题：

各类食品的价格是独立的吗？如果它们之间可以相互影响，其背后的原因是什么？

不同的商品在市场上存在着各种各样的联系，使得一种或几种商品价格的上涨或下降将引致一系列商品价格的连锁反应。因此单一商品在市场上由供给和需求共同决定的均衡价格就会轻易被其他商品的价格变动所打破。因此，要将相互联系的各个市场看成一个整体来加以研究，即从局部均衡分析拓展为一般均衡分析。

在前文各项目的学习中，考察单个商品及其生产要素的均衡价格和供求数量如何决定时，采用的是局部均衡分析法。本项目将采用一般均衡分析法考察一个社会所有商品、生产要素的价格及供求关系怎样在相互作用下趋向全面均衡。有了导论部分的学习，同学们可能要问对所有商品的关注是不是属于宏观经济的范畴呢？请带着这个问题开始下面的学习吧，同学们会发现一般均衡分析是对前文已经熟悉了的生产理论、消费理论的总括与延伸，因而被人们划归在微观经济理论体系内，只是其形式更为复杂、更加贴近现实。就在经济学家试图证明社会全面均衡是否存在以及如何实现的过程中，逐步引入了社会福利最大化这一目标，这就很自然地促进了西方经济学另一个分支的发展，这就是福利经济学。与实证分析主义解释经济现象的做法不同，福利经济学着力于研究社会全体成员整体效用（福利）的度量标准、优化条件及改善途径，并站在社会福利的角度回答一种经济政策好还是不好，把研究的目标定位在实现最大化的社会经济效率和执行最公平的收入分配方案，其采用的是规范分析法。

任务一　一般均衡理论

一、局部均衡与一般均衡

微观经济学中，对均衡的分析实际上分三个高低不同的层次进行：单个经济主体的均衡，如消费者均衡、生产者均衡；单个市场的均衡，包括之前介绍过的商品市场均衡、要素市场均衡；以及所有市场的同时均衡。前两种均衡叫作局部均衡，最后一种均衡叫作一般均衡。

局部均衡一般是指单个市场或部分市场的供求与价格之间的关系或均衡状态。一般均衡是指在承认各个市场上不同商品的价格和供求关系存在相互影响的条件下，所有市场上各种商品的价格与供求之间的关系或均衡状态。

二、局部均衡分析与一般均衡分析

局部均衡分析是在假设一个市场的价格变动对其他市场价格没有显著影响的条件下，分析供求和价格之间的关系或者均衡状态。在局部均衡分析中，单个市场是孤立的，是互不影响的。

在一般均衡分析中，单个市场不是孤立的，而是相互影响的。每一种商品的需求和供给不仅取决于该商品本身的价格，而且也取决于其替代品和补充品的价格。每一种商品的价格都不能单独地决定，而必须和其他商品价格联合决定。

下面从猪肉价格上涨事件出发，举个简单的例子来说明局部均衡分析与一般均衡分析的区别。假设玉米价格上涨导致某地区饲料价格上涨，进而导致猪肉（生猪）供应短缺，在需求不变的情况下，将导致猪肉价格上升，如图 9－1（a）猪肉市场所示，供给曲线由 S_0^P 移动到 S_1^P，均衡点由 E_0^P 变为 E_1^P，至此，我们进行的就是局部均衡分析。

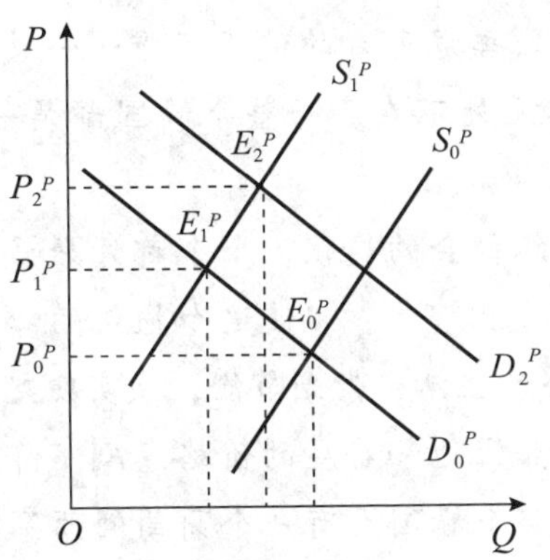

（a）猪肉市场

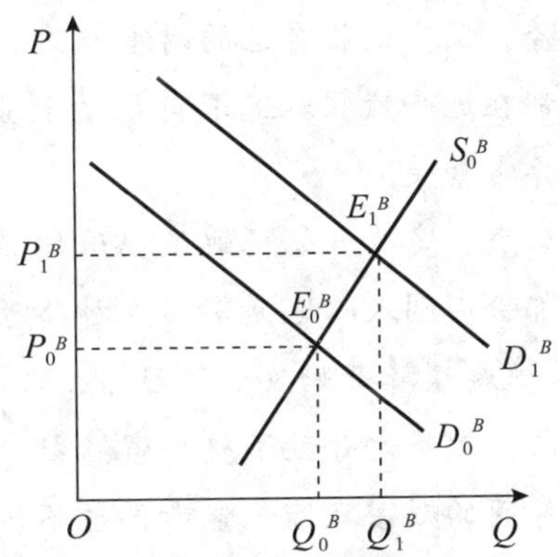

（b）牛肉市场

图 9－1　局部均衡与一般均衡的对比

在一般均衡分析中，需要进一步考虑猪肉价格变动对牛肉市场的影响。猪肉的涨价促使人们转而选择消费更多的替代产品，这一行为导致牛肉市场的需求曲线由 D_0^B 移动到 D_1^B，相应的均衡价格也由 P_0^B 上升为 P_1^B。进一步地，牛肉价格上涨又反过来作用于猪肉市场的需求曲线，表现为由 D_0^P 到 D_2^P，新的均衡价格为 P_2^P。

一般均衡分析后的猪肉价格是否会稳定在 P_2^P 的水平上呢？答案当然是否定的。因为只是选择了猪肉与一种替代品的相互作用，而省略了其他的替代品、互补品及生产要素与之的相互影响，这会使得一系列市场不断调整，最终的均衡位置决定于这些所有影响因素相互较量的结果。最后，所有的市场又重新达到均衡状态，即新的一般均衡状态。

可见，一般均衡更加符合市场的真实运作规律，也更具有实践的指导意义。如局部均衡分析认为降低工资意味着降低了成本，增加了生产，因而增加了就业；但是一般均衡分析认为，工资的普遍降低意味着收入普遍下降，各个市场的需求和供给普遍下降，因而生产也普遍下降，这就意味着失业普遍增加。再如，美国对日本汽车提高关税，会引起日产汽车的价格上升，有利于本国汽车产量的增加和就业增加。但日本如果也增加美国出口产品的关税，会导致美国产品的出口减少，从而会引起就业岗位的减少。因而，增加关税所增加的就业会被减少出口而减少的就业相抵销。

三、瓦尔拉斯的一般均衡模型及其存在性

单从刻画市场的合理性来看，一般均衡分析的确是优于局部均衡分析，然而，问题是这样的整体均衡状态真的能够实现吗？如果答案是肯定的，又该如何理顺各个市场错综复杂的相关关系并最终实现整体均衡状态呢？18 世纪，荷兰的曼德维尔博士在《蜜蜂的寓言》一书中讲过一个有趣的故事：

> 有一个蜜蜂王国，数百万只蜜蜂无不在纷纷尽力，满足着彼此间的虚荣与贪欲，一切行当和地方都存在欺骗，没有一种行业里不包含谎言，律师均分办案所得，聚敛资金，医生们将自己的财富及名声，看得比垂危患者的健康还重……总之，每只蜜蜂都在近乎疯狂地追求自己的利益，罪恶无处不在，而整个蜂国却是一个乐园，经济异常繁荣。
>
> 后来，蜜蜂开始了解了福乐的界限，抱怨社会的腐化，个个都开始喊叫骗子该死，都盼望别人心地诚实。主神终于愤怒地发出誓言："使这个抱怨的蜂巢全无欺诈。"这群蜜蜂开始改变了习惯，放弃了奢侈的生活，崇尚节俭，诚实便充满了蜜蜂的心窝，结果却导致了整个蜜蜂社会的衰败。土地和房屋的价格急剧下降，贬值的还有奇丽的殿宇宫墙，蜜蜂再也不进酒馆。整个蜂国没有一个葡萄酒商穿得起金色衣裳或发达兴旺，从此以后，蜜蜂们纷纷飞进一个空树洞里，以便去安享满足与诚实无欺。

事实上，早在 1776 年亚当 · 斯密就在其传世经典《国富论》中肯定了一般均衡状态的存在，斯密如是描述这种状态：

> "每个人都在力图应用他的资本，来使其生产品得到最大的价值。一般来说，他并不企图增进公共福利，也不知道所增进的福利为多少。他所追求的仅仅是他个人的安乐，仅仅是他个人的利益。在这样做时，有一只看不见的手引导他去促进一种

目标，而这种目标绝不是他所追求的东西。由于追逐他自己的利益，他经常促进了社会利益，其效果要比他真正想促进社会利益时所得到的效果为大。”

近百年后的1874年，法国经济学家瓦尔拉斯在他的《纯粹经济要义》中首次完整地提出了一般均衡理论。其核心思想是：在完全竞争市场上，所有消费者和生产者都以自身效益最大化为目标时，整个社会就会达到一般均衡状态。

通过前面两种均衡的对比分析，可以看到牛肉市场的均衡因为猪肉市场供需的变化而被打破了，并且这一冲击会产生多米诺骨牌效应，继续破坏一系列相关市场的现有平衡，导致一系列商品价格的变化，瓦尔拉斯坚信存在那样的一个价格体系，它包含了社会上所有商品和所有的生产要素的价格，恰好使所有的商品都供求相等，这时，市场就达到了一般均衡。这套价格体系能够满足：

（1）每个消费者都能在给定价格下提供自己所拥有的生产要素，并在各自的预算约束下购买商品来达到自己的消费效用最大化；

（2）每个企业都会在给定价格下决定其产量和对投入的需求，来达到其利润的最大化；

（3）每个商品市场都会在这套价格体系下达到总供给与总需求的相等；

（4）每个生产要素市场都会在该套价格体系下达到均衡。

1. 瓦尔拉斯的一般均衡模型

采用联立方程式来表达各经济因素之间的相互依存关系，分析个体经济的全面均衡就是一般均衡模型。以下介绍瓦尔拉斯的一般均衡模型，虽然模型包含了四组方程，但在前文分析的基础上其含义却是清晰明了的。模型首先将整个经济划分为两大部分，即供给生产要素而需求商品的个人或家庭和需求生产要素而供给商品的厂商。假设经济有n种商品和m种生产要素。x_1，x_2，…，x_n代表每种商品的数量；y_1，y_2，…，y_m代表每种生产要素的数量；p_1，p_2，…，p_n代表每种商品的价格；w_1，w_2，…，w_m代表每种生产要素的价格。

第一组方程：反映消费者对商品的需求。

$$x_1 = f_1(p_1, p_2 \cdots, p_n; w_1, w_2, \cdots, w_m)$$
$$x_2 = f_1(p_1, p_2 \cdots, p_n; w_1, w_2, \cdots, w_m)$$
$$\vdots$$
$$x_n = f_1(p_1, p_2 \cdots, p_n; w_1, w_2, \cdots, w_m)$$

这一方程组的含义是，假定每个人对各种商品的偏好是已知的和既定的，就可以写出每个人对每种商品的需求方程，其需求量不但取决于商品本身的价格，还取决于其他相关商品的价格以及人们的收入状况。值得注意的是方程中对收入的描述是通过生产要素的价格实现的，因为两个部门的经济中，消费者同时是生产要素的提供者，各种生产要素的价格构成进而决定消费者的收入水平。

第二组方程：反映厂商对生产要素的需求。

$$
\begin{aligned}
y_1 &= a_{11}x_1 + a_{12}x_2 + \cdots + a_{1n}x_n \\
y_2 &= a_{21}x_1 + a_{22}x_2 + \cdots + a_{2n}x_n \\
&\vdots \\
y_m &= a_{m1}x_1 + a_{m2}x_2 + \cdots + a_{mn}x_n
\end{aligned}
$$

这一组方程的含义是，每种生产要素的需求量等于生产各种商品所消耗的该生产要素数量之和。其中，常数 a_{ij}（$i=1, 2, \cdots, m$；$j=1, 2, \cdots, n$）被称为技术系数，代表生产单位商品 j 消耗要素 i 的数量，这里实际是假定生产技术不变，并且规模报酬不变。另外，如果把等式的右端看作厂商对生产要素的需求，左端看作生产要素的供给，等式关系暗含每种生产要素都被完全利用的意思，即不存在失业和资源闲置未用的状况。

第三组方程：反映厂商对产品的供给。

$$
\begin{aligned}
p_1 &= a_{11}w_1 + a_{21}w_2 + \cdots + a_{m1}w_m \\
p_2 &= a_{12}w_1 + a_{22}w_2 + \cdots + a_{m2}w_m \\
&\vdots \\
p_n &= a_{1n}w_1 + a_{2n}w_2 + \cdots + a_{mn}w_m
\end{aligned}
$$

这一组方程的含义是，每种商品的供给价格等于其消耗的各种生产要素的总成本。因为代表生产单位商品消耗生产要素的数量，则代表生产一个单位的商品在生产要素上面花费的总成本。由于这里假定商品市场是完全竞争的，因而长期的均衡商品价格等于各种商品每单位的成本。所以实际上代表每种商品的均衡价格。

第四组方程：反映生产要素的供给。

$$
\begin{aligned}
y_1 &= g_1(p_1, p_2, \cdots, p_n; w_1, w_2, \cdots, w_m) \\
y_2 &= g_2(p_1, p_2, \cdots, p_n; w_1, w_2, \cdots, w_m) \\
&\vdots \\
y_m &= g_m(p_1, p_2, \cdots, p_n; w_1, w_2, \cdots, w_m)
\end{aligned}
$$

这组方程假定，任何一种生产要素的供给决定于该生产要素的价格、其他生产要素的价格和各种商品的价格。

瓦尔拉斯指出对于以上四组方程组进行求解就能够得到一般均衡下的价格体系。

2. 一般均衡的存在性问题

瓦尔拉斯一般均衡模型是否一定存在稳定的解，直接关系到一般均衡状态的存在性问题，也影响整个一般均衡理论的正确性。对此，瓦尔拉斯本人通过方程组中独立方程个数与变量个数的对等关系给出了说明。模型中未知数的个数为 $2n+2m$ 个（n 种商品的数量 x_1，x_2，$\cdots$，x_n；n 种商品的价格 p_1，p_2，$\cdots$，p_n；m 种生产要素的数量 y_1，y_2；$\cdots$，y_m；m 种生产要素的价格 w_1，w_2，$\cdots$，w_m）。

独立的方程个数为 $2n+2m-1$ 个，这是因为假定生产要素所有者的收入全部用来购买商品，即生产要素收入等于商品销售价格：

$$x_1p_1 + x_2p_2 + \cdots + x_np_n = y_1w_1 + y_2w_2 + \cdots + y_mw_m$$

上式说明当左边的 $2n$ 个方程之和（所有的商品销售价格之和）为已知的时候，右边的 $2m$ 个方程之和（所有的生产要素收入之和）也为已知，这样其中必有一个方程能够从其余的方程中解出来，也就是说有 $2n+2m-1$ 个独立的方程。

为了方程组有解，变量的个数也要减少一个，这一点也是可以做到的，在 n 种商品中，把商品 1 的价格定义为单位货币，即 $p_1=1$，这样其他商品及所有生产要素的价格，可以通过与商品 1 价值的比值加以表示，变量的个数也就减少一个。综上，瓦拉尔斯证明了一般均衡的存在性。

然而，瓦尔拉斯的证明在数学上是不成立的。因为即使是线性联立方程式系统，是否有解也不能从他所提出的这一原则来做出判断。可在当时，经济学界的确没有人能有这一起码的常识。

1954 年，罗拉尔·德布鲁与肯尼斯·阿罗合作共同发表了划时代的论文《竞争性经济中均衡的存在》，在这篇论文中，他们运用当时经济学中尚属陌生的拓扑方法，给一般均衡的存在性提供了一个确定的数学证明。在此基础上，德布鲁在 1959 年出版的《价值理论：对经济均衡的公理分析》一书中，重新为一般均衡理论提供了一个严格的结构，为一般均衡存在性的证明给出了满意的答案。德布鲁提出了一般均衡理论的现代结构，并因此荣获诺贝尔经济学奖。由于现代一般均衡的理论构架涉及了大量的数学证明，已远远超出本书的范围，在此不予介绍。

任务二　实现社会福利最大化的条件

上一节介绍了一般均衡的基本思想和主要模型，并且说明了一般均衡的存在性。然而，这种一般均衡状况是否意味着整个社会达到了最优？是否还存在其他更好的经济状态，使每个人、从而整个社会的“福利”要更大一些呢？由于福利的标准本身就涉及了价值判断问题，因而对这类问题的回答属于规范经济学研究的范畴。本节所要介绍的福利经济学就是一种规范经济学。福利经济学这一命题最初是由英国经济学家霍布森在 20 世纪初提出的，福利经济学在发展过程中先后经历了新旧两个派别。以庇古为代表人物的旧福利经济学建立在基数效用理论基础上，倡导通过提高生产效率和缩小贫富差距来增大社会福利；新福利经济学则以序数效用论作为分析工具、以帕累托理论为基础，注重研究社会经济达到帕累托最优状态所需具备的条件，即强调通过提高经济效率提高社会福利。当代福利经济学的新发展诞生了以伯格森和萨缪尔森等人为代表的社会福利函数派，主张福利的最大化必须考虑社会公平问题。1951 年，肯尼斯·阿罗提出的不可能定理否认了社会福利函数的存在，这一结论使得福利经济学的发展再一次产生了两个分支，一派坚持福利主义，主张回归基数效用论；另一派主张放弃福利主义，而序数主义则可以坚持。

一、福利与福利经济学

1. 福利的含义

福利是指人类在欲望被满足时所感受到的幸福和快乐。从商品或服务的消费中得到的满足与快乐可称为经济福利，从其他方面，如精神层面得到的满足与快乐可称为非经济福利。以下仅分析经济福利。

2. 福利经济学

福利经济学研究整个经济社会能够实现个人福利最大的资源配置或分配的经济状态，以及与此有关的各种政策问题。福利经济学研究的主要内容有：社会经济运行的目标或称检验社会经济行为好坏的标准；实现社会经济运行目标所需的生产、交换、分配的一般最适度的条件及其政策建议等。

二、判断社会福利的标准

如上文所述，福利经济学研究及争论的一个主要问题就是社会福利的判断标准问题。对这一问题的解释直接决定了不同的理论体系和相关的政策建议。

1. 旧福利经济学的社会福利判断标准

庇古是资产阶级福利经济学体系的创立者，他同马歇尔等人发展了基数效用论社会福利函数，首先假定衡量不同人所获效用存在统一的基数值，因而人与人之间的效用可以用这种基数值作为单位来加以比较。在评价社会全体成员的最大福利时，可以在社会整体“偏好排序”的基础上找出评价社会全体成员的最大福利的社会福利函数。由于个人效用函数是连续和递减的，上述社会福利函数也是连续和递减的。

庇古继而提出两个基本的福利命题：国民收入总量越大，社会经济福利就越大；国民收入分配越是均等化，社会经济福利就越大。他认为，经济福利在相当大的程度上取决于国民收入的数量和国民收入在社会成员之间的分配情况。因此，要增加经济福利，在生产方面必须增大国民收入总量，在分配方面必须消除国民收入分配的不均等。庇古的第一个命题是显而易见的，对于第二个命题的解释可以参见下面一则小故事。

有位银行家的女儿下嫁给了酋长的儿子。新婚当晚，女人发现丈夫非常不注意生活细节，完全不像她理想中的配偶，想到要和这样的人生活一辈子便觉得自己是世界上最不幸的人。而与此同时，一个乞丐在马厩里睡着了，马粪还冒着热气，乞丐觉得自己是世界上最幸福的人。

可见，由于存在个人边际效用递减规律，穷人新增一单位消费所带来的边际效用的增加，大于富人新减一单位消费所带来的边际效用的损失，因而，收入分配从富人向穷人转移的“收入均等化”，能使社会福利增大。这就是旧福利经济学的一个主要观点。这一观点说明了所得税制度在福利经济学中的正当性，其原因在于征收所得税并进行转移支付，在重新分配的同时增加了社会总体福利。

2. 帕累托最优状态与补偿原则

帕累托是19世纪末20世纪初的意大利经济学家，他是新福利经济学代表人物。以他名字命名的“帕累托最优”是现代经济学中的一个重要概念，也是经济学的一个理想境界。这一命题是判断福利优劣的新标准。其含义是：在其他条件不变的条件下，如果某一经济变动改善了一些人的状况，同时又不使另一些人蒙受损失，这个变动就增进了社会福利，称为帕累托改进；在其他条件不变的条件下，如果不减少一些人的经济福利，就不能改善另一些人的经济福利，就标志着社会经济福利达到了最大化的状态，实现了帕累托最优状态。

这个概念非常令人费解，举一个例子来说明。假如原来甲有一个苹果，乙有一个梨，他们是否就是帕累托最优呢？这取决于甲、乙二人对苹果和梨的喜欢程度。如果甲喜欢苹果多于梨；乙喜欢梨多于苹果。这样就已经达到了最满意的结果，即已经是“帕累托最优”了。如果是甲喜欢梨多于苹果；乙喜欢苹果多于梨。甲、乙之间可以进行交换，交换后的甲、乙的效用都有所增加，这就是帕累托改进。中国经济学家盛洪在其所著的《满意即最佳》中说过一句话：“一个简单的标准就是，看这项交易是否双方同意，双方是否对交易结果感到满意。”如果到了谁也不愿意改变状态的情况，就已经是“帕累托最优”了。

通俗地讲，“帕累托改进”是在不损害他人福利的前提下，进一步改善自己的福利。用老百姓的俗话就是“利己不能损人”。同样，只有在不损害生产者和经营者权利的前提下维护消费者的权益，才能在市场经济的各个主体之间达到“帕累托最优”的均衡状态。

市场经济有两个最本质的特征，一是提高资源配置效率；二是实现充分竞争。所谓的帕累托最优，通俗的解释就是在资源配置过程中，经济活动的各个方面，不但没有任何一方受到损害，而且社会福利要尽可能实现最大化，社会发展要达到最佳状态。西方经济学中的帕累托最优，实际上就是要求不断提高资源的配置效率。

利用帕累托最优状态标准，可以对资源配置状态的任意变化做出“好”与“坏”的判断：如果既定的资源配置状态的改变使得至少有一个人的状况变好，而没有使任何人的状况变坏，则认为这种资源配置状态的变化是“好”的；否则认为是“坏”的。这种以帕累托标准来衡量为“好”的状态的改变称为帕累托改进。

帕累托最优是指这样一种状态：无法通过改进来使一些人的福利增进而不改变另一些人的福利状况。那么如果有一种状态，使一些人的福利受损的同时增进另一些人的福利，但增加的部分大于减少的部分。这时，如果先补偿受损的人的福利损失，然后再把剩余部分在二者之间分割，也可视为社会福利的改进，这就是所谓的补偿原则。

三、实现社会福利最大化的必要条件

尽管学术界对于帕累托最优状态的存在性及合理性还存在一定的分歧，但这丝毫没有影响其在福利经济学领域中作为福利国家判断标准的重要地位，因此，帕累托最优状态的实现条件仍然是福利经济学的主要内容之一，对于这一问题的处理主要以埃奇沃斯盒状图为基本分析工具。埃奇沃斯盒状图分析中的核心概念即“契约曲线”的提出，可以说是埃奇沃斯对当代经济学的一个杰出贡献。契约曲线分为交换的契约曲线和生产的契约曲线。交换的契约曲线说明两个消费者如何通过自由交易来实现最大的满足程度，即实现交换的帕累托最优境界。生产的契约曲线说明生产者如何通过对生产中使用的劳动与资本的配合比例的调整，实现其利润最大化，即实现生产的帕累托最优境界。在此基础上还能够得出生产和交换同时达到帕累托最优的条件。下面首先探讨交换的帕累托最优条件。

1. 埃奇沃斯盒状图（Edgeworth Box）

在开始分析交换以及生产的帕累托最优条件之前，有必要先介绍一种重要的福利经济学分析工具，即埃奇沃斯盒状图。简单地说它是一个方形的盒，其盒长和盒高分别代表两个不同的消费者（生产者）所拥有的两种商品（生产要素）的总量，盒状图中各点表示两种商品（生产要素）的总供给量在两个消费者（生产者）之间的配置状态。埃奇沃斯盒状图揭示了当所有的消费总量或经济活动中使用的投入品总量固定时，如何配置资源、考察生产的效率。与对消费者的边际替代率相类似，在证明生产中帕累托有效投入品的生产效率的论点时，也可以用定义两种投入品之间的边际技术替代率给出。埃奇沃斯盒状图如图 9－2 所示。

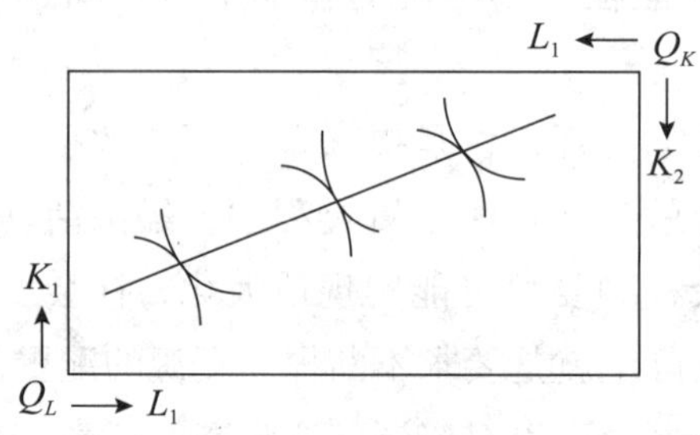

图 9－2　埃奇沃斯盒状图

2. 交换的帕累托最优条件

绘制交换的埃奇沃斯盒状图，交换的埃奇沃斯盒状图如图 9－3（a）所示，图中的任意一点确定了一个商品的数量组合，表示水手甲和水手乙对两种商品的消费量，整个盒状图确定了两种商品在两个消费者之间的所有可能的分配情况。特别是，图的垂直边上的任意一点，表明甲或乙完全不消费药品，水平边上的任意一点，表明其中之一不消费食品。现在要讨论的是，在埃奇沃斯盒状图中的全部的可能的商品分配状态之中，哪一些符合帕累托最优状态呢?

考虑初始的禀赋点——V 点，由图 9－3（a）可见，V 点是无差异曲线 $\text{Ⅲ}_{甲}$ 和 $\text{Ⅲ}_{乙}$ 的交点。容易看出，V 点不可能是帕累托最优状态。这是因为，通过调整两人两种商品的持有数量，可以提高二者的效用水平。例如从 V 点变动到 A 点，则甲和乙的效用水平都会从当前的无差异曲线提高到更加远离原点的位置，即双方效用水平均提高；若从 V 点变动到 B 点，则乙的效用水平不变的同时可使甲的效用增大。因此，在 V 点仍然存在帕累托改进的余地。进一步地，只要交换以后各人手中持有的食品与药品数量组合位于图 9－3（a）中两条无差异曲线Ⅲ$_{甲}$和Ⅲ$_{乙}$围成的阴影区域内，则甲乙两人将均从交换中获得好处。

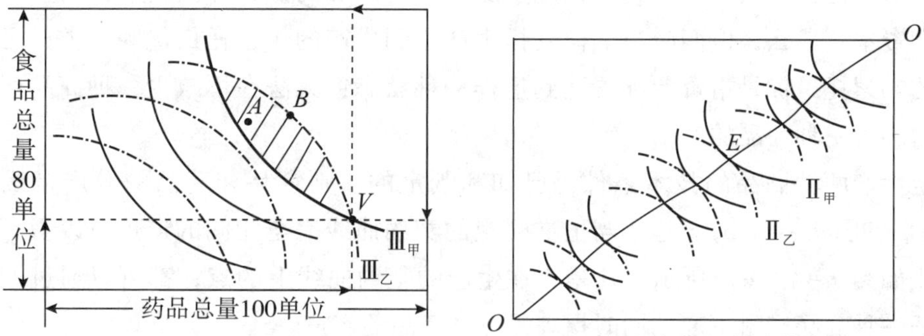

（a）交换的埃奇沃斯盒状图　　（b）交换的契约曲线

图 9－3　交换的帕累托最优条件

以此类推可得到结论：在交换的埃奇沃斯盒状图中，任意一点，如果它处在甲和乙的两条无差异曲线的交点上，则它就不是帕累托最优状态，因为在这种情况下，总存在帕累托改进的余地，即总可以改变该状态，使至少有一个人的状况变好而另一人的状况没有变坏。

与上述结论对应的，盒内一点如果位于甲和乙的两条无差异曲线的切点，则无论怎样交换都不可能保证在不损害一方利益的前提下提高另一方的福利水平，即达到了帕累托最优状态。如果把所有无差异曲线的切点的轨迹连接起来构成，就得到了交换的契约曲线，如图 9－3（b）所示。

既然契约曲线上的点都是帕累托最优点，那么它们有什么特点呢？拿Ⅱ$_{甲}$和Ⅱ$_{乙}$的切点 E 来说，由于 E 位于无差异曲线Ⅱ$_{甲}$上，可以表达此时甲拥有的食品和药品的数量，E 又位于无差异曲线Ⅱ$_{乙}$上，能够反映此时乙拥有的两种商品的数量。现在，过 E 作切线一定与Ⅱ$_{甲}$和Ⅱ$_{乙}$分别相切，即：$MRS = -\Delta f/\Delta m = MU_m/MU_f$。也就是说在 E 点这样的商品数量组合之下，甲乙二人对于食品和药品的边际替代率相等，这时两人必然停止交换，即实现帕累托最优。做出这一论断的理由是如果甲乙二人的边际替代率不相等，就有继续交换的动机。假设甲的 $MRS = -\Delta f/\Delta m = 3/1$，而同时乙的 $MRS = -\Delta f/\Delta m = 4/1$，这样如果按照 1m＝3.5f 的比例进行交换的话，甲减少一单位药品所损失的效用（3 食品）小于换进的效用（3.5 食品），而乙换进一单位药品增加的效用（4 食品）大于其付出的效用（3.5 食品），两人均从交换中获得好处。以上就证明了交换的帕累托最优条件，其公式表达为：$MRS_{fm}^{甲} = MRS_{fm}^{乙}$。

如果把两个消费者交换的帕累托最优条件推广到几个消费者时，就可以得到更一般的结论：在一个经济体中交换的帕累托最优条件是，任何两种商品之间的边际替代率对于两个使用该两种商品的消费者来说是相等的，此时，所有消费者的满足均达到最大化。

3. 生产的帕累托最优条件

在交换的帕累托最优中，假设甲乙两个水手被困荒岛，经济活动内容只限于交换数量既定的两种商品——食品和药品。现在，放宽假设条件，令荒岛上有足够的原材料，甲乙二人只要付出一定的成本就可以生产更多的食品和药品，并假定消耗的生产要素只有劳动和资本。那么，他们应当如何安排生产达到生产的帕累托最优呢？类推可知，所谓生产的帕累托最优是指资源配置达到这样一种状态：无法在不减少一种商品产量的情况下，增加另一种商品的产出。

假定生产两种商品的技术条件是已知和既定的，则食品和药品的等产量线可见图9－4（a）和图9－4（b）。运用与上文交换的契约曲线完全相同的道理可以得到生产的契约曲线如图9－4（c）所示。凡是不在生产的契约曲线上的点，都可以通过调整资源配置保证一种商品产量不变的同时提高另一种商品的产量。

类似地，也可以用前文学过的知识来解释生产的契约曲线上的点为什么都达到了生产的帕累托最优。以 E_1 点为例，它同时处在食品和药品的等产量线 I_f 和 $\mathrm{III}m$ 上，过 E_1 点作这两条曲线的公共切线，其斜率代表两种生产要素的边际技术替代率（$MRTS$），这样，在 E_1 点生产食品和药品的生产要素的边际技术替代率是相等的，资源配置达到了最优状态。因为，如果假设生产食品的边际技术替代率 $MRTS = -\Delta K/\Delta L = 3$，而生产药品的边际技术替代率 $MRTS = -\Delta K/\Delta L = 4$，这时减少生产食品所用劳动的 1 个单位转用于生产药品，生产药品所用的资本将节省 4 个单位，将其转用于生产食品，这样不但能够保持两种商品原来的产出水平，还能剩余 1 个单位的资本。这就意味着生产要素在食品和药品的重新配置可以使既定的资源总量产出更多的商品。所以，既定的劳动和资本总数在两种商品之间的配置能够使商品的边际技术替代率相等时，具有最大的生产效率。

生产的帕累托最优条件公式表达为：$MRTS_{KL}^{f} = MRTS_{KL}^{m}$

把这个原则推广到一个社会有许多商品和许多生产要素的情况，可以得到更一般的生产的帕累托均衡条件：所有商品所使用的任何相同的两种生产要素的边际技术替代率都是相同的。

4. 生产与交换的帕累托最优条件

以上分别介绍了交换的帕累托最优条件和生产的帕累托最优条件。交换的帕累托最优在甲乙二人对所持有的食品与药品的边际替代率相等时才能达到，并表现为交换的契约曲线上的一组点，而契约曲线上的每一点所代表的食品与药品数量的组合，可以看作该点对应的分配条件下社会成员都通过交换取得各自最大效用时对两种商品的需求。另一方面，生产食品与药品的边际技术替代率相等时才能实现最大效率，生产的契约曲线上的任意点都是效率点，生产的契约曲线上的每一点代表既定资源总量在既定技术条件

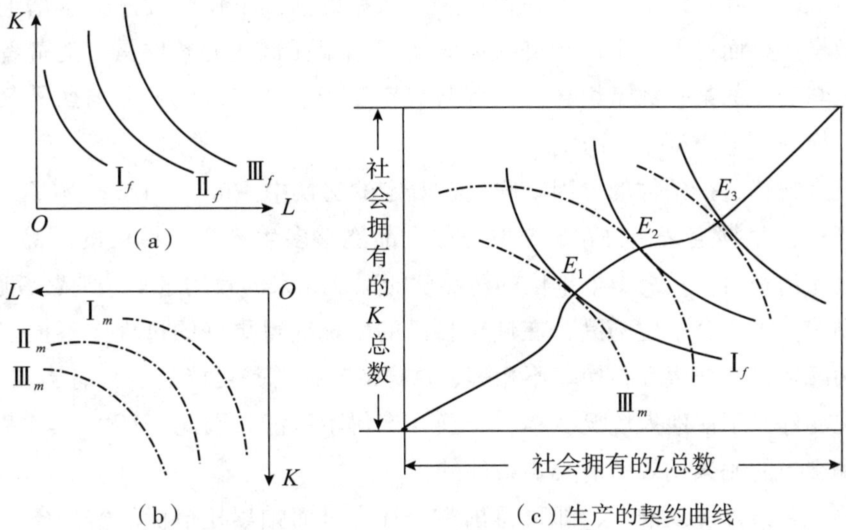

图 9－4　生产的帕累托最优条件

下能够以最优效率生产出来的食品与药品的数量组合。由于整个社会的帕累托最优状态可以视为交换与生产的帕累托最优条件的同时实现，这就要求生产出来的食品与药品的组合等于甲乙两个消费者所要求的两种商品的数量组合。这一条件怎样才能实现呢？

首先引入边际转换率的概念。前文中已经得到了生产的契约曲线，并且知道生产的契约曲线［图 9－4（c）］上的每一点都代表最有效率地被生产出来的食品和药品的数量组合，把这些效率点绘制在图 9－5 食品与药品的转换曲线上，例如图 9－4（c）中的 E_1 点，作为切点它同时处在食品的等产量线 I_f 和药品的等产量线 III_m 上，因此代表着 I_f 和 III_m 对应的商品产出数量组合（假设 I_f 对应的食品数量为 Of_1，III_m 对应的药品数量为 Om_3），可将这一组合画在图 9－5 的 E_1 点。同理可以找到 E_2 点。连结各点就可以得到既定生产资源和技术条件下的食品与药品的转换曲线。

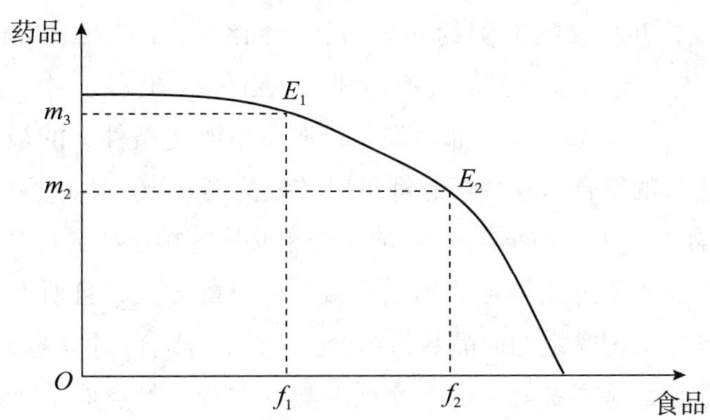

图 9－5　食品与药品的转换曲线

可见，转换曲线上的点都是生产效率最大的点。过转换曲线上任意一点所作切线的斜率称为该点的边际转换率，表示在保证生产效率的前提下使得食品数量增加所需减少的药品的数量。显而易见，生产和交换同时实现帕累托最优的条件是：消费者主观偏好要求的食品与药品的某一数量组合的边际替代率等于生产出来的食品与药品某一数量组合的边际转换率。即 $MRS_{fm}=MRT_{fm}$。

下面就来解释这一条件的原因。假设在既定的交换中 $MRS_{fm}=1/3$，$MRT_{fm}=2/3$，即 $MRT_{fm}>MRS_{fm}$。根据定义，放弃 3 个单位的食品能够多生产 2 个单位的药品，而减少 3 个单位的食品消费后，只需 1 个单位的药品就能保证原来的效用水平。消费者通过放弃 3 个单位食品转换为 2 个单位药品，在使得自己的境况变得更好的过程中不损害他人的利益。只要边际替代率与边际转换率不相等，这样的交换总是可能的。只有当二者相等时，某个人境况变好又不使他人境况变糟，交换才变得不可能。因此，$MRS_{fm}=MRT_{fm}$是同时实现生产和交换的帕累托效率的必要条件。

同样将这一条件加以推广，即可得出整个社会全面帕累托最优的实现条件是：所有消费者对于任意两种商品的边际替代率等于边际转换率。

四、社会福利函数

以上介绍了帕累托最优的实现条件。然而，帕累托最优条件只关注于资源本身的效率，并没有涉及福利的分配问题。可以存在所有财富都集中到一个人手中而处于帕累托最优条件的经济状态，但这在大多数人看来却未必合理。所以说，帕累托最优的三个条件并不是对最优资源配置的完整描述，它只是必要条件，而不是充分条件。这就是说，存在着无穷多个同时满足三个帕累托最优条件的经济状态，社会如何在这无穷多个经济状态中加以选择呢？为了解决这一问题，西方经济学引入了社会福利函数这一分析工具。

1. 效用可能性曲线和效用可能性边界

在介绍社会福利函数之前，先介绍效用可能性曲线和效用可能性边界。

仍然继续水手的例子，即考察两种商品、两种生产要素、两个主体的简单情形。重新绘制生产的契约曲线，并将交换的契约曲线与转换曲线结合起来，我们可以得到图 9－6（生产的契约曲线、埃奇沃斯盒状图与转换曲线）。在图 9－6（a）中，生产的契约曲线连接了所有等产量线的切点，每一切点都达到了资源总量既定条件下的最大生产效率，并代表食品与药品各一定量的组合。这些切点都可以转换为图 9－6（b）中转换曲线上的一点，如 E_1对应的产量组合为（Of_1，Om_3）。在前文介绍交换的帕累托最优条件时，我们知道商品数量既定时甲、乙二人通过交换可达到最有效率的分配方式，且所有的效率点都位于交换的契约曲线上。现在就把既定的商品数量组合（Of_1，Om_3）对应的埃奇沃斯盒状图画在转换曲线的内部，注意，这样做就保证了交换的契约曲线上的点同时满足了生产和交换的帕累托最优条件，此时社会的生产和交换都是最有效率的。

前文已述及，交换的契约曲线上的任意一点都代表交换的最优状态，并对应商品总量既定条件下的一组效用组合，如图 9－6（b）中的 A 点对应的效用组合是（$U_1^{甲}$，$U_3^{乙}$），说明，当甲的效用为 $U_1^{甲}$ 时，乙所能达到的最大效用为 $U_3^{乙}$，如果想进一步提高乙的效用水平则必须以甲的利益损失（效用减少）为代价。同理，B 点对应的效用组合为（$U_2^{甲}$，$U_2^{乙}$），C 点对应的效用组合为（$U_3^{甲}$，$U_1^{乙}$）。

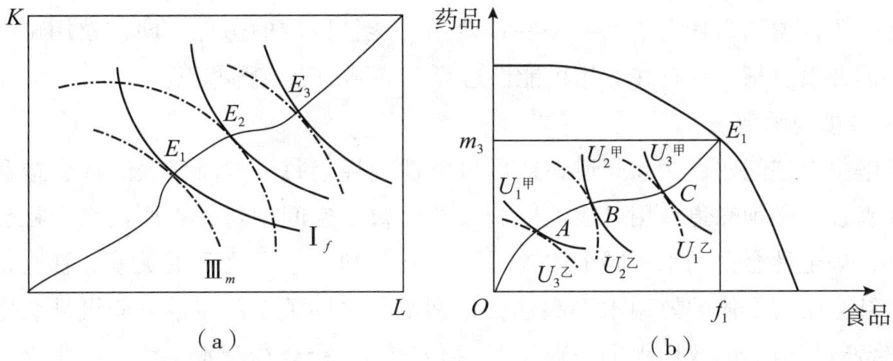

图 9－6　生产的契约曲线、埃奇沃斯盒状图与转换曲线

在食品和药品的数量固定为（Of_1，Om_3）时，能够得到这种效用的组合可以有无数个，将这些效用组合绘制在另外一个坐标系内，并连接起来就可以得到所谓的效用可能性曲线 aa'，效用可能性曲线与效用可能性边界如图 9－7 所示。其中，a 点表示所有的食品和药品都归乙所有时能够给其带来的效用水平，a' 点表示所有的食品和药品都归甲所有时能够给其带来的效用水平。

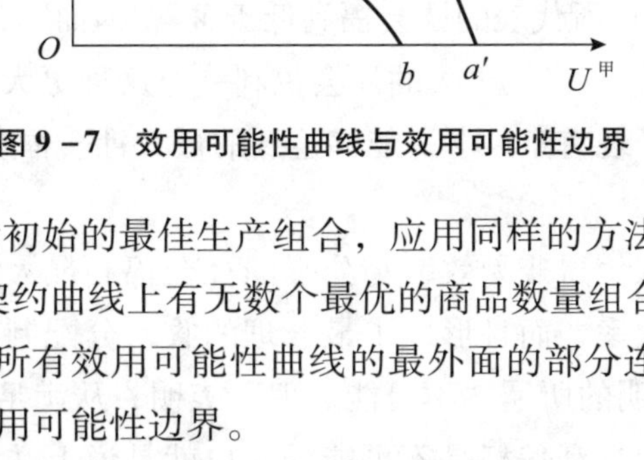

图 9－7　效用可能性曲线与效用可能性边界

同理，如果以 E_2 作为初始的最佳生产组合，应用同样的方法，可以得到第二条效用可能性曲线 bb'。生产的契约曲线上有无数个最优的商品数量组合，因此也就对应着一系列的效用可能性曲线，将所有效用可能性曲线的最外面的部分连接起来，将会得到一条近似平滑的包络线，即效用可能性边界。

可见，效用可能性边界上的点代表了在一定的技术和资源条件下，社会所能达到的甲、乙二人最佳的效用组合，可以证明这些点均满足了帕累托最优条件。同时，效用可能性边界将整个效用空间划分为两个不相交的组成部分。在其右上方区域，是在既定资源和技术条件下所无法达到的区域，故可以看成是“效用不可能”区域；而其左下方区域，则是“无效率”区域，在既定的资源和技术条件，效用没有达到它可能达到的最优水平组合。

福利经济学的目的是要在效用可能性区域中找一点或一些点，使社会福利达到最大；帕累托最优条件说明，社会福利必须在该效用可能性区域的边界，即在效用可能性边界上达到，但并没有指出究竟在效用可能性边界上的哪一点或哪些点。

2. 社会福利函数

为了解决上述问题，必须知道在效用可能性边界上每一点所代表的社会福利的相对大小，或者说，必须知道效用可能性区域或整个效用空间中每一点所代表的社会福利的相对大小，确定社会福利水平同个体效用（个人福利）水平之间的关系。社会福利函数就是反映社会所有个体的效用水平和社会福利水平之间关系的函数。假设社会中只有甲乙两个消费者，他们的效用水平分别为 $U^{甲}$ 和 $U^{乙}$，而社会福利水平为 W，那么，社会福利函数可以写为：$W = W(U^{甲}, U^{乙})$。给定一个效用水平组合就可以得到一个社会福利水平。

现在，将社会福利水平固定为 W_1，则社会福利函数表现为 $W_1 = W(U^{甲}, U^{乙})$，此式反映了当社会福利水平为 W_1 时，两个消费者之间的效用水平 $U^{甲}$ 和 $U^{乙}$ 的关系。该关系的几何表示就是图 9－8（社会福利的最大化）中的曲线 W_1，称为社会无差异曲线，在该曲线上，不同的点代表着不同的效用组合，但所表示的社会福利水平却是一样的。同样，令社会福利水平为 W_2 和 W_3，也可以得到相应的社会无差异曲线 W_2 和 W_3。通常假定这些社会无差异曲线与个体消费者的无差异曲线一样，也是向右下方倾斜且凸向原点，并且较高位的社会无差异曲线代表较高的社会福利水平。

根据社会福利函数即社会无差异曲线，结合效用可能性曲线即可决定最大社会福利。从图 9－8 中可以看出，最大社会福利显然在效用可能性曲线和社会无差异曲线 W_2 的切点 E 上达到，这是能导致最大社会福利的生产和交换的唯一点。效用可能性曲线和社会无差异曲线 W_1 相交，交点所代表的社会福利低于 W_2，因而不是最大社会福利；W_3 是比 W_2 更高的社会无差异曲线，代表更大的社会福利，但这种更大的社会福利超出了效用可能性曲线，也就是超出了现有条件下所能够达到的最大社会福利水平。

3. 阿罗不可能定理

社会福利函数的引入使得兼顾效率与公平的社会福利最大化得以实现，在福利最优点，不但实现了帕累托效率，而且形成了最合理的收入分配制度，然而诺贝尔经济学奖获得者阿罗在 1951 年证明的所谓“不可能定理”表明，从满足理性的消费者偏好关系中形成具有同样性质的社会福利偏好是不可能的，也就是说上文得到的社会福利函数根本不存在。因此，只能在整个社会的价值判断意义上理解社会福利函数。

阿罗意识到，所谓形成社会福利函数，就是在已知社会所有成员偏好的情况下，通过

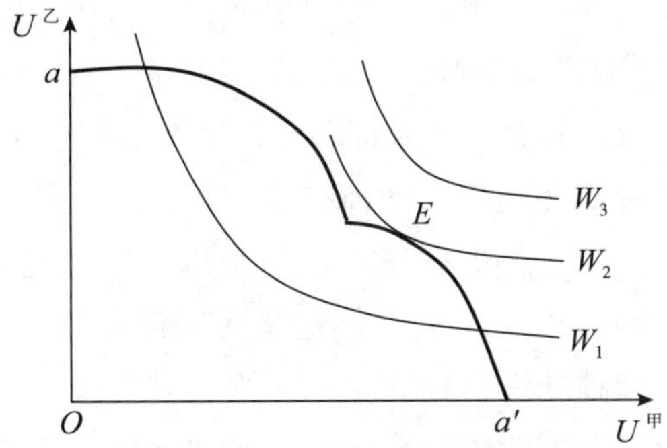

图 9 - 8　社会福利的最大化

一定的程序，把各种各样的个体偏好次序归结为单一的社会偏好次序。问题是如果人们对各种不同的收入分配制度有不同的偏好（即人们有不同的关于收入分配公平的观点），且能够自由选择某种分配制度（没有独裁），那么，就不能从众多个体对各种不同的收入分配制度的不同偏好中，导出具有良好性状的社会对各种不同收入分配制度的偏好（即具有反身性、完备性与传递性特征的偏好），从而就无法建立良好的像个体效用函数一样的社会福利函数，最终也就无法形成能使社会福利最大化的理想的收入分配制度。

阿罗的思想灵感来源于著名的"投票悖论"。

假定有张三、李四、王五三个人，他们为自己最喜欢的明星发生了争执。他们在 A、B、C 三人谁更受观众欢迎的问题上争执不下。张三排的顺序是 A、B、C。李四排的顺序是 B、C、A。王五排的顺序是 C、A、B。到底谁更受欢迎呢？没有一个大家都认可的结果。

如果规定每人只投一票，三个明星将各得一票，无法分出胜负，如果改为对每两个明星采取三人投票，然后依少数服从多数的原则决定次序，结果又会怎样呢？

首先看对 A 和 B 的评价，由于张三和王五都把 A 放在 B 的前边，所以二人都会选择 A 而放弃 B。只有李四认为 B 的魅力大于 A。依少数服从多数的原则，第一轮 A 以二比一胜出。再看对 B 和 C 的评价，张三和李四都认为应把 B 放在 C 的前边，只有王五一人投 C 的票。在第二轮角逐中，自然是 B 胜出。接着再来看对 A 和 C 的评价，李四和王五都认为还是 C 更棒，只有张三认为应该把 A 放在前边，第三轮当然是 C 获胜。

通过这三轮投票，我们发现对 A 的评价大于 B，对 B 的评价大于 C，而对 C 的评价又大于 A。很明显我们陷入了一个循环的境地。这就是"投票悖论"。也就是说，不管采用何种游戏规则，都无法通过投票得出符合游戏规则的结果。如果世界上仅限于选明星，事情就好办多了。问题在于一些关系到国家命运的事情的决定，也往往会出现上述的"投票悖论"问题。对此很多人进行了探讨，但都没有拿出更有说服力的办法。

在所有人为寻找"最优公共选择原则"奔忙而无获的时候，美国经济学家阿罗经过苦心研究，在 1951 年出版的《社会选择与个人价值》一书中提出他的不可能定理，并因此获得了 1972 年诺贝尔经济学奖。阿罗不可能定理的意思是，"只要给出几个选择者都必然会接受的前提条件，在这些前提条件的规定下，人们在一般或普遍意义上不可能找到一套规则（或程序）在个人选择顺序基础上推导出来”。由此进一步推出，在一般或普遍意义上，无法找到能保证所有选择者福利只会增加而不会受损的社会状态。

阿罗所说的几个选择者都必然接受的前提条件是：广泛性、一致性、独立性、独立主权原则、非独裁性。广泛性，至少有三个或三个以上的备选方案，以供选择者选择；一致性，一定的社会选择顺序以一定的个体选择为基础，但必须符合公众的一致偏好；独立性，不相关的方案具有独立性；独立主权原则，对备选方案的选择和确定，应由公民完全依据个人的喜好而定，不能由社会强加；非独裁性，不能让每一个人的喜好决定整个社会对备选方案的排列顺序，应坚持自由和民主的原则。

阿罗认为上述五个相互独立的前提条件每一个都是必要的，但是要构造能同时满足这些前提条件的社会福利函数是不可能的。导致不可能的原因在于五个前提条件之间存在相互矛盾，因此不可能达到完全一致。他从中得出了一个似乎不可思议的结论：没有任何解决办法能够摆脱“投票悖论”的阴影。在从个体偏好过渡到社会偏好时，既能使社会偏好得到满足，又能代表广泛的个体偏好的排序方法，只有强制与独裁。这样，寻找合理的社会选择机制就几乎陷入了困境。

阿罗不可能定理打破了一些被人们认为是真理的观点，也让我们对公共选择和民主制度有了新的认识。因为我们所推崇的“少数服从多数”的社会选择方式不能满足“阿罗五个前提条件”。如市场存在着失灵一样，公共选择原则也会导致民主的失效。因此，多数票原则的合理性是有限度的。

4. 效率与公平

研究社会福利，不可避免地要涉及效率与公平的问题，在资源配置与收入分配问题上，效率与公平是一个两难的抉择。

收入分配要兼顾效率与公平。效率是指资源配置有效，并得到充分利用；公平是指各社会成员收入分配平均。

人类在以劳动投入获取物质财富的过程中，必然要讲究效率。要以最少的投入获得最大的效益，这是一条普遍的原则。效率原则的贯彻使人类的物质文明得到了极大的发展。今天人们能生活在这样富足的社会，效率原则功不可没。因此，收入分配要遵循经济效率的原则，按贡献来分配以利于鼓励每个社会成员充分发挥自己的能力，在竞争中取胜，这就是效率优先的分配原则。但这种分配方式使不平等加剧，甚至出现严重的贫富两极分化。因此，在收入分配中不仅要效率优先，而且要兼顾公平。

任何一个社会都应该实现公平，这是人类的理想。但对于什么是公平，人们却众说纷纭。在收入分配问题上有两种公平论，即过程公平论和结果公平论。

过程公平论根据分配的机制或手段来判断是否公平。换言之，无论结果如何，只要机制是公平的，就实现了公平。比如，现在每个孩子受教育的机会是一样的。比如，在你小学、中学的同学中，有的人通过自身的努力，再加上一定的天赋，考取了重点大学，又继续读硕士、博士。而出于多种因素，你没有考上重点大学，更没有继续深造。几年以后，你同学的收入或许是你的几倍，你也没有什么不平衡的，因为你也有同样的机会。也就是说，你与你同学竞争的过程是公平的。在市场经济中，重要的是制度上的公平，而不是结果上的公平。

结果公平论根据分配的结果来判断收入分配是否公平。换言之，只有结果平等，才实现了公平。按这个标准，最公平的分配应该是完全平等的分配。中国在计划经济时期的分配机制是平均分配，注重结果的公平。在这种机制下，干好干坏，干多干少，甚至是干与不干，在工资结果上差异不大。其结果是这种分配引起效率损失，导致了社会生产效率下降，所有人的福利都在减少。

现在市场经济下的国家收入分配原则大都是“效率优先，兼顾公平”。要效率，损失公平；要公平，损失效率。所谓，鱼和熊掌不能兼得。这是摆在经济学家和各国政府面前的一个永恒的难题。

项目小结

1. 局部均衡是指在假设其他市场不变的情况下，某一特定商品或生产要素的市场均衡。一般均衡是指在一个经济体系中，所有市场的供给和需求同时达到均衡的状态。

2. 福利经济学采用帕累托最优来衡量资源的最优配置。帕累托最优状态是这样一种状态：任何改变都不可能使一个人的境况变好，而又不使别人的境况变坏。当经济系统达到帕累托最优状态时，经济运行是有效率的；反之，不满足帕累托最优状态的经济运行就是缺乏效率的。

3. 在交换方面，任何一对商品之间的边际替代率对任何使用这两种商品的个人来说都相等，即 $MRS_{XY}^{A}=MRS_{XY}^{B}$，此时该社会达到了商品分配的帕累托最优状态；对于有多个人、多种商品、多种生产要素的经济，达到均衡时要求：在生产方面，任何一对生产要素之间的边际技术替代率在用这两种生产要素生产的所有商品中都相等，即 $MRTS_{LK}^{X}=MRTS_{LK}^{Y}$，此时该社会达到了帕累托最优状态。

4. 社会福利函数是反映社会所有个体的效用水平和社会福利水平之间关系的函数，在两个消费者的社会中，社会福利函数可以表示为：$W=(U^{A},\ U^{B})$。式中，W 表示社会福利水平，U^{A}、U^{B} 表示两个消费者的效用水平。

5. 阿罗认为：用投票的方式不可能把个体的偏好集中起来，形成合乎理性的社会偏好。即在非独裁的情况下，不可能存在适用于所有个体偏好类型的社会福利函数，这就是著名的阿罗不可能定理。

关键概念

局部均衡分析、一般均衡分析、帕累托改进、帕累托最优、社会福利函数、阿罗不可能定理。

实践与实训

选择题

1. 当最初的变化影响广泛分散到很多市场，每个市场只受到轻微的影响时，（　　）。
   A. 要求用一般均衡分析
   B. 一般均衡分析很可能推出错误的结论
   C. 局部均衡分析很可能推出错误的结论
   D. 局部均衡分析将提供合理可靠的预测

2. 假定只存在两个消费者（A 和 B）、两种商品（X 和 Y）的经济中，要想达到交换的全面均衡的条件是（　　）。
   A. 对于 A 和 B $MRS_{XY} = P_X/P_Y$
   B. 对于 A 和 B $MRS_{XY} = MRTS_{XY}$
   C. 对于 A 和 B $MRS_{XY}^A = MRS_{XY}^B$
   D. 上面三个条件都是

3. 小李有 5 个鸡蛋和 5 个苹果，小陈有 5 个鸡蛋和 5 个苹果，小李更喜欢鸡蛋，小陈更喜欢苹果。在帕累托状态下，可能（　　）。
   A. 小李消费更多的鸡蛋
   B. 小陈消费更多的苹果
   C. 两人的苹果和鸡蛋的边际替代率相等
   D. 上面说得都对

4. 假定一个经济中，只有两种商品（X 和 Y），两种生产要素（L 和 K），那么要想达到生产的全面均衡的条件是（　　）。
   A. $MRTS_{LK} = P_L/P_K$
   B. $MRTS_{LK}^X = MRTS_{LK}^Y$
   C. $CRTS_{LK}^X = MRTS_{LK}^Y$
   D. $MRT_{XY} = MRS_{LK}$

5. 假定存在一个经济，其中有两个消费者（A 和 B）和两种商品（X 和 Y），生产和交换的全面均衡的条件是（　　）。
   A. $MRT_{XY} = MRS_{XY}^A = MRS_{XY}^B$
   B. $MRT_{XY} = P_X/P_Y$
   C. $MRS_{XY} = P_X/P_Y$
   D. $MRS_{XY}^A = MRS_{XY}^B$

6. 两种商品在两个人之间进行分配，被称为帕累托最优的条件为（　　）。
   A. 不使其他人受损失就不能使另一个人受益
   B. 每个人都处在交换的契约曲线上
   C. 每个人都处在他们的效用可能性曲线上
   D. 包括以上所有条件

7. （　　）不属于贫困救济范畴。
   A. 向低收入者提供廉价住房计划
   B. 食品补助票计划
   C. 医疗救济计划
   D. 社区公共设施建设计划

互动讨论

1. 为什么说边际转换率和边际替代率不相等时，资源没有达到有效配置？

2. 假如一个经济原来处于全面均衡状态，如果某种原因使得商品 A 的市场供给量减少，那么：

（1）A 商品的替代品市场和互补品市场会有什么变化？

（2）在生产要素市场上有什么变化？

3. 为什么说完全竞争的市场机制满足帕累托最优状态？

案例分析

巴西政府政策对大豆市场的影响

由于在世界大豆市场上巴西是与美国相互竞争的，因此巴西对其国内大豆市场的管制会显著地影响到美国的大豆市场，而这反过来又会对巴西大豆市场产生反馈效应。当巴西采取旨在提高其短期国内大豆供给和长期大豆出口的管制政策时，这将导致预料不到的结果。

在 20 世纪 60 年代末和 70 年代初，巴西政府曾限制大豆的出口，导致巴西大豆价格下降。巴西政府希望巴西大豆价格的下降会鼓励国内大豆的销售，并刺激对大豆产品的国内需求。但最终出口控制将会取消，巴西的大豆出口也会上升。

当时这一预期是建立在对巴西大豆市场的局部均衡分析上的。事实上，巴西大豆出口的减少使美国的大豆出口增加，并使美国的大豆价格上升，生产扩大。这使得巴西在及时取消出口限制之后也难以出口大豆了。

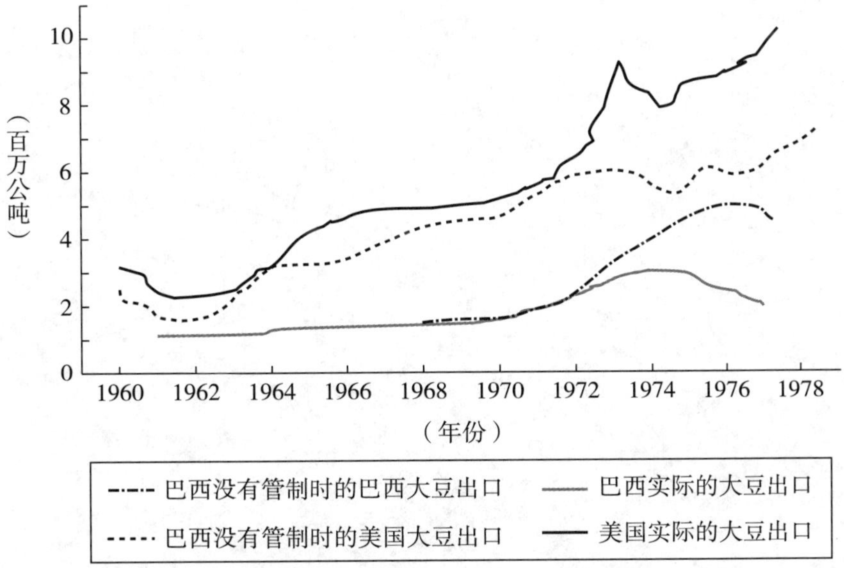

图 1　国际市场的相互依赖

大豆市场的世界性竞争使得巴西和美国的大豆出口市场高度地相互影响。作为这些市场一般均衡性质的结果，从旨在刺激巴西大豆市场销售的长期管制来看是反生产性的。

巴西大豆的实际出口在有政府管制时比没有管制时可能出口得少（而美国的大豆出口则较多）。

国际市场的相互依赖显示了这一管制的后果。图中靠（国际市场的相互依赖）下两条线显示了巴西的大豆出口，上面两条线是美国的大豆出口情况。在每个国家中，实际出口都是用实线表示，而如果在巴西政府没有实施管制的假设下，对美国和巴西大豆出口水平所作的估算，则分别用虚线表示（两国的出口线都大约在1970年以后分开，因为这是主要的出口管制实施的时间）。如图显示，如果没有管制计划，巴西的大豆出口会多一些，而美国会更少些。例如在1977年，巴西大豆的出口比没有政府干预的情况下可能要降低73%，而美国在1973—1978年的大豆出口则比巴西不实施管制的情况下要高30%。

因而，巴西的大豆政策是误导的，并从长期来看使巴西受损。决策者没有考虑这一政策对美国大豆生产和出口的影响。

思考题：

政府在制定经济政策的过程中应当采取怎样的分析方法，才能保证决策的正确性?

项目十　市场失灵与政府干预

知识目标

1. 了解什么是外部性、如何克服外部性。

2. 了解什么是公共物品、如何确定公共物品的有效供给。

3. 了解什么是科斯定理。

能力目标

1. 如何确定在公共物品消费中存在的问题和相应的解决办法。

2. 理解经济运行中不同程度地存在“市场失灵”和“政府失灵”，并解释相关社会现象。

思政目标

1. 要充分认识到市场不是万能的，需要政府干预，社会主义有市场，更应该进行合理的宏观调控。

2. 要充分认识到我国政府开展公共服务的范围与力度正在加大加强，外部的正效应正在显现，社会公众的满意度在加大，人民群众的获得感在增加。

引导案例

公共项目如何防止少数人敲竹杠，以旧楼加装电梯与南大干线为例

如果一个化工厂建在你家附近，你很可能会反对，这可以理解。因为排放标准再高、排放再合规及监管再严厉，日常污染物排放与事故风险，仍对周边居民的健康与环境有负面影响；更重要的是，化工厂作为负面设施，会导致周边物业贬值。

用福利经济学语言来说，一个项目，在不损害任何人利益的情况下，至少使得一个人的利益得以增进，是帕累托改善（Pareto improvement）。化工厂建在你家附近，会损害周边居民的利益，不是帕累托改善。当然，有可能是卡尔多－希克斯效率（Kaldor－Hicks efficiency），即一个项目，虽然有人受损，但受益者之所得（理论上）足以补偿受

损者之失而有余。如果受益者拿出真金白银补偿受损者，那卡尔多－希克斯改善就转化为帕累托改善。

不过，人性是复杂的。某些项目，即使建成后人人受益，是帕累托改善，也有小部分人站出来反对而令项目受阻。反对者也会提出某些看似非常正当的理由。如果你把这些反对事由等同于真实的反对原因，那你就会误以为这些项目令一些人利益受损，不是帕累托改善。

下文举出两类典型案例：（1）老楼加装电梯；（2）修建拓宽市政路，以广州南大干线为例。首先勘破反对理由的迷雾，证明这些项目虽然有小部分反对，但其实均为帕累托改善，随后探讨反对的真实原因（答案要点：小部分人＝受益较少的人）及其解决机制。

老楼加装电梯困境

根据广州市规划局数据，截至2013年年底，全市有加装电梯需求的既有多层住宅达5万多栋。这个数字很稳定。2011年6月底，广东省电梯协会通报：广州老城区未装电梯的旧楼超过5万栋，但近几年加装电梯数量累计仅800台，不到总数的2%。

在加装电梯的案例中，“绝大多数是由楼房的原主管单位、企业负责张罗，甚至出钱出人”；真正由民间自发实现安装、不假手主管单位或企业的是少数。2009年，广州市海珠区紫山大街11号楼正式施工加装电梯，这是住户老年人付伯牵头协调历经四年半才搞定的，一时间成为广州本地媒体竞相报道的新闻，可见这类案例的稀缺性。

老楼相当一部分是房改房，老年人住户的比例很高。6—10层的老楼，高层住户加装电梯的需求很迫切，直接动因往往是方便老年人上下楼。老年人体衰，一些人还有关节问题，走五层以上是苦役。但这些早年盖的老楼，往往没有预留电梯井，加装电梯需要占用公共空间或楼梯向外延伸空间加建电梯井，这通常会遭到低层住户的反对。

反对者一般为1—3层住户。一层住户觉得自己平时用不着电梯，二层住户觉得走一层楼梯还比乘电梯快。低层住户的反对理由通常是加装电梯会影响自己的通风与采光，给大楼增加消防隐患与结构安全风险，及电梯运营会有噪声等。

一楼住户也受益

高低层住户之间的矛盾已成老楼加装电梯的主要障碍。那么，老楼加装电梯后，低层住户是否利益受损？是否有权获得高层住户的补偿？不妨分析一下电梯加装的利益结构变化。

没有电梯的老楼，房价根据楼层的不同呈倒U形，一般三四层房价最高，一二层因为出行方便房价会比顶层高。加装电梯之后，房价会随着楼层的增加而递增，高层楼房在消除了上下楼不方便的因素后，反而会因为视野与景观更好受到市场追捧。越是高层的楼房，从加装电梯中收益也越多。

很明显，有了电梯之后，二层及以上楼房都会增值，二三层住户就算走楼梯时间不比乘电梯多，但毕竟乘电梯更省力，尤其是负重或搬运大件物品时电梯的优势更明显。电梯带来的这些好处会反映到房价上，会提升房价与租金。那么，一层会因为加装电梯而贬值吗？

首先，低层住户反对加建电梯的理由基本是站不住脚的。加装电梯是要经过规划局审批的，例如2012年出台的《广州市既有住宅增设电梯试行办法》，审批的要件之一是“建筑设计单位出具的结构安全说明”。

加装电梯如果只占用公共空间或楼梯向外延伸空间，不占用任何单元向外延伸空间，谈不上影响谁的前后对流与通风。采光影响是技术问题，可以通过加装透明的观光梯解决，额外增加的成本也不多。至于电梯运营噪声，把这个作为反对理由也太夸张了吧。

更何况，低层住户提出的这些通风、采光与噪声等问题，如果真的称其为问题并明显影响住户的日常生活，那就是所有楼层住户共同面临的问题，可迫切装电梯的高层住户为何不认为构成问题呢？可见，住户其他的考虑因素决定了这些是否构成问题（后文将阐述）。

其次，一层住户平时用不上电梯，故而在住户分摊电梯加装与运营费用的实践上，是不需要出钱的。但电梯建成之后，就免费获得了使用权，这个权利也是值钱的，一层住户亦不乏上楼会见邻居朋友的需要。老楼安装了电梯之后，会吸引更年轻、更有支付能力的买家与租客，优化了住户的年龄结构，提升了小区档次。这些都不是会导致一层贬值的因素。

2009年，广州市海珠区紫山大街11号楼加装电梯。该楼8层共17户，最后11户出了钱，6户签字承诺电梯建成后不使用。电梯井是加建在原大楼外的，每层多出了公用面积。该部分产权根据全楼17户的建筑面积比例进行分摊，已经出钱的住户可办理房地产产权登记，未出钱的则暂缓办理。结果是出资户每家房产证上的面积多了3~4平方米。一楼就算房价没有上升，额外多的这部分面积也值6万~8万元（以每平方米2万元计）。

可见，老楼加装电梯，不同楼层住户均多多少少得益，是帕累托改善。

南大干线困境

民间有路通财通之说，但即使是政府投资修建的市政路，也可能遭到沿线部分住户的反对而被迫停顿。广州南大干线就是这样一个典型，因沿线大型楼盘部分住户的反对，工程进度曾一度严重受阻。

广州市番禺区把这条路切成八段，拟分段招标与施工，但仍遭到沿线部分住户的反对。南大干线先行段，一直有雅居乐剑桥郡部分业主反对，所幸2013年环评通过，2014年5月动工。2015年1月，除先行段之外的南大干线进行环评公众参与信息现场公示。三十多位广州雅居乐业主在广州市规划局接访日上表示反对。

不过，反对者其实是少数派，主要为临街住户，认为南大路拓宽之后，道路与小区更近了，临街住户要承受更多的尾气、灰尘与噪声污染。

支持者才是多数派。规划中的南大干线沿线有众多大型楼盘，但目前南大路双向六车道早已不敷使用。2014年11月18日《新快报》报道称“5公里的兴南大道（南大路），4公里都在堵”，不仅上下班堵，周末也堵，随机受访的广州雅居乐与华南新城业主均苦不堪言。

南大干线规划主路双向 8 车道，是不设红绿灯的快速路；辅路双向 4 车道，方便周边住户进出主路。交通容量提升了一倍，将极大方便沿线业主出行，绝大多数业主希望拓宽南大路的南大干线早日开工。

临街住户也受益

当然，即使反对者是少数派，也要看南大干线是否令这些人利益受损，这个问题必须正面回答。

首先，如果是先有小区后有负面设施，那业主因污染与物业贬值的理由反对或要求补偿是合理的；但如果先有负面设施后有小区，那负面因素已经体现在小区房产市价上了，再反对就属无理。这是先来后到的规则。姑且不论南大干线并非负面设施，这条路的规划在 1997 年就有了，早于广州雅居乐（2000 年拿地，2002 年首期开卖）。

其次，南大干线作为城市快速线，已满足两侧建筑物退缩道路红线不少于 20 米的要求。规则是在道路红线外的临街住户要承受尾气、灰尘与噪声。这些因素已经体现在临街房产较低的市价上，买了临街房产等于接受了这些因素。连 20 米都不能接受，距道路只有几米的市中心临街住户怎么办？而且，南大干线拟全线采用改性沥青路面，以降低行车噪声。

最后也是最关键的，南大干线修成之后，由于出行便利，沿线楼盘房产均会升值，只不过临街的要承受尾气、灰尘与噪声，增值幅度低一些，不临街的增值幅度高一些。如果说道路距临街住户更近了是负外部性，那么出行便利就是正外部性，且后者要远远大过前者，总的效果是沿线房产升值。下述两个案例是与市政路修建拓宽同构的，可为等价证明。

案例一：蒸汽机车时代，火车烧柴和煤常常溅出火星，可能引燃农田。乍看对铁道两侧农田是负外部性，铁路公司应该补偿农民的损失。但火车轰鸣声减少了鸟啃吃粮食的现象，这些农田会因此增产不少，这是正外部性，足以抵消可能的火灾损害而有余，总的效果是这些农田都升值了。

案例二：一个地方修建了机场之后，日夜有航班起降，飞机发动机运转的轰鸣声比汽车大多了，这对附近居民是一个很大的负外部性，但机场会吸引物流与制造企业入驻，会大量增加对周边土地的需求，这是一个更大的正外部性，足以抵消噪声之不便，总的效果是周边土地物业大幅升值。

或有临街住户说，我就是忍受不了南大干线通车后更多的尾气、粉尘与噪声。那合理的解决方案不是南大干线不建、为这样的临街住户让路，而是临街住户把房子卖了，享受因南大干线开通而带来的升值去别处置业。

可见，南大干线修建，沿线房产均会随距离远近多多少少升值，对沿线住户来说是帕累托改善。

受益较少是“不公平”

综上，老楼加装电梯与修建扩建市政路在下述意义上是同构的：（1）老楼加装电梯对所有高低层住户来说，是人人受益的，表现为高低层物业的升值；修建扩建市政路对沿线所有物业居民来说，也是人人受益的，表现为沿线两侧物业的升值。(2) 但非人人均等受益，老楼加装电梯之后，高层物业的升值幅度要明显高于低层物业；市政路修建扩建之后，不临街物业的升值幅度明显要高于临街物业。

由此可见，老楼加装电梯，低层住户以影响通风、采光等加以反对，甚至提出电梯运行噪声的理由，其实是在曲折表达一种不满：不加装电梯之前我的房价要比高层房价高，凭什么加装电梯之后，高层房价反而要远远高过我的房价，这太“不公平”了。

同样地，修建扩建市政路，临街住户以会产生更多的尾气、灰尘与噪声等加以反对，其实也是在曲折表达一种不满：凭什么修建扩建市政路之后，非临街住户不用闻尾气、吃灰尘及听噪声，房产升值幅度还要高过我的房产，这太“不公平”了。

有一个经典的心理学实验。实验方给甲乙两人共100元。甲负责分配，乙只有两个选择，接受或不接受。如果接受，两人就按照分配方案分钱；如果不接受，钱就被实验方收回，两人一分钱都得不到。如果按照帕累托改善的标准，甲哪怕分给乙一块钱，乙也应该接受。但在不同国家、不同文化下做这个实验，结果均显示：当分配方案在五五开左右时，成功概率最高。当乙被分得比甲少很多时，就觉得“不公平”，往往会拒绝分配方案。

老楼加装电梯低层住户反对与修建扩建市政路临街住户反对，均是这种心理机制的体现，而不是因为他们是利益受损的一方。了解这一点，就可以判断各类解决方案的靠谱与否。

2015年6月6日，广州市不动产研究会发布《关于既有住宅加装电梯出资分摊方案研究报告》(以下简称《报告》)。《报告》指出，一层住户不需要出钱，从二层及以上，依次提高住户分摊系数，楼层越高，住户电梯出资分摊比例越高。

当然，在没有其他有效解决方案之前，高层住户为了求得低层住户的支持，自愿让渡自己的一部分收益给低层住户，也不是不可以，但得讲明是利益让渡，而不是对利益受损的补偿。

“一平方米产权一票”制

必须认清两点。其一，一个项目，人人受益，但有人因为受益较少而反对，市场在这种情形下也是没有效率的。2009年，广州市海珠区紫山大街11号楼加装电梯是住户付伯花了四年半时间才搞定的，要等市场自发来解决广州5万栋老楼的电梯加装问题，还不如等这些老楼过了使用年限重建来得靠谱。

其二，一个项目，人人受益，但有人因为受益较少而反对，这些人容易抱团组织起来，千万不要以为他们代表了“民意”。

南大干线先行段也曾遭到雅居乐剑桥郡部分业主的反对，他们要求附近建下沉式隧道、道路远离小区用地红线100米。最终的结果是：由于地下有地铁七号线等因素建不了下沉式隧道，道路红线改为35米。上述要求几乎没得到满足。但2013年环评报告显示，在154份有效调查问卷中，仅有5人反对，比例为3%，把先前声势浩大的“反对民意”打回了原形。

有效率的解决机制既不是把一切交给市场，也不是屈从于虚假的“民意”，还不能像上述心理学实验那样，赋予受益较少者/反对者以否决权，给这些人绑架整个项目的机会。

对老楼加装电梯、修建扩建市政路及政府因修建扩建市政路而征地等情况，所有利益相关方（高低层住户、沿线物业住户及被征地者）应该按照“一平方米产权一票”制进行投票，就像公司股权投票一样。获得多数票（例如80%或90%），项目就成立。这种投票方案，等于把利益相关方看成一个公司或一个自治体。这才是科学采集民意、客观反映民意的最佳方式。

有投票权的利益相关方，无论有没有出席投票，无论是投了赞成票还是反对票，都必须无条件接受与执行投票的结果。投票结果如果支持老楼加装电梯，一层住户不得阻挠，二层及以上住户得按规则分摊费用。投票如果赞成修建扩建市政路，临街住户不得阻挠。投票结果如果同意政府或企业提出的征用价格与安置方案，谁都得接受。对于拒不接受投票者，应该申请法院强制执行。

老楼加装电梯其实已经有了类似的机制，现行物权法规定，“使用和筹集建筑物及其附属设施的维修资金”与“改建、重建建筑物及其附属设施”，应当由专有部分面积占比三分之二以上的业主且人数占比三分之二以上的业主参与表决。

或许有人说，这种“一平方米产权一票”制的方案，限制了利益相关方的产权。被征地方就应该有权拒绝交易、有权漫天要价。这是一种绝对产权的观念。如果承认这一点，就等于赋予了反对者否决权。理论上，只要有一个坚定的反对者，凭着否决权就可以攫取项目带来的全部增值，这是非常不合理的。

当年，广州地铁五号线文冲站建设时遇到了一个“钉子户”，对方开出条件：一是安排其五个子女的就业问题，二是保留其原有商铺，三是要求500万~600万元补偿款。最后，地铁公司决定将明挖施工改为暗挖施工，宁愿增加成本也不让“钉子户”敲竹杠得逞。后来，广州地铁公司工作人员讲到最离谱的“钉子户”要价是，一户人家有四个孩子，要求地铁公司帮他们都安排一份有车接送上下班的工作。

可见，“一平方米产权一票”制+法院对恶意反对者强制执行，才是体现了利益相关方自治与法治的治本之策。既尊重了利益相关方的产权，也有利于社会利益最大化。

（资料来源：南方周末 http：//www.infzm.com/发表时间2015-07-24，有改动。）

思考题：

1. 老楼加装电梯为什么有人赞成有人反对，低层住户真的不受益吗？
2. 南大干线施工对“钉子户”采取了什么措施，为什么这种现象总是存在？

前述各项目中，本书用了大量的篇幅论证市场机制在调节社会资源配置与商品产量中的作用。一般均衡理论和福利经济学的分析表明，在完全竞争市场条件下，社会有可能运用既定的资源实现帕累托最优。然而，如果完全竞争的条件受到破坏，或者即使存在完全竞争条件，市场仍然可能出现失灵。造成市场失灵的因素主要有外部性、公共物品以及信息不对称、垄断等。

任务一　外部性

一、外部性的含义、分类及特征

1. 外部性的含义

所谓外部性是指一个经济行为主体（个人或企业）的行为对其他经济行为主体的福利形成影响，但其他个人或企业并未因此而承担成本或获得补偿的情形，也称为外部影响或外部效应。这种影响是“非市场性的”影响，是指一种活动所产生的成本或利益未能通过市场价格反映出来，是无意识强加于他人的。施加这种成本或利益的人并没有为此付出代价或得到收益。

2. 外部性的分类

外部性分为正的外部性和负的外部性：

一个经济行为主体的经济活动的外部影响对社会和其他经济行为主体产生积极的影响，无偿为他人带来利益，这时就产生了正的外部性。最典型的正的外部性的例子是发明创造。发明人在一定时间内可以利用专利或奖金等获得收益，但发明给他人和社会带来的利益绝不仅限于此。一项发明创造给社会带来的财富有时是不可估量的，比如电灯的发明，其经济效益无从估量。相当数量的人们从发明中获取利益而无须向发明人支付费用或支付较少费用就可享受到极大好处，这就是正的外部性。另外，一个生产鲜花的农场使得过路人免费得到的享受，果菜种植者给养蜂人带来的经济效益都属于正的外部性。

某些个人或企业的行为给其他个人或企业造成坏的消极的影响，使其利益受损，称为负的外部性。例如，某地区有一条河流，河流的上游建有一个大型的造纸厂，造纸厂的生产污水不经处理就直接排入了该河流，形成了严重的污染。水污染对农业生产产生了严重的破坏作用，它造成下游农业减产，甚至颗粒无收；造成农作物有毒物质富集，降低农产品质量，甚至丧失价值；造成渔业损失，污水所到之处鱼虾绝迹，重污染水体养殖鱼价低甚至卖不掉。污染还直接威胁着下游农村居民饮用水安全。同样，化工厂释放有毒气体、吸烟者在公众场合吸烟都有负外部性。

3. 外部性的特征

外部性的特征主要表现在以下几个方面：

第一，外部性独立于市场机制之外。外部性的影响不是通过市场发挥作用而产生的结果，不属于交换关系的范畴，因而市场机制无法对产生外部性的厂商给予惩罚，如果市场机制有能力自动地惩罚产生污染的厂商，补偿污染的受害者，那么，市场机制就不会产生这种外部性的缺陷了。

第二，外部性产生于决策范围之外，具有明显的伴随性。对于排放污染的厂商来说，其进行决策的动机并不是为了排污，排污只是生产过程中的伴随现象，不是故意制造的效应。就污染的排放而言，并不是因为污染本身能够使得总收益超过总成本，而是因为厂商在这样处理废物时的收益超过了他所负担的那部分成本。在这种情况下，创造负外部性的厂商的产出水平有可能超过最优水平。外部性是伴随着生产或消费而产生的某种作用，它是市场机制容许生产者或消费者在做出决策时可以忽视的行为结果。

第三，外部性与受损者之间具有某种关联性。外部性所产生的影响并不一定能明确表示出来，但它必定要有某种正的或负的福利意义。当受损者对外部性不是漠不关心的时候，它就是相关的，否则就不是相关的。例如邻居听音乐时把音响的声音开到很大，影响了你的正常休息，于是便产生了外部性，但如果你并不介意，那就不能说有外部性存在。

第四，外部性具有某种强制性。在很多情况下，不管人们是否愿意，外部性会强加在承受者身上。如住宅附近的飞机场的轰鸣声、附近工厂烟囱排放的废气污染等。这种强制性是不能由市场机制来解决的。

第五，外部性很难完全消除。例如，一般来说，工业污染是不可能完全消除的。即使对于政府来说，其作用也只能是限制污染，使之达到人们能够接受的某种标准。百分之百的消除是难以做到的。

二、外部性存在的原因及经济后果

1. 外部性存在的原因

外部性存在的原因在于私人成本和社会成本之间存在差异。所谓私人成本是指一个经济行为主体从事某项经济活动所需要支付的费用。社会成本是指全社会为了这项经济活动需要支付的费用，包括从事该项经济活动的私人成本加上这一经济活动给其他经济行为主体施加的成本。如果一项经济活动产生负的经济效应，那么该项经济活动对其他经济行为主体施加正成本，从而社会成本大于私人成本；反之，如果经济活动给其他经济行为主体带来正的经济效应，则社会成本小于私人成本。

社会成本与私人成本之间的差异导致资源配置低效率的机制可以通过图 10－1 说明。

图 10－1 中，水平直线 $D=MR$ 是某竞争厂商的需求曲线和边际收益曲线，例如上例中厂商生产造成水污染，由于存在着生产上的负外部性，所以社会边际成本 SMC 高于私人的边际成本 PMC，从而社会边际成本曲线位于私人边际成本曲线的左上方。由于 PMC 小于 SMC，如果厂商只按私人成本来决定纸张生产的数量，那么厂商会生产私人边际成本曲线与边际收益曲线的交点决定的产量 Q_2，但是如果把污染造成的成本计算进来，就只能按社会边际成本曲线与边际收益曲线的交点来决定生产的情况。因为社会成本较高，所以只能按产量 Q_1 来生产。由于社会并没有向厂商收取因污染形成的成本，所以，厂商最终按照实际成本即 PMC 与 MR 的交点决定的产量 Q_2 来生产，而社会的实际需要量为 Q_1。厂商生产量与社会实际需要量之间产生差异，厂商多生产出（Q_2—Q_1）数量的商品。社会资源的配置因为外部性的存在而缺乏效率。

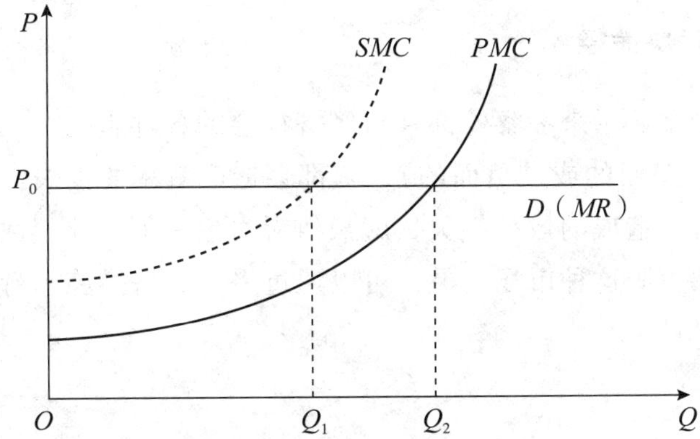

图 10－1　资源配置低效率的机制

2. 外部性的经济后果

从图 10－1 的例子可以看出，由于外部性的存在，其经济后果是商品的过量供给。而当考虑到按照边际收益等于社会边际成本的原则安排生产时，产量应从 Q_2压缩到 Q_1，从上文的分析可知压缩产量使得社会的总体福利增加了。换言之，产量从 Q_2压缩到 Q_1的行为是帕累托改善。

既然负的外部性造成的后果是商品的过度供给，那么推测正的外部性造成的经济后果就是商品的供给不足了。图 10－2 正外部性对产量和价格的影响反映的是具有正的外部性的商品，比如在自家庭院种植花草，这样的活动给社会带来正面效应，因而社会边际收益大于私人边际收益，社会边际收益曲线 *SMR* 位于私人边际收益曲线 *PMR* 之上。厂商按私人边际收益与边际成本（私人成本 *MC*）的交点决定的均衡产量进行生产，只生产 Q_1数量的商品，其价格为 P_1。由于商品具有正的外部性，社会边际收益较大，所以社会对该商品需求的均衡数量应当为 Q_2，其价格为 P_2。也就是说，社会对该商品的需求量大于厂商实际生产出来的数量，其差额为（Q_2-Q_1）。所以，存在正的外部性的商品，厂商生产的数量常常低于社会要求的最优水平。

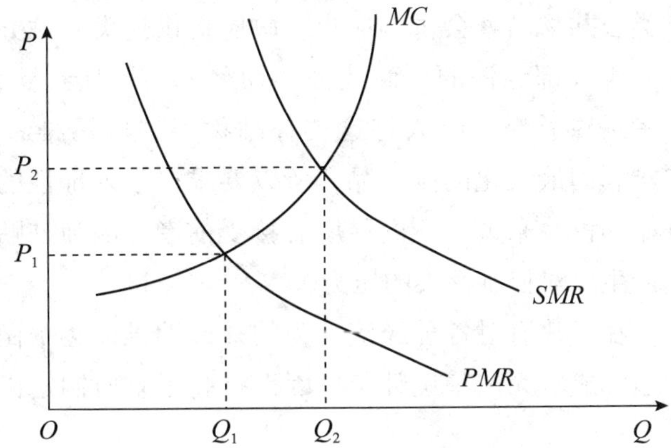

图 10－2　正外部性对产量和价格的影响

三、外部性的解决途径

前面已经举了很多例子来考察外部性对经济社会的各种影响。无论外部性给经济社会带来怎样的影响（正面的或是负面的），它都会造成效率的损失。既然如此，那么怎样减轻或消除外部性所造成的效率损失，就颇值得讨论一下。外部性实际上是市场失灵的一种表现，那么要克服这种市场失灵，可以通过采取经济措施、行政措施或明确所有权的方式来纠正外部性。

（一）经济措施

政府可以采取税收和补贴的方法。许多经济学家认为，这比政府制定规章制度进行行政干预有效得多，并且更符合经济社会的需要。有人把税收和补贴比喻成大棒和胡萝卜的关系，两者综合作用，其目的都是对私人成本进行调整，使之接近于社会成本。产生负外部性的厂商在缴纳了与边际污染成本相等的税收后，其私人边际成本与社会边际成本达到一致，厂商私人成本提高，产量就会减少。

比如为解决汽车数量增多带来的交通拥挤问题，许多国家向车主征收“公路使用费”，其具体措施是根据每辆车的占地面积和速度等一些影响交通拥挤程度的因素向车主征收费用，使每次行车的私人边际成本等于社会边际成本，从而减少私人行车的次数或里程。采用这种形式收取费用，政府增加了财政收入，可以用这些收入加强交通建设或交通管理；对于车主来讲，一方面他们因为付出费用减少了部分出行，损失了部分消费者剩余，另一方面通过交费，他们出行时的交通比不加控制时畅通，所以也因此获得了利益。政府会给具有正外部性的厂商相应的补贴，以减少其私人边际成本，使其私人边际成本与社会边际成本相等。由于私人成本下降，厂商将增加商品的生产。

补贴通常存在于下述三种情况：第一，对于外部不经济中的受损者要给予补偿。第二，对于产生外部经济的厂商或公共物品的提供者也应该给予补偿。否则，这类厂商就不愿意进行生产，这类公共物品就会供不应求。政府提供这类补贴并使社会边际收益与私人边际收益相等，产生外部经济的厂商或公共物品就会增加到社会有效水平。第三，给外部不经济的产生者提供补贴。有人将这类补贴称为“向污染者行贿”。如前所述，外部性通常是厂商追求利润最大化的副产品，所以要求产生外部性的厂商花钱降低污染通常缺乏动力。就补贴和税收来说，厂商更愿意接受前者。因为补贴能够增加利润，而没有使厂商的股东们产生反对控制污染的压力。

税收与补贴的不足在于政府对各种经济行为的外部性难以逐个做出精确的测量，也就是说对商品的社会边际成本无法精确计量，因而提高了政府制定出合理的税收与补贴标准的难度。

（二）行政措施

当采用经济措施难以纠正由于外部性造成的资源配置低效问题时，政府通过采用行政手段来干预和调节资源配置活动就是必要的。政府能够规定经济行为主体从事经济行为所必须遵循的规章制度。规定科学具体的环境指标和排放标准，对有害气体、污水、尘埃、噪声的排放，根据生态环境的要求，以立法或行政法规的形式确定排放的上限，排放超标则应予以罚款。

但是，这种行政干预的实施效果依赖于政府组织体系、官员效率等各方面的综合作用，如果管制不严或执行不力都会使政府干预失败，比如政府关于在公共场合禁止吸烟的规定就需要各级人员严格执行才能落实。另外，政府规章制度的制定需要确定资源的最优配置，从行政上给生产者或消费者提供最优的产量组合、消费组合。这需要政府在制定规章政策时具备相当的科学性、准确性，以保证其干预的正确性，但是，这在实际操作中存在相当大的难度。

（三）明确所有权

1960 年，美国著名经济学家、1991 年诺贝尔经济学奖获得者科斯的《社会成本问题》发表。科斯提出了通过所有权的明确化来解决外部性问题的思想。这里所说的所有权不仅限于传统意义上的资源所有权或物的所有权，还包括其他许多法定权利，例如按某种方式使用土地的权利、避免土地受污染的权利、对事故进行赔偿的权利、按照契约行事的权利等。所有权学派经济学家指出，只要明确界定所有权，经济行为主体之间的交易行为就可以有效地化解外部性问题。著名的科斯定理概括了这一思想。

所谓科斯定理是指在没有交易成本（或交易成本很低），并且对财产权做出明确规定与实施条件时，外部经济效果不影响资源的有效配置。它也可以表述为只要财产权明确，并且交易成本为零或者很小，则无论财产权最初赋予谁，市场均衡的最终结果都是有效率的。政府在市场经济中应当做的不过就是产权重组。只要产权设计得当，市场可以在没有政府直接干预的情况下解决外部性问题。

科斯定理告诉人们，在产生外部性的场合，并不一定需要政府的干预，只要明确外部性的所有权，同样可以解决外部性问题，达到资源有效配置。但是他忽略了交易成本问题。交易成本是指围绕自由交易而发生的任何谈判或使契约强制执行的成本。交易成本不同于生产中所耗费的资源成本，比如劳动力成本、资本或土地成本等。交易成本包括信息成本、谈判成本、订立或执行契约的成本、防止交易的参与者在议价时进行欺骗的成本、维持所有权的成本、监督和执行成本等。如果交易成本太大，通过市场或许也无法有效地解决外部性问题，使资源达到有效的配置。产权的明确能够解决一部分外部性问题，但对于大多数外部性问题，特别是与环境有关的外部性问题，还是需要政府从中进行积极的干预和管制。涉及产权确定和变更的问题在实际中是一个利益分配的问题，不可能轻易解决。

任务二　公共物品

一、公共物品含义、特征及分类

社会商品可分为私人物品和公共物品两类。

经济学主要讨论的是私人物品——普通市场上常见的那些物品，例如，用于吃的食物、用于穿的服装以及用于日常生活的个人用品等。私人物品是那种数量将随任何人对它的消费增加而减少的物品。它在消费上具有两个特点。第一是竞争性：如果某人已消费了某个商品，则其他人就不能再消费该商品了；第二是排他性：只有按商品的价格进行了支付的人才能消费该商品。实际上，市场机制只有在具备上述两个特点的场合才真正起作用，才有效率。

公共物品与私人物品完全不同。所谓“公共”带有共享的含义。在既定的条件下，某个消费者在使用某一公共物品时并不排除其他消费者同时使用该物品。同样，来自公共物品的利益并不是归属某些个人“私有”的财产权利。因此在市场交换原则下这种商品的交换行为难以产生，消费者与供给者的联系由此而中断，虽然存在市场需求，却没有直接的市场供给。这时，只能通过政府介入来弥补市场的这个缺陷，以便提供这类商品。

公共物品的性质与私人物品相反，纯粹的公共物品通常具有非竞争性和非排他性。

所谓非竞争性是指，某一公共物品一旦被提供，多一个消费者的加入并不影响其他人对该公共物品的消费。为实现对公共物品的消费，消费者之间不必要展开竞争或争夺。换言之，公共物品可以被许多人同时消费，它对某一人的供给并不会影响对其他人的供给；某人分享某公共物品的利益通常也不会减少其他人分享该公共物品的利益。而私人物品在消费中就具有强烈的竞争性，一件服装我买走了，你就不能穿。非竞争性产生的原因之一是非分割性。由于存在非分割性，因而在充分消费即产生“拥挤”之前，每增加一个消费者所增加的边际成本等于零或接近于零。比如，一盏公路上的路灯并不会因为路过的车辆和行人增加而需要更多的费用。

所谓非排他性是指某一公共物品一旦被提供，便可以由任何消费者进行消费，其中任何一个消费者都不会被排斥在外。某些公共物品虽然存在技术上排他的可能性，但是排他的成本非常昂贵以致在经济上不可行。当某种公共物品由于过度消费而采取限制性措施（例如收费）时，该公共物品已经成为受限制的公共资源而非纯粹公共物品了。使公共物品具有非排他性的原因在于：①从技术来讲，公共物品的消费者不容易实现排他性，比如警察和国防等；②即使有些公共物品从技术上可以实现排他，但排他的成本高昂，不具有经济性。

与公共物品生产相联系的还有两个特点：

一是规模性。即公共物品的生产只有达到一定的规模，其平均成本才能降到一定的水平，即在长期平均成本曲线的最低点处的规模最佳，如城市供应水、电、煤气等的基础设施。

二是自然垄断性。公共物品的规模性决定了它的自然垄断性。如城市基础设施这一类公共物品，市场上的竞争将导致效率低下、资源浪费，通常因垄断产生的高额利润则由于政府介入并控制价格而受到限制。

不同公共物品的非竞争性和非排他性的程度是不同的。根据非竞争性与非排他性的程度，公共物品又被进一步划分为纯公共物品和准公共物品。纯公共物品具有完全的非竞争性和完全的非排他性，它包括国防、外交、警察、法律、法规、灯塔、港口、太空探索等。准公共物品只具有局部的非竞争性和局部的非排他性。准公共物品也可以分为两类：一类与规模经济有联系，被称为自然垄断型公共物品，如下水道系统、供水系统、铁路运输系统、公路交通系统、天然气煤气系统、电力输送系统、电话电信系统、道路照明与桥梁涵洞设施、基础科学研究工作，等等。这类公共物品一般来说属于社会基础设施。另一类称为优效物品，即那些不论人们的收入水平如何都应该消费或应该得到的公共物品。这类优效物品的典型例子包括社会卫生保健、住房、义务教育、传染病免疫措施、必要的娱乐设施、必要的社会安全保障条件，等等。现实中纯公共物品种类较少，准公共物品种类较多。在以下的讨论中，无论是纯公共物品，还是准公共物品，统一称为公共物品。

二、公共物品存在的经济后果

通过对公共物品特征的分析，消费者可能做一个“免费乘车者”，免费享用公共物品，平等地享用公共物品。例如，国防保护了一名公民，同时也保护了另一名公民。国防虽然必要，但是，人们却都想避免为了国防而纳税，都想做一个“免费乘车者”。

私人不愿意提供公共物品，就只能通过政府的干预和组织来供给公共物品。政府要尽可能地正确估价社会对公共物品的实际需求，按照社会福利最大化的原则确定比率，并用税收收入购置公共物品，为公众提供服务。

根据前文所讲的原理，如果已知公共物品的需求曲线和供给曲线，就可以求出公共物品的均衡价格和均衡数量。这样，公共物品生产的问题就会像私人物品一样得到解决。私人物品的市场需求曲线是将同一市场的所有个人需求曲线水平相加得到私人物品的市场需求曲线。与此不同，公共物品的市场需求曲线的求法是所有个人需求曲线垂直相加。如图 10－3 公共物品的市场需求曲线和供给曲线所示。

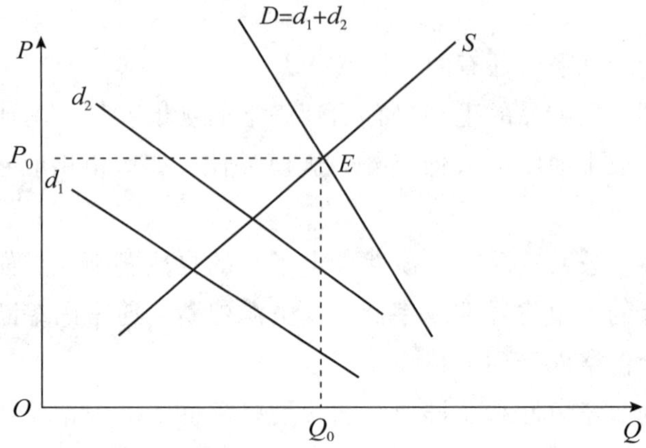

图 10－3　公共物品的市场需求曲线和供给曲线

图 10－3 中的 d_1、d_2是公共物品的个人需求曲线，D 是公共物品的市场需求曲线。由于公共物品具有非排他性和非竞争性，所有个人对公共物品愿意支付的价格等于每个人愿意支付的价格的总和。因此，公共物品的市场需求曲线通过垂直相加而求得，不像私人物品的市场需求曲线那样通过水平相加而求得。

公共物品的市场供给曲线可以由生产公共物品的边际成本曲线表示，如图 10－3 中的 S 曲线所示。

公共物品的市场需求曲线和供给曲线的交点决定公共物品的均衡数量和均衡价格，如图 10－3 中的 E 点所示。

图 10－3 中公共物品的市场需求曲线 D 和供给曲线 S 决定的均衡数量 Q_0是社会在有限的资源下所提供的公共物品的数量，价格等于边际成本的公共物品的数量达到最优。这里值得注意的是，公共物品的最优标准与私人物品的最优标准不完全相同。在私人物品场合，最优标准是每个消费者的边际收益与边际成本相等。而在公共物品场合，最优标准是每个消费者的边际收益之和与边际成本相等。这个区别仍然是根源于物品是否具有消费的竞争性这个基本特点的。

但是，西方学者认为，以上关于公共物品的供求分析并没有多少实际意义。原因在于公共物品的需求曲线是虚拟的，是建立在许多不可能做到的假设条件之上的。其中之一是：消费者能准确地说出其对公共物品价格和需求量的关系，这一假设显然不符合事实。相反，按照个人效用最大化的理性行为，出于“搭便车”的相同动机，人们更多地具有不说实话的动机。这是因为，如果一个人知道税收将根据自己报告的愿付数额征收，而不会改变社会建造路灯的数量，那么他就会尽量少报，以便做到少花钱多享用；如果一个人知道税收是给定的，无论自己报多少都不改变，那么他会多报，这样可以提高公共物品的消费量，而不必自己多花钱。这种个人不报告自己的真实效用，企图不花钱或少花钱享用公共物品的现象，是“搭便车”问题的具体表现。而这种个人的“理性行为”的最终结果，便是公共物品的实际消费量偏离最优消费量，导致整个社会的“无效率”配置。

任务三　市场失灵与政府干预

一、市场失灵的原因

按照前面所讲的内容，在完全竞争的条件下，不仅单个商品和生产要素市场能处于供求相等的均衡状态，而且所有的市场可以同时处于均衡状态。而包括所有市场的一般均衡体系，被认为符合帕累托最优状态。但是，完全竞争的经济是以一系列假设为前提的，是一种远离现实的“理想状态”。传统市场经济理论关于微观经济运行机制所做的三个基本假设，即市场出清、完全理性和完全信息等三个理论前提。

1. 市场出清

市场出清的含义是依靠市场上价格机制的调节就可以实现充分就业下的供求平衡。然而从多次重复的经济周期中，经济学家认识到仅仅靠价格调节是难以实现市场出清的。这是因为，价格调节是一种自发调节，因而也是一种盲目的、事后的调节。这种调节只有经过一系列失衡后才会达到均衡，而且这种均衡也是不稳定的。在这种调节过程中经济难免会受到破坏。

2. 完全理性

完全理性的含义是指经济行为主体，无论是消费者还是厂商，都具有完全的理性。他们自觉地对价格信号做出反应，并按最大化原则行事。这是价格机制发挥作用的基本前提之一。但是实际上人无完人，就经济行为而言，每个人不可能都具有完备的经济学知识，了解各种经济变量之间的关系及其规律；也不可能完全掌握市场信息并永远做出正确的判断，更不可能在任何时候都能自觉地按最大化原则行事。相反，消费者行为往往是非理性的，厂商追求的也未必总是最大利润，而往往是一种更现实的、令人满意的利润。非理性的存在将使价格调节的作用受到限制。

3. 完全信息

完全信息是价格调节经济的重要前提，即每个人都能得到充分的信息，而且获取这种信息是免费的。然而现实中信息的获取、收集、整理和分析都需要付出代价，因而只有当利益大于代价时，人们才愿意去获取信息。此外，并不是每个人都能获得完全而准确的信息。因此，现实中的个人往往不是处于完全信息的状态，而是处于信息不对称的状态。信息的不完全性同样会影响价格机制发挥作用。

如果上述三个基本假设能够得到满足，市场机制是否能够充分发挥作用？回答仍然是否定的。市场机制不是万能的，市场机制不可能调节人们经济生活的所有领域。对于市场机制在某些领域不能起作用或不能有效地发挥作用的情况称为市场失灵。导致市场失灵的原因主要有这样几种情况：垄断的存在、非对称信息、外部效应和公共物品。以上讨论的完全竞争的状态是在这样的假定下得到的：即经济中不存在这四种导致市场失灵因素中的任何一种因素。只要其中一种因素存在，都会导致资源配置效率的损失。垄断、外部性、公共物品在前面已经讨论过，本节将主要讨论信息不对称问题，并阐述在出现市场失灵的情况下，政府如何通过微观经济政策对其加以弥补和矫正。

二、信息不对称

完全竞争市场假定消费者和厂商对于市场销售的商品具有完全的信息。例如，厂商应当具有的信息包括：他们知道最合适的生产技术、工人的生产率；每一种可能投入的生产要素的价格以及所有投入品的特征、商品的市场价格及消费者对商品需求的信息；不仅知道现在的价格，而且也知道将来在每种可能条件下的价格等。消费者需要具有的信息包括：市场上所有商品的价格和质量，商品的性能和用途；消费者不仅知道自己的偏好，而且还知道怎样达到效用最大化等。这些条件对于完全竞争市场是不可缺少的。

但在现实经济中，厂商无法准确预测市场上各种商品的需求和生产要素供给的变动情况，消费者也无法了解所有商品市场上待售商品的质量和价格情况。例如，求职者并不知道所有空缺职位的信息，而雇主也无法了解每一位雇员的才能和潜力；汽车的卖者一般比买者更了解汽车的性能；药品的生产者和销售者比买者更了解药品的功效；等等。但在另一些市场买方所掌握的信息多于卖方，保险市场与信用市场往往就是这种情况。医疗保险的购买者显然比保险公司更了解自己的健康状况；信用卡的购买者当然比提供信用的金融机构更了解自己的信用状况。

上述这些情况，即市场上买方与卖方所掌握的信息是不对称的，一方掌握的信息多一些，另一方掌握的信息少一些，就叫作非对称信息。一旦供求双方所掌握的信息不对称，市场将出现问题，在此情况下所导致的均衡结果对社会来讲将是一种无效率的状况。下面将就非对称信息下所导致的逆选择、败德行为、委托—代理问题进行讨论，并探讨由这些问题而产生的效率损失。

（一）逆选择

在商品的交易过程中，只要交易一方掌握的信息多于另一方，信息出现不对称就容易产生逆选择。一般的日常交易中，掌握信息较少的一方通常是消费者，消费者通常只关心自己需要的商品，并且只注重观察商品显性的一面，而对商品的内在品质和综合情况知之甚少。尽管他们可以多花些时间和精力来收集商品的有关资料，尽量多地去了解商品的详细情况，但这需要耗费相当多的时间和精力，对于消费者来讲成本太大。因此在通常情况下，他们仅仅是通过有限的渠道获取商品的有关信息，最直接有效的就是向销售人员询问商品的有关情况。销售人员对于商品的情况一般掌握得更多、更详细，仅为了销售商品，销售人员很可能有所保留地向消费者提供信息，有时甚至提供虚假的商品信息。

信贷市场是典型的例子，贷方（如银行）在信息方面处于劣势，而借方（如企业和个人）处于优势，因为借方了解所选投资项目的风险程度。风险是决定利率（借用资金的价格）的一个重要因素，风险越大，利率就应当越高。如果贷方对项目风险知之甚少，风险因素便不能通过供求关系反映到价格上来，价格就难以起到平衡供求的作用。比如两个贷款企业的盈利率即投资回报率高低不同，这是明显的公开信息，而盈利率高的企业风险也大，但风险因素只有该企业自己知道。当银行调整利率以排斥低质量投资项目时，盈利率低的企业当然先退出市场。结果利率高了，风险却增大了，银行的利润率可能反而下降，资金的供给也会跟着下降。结果是随着利率的提高，借贷资金需求下降，供给也下降，仍不能实现均衡。

（二）败德行为

信息不对称产生的另一问题是败德行为，也就是交易双方在签订协议后，一方利用占有信息多于另一方的优势，有目的地损害另一方利益而增加自己利益的行为。在信息不对称的情况下，达成协议的另一方无法准确地核实对方是否按照协议办事，这会破坏市场的运作。在严重的情况下，会使得某些服务的私人市场难以建立。

本文仍以保险市场为例说明道德危害问题。在个人没有购买家庭财产保险的情况下，个人会采取多种防范措施，如安装防盗门以防止家庭财产失窃，家庭财产失窃的概率较小。但是，在购买了全额保险之后，人们的行为可能会变得不合情理。由于家庭财产失窃后由保险公司负责赔偿，个人有可能不再采取防范性措施，如购买了家庭财产盗窃险的人不愿花钱加固门锁；买了汽车偷盗保险的车主不再愿意安装先进的防盗装置等，所有这些行为都是保险市场上的败德行为。

（三）委托—代理问题

委托—代理关系在社会中普遍存在，股东与经理、经理与员工、房东与房客、选民与人民代表、公民与政府官员、诉讼委托人与律师、土地所有者与佃农、雇主与雇工，甚至买者与卖者、债权人与债务人之间的关系都可以归结为委托人与代理人的关系。市场经济中委托—代理关系是普遍存在的，代理人活动的质量直接影响到经济活动的效率。

当一个人（代理人）为另一个人（委托人）工作，工作的成果由代理人的努力程度和各种客观因素共同决定，而委托人无法完全区分这两方面原因时，就会产生代理人的“道德风险”，即“委托—代理问题”。委托—代理问题实际上是隐藏行为问题。委托—代理问题有三个重要特征：①委托人利益的实现取决于代理人的行为；②委托人的目标不同于代理人的目标；③有关代理人行为的信息是不对称的。代理人的信息明显要多于委托人的信息，代理人的行为不易直接被委托人观察到。

委托—代理关系在经济生活中广泛存在。例如，由于农作物的收成既取决于农民付出的劳动，也取决于天气等不可控制的因素，如果一位农场主雇用几位农民耕种土地，在某年收成不佳，这位农场主很难判断产量较低的主要原因到底是风雨不调还是雇用的农民偷懒少干活，只要农场主无法监督雇用者整个劳动过程、不能准确断定产量低下的具体原因，雇用者就会产生偷懒动机，损害农场主的利益。同样，雇人维修家电时，雇主和修理人之间也是委托人和代理人的关系，雇主希望修理人只收取被更换的零部件的钱，但事实上这一点很难做到，修理人总是虚开一些并未更换的零部件的费用，或是更换掉并没有坏的零部件，让雇主多掏些钱。

三、政府的经济职能

上述分析中关于市场失灵的每一个问题都能成为政府干预经济活动的理由，即依靠政府确立法律体制和运用经济政策来克服市场机制本身的种种缺陷。政府对经济活动的干预本质上体现了政府的经济职能。这种经济职能主要包括：

1. 确定法律体制

这种职能不属于经济学考虑的范围，但其对经济行为的影响却是极其深刻的。法律体制构成厂商、消费者以及政府参加的经济比赛的“游戏规则”。

2. 实现宏观经济的稳定

宏观经济的基本问题包括如何实现国民收入的稳定增长，物价水平稳定，充分就业，国际收支平衡等。这些问题几乎不可能完全通过市场来解决。

3. 制定微观经济政策

如果说宏观经济稳定主要解决资源利用的问题，那么微观经济政策则主要解决资源配置的问题，即有关生产什么和怎样生产的问题。例如价格管制政策，其特点是针对某些物品的价格而不是针对整个物价水平。

4. 再分配

如果说“看不见的手”在市场经济中是有效率的，那么它对于国民收入如何做出公正和平等的分配却是盲目的。没有理由认为收入分配应该听从于自由放任。在现代社会中，政府除了为穷人提供最低生活保障以外，还通过税收和转移支付在公民中进行收入再分配。

四、解决市场失灵的具体微观经济政策

1. 加强竞争，反对垄断

在经济发展的历史上，政府为了促进生产集中，获得规模效益，曾采取过某些有利于垄断形成的政策。但是垄断也带来了许多弊端，如垄断厂商通过控制产量、提高价格的办法获取高额利润，导致资源配置和收入分配不合理，造成经济和技术停滞，垄断带来的产业和政治的结合有利于大企业而不利于全社会。为此，政府要限制垄断，推动竞争，尽量发挥市场的作用。

2. 采取外部性矫正措施

（1）使用税收和补贴的办法。政府对外部性问题必须进行干预，通过公共政策对造成负外部性的企业征税，对造成正外部性的企业发放补贴。抑制负外部性的常见税种是

消费税，但其是以货物税的形式出现的。这种征税的对象和目的非常明确：主要对烟、酒、石油产品这三种货物征税，因为它们对个人、家庭和社会都有一定的外部性影响。在存在正的外部性的情况下，国家可以使用津贴的办法来增加产量。一般来说，有三种情况需要给予补贴。首先，对负的外部性的受损者要给予补贴；其次，对产生正的外部性的一些厂商或组织应给予补贴，例如对考古队、博物馆、医院等，如不给予补贴，这类组织就不愿意进行生产，这类公共物品就会出现供不应求的情况；最后，给产生正的外部性的生产者以补贴。

（2）实行厂商合并。例如，某条河流沿河有两个厂商。在上游的是一个钢铁厂，居下游的是一个养鱼场。钢铁厂生产过程中排放废水，污染了河水，使养鱼场的产量大为减少。这样，钢铁厂给养鱼场造成损失，产生了负的外部性。现在，可以把两个厂商合并成一家厂商。合并以后，为了自己的利益，合并在一起的厂商会把钢铁产量推进到使上游钢铁厂的边际收益等于下游养鱼场的边际损失时为止。这样可以使经济处于有效率的状态。这种办法被称为“外部性内在化”。

（3）明确产权。这种办法与通过政府干预而解决外部性的办法正好相反。有些西方学者认为，在明确产权的基础上，通过市场交易而无须政府干预就可以解决外部性问题。其主要人物是以科斯为代表的产权学派的经济学家。这里所说的产权不仅限于传统意义上的物的所有权，还包括其他许多法定权利，如避免土地受污染的权利，对事故进行赔偿的权利，按照契约行事的权利等。

（4）合理使用共有财产。共有财产是指那些没有明确的所有者，人人都可以免费使用的财产，如海洋、湖泊、草场等资源。通过外部性问题的讨论可以知道，只要产权是明确的，就可以有效地解决外部性问题。如果产权界定不清，外部性问题就难以解决。

3. 有效率地提供公共物品

随着经济社会的迅速发展，世界各国的公共物品的绝对量有较快增长，占国民生产总量的比重也有很大的增长，如何有效率地提供公共物品，已成为当前社会一个日益引起关注的问题。由于公共物品有许多特殊性，因而，政府在提供公共物品方面必须发挥重大作用。需要指出的是，政府的职能是“提供”而不是“生产”公共物品。“政府提供”与“政府生产”这两个概念之间存在着一定的区别。后者是指政府建立厂商对公共物品直接进行生产，前者则不仅包括政府直接生产公共物品，而且包括政府通过预算安排或政策安排等以某种适当方式将公共物品委托给私人厂商进行间接的生产。

五、政府失灵

然而，通过政府管制来干预经济活动从而弥补市场失灵是否就没有问题了呢？结论同样是不确定的。在现实经济运行过程中，人们期望政府能够办好市场办不好的事，结果却发现政府不仅未能补救市场失灵，相反却降低了社会效益。这就是20世纪六七十年代以来产生的政府失灵论。即由于现实的经济社会极其复杂，用来弥补市场经济缺陷的政府职能本身并不是完美无缺的。在许多情况下，政府未能发挥作用，或者因这种干预而引发了不良的副作用，这被称为政府失灵。

政府对市场的调节受到很多因素的限制：

（1）信息不完全。市场信息的不足是造成市场失灵的一个因素，政府往往要承担起提供信息的职能，但由于现实生活是相当复杂而难以预计的，政府也很难做到掌握充分信息。

（2）政府部门生产公共物品往往会缺乏效率和动力。这是由于政府部门在生产公共物品时没有受到私人部门的竞争；同时政府部门是非营利机构，因而缺乏一种动力去实现成本的最小化和利润的最大化；此外，不同的政府部门为了各自的利益，往往都强调本部门所生产的公共物品的重要性，希望获得尽可能多的预算。其结果是造成公共物品的过度供给，损害了效率。

（3）时滞限制。政府的公共政策从决策到执行都受到时滞的限制。比如从问题产生到被纳入政府考虑日程的这一段时间会产生认识时滞，从政府已认识到某一问题到政府最后得出解决方案的这一段时间会产生决策时滞。

基于上述原因，政府失灵论认为政府在提高经济效率方面的作用将是十分有限的。政府如果能起积极作用的话，也主要是在社会财富再分配领域。市场在经济效率方面的失灵现象并不能成为把问题交给政府去处理的充分条件，相反许多情况可以通过市场本身解决。

但是，就像不能因为市场可能失灵就否定市场机制，也不能因为政府可能失灵就否定政府对市场经济活动的调节控制作用。事实上，无论是西方资本主义还是中国特色社会主义市场经济无不受到国家和政府机制的调控。市场失灵论和政府失灵论的意义在于告诉人们，只有国家调控与市场的结合才能形成完善的市场经济。市场经济的历史和现实表明了这样一种趋势，即市场经济越是发达，国家调控就越是重要。毫无疑问，国家的作用是任何个人和集团都不能替代的。

项目小结

物品的差别在于其是否具有排他性和是否具有竞争性。如果排除某个人使用某种物品是可能的，这种物品就具有排他性。如果一个人对某种物品的享用排除了其他人享用同一物品，这种物品就具有竞争性。市场运行最适用于既有排他性又有竞争性的私人物品。市场运行不适用于其他类型的物品。

公共物品既无竞争性又无排他性。由于不能对使用公共物品的人收费，所以在向私人提供这种物品时，就存在“搭便车”的现象。

政府提供公共物品，以成本－收益分析为基础做出供给量的决策。

关键概念

外部性、公共物品、非排他性、非竞争性、“搭便车”、科斯定理。

实践与实训

选择题

1. 市场失灵是指（　　）。

A. 市场价格机制的运行不再具有灵活性

B. 商品需求对价格变化的敏感程度下降

C. 市场对稀缺性资源配置的无效率

D. 收入分配不均

2. 某人的行为给其他人带来经济利益，但其他人并没有为此经济利益支付费用，这种现象称为（　　）。

A. 公共物品　　B. “搭便车”

C. 外部经济　　D. 外部不经济

3. 下列哪种说法体现了外部不经济概念（　　）。

A. 连天下雨减少了小麦的产量　　B. 小麦减产引起农民收入下降

C. 吸烟有害于自身健康　　D. 吸烟有害于他人健康

4. 某生产活动存在外部经济性质时，其产量（　　）帕累托最优产量。

A. 大于　　B. 小于

C. 等于　　D. 大于、小于或者等于

5. 有关社会成本的正确说法是（　　）。

A. 与私人成本没有关系　　B. 包含私人成本

C. 不包含私人成本　　D. 以上都不正确

6. 从社会角度考虑效率的原则是（　　）。

A. 社会边际收益等于社会边际成本

B. 社会边际收益等于私人边际成本

C. 私人边际收益等于私人边际成本

D. 私人边际收益等于社会边际成本

7. “搭便车”现象源于（　　）问题。

A. 公共物品　　B. 私人物品

C. 社会福利　　D. 不完全信息

8. 卖主比买主知道更多关于商品生产和质量信息的情况称为（　　）。

A. 道德风险　　B. “搭便车”

C. 排他性　　D. 不完全信息

9. 为提高资源配置的效率，政府对待竞争性行业厂商垄断行为的原则是（　　）。

A. 限制　　B. 提倡

C. 放任　　D. 支持

10. 解决外部不经济问题可以采取（　　）方法。

A. 征税　　B. 明确产权

C. 补贴　　D. 以上都可以

11. 对私人汽车的污染排放征税将会直接引起（　　）。

A. 私人汽车所有者一定购买更多的汽车污染控制装置

B. 对公共汽车运输的需求上升

C. 私人汽车的运输能力提高

D. 以上都不是

互动讨论

1. 用供求图解释生产中负外部性的影响。

2. 概括说明下面对话的含义：

苹果园主："你们家的蜜蜂真好，不仅自己采到了蜂蜜，还替我们家的苹果树传了花粉，是我们家苹果园的一大'功臣'啊！"

养蜂人："你们家的苹果园也为我们家的蜜蜂提供了蜂蜜，也是采蜜的'功臣'啊！"

3. 设想你是一个与吸烟者同住一间房的不吸烟者。根据科斯定理，什么因素决定了你的室友是否在房间里吸烟？你和你的室友如何达成这种解决方法？

4. 某城市地铁系统在上下班高峰期的收费高于一天中的其他时间。为什么应该这样做？

5. 一个胶水厂和一个钢铁厂排放烟雾，这些烟雾中含有一种大量吸入有害健康的化学物质。政府对这种外部性做出反应的方法有哪些？每一种方法的优缺点是什么？学生可以自愿组合成讨论小组，分别模拟某镇政府进行现场办公，分析问题、解决问题。

案例分析

结合"外部效应"理论谈谈食品安全问题

一、"外部效应"理论在食品安全问题中发挥作用的过程

在现实生活中，外部效应的表现形式是多种多样的，如某厂家所生产的不安全食品能够对另一厂家生产的安全食品产生负外部效应。由于生产不安全食品厂家的行为，损害了消费者的利益，消费者在接下来的消费中，会因为之前购买无良厂家的食品受到伤害而导致其对该类食品持有不信任的态度从而减少或避免对该类食品的消费，这对生产同类食品但开展诚信经营的厂家产生了一定的负面影响，减少了这类厂家的收益。

开展诚信经营的厂家由于正规生产、经营，使消费者受益而对该类食品产生信赖感，

开展诚信经营的厂家将会给整个行业带来正外部效应，促进整个行业的收益。但是由于开展诚信经营的厂家没有因为产生有益的外部效应而受惠，而那些生产不安全食品的无良厂家也没有为其产生的外部危害而付出代价或者承担责任。在这种情况下，可能会导致有更多的厂家无视食品安全的法律法规，生产危害人体健康，质量低下的食品。

二、从“外部效应”理论入手提出应对食品安全问题的对策

（一）政府角度

一方面，要严惩生产劣质食品的厂家。进一步完善食品安全的法律法规、理顺食品安全监管体系，加强监管力度，加强对厂家食品生产流程的监控，并对不良厂家的非法行为进行严肃处理，以杜绝不法行为的发生。

另一方面，要及时鼓励和补助开展诚信经营、生产优质食品的厂家。政府应该对开展诚信经营的厂家进行一定的补助，并且在社会中以树立先进典型的方式对诚信厂家进行宣传。此举不仅会使开展诚信经营的厂家因为其诚信经营行为得到一定收益并且可能会带动其他厂家纷纷效仿，以达到更大的边际收入效应，从而使食品安全问题得以解决。

（二）公民参与角度

一方面，公民应该增强法律意识、维权意识，积极配合政府，共同监督相关食品厂家生产经营。

另一方面，公民在购买食品时，要提高辨别食品质量的能力，同时还要保持理性的消费态度，不能因为一次购买到劣质食品就对该品类的所有食品产生抵触心理。

（三）社会舆论角度

从某方面来说社会舆论的压力比政府的强制行为所起到的作用更为有效。由于现代通信科技的发展，互联网等媒介使信息流通的速度变得越来越快，这也导致了部分外部效应有逐步内化的趋势。所以合理运用互联网等媒介的力量，对食品生产厂家进行舆论监督，使外部效应逐步内化，从而有助于解决食品安全问题。

（资料来源：爱问共享资料。）

思考题：

1. 是什么原因导致那些无良厂家无视食品安全的法律法规，生产危害人体健康，质量低下的食品？用“外部效应”理论进行解释。

2. 如何从政府层面规范与惩戒不良厂家的非法行为？广大公民如何抵制伪劣食品的制造与销售？

项目十一　国民收入核算与决定理论

知识目标

1. 了解国内生产总值等几个宏观变量。
2. 了解总需求曲线的形成和变动。
3. 理解总需求曲线与总供给曲线，分析总需求与总供给对经济的影响。

能力目标

1. 熟悉国内生产总值、总需求、总供给等宏观经济变量对国民经济整体运行的影响。

2. 学会应用国民经济各变量解释经济现象。

思政目标

了解 *GDP* 是一个国家经济发展的重要指标，但是不能唯 *GDP* 论，一个国家一条道路、一个地方一种特色，要走出符合本地经济特色的内涵发展与高质量发展的有效路径。

引导案例

2020 年世界 *GDP* 排名（名义 *GDP* 国内生产总值世界排名）

GDP 总量排名	国家/地区	单位亿美元	*GDP* 总量（人民币亿元）	地区
1	美国	218463. 3	1422196. 083	美洲国家
2	中国	155518. 9	1013567. 000	亚洲国家
3	日本	52797. 7	343713. 027	亚洲国家
4	德国	42119	274194. 69	欧洲国家
5	印度	32248. 7	209939. 037	亚洲国家
6	法国	29749	193665. 99	欧洲国家
7	英国	28037. 9	182526. 729	欧洲国家

续表

GDP 总量排名	国家/地区	单位亿美元	*GDP* 总量（人民币亿元）	地区
8	巴西	24038.7	156491.937	美洲国家
9	意大利	21602	140629.02	欧洲国家
10	加拿大	19071.8	124157.418	美洲国家
11	韩国	17379.6	113141.196	亚洲国家
12	俄罗斯	16527.3	107592.723	欧洲国家
13	澳大利亚	16314.4	106206.744	大洋洲国
14	西班牙	15336.1	99838.011	欧洲国家
15	墨西哥	13929.2	90679.092	美洲国家
16	印度尼西亚	12908.4	84033.684	亚洲国家
17	土耳其	10189.1	66331.041	亚洲国家
18	荷兰	9519.34	61970.9034	欧洲国家
19	阿根廷	7650.96	49807.7496	美洲国家
20	沙特阿拉伯	7609.9	49540.449	亚洲国家

注：按名义汇率计算，单位：亿

（资料来源：腾讯网 https：//new. qq. com/omn/2021 年 1 月 18 日公布）

思考题：

1. *GDP* 的国际差异与生活质量是否密切相关?

2. 一国的 *GDP* 数据对其公民的生活水平的影响主要有哪些?

3. 从资料中可见，中国的 *GDP* 高于英国，这是否意味着在经济上中国的状况比英国好?

由于宏观经济学所关注的是一国经济的总体表现，因而，它必定要涉及能够表现整体经济状况的经济指标。一般说来，宏观经济学中最重要的总量指标就是国内生产总值（gross domestic product，*GDP*）和国民生产总值（gross national product，*GNP*）。*GDP* 或 *GNP* 代表一国在既定时期内总体经济的活动成果，因而其是宏观经济学所涉及的较为重要的指标。

任务一　*GDP*、*GNP* 及其核算方法

一、国内生产总值（*GDP*）

（一）国内生产总值的概念及内涵

衡量一个国家总产出或者总收入的指标有多种，其中最常用的是国内生产总值。国

内生产总值是指一个国家（或地区）所有常驻单位在一定时期内所生产和提供的最终商品和劳务的价值的总和。也就是说，一个国家（或地区）在一年内究竟创造了多少新的物质财富。尽管多年来人们一直在评议这一指标，认为这一指标忽略了经济增长对社会进步和环境的影响，但是它仍然被绝大多数国家所使用，因为没有更好的指标来综合反映宏观经济的运行状况。

GDP

为了了解这一定义，必须把握以下几个方面的内涵。

第一，*GDP* 是一个市场价值的概念。它衡量了参与市场经济活动的各种最终商品的价值，而且这些价值全部是用货币量加以衡量的，商品的市场价值就是用这些最终商品的单位价格乘以产出量得出的。然而，人们的许多经济活动往往并不是在市场交易中发生的。例如，家庭主妇的洗衣、做饭、扫地等多种家务劳动的价值都没有包括在国内生产总值内，但如果这些家务劳动由家庭雇用的保姆完成，则这些家务劳动的价值可以由保姆的收入来衡量，并计入国内生产总值。一个家庭在花卉市场上购买的鲜花成为 *GDP* 的一部分，但如果是在自己的花园种植并供自己观赏的鲜花则不是。

第二，*GDP* 表示的只是最终商品（和劳务）的价值，中间商品的价值不能计入 *GDP*。否则就会造成重复计算而使 *GDP* 的衡量发生错误。最终商品是指以消费和投资为目的而生产和出售的商品。*GDP* 不包括中间商品，即用于生产其他商品的商品，原因是中间商品的价值已包括在最终商品的价值中了。

第三，*GDP* 衡量的是现期生产的商品和劳务，并不包括涉及过去生产的商品交易。当某一汽车公司生产并销售一辆新汽车时，这辆汽车的价值包括在 *GDP* 中，当这家公司销售二手车时，二手车的价值就不包括在 *GDP* 中。但是，这家公司因出售二手车所提供的劳务应计算在 *GDP* 中。

第四，*GDP* 是一国（一个地区）地域范围内生产的最终商品的市场价值，这是地域范围的概念。按照这一原则，外国人在中国工作的收入就该计入中国 *GDP*，而中国人在外国工作的收入就不能计入中国 *GDP*。

第五，*GDP* 是在一定时期内（一般为一年）所生产的而不是所售出的最终商品的价值。比如，某企业第一年生产了价值 100 万美元的商品，但是只卖掉 80 万美元的商品，所剩下的价值 20 万美元的商品可以被看作企业自己买下来的存货投资。因此，这 20 万美元未售出的商品同样应该计入 *GDP*。相反，如果企业第二年生产了价值 100 万美元的商品，却售出了价值 120 万美元的商品，那么，计入 *GDP* 的仍然应该是 100 万美元，只是上一年的库存减少了 20 万美元。

（二）国内生产总值的核算方法

国内生产总值有三种计算方法，即部门法、收入法和支出法。这三种方法分别从不同的方面反映国内生产总值及其构成。

1. **部门法**

部门法是分别按提供最终商品和劳务的各部门的总产值，扣除生产中消耗的中间商品的价值后的余额，再加总而成。因为这种方法是从生产的角度来衡量国内生产总值，故又称为生产法。它反映了国内生产总值的部门来源。用部门法核算国内生产总值时，不扣除折旧。折旧本不属于当年的增值，但由于各个企业计算折旧时往往采用不同的方法（如直线折旧法、加速折旧法等）使得折旧不像中间商品的价值那样容易计算扣除值，所以，在按部门法核算国内生产总值时，不将折旧扣除，到核算国内生产净值时才扣除折旧。其计算公式为：

$$GDP = \text{各部门增加值之和}$$

$$\text{增加值} = \text{总产出} - \text{中间消耗}$$

其中，总产出为本期的全部商品的价值。中间消耗不仅包括生产中原材料、能源等物质消耗价值，也包括如利息、广告费、无形资产转计费、保险费等服务性支出。*GDP*是各部门生产的最终商品的价值，只有最终商品才计入*GDP*。

2. **收入法**

收入法是从收入的角度出发，把参与生产商品与提供劳务的各种生产要素（土地、劳动、资本和企业家才能等）所获得的各种收入加总起来核算国内生产总值的方法。从生产角度看，生产要素的支付，构成商品和劳务的成本，所以收入法也叫成本法。而且严格来说，最终商品的价值除了生产要素收入构成的成本，还有间接税、折旧、公司未分配利润等内容，因此用收入法核算的国内生产总值应包括以下一些项目：

（1）雇员收入

雇员收入指工人（不包含自我雇用的人）所得的收入，包括工资、薪金、雇员收益（含雇主为雇员支付的养老金）以及雇主对社会保险的支付。在许多国家，这部分收入是国内生产总值中的最大一块，通常占50%以上。

（2）业主收入

业主收入是未公司化的自我雇用者的收入。由于许多自我雇用者都拥有一些资本品，比如农场主的收割机、牙医的x光机等，因此业主收入既包括劳动收入，也包括资本收入。

（3）个人租赁收入

个人租赁收入是指个人把其所拥有土地或机构租借给他人而得到的收入。一些细小的收入，如支付给作家、艺术家的版税收入等也计入此类。其占国内生产总值的比重不大。

（4）公司利润

公司利润是公司经营所得的利润，代表着扣除工资、利息、租金和其他成本之后的公司收益。公司利润用于支付对公司所征的税，如公司所得税以及支付股东的红利。扣除税收与红利后剩下的公司利润称为未分配利润，留在公司中。公司利润在国内生产总值中所占的份额适中，但它是变化最频繁的一项。

（5）净利息

净利息是个人从商业和国外渠道得到的利息收入减去个人利息支出。

（6）间接税

间接税是指企业向政府缴纳的营业税、货物税等税款。对于直接税（如个人所得税、企业所得税等）已包括在工资、利润、利息、租金等要素收入中，所以不单独计入国内生产总值。只有间接税被计入国内生产总值。

（7）折旧

折旧是指对一定时期内因经济活动而引起的固定资本消耗的补偿。资本的折旧不同于中间商品，它是企业投资的一部分，因此也被计入国内生产总值。

3. 支出法

支出法又称最终商品法。这种方法从最终商品使用出发，把一年内全社会购买的各类最终商品和劳务的支出加总起来，计算出该年内生产出来的最终商品和劳务的市场价值，即把购买各种最终商品和劳务所支出的货币加在一起，得出最终商品和劳务的货币价值总和。

支出法把 *GDP* 的最终使用分为四个部分：个人消费（*C*）、厂商消费（*I*）、政府购买（*G*）及净出口（*NX*）。GDP 就是这四个部分的总和，即：

$$GDP = C + I + G + NX$$

这里 *C* 表示消费者对最终商品和劳务的需求量和消费量。*I* 表示厂商对最终商品的需求量和消费量，这当然是指实际的资本商品的增加，已有资本的转移是不能计算在内的；另外，厂商的投资不单是用来增添固定资产而且还要增添流动资产，因此厂商存货的增加也应当包括在内。*G* 表示政府对最终商品和劳务的需求量和消费量，不过政府开支中有相当大的一部分钱（有的国家要占一半以上）属于向个人和地方政府提供补助的性质，以及对公债利息的支付。这类开支习惯称为补贴和利息，国外习惯称为“转移支付”。这类转移支付会经再分配环节体现在 *C* 中，即消费者的开支之中必须扣除。最后，必须考虑进出口因素。出口是国内生产能力的利用，进口是对国内生产能力利用的抵消，因而必须加上 *NX*，如果一个国家其净出口值占国内生产总值的比重很少，可以忽略不计。

（三）国内生产总值指标的重要性及缺陷

美国著名经济学家萨缪尔森说：*GDP* 是 20 世纪最伟大的发现之一。这一点确实不假，如果没有 *GDP* 这个发现，则无法将国与国之间的经济实力进行比较，也不能得出发达国家为什么富，而发展中国家为什么穷的结论。如果说美国是全球经济实力最强大的国家，其依据的是美国 *GDP* 总量。如果说中国是发展中国家，其依据的是中国人均 *GDP* 的水平。国与国之间实力的比较，贫穷与富裕的比较，就是用 *GDP* 来衡量的。

国内生产总值虽然是衡量一国国内产出的一个最重要的指标，也被认为是衡量社会经济福利水平的一个最好的指标。但是，GDP并不是一个完美的指标，用GDP来衡量一国的总产出和福利水平，仍然会产生一些缺陷和不足。

1. 闲暇与社会福利

人们可利用的时间是一定的，当人们工作时间增加时，闲暇时间必然减少。反之，当人们的闲暇时间增加时，工作时间必然减少。人们闲暇时间的增加，可以获得更好的娱乐，精神上可以得到更多的满足。但是，这种福利水平的提高不能在GDP上得到反映，相反，由于闲暇时间的增加，人们工作时间将减少，从而减少了国民总产出，即GDP。

2. 非市场活动的价值

GDP衡量的是商品和劳务的市场价值，这样它就没有包括几乎所有在市场之外进行的经济活动的价值。比如，一个母亲雇用保姆照料子女，其支付的薪金可以计入GDP，但是由母亲亲自照料自己的子女，尽管可以使子女得到更贴心的呵护，却不能计入GDP。此外，很多的义务劳动和慈善事业虽然对社会福利做出了贡献，但GDP并不能反映这种贡献。

3. 地下经济活动

所谓地下经济活动主要指两类：一类是非法的经济活动；另一类是合法的，但却难以被统计的经济活动。非法的经济活动主要包括走私、贩毒、洗钱、非法移民以及色情、赌博；第二类地下经济活动的从业人员主要是个体职业者。国家不可能掌握这些活动的所有数据，并且这些产出或收入也不可能出现在GDP的统计中。

4. 环境质量

环境质量也没能纳入GDP的考察范围。例如，一家造纸厂的生产增加了GDP的总值，但由此造成的环境污染降低了人们的生活质量。这种污染不能用相应的价格来衡量，因而不能从GDP中扣除。如果对企业征收较多的污染税，迫使企业减少污染，但GDP的数值却下降了。

（四）国内生产净值

机器价值的降低被称为固定资产折旧，但是机器损耗的速度各不相同，确定机器的折旧率是一个极其困难的问题，GDP的计算采取的是一种简单的办法，即不考虑折旧；但是实际上，“国内生产总值”的“总”字提示该统计数据包括了全部的产量。由此提出了对商品的另一种测量办法，即国内生产净值（简称NDP），其是从GDP中减去折旧的估计值，国内生产净值反映一定时期内全社会新创造的价值。

用公式表示：

国内生产净值 = 国内生产总值 - 固定资产折旧

用字母表示：

$$NDP = GDP - \text{折旧}$$

二、国民生产总值（GNP）及其核算方法

1. 国民生产总值的概念

国民生产总值亦称国民总产值，是一个国家在一定时期内（通常为一年）生产的各种最终商品和劳务按当年市场价格计算的价值总和。它是反映一个国家经济活动总体水平的一个最为重要的经济指标。

理解国民生产总值时应注意这样几个问题：第一，它是指一年内生产出来的商品总值，因而，在计算时不应包括以前所生产的商品价值；第二，它测度的是最终商品的价值，因而不应包括中间商品的价值，以避免重复计算；第三，它不仅包括有形的商品，而且包括无形的商品即劳务的市场价值；第四，它包括的是市场活动所创造的价值。家务劳动、自给性劳动等非市场活动不计入国民生产总值。

2. 国民生产总值与国内生产总值的区别

GNP 是以一国国民身份为核算基础的，而 *GDP* 是以生产地域是否在一国国内为核算基础的。*GNP* 与 *GDP* 的差别的产生是因为一国的国民既可以在本国从事生产活动，也可以在外国从事生产活动；同样地，在某一给定国度所生产的总产出既包括本国国民的产出，也包括外国生产要素的所有者提供的产出。比如，可口可乐公司在中国分公司所生产的商品构成中国 *GDP* 的一部分，而由于这些商品是由美国人所拥有的生产要素所生产出来的，它们实际上又是美国 *GNP* 的一部分。如果一个经济体是完全自给自足的，则它的 *GNP* 与 *GDP* 之间差别通常不大，然而随着经济的开放和国际经济联系的日益加强，这两个变量之间的差距就变得明显了。

GDP 与 *GNP* 之间的差额是与外国人所获得的净收入一致的。若 *GDP* 超过 *GNP*，则说明一个给定国家（如中国）的居民在国外所获得的收入少于外国人在该国中所获得的收入；反之，若 *GDP* 小于 *GNP*，则说明该国的居民在国外所获得的收入大于外国人在该国中所获得的收入。为此，可以定义一个量“国外净要素支付”（*NFP*），它指的是国外对本国生产要素的支付，减去本国对国外生产要素的支付。运用整个范畴，*GNP* 和 *GDP* 的关系可以表示为：

$$GDP = GNP - NFP$$

3. 国民生产净值

由于商品价值中不但包含有消耗的原材料、燃料等的价值，还包含被使用的资本设备的耗费（折旧），所以，最终商品价值在没有减去资本设备的耗费价值之前，还不能算作社会净增的价值，而最终商品市场价值总和只能被称为国民生产总值。只有从最终商品价值中把所消耗掉的资本设备价值（折旧）也扣除了，才能得到总的净增价值。因而，从 *GNP* 中扣除资本折旧，就得到 *NNP*。这也就是说，国民生产净值就是国民生产总值减去折旧之后的余额。

任务二　总需求、总供给与国民收入的决定

一、总需求

1. 总需求的概念

总需求是指一个社会在一定价格水平下所愿意购买的最终商品和劳务的总量。其反映了价格水平（P）和总需求量（Y）之间的关系。在微观经济学中需求量是指单个商品的产量，而在宏观经济学中，研究一个社会的总需求量不能简单地将所有的最终商品和劳务的数量相加。所以，这里的总需求量是指以不变价格计算的最终商品和劳务的总量，计算方法与实际 *GDP* 相同。

在不考虑国外需求的情况下，经济社会的总需求是指在价格、收入和其他经济变量既定条件下，家庭、企业部门和政府将要支出的数量。因此，总需求衡量的是经济中各种行为主体的总支出：家庭购买的电冰箱、企业购买的卡车、政府购买的办公设备，等等。实际上，除了价格水平、人们的收入水平、对未来的预期等推动总需求的因素变量外，还包括税收、政府购买或货币供给等政策变量。

2. 总需求曲线

可以把总需求曲线描绘成一条向下倾斜的曲线，总需求曲线反映了家庭（消费）、厂商（投资）、政府（政府购买）与国外消费者（出口）的商品总需求数量与价格水平的关系，这里的价格不是某种商品的特定价格，而是指整个国民经济的价格水平。从需求的角度来看，价格水平越低，总需求数量就越大，这与微观经济学的需求曲线的道理是一样的。图 11－1 中那些向下倾斜的 *AD* 线就是总需求曲线。

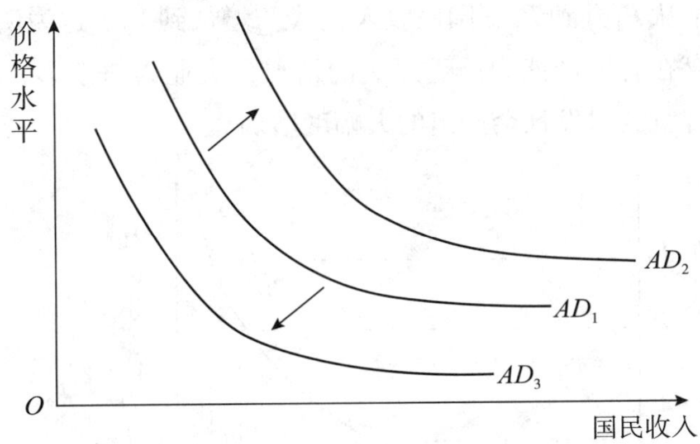

图 11－1　总需求曲线

总需求曲线是会移动的。消费、投资、政府购买和出口这四个因素中的任何一个因素受到刺激都会引起总需求曲线的移动，比如，政府采取措施允许用分期付款的方法来

购买住房和耐用品，在其他因素不变的前提下，总需求曲线就会向右上方移动，比如从 AD_1 移动到 AD_2。政府如果决定紧缩开支，削减了行政事业经费或国防经费，总需求曲线就会向左下方移动，比如从 AD_1 移动到 AD_3。

二、总供给

1. 总供给的概念

总供给是指全社会在一年内所提供的最终商品和劳务的货币价值总额。从实物形态看，总供给等于一定时期内消费品总量、投资品总量、商品库存增加量、商品净进口量以及劳务总量之和。从价值量看，总供给是社会成果经过全社会各种分配以后所形成的总消费、总储蓄和政府净税收之和。用 AS 表示总供给，C 表示消费，S 表示储蓄，Tn 表示政府净税收。总供给用公式表示：

$$AS = C + S + Tn$$

这个公式表明总供给是由三部分构成的。

2. 总供给曲线

与微观经济学的厂商供给曲线相类似，总供给曲线也是一条向右上方倾斜的曲线。图 11－2 中的 AS 曲线就是一条总供给曲线。作为生产要素的提供者对价格的变动总是体现为：价格水平越高，劳动力愿意提供的数量、借贷资本愿意提供的数量就越多，厂商生产和销售的商品也越多。总供给曲线向右上方倾斜的特征说明：价格越高，生产要素供给者越愿意更多地提供生产要素，厂商越愿意向社会提供商品，当然，总供给曲线不是指某一特定的厂商或行业的供给曲线，而是整个国民经济在不同的价格水平上的供应总量。图 11－2 的总供给曲线 AS 是有其典型性的。在价格水平甚低的时候，其趋向于水平线，或者说其很平坦，富有弹性，价格水平的稍稍提高，会引起国民经济总的产出增长很大。比如，图 11－2 中价格水平从 P_1 升到 P_2、国民收入就从 Y_1 增加到 Y_2。这说明，在价格水平很低的时候，整个社会存在着生产能力严重过剩的情况，失业人口众多，厂商开工不足，只要价格水平提高少许就会引发社会产出的大幅度增加。

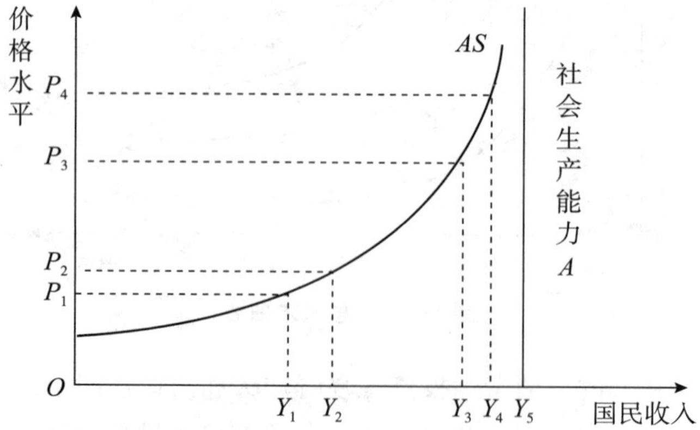

图 11－2　总供给曲线

但整个社会的生产能力不是无穷尽的，到了一定的产出水平，有的部门和厂商率先发生生产能力已利用完毕的情况。开始时问题并不严重，只要这些部门和厂商稍作添加人力或设备，就能继续增产。但久而久之，生产“瓶颈”现象越来越严重，生产能力会到达某种极限，对价格的变动显得缺乏弹性，无论价格提得多高，产出增长极其有限。在图中，价格水平从 P_3 上升到 P_4，国民收入只从 Y_3 上升到 Y_4。与 P_1 到 P_2 的价格水平变动相比，价格增长幅度要大得多，但产出的增长要比 Y_1 到 Y_2 少得多。如果社会的产出到了 Y_5，生产能力已利用完毕，那时再提高价格水平也无济于事。

三、简单的国民收入决定理论

简单的国民收入决定理论认为：消费和投资的变化都会引起总需求的变化。在短期内，在总供给不变的情况下，国民收入的实际水平就是由总需求的实际水平决定的。如果实际的总需求水平等于充分就业时的总需求水平，则实际国民收入水平等于充分就业的国民收入水平；如果实际的总需求水平小于充分就业时的总需求水平，则实际国民收入水平小于充分就业的国民收入水平；如果实际的总需求水平大于充分就业时的总需求水平，则实际国民收入水平大于充分就业的国民收入水平（表现为由于物价上涨而导致名义国民收入水平扩张）。国民收入水平与总需求水平正相关，总需求水平越高，实际国民收入水平越高。图 11－3 为简单国民收入决定模型。

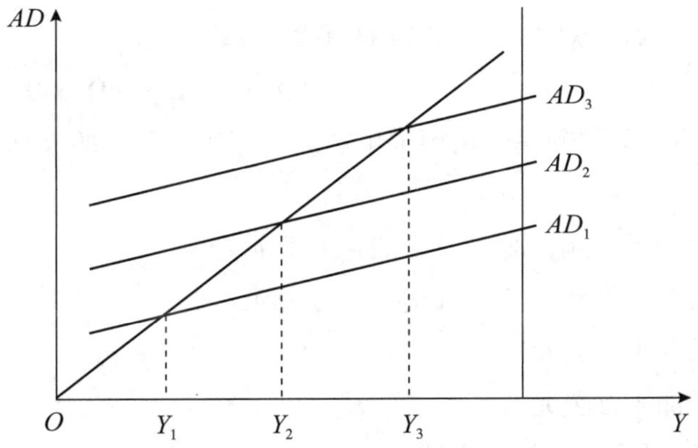

图 11－3　简单国民收入决定模型

假设消费与国民收入呈线性关系，可设 $C = a + MPC \times Y$，只考虑消费时，总需求 $AD_1 = C = a + MPC \times Y$，以横轴 OY 表示国民收入，纵轴 OAD 表示总需求，则 AD_1 为向右上方倾斜的直线。当总需求增加时，总需求曲线向上平移；总需求减少时，总需求曲线向下平移。设 $AD_3 > AD_2 > AD_1$，则三条曲线的位置如图 11－3 所示。做一条 45°线，线上任一点所表示的总需求与国民收入都是相等的。对应任一水平的总需求 AD_i，45°线与 AD_i 的交点 E_i 所对应的 Y_i 值就是该需求水平下的均衡国民收入。可见，总需求水平越高，均衡国民收入越大，均衡国民收入与总需求同向变化。

项目小结

国内生产总值（*GDP*）是衡量宏观经济运行状况的一个重要指标。*GDP* 是指一个国家（或地区）所有常驻单位在一定时期内（通常是一个季度或一年）所生产和提供的全部最终商品和劳务的价值的总和。*GDP* 既等于经济中消费、投资、政府购买和净出口的加总的四类支出，又等于所有生产要素收入的加总，不同方法测算出来的 *GDP* 的值是一致的。

国民经济的产出水平由投入的生产要素和技术决定。完全竞争企业对生产要素的需求量是使生产要素的边际产量与实际价格相等时的数量。因此，每种生产要素按其边际产量得到报酬。

关键概念

国内生产总值（*GDP*）、国民生产总值（*GNP*）、总需求、总供给。

实践与实训

一、选择题

1. 如果一个鞋匠购买了 100 元的皮革和 50 元的线，并用它们生产并向消费者出售了价值 500 元的鞋，则该鞋匠对 *GDP* 的贡献是（　　）。

A. 100 元　　B. 150 元　　C. 500 元　　D. 650 元

2. 一个美国人购买了一辆完全在德国生产的价值 4 万美元的宝马车。在美国 *GDP* 账户中应记录（　　）。

A. 投资增加 4 万美元，净出口增加 4 万美元

B. 消费增加 4 万美元，净出口减少 4 万美元

C. 净出口减少 4 万美元

D. 净出口增加 4 万美元

3. 应该计入当年国民生产总值的是（　　）。

A. 用来生产面包的面粉　　B. 居民用来自己食用的面粉

C. 粮店为居民加工面条的面粉　　D. 以上三种都应计入

4. 一国的 *GDP* 大于 *GNP*，则该国公民从国外取得的收入（　　）外国公民从该国取得的收入。

A. 大于　　B. 小于　　C. 等于　　D. 不能确定

二、计算分析题

如果某一年份某国的最终消费为 8000 亿美元，国内私人投资的总额为 5000 亿美元

（其中500亿美元为弥补当年消耗的固定资产），政府税收为3000亿美元（其中间接税为2000亿美元，其他为个人所得税），政府支出为3000亿美元（其中政府购买为2500亿美元、政府转移支付为500亿美元），出口为2000亿美元，进口为1500亿美元。计算*GNP*、*NDP*。

互动讨论

1. 试述名义*GDP*和实际*GDP*的区别，为什么估计一个国家的经济增长状况时通常使用实际*GDP*？

2. 宏观经济中商品和劳务的总供给和总需求是如何实现均衡的？

案例分析

1. 国内生产总值是一个估计值，它是将一个经济体里面数以百万计的各种商品和劳务加起来而得出的一个总和。但是计算这一数值的同时会引发一些难题。以下就是其中的一部分难题。

（1）衡量质量的改变

今天的一个西红柿和50年前的没什么两样，但是一架飞机或一辆汽车却和20年前的有了很大区别。一些商品的质量（和价格）几乎每年都会发生变化。考虑一下计算机迅速发展产生的问题。假如那些计算*GDP*的人们只使用计算机的市场价格进行计算，他们可能得出计算机产出上升缓慢甚至是下降的结论，因为计算机的价格迅速下降。但是人们不想单纯比较计算机的数量，否则将忽视新式计算机日益强大的事实。一种核算计算机产业的真实产出的方法应该同时考虑质量的改进。假如所做修正不够充分，那么结果就会显示产出增长比实际要小得多。或者应考虑一下医疗卫生的改进产生的问题。以如今可供应用的医疗技术为例，经济学家们应该怎样将现在医疗保险产业的产出和几十年前进行比较呢？*GDP*统计学家们知道这些难题，想方设法基于质量变化做出某些修正。例如，20世纪70年代早期，由于首次要求汽车安装防污设备，汽车价格上升。*GDP*统计学家们需要确定增加了的成本是一种单纯的价格提升，因此成为通货膨胀的一个诱因，还是一种质量改进，有效提高了真实产出，因为消费者购买的是一辆更好的汽车。最后*GDP*统计学家们选择了第二种意见。然而，统计数字的使用者应该记住，所有类型的修正肯定不会是十全十美的。

（2）衡量政府的服务

标准的*GDP*的计算从销售点的价格和数量出发。那么应该如何处理不出售或者不直接出售的商品呢？这类商品的一个重要部分就是政府提供的服务。试想政府工作人员的工作效率提高，能够迅速完成汽车注册的程序，这可能意味着该政府可以雇用较少的人手完成同样的工作。但是车牌价格并非由竞争市场决定，纳税人缴税来支付有关政府工作人员的薪金。*GDP*的统计数字仅仅反映了政府工作人员的工作时间。如果政府工作人员的工作效率提高，得出的 *GDP* 数值反而可能下降，使真实的产出即注册数量增加。

(3) 衡量非经市场销售的商品

非经市场销售的商品和服务，例如家庭成员完成的家务劳动，向国民收入统计学家提出了相似的难题。统计数字低估了经济产出的真实水平，因为它们忽视了类似这样的经济活动。举例而言，如果一对夫妇留在家中打扫卫生和做饭，这将不会被列入 *GDP* 的统计。但是，假如这对夫妇外出工作，另外雇人做清洁和烹调工作，那么这对夫妇和佣人的经济活动都会被计入 *GDP*。

(4) 统计学问题的重要性

一些经济学家认为，即使 *GDP* 的计算不尽完美（而这当然是肯定的），至少这些不尽完美的问题其实在各个时期都相差无几，因此经济学家仍然可以略带犹豫地运用这些数据，作为经济规模的一种描述。放在几年的短时间里考察，这种看法确实相当正确。但是经济结构将随着时间推移发生变化，*GDP* 计算过程中的这些偏差也会发生变化，于是产出和生产力的增长的计算可能出现很大的歪曲。例如，过去几年来，随着越来越多的女性走出家门，接受有薪工作，相应地，她们会更多地聘请家政人员承担家务和在饭店就餐，可能出现的情况就是以往对 *GDP* 的计算有所低估，于是 *GDP* 的部分增长比真实情况更加明显。另外，如果政府部门增长得比其他部门快，而 *GDP* 的计算方法又系统地忽略了公共部门的生产力增长，那么就会得出生产力增长放缓的结论，但实际并非如此。

分析：*GDP* 的计算方法在其他哪些情况下还存在缺陷？

2. 世界原油的供应变化对世界经济的影响是深刻的。1973—1975 年，石油输出国组织——欧佩克，通过减少各自的产量，提高每桶原油的价格，提价后，原油价格几乎翻了一番。世界石油进口国都因此经历了一场严重的经济衰退和通货膨胀，在美国，通货膨胀率超过 10%，失业率从 1973 年的 4.9% 上升到 1975 年的 8.5%。1978—1981 年，欧佩克组织再次限制石油供给，石油价格翻了一番还多。又是滞胀，美国的通货膨胀率超过 10%。失业率从 1978—1979 年的 6% 左右上升到 10% 左右。1986 年欧佩克成员国之间产生争执，成员国违背限制石油生产的协议，世界原油价格出现崩溃性的下跌，价格下降了一半左右，使石油进口国企业的成本大幅度下降。1990 年海湾战争前，人们对长期军事冲突的担心再次导致石油价格上升。总之，中东各石油输出国之间的竞争与合作，成为影响石油供求乃至世界经济的重要因素。

教师可以对上述内容所涉及的历史背景加以简单介绍，然后将学生分成若干讨论小组，组织学生进行案例分析。要求学生用供求图来说明每一时期中东产油国的行动对世界石油供求以及石油输入国经济的影响。

项目十二　失业与通货膨胀理论

知识目标

1. 理解失业与通货膨胀的概念。
2. 理解失业与通货膨胀的种类。
3. 深刻理解菲利普斯曲线的形状和内在规律。
4. 全面理解失业与通货膨胀对社会经济的影响。

能力目标

1. 能够分析现实生活中的失业与通货膨胀现象。
2. 能够运用菲利普斯曲线分析失业率与通货膨胀率之间的关系。

思政目标

1. 充分认识目前就业形势的紧迫性与严峻性，国家出台了鼓励就业创业的相关政策，要充分把握机会，减少失业。

2. 要鼓励毕业生从基层做起，要敢于吃苦耐劳，到艰苦环境中锻炼自己，将来为祖国的发展与强盛贡献自己的力量。

引导案例

如何看待2021年我国就业形势？——人力资源和社会保障部部长回应热点

就业是民生之本。2021年我国就业形势如何？面临哪些挑战？稳岗扩就业有哪些新举措？人力资源和社会保障部部长张纪南26日在国新办发布会上回应了这些热点问题。

“2021年我国就业形势将延续总体平稳态势。但不确定、不稳定因素仍然较多，就业形势依然比较复杂，面临诸多挑战。”张纪南在回答记者提问时说，去年全年城镇新增就业1186万人，超额完成年度目标任务，城镇调查失业率全年平均5.6%，低于预期调控目标。

张纪南指出，2021年就业总量压力不减，需要安排就业的城镇新增长劳动力仍然在

1500 万人左右，高校毕业生 909 万人，达到新高。同时，结构性矛盾仍然突出，就业难和招工难并存。制造业、服务业普工难招，技术工人短缺，技术技能人才的求人倍率超过 2。

“疫情影响复杂多变，‘外防输入、内防反弹’压力较大，给今年就业增加了不确定性和风险挑战。”张纪南说，下一步，人力资源和社会保障部将深入实施就业优先政策，突出重点，精准施策、精准发力。

他表示，要着力稳定就业岗位，通过保市场主体来稳住就业基本盘。着力抓好重点群体，针对失业人员、高校毕业生、农民工等重点群体，实施分类精准帮扶，提供有针对性的就业服务。着力拓宽就业渠道，支持发展劳动密集型产业，支持中小微企业，支持劳动者创业，完善灵活就业劳动保障制度，进一步扩大就业空间。

此外，要着力加强职业培训，深入实施职业技能提升行动，提高培训针对性和实效性。着力强化兜底帮扶，重点对城市困难人员、农村低收入人口进行就业帮扶，保障失业人员基本生活，兜牢民生底线。

人力资源和社会保障部数据显示，去年年底高校毕业生总体就业率在 90% 以上，农民工总量恢复至上年的 98.2%。贫困劳动力务工规模达到 3243 万人，比上年增加了 10%。

近期，针对疫情防控形势，人力资源和社会保障部会同相关部门组织开展了“迎新春送温暖、稳岗留工”专项行动，鼓励引导农民工等务工人员留在就业地过年，大数据显示，有 8700 多万外出农民工在就业地过年，比上年增加近 4000 万人。

据介绍，我国技能劳动者已超过 2 亿人，占就业总量的比例从前几年的 20% 提高到 26%，其中高技能人才超过 5000 万人，占技能人才总量的比例达到 28%，预计年底前这个比例还会有一定程度提高。今年，人力资源和社会保障部将在增强职业技能提升行动的质效上、在职业技能竞赛上、在开发新职业上下功夫。要以优质高效为目标，合理延长培训时长，合理确定提高培训补贴标准，全面实施实名制管理，着力增强培训的针对性和实效性。

（资料来源：中央人民政府网 http：//www.gov.cn/发布时间：2021－02－26）

思考题：

1. 失业与就业的含义。
2. 失业率衡量标准是什么？
3. 我国目前结构性失业压力不减的原因是什么？

目前，绝大多数国家将充分就业、物价稳定、经济增长和国际收支平衡作为四大宏观经济目标。

从总的趋势看，伴随着工业化发展的进程，技术进步、资本的迅速扩张、人力资本投资的加大都显著提高了各国实际 *GDP* 和人均实际 *GDP*。然而，长期的经济增长经常会被一些不稳定因素所打断，而打断经济增长长期趋势并使其复杂化的最重要的两大因素就是失业与通货膨胀。

任务一　失业理论

失业是现代社会的一个主要问题。当失业率很高时，人力资源将被浪费，失业者的收入也相应减少；在这种时期，经济的痛苦还会蔓延并影响人们的情绪和家庭的生活。正如托马斯·卡莱尔所言："一个人想工作，而又找不到工作，这也许是阳光下财富不平等所表现出来的最惨淡的景观了。"

一、就业、失业与失业率

就业是指一定年龄阶段内的人们所从事的为获取报酬或为赚取利润所进行的活动。

就业和失业是一个问题的两个方面，宏观经济学中最重要的问题之一就是研究为什么经济社会不能为所有的劳动力都提供工作。

失业是指一定年龄范围内愿意且有能力工作的人找不到工作的状态。各国对工作年龄的规定是不同的。

失业率是失业人数占劳动力总数的百分比，失业率是衡量一个国家或地区失业状况的最基本指标，失业率的计算公式：

$$失业率 = \frac{失业人数}{劳动力总数} \times 100\%$$

公式中的劳动力总数是指失业人数与就业人数之和，不是一个国家或地区人口总数。不在工作年龄范围的无工作者、丧失工作能力的人、在校学习者、操持家务不愿外出工作者都不包括在劳动力总数之内。

并不是每一个没有工作的劳动者都可以称为失业者，但失业的一个最明显的特征就是劳动者没有工作。尽管世界各国对失业的定义总是存在着这样那样的差别，但是国际劳工组织（International Labor Organization，ILO）的定义仍被广泛认同。国际劳工组织指出：就业就是一定年龄阶段内的人们所从事的为取得报酬或赚取利润所进行的活动，而失业则是就业的相对概念，是指有劳动能力并愿意就业的劳动者找不到工作的这一社会现象，其实质是劳动力不能与生产资料相结合进行社会财富的创造，是一种经济资源的浪费。因而，失业的含义中有这样三个关键词：有劳动能力、有就业意愿和正在寻找工作。就业、失业关系如图 12－1 所示。

二、失业的种类

1. 自然失业

自然失业是指由于经济中某些难以克服的原因所造成的失业，包括摩擦性失业和结

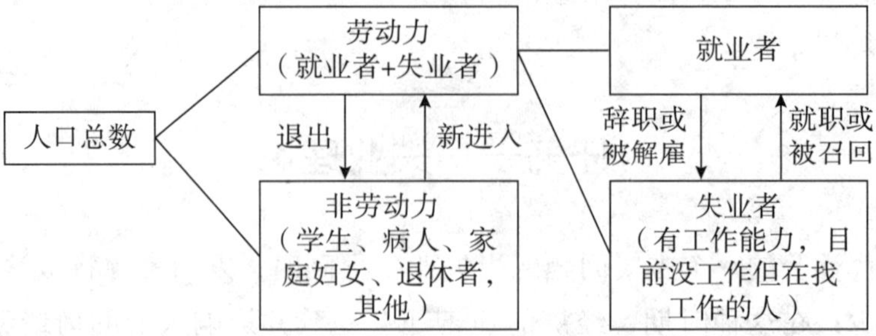

图 12－1　就业、失业关系

构性失业。

（1）摩擦性失业

摩擦性失业是指生产过程中难以避免的、由于转换职业等原因造成的短期、局部性失业。这种失业的性质是过渡性或短期性的。

在很多时候都存在这样的情况，即要使求职者与工作岗位相互匹配都需要一定的时间。而求职者有不同的求职偏好与能力的差异，工作有不同的性质，同时求职者和空缺的职位信息交流并不完全，此外即使信息的交流是完全的，求职者也无法在不同的地区间迅速流动。由于上述的多种原因使得找寻一份合适的工作需要时间，而在此期间，也会造成一定的失业。

经济学家将摩擦性失业用来描述由于寻找工作需要时间而引起的失业。“摩擦”一词准确地暗示了在求职者与工作岗位的匹配中，劳动力市场不会没有摩擦的完美运作。

摩擦性失业被看成是一种求职性失业，即一方面存在岗位的空缺，另一方面存在与此数量对应的失业者。因而只要存在着这样的期间，摩擦性失业就是不可避免的了。

（2）结构性失业

结构性失业是指劳动力的供给和需求不匹配所造成的失业，其特点是既有失业，又有职位空缺，失业者或者没有合适的技能，或者居住地点不当，因此无法弥补现有的职位空缺。例如，煤炭价格下降会引起像大庆这样的油田产区的劳动力需求减少；但出于“廉价的油价会使开车花钱更少”的考虑，人们会更多地购买汽车，所以，像长春这样生产汽车的城市对劳动力的需求增加。一般来说，结构性失业比摩擦性失业持续的时间更长，因为工人往往需要重新培训或者迁移到另一个城市才能重新就业。

摩擦性失业和结构性失业都是空岗位与失业并存，但摩擦性失业是由于信息不完全和不对称导致的。而结构性失业则是由于经济结构变化导致的，特别是当前科学技术飞速发展，经济结构变化较快，失业者的技能与空岗位难以相符。摩擦性失业和结构性失业是市场经济的常态，是难以消除的。通常把仅包括这两种失业的社会失业率称为自然失业率。在美国，大多数经济学家认为4%～6%的失业率为自然失业率。

2. 周期性失业

周期性失业又称需求不足的失业，是指经济周期中的衰退或萧条时期，因社会总需求下降而造成的失业。当经济发展处于一个周期中的衰退期时，社会总需求不足，因而厂商的生产规模也缩小，从而导致较为普遍的失业现象。周期性失业对于不同行业的影响是不同的，一般来说，需求的收入弹性越大的行业，周期性失业的影响越严重。这也就是凯恩斯所说的非自愿失业。

根据凯恩斯的分析，就业水平取决于国民收入水平，而国民收入水平又取决于总需求。如果总需求不足，生产就会出现过剩，经济陷入萧条。在这种情况下，厂商会减少生产、解雇工人，从而带来失业人数的增加。例如在 1933 年资本主义经济大萧条的时候，美国周期性失业占整个劳动力的 25%，这种失业就是典型的周期性失业。

三、失业的影响

失业会产生诸多影响，一般可以将其分成两种：社会影响和经济影响。

1. 失业对社会的影响

失业对社会的影响虽然难以估计和衡量，但它最易为人们所感受到。失业增加了社会福利支出，造成财政困难，同时，失业给失业者及其家庭造成了经济上和心理上的影响。失业威胁着作为社会单位和经济单位的家庭的稳定。没有收入或收入遭受损失，户主就不能起到应有的作用。家庭的要求和需要得不到满足，家庭关系将因此而受到损害。西方有关的心理学研究表明，解雇造成的创伤不亚于亲友的去世或学业上的失败。此外，家庭之外的人际关系也受到失业的严重影响。一个失业者在就业的人员当中失去了自尊和影响力，面临着被同事拒绝的可能性，并且可能要失去自尊和自信。最终，失业者在情感上受到严重打击。

2. 失业对经济的影响

失业直接造成资源的浪费，带来经济上的损失。从整个经济看，失业增加后，由于家庭消费减少和厂商投资下降，使整个国民经济的增长受到抑制。同时，失业又造成人力资本的损失，失业对人力资本的损失是双方面的。一方面，失业者已有人力资本得不到运用；另一方面，失业者无法通过工作增加自己的人力资本。长期的失业会大大降低人力资本的价值。总的来讲，失业造成全社会生产能力利用不足，生产萎缩，产出下降，实际国民收入减少。

美国经济学家阿瑟·奥肯在 20 世纪 60 年代提出了用以说明失业率与实际国民收入增长率之间关系的一条经验规律，这条规律被称为“奥肯定律”。这条规律说明失业率与实际国民收入增长率之间直接的统计规律。即失业率每变动 1%，则实际国民收入变动 2.5% ~3%。根据这个规律，失业给社会总产量带来的损失是严重的。当然“奥肯定律”给定了一种经济规律和近似方法来衡量失业率与产出之间的关系，根据各个国家的经济情况不同，二者之间的相互影响也各不相同。

任务二　通货膨胀理论

宏观经济学的创始人约翰·梅纳德·凯恩斯曾说过“没有什么手段比毁坏一个社会的通货能更隐蔽、更可靠地颠覆社会的现有基础了。在破坏的一方，这个过程完全是由隐蔽的经济力量规律进行的，而且，这个过程以一种在百万人中也没有一人能觉察到的方式进行”。

通货膨胀对经济增长与发展的破坏力，可以从发展中国家发展的历史中得到清晰的认识。例如，20 世纪 60 年代巴西的高速经济增长毁于恶性的通货膨胀，同时也有很多发展中国家改革的成果也是在通货膨胀的阻碍下，最终归于失败。因此，认识通货膨胀对我国经济发展的影响具有重要的理论和现实意义。

一、通货膨胀的概念

通货膨胀是指一般物价水平在一定时期内呈现持续的显著上升的状态，或者说是指货币的单位购买力在一定时期内呈现持续下降的状态。

这一定义包括三方面的特征：①通货膨胀本质是一种价格总水平持续上升的货币现象。通货膨胀必然表现为物价全面的、持续的、大幅度的上涨，但部分价格上涨，即使是重要商品和服务价格的上涨并不一定是通货膨胀。②引起通货膨胀的原因不止货币供应量过多一种原因，通货膨胀产生的原因既可以是货币的超量发行，也可以是多种经济因素变化的结果。③由于国情不同，通货膨胀率或物价总水平上涨的分类及警戒线在不同的国家会有不同的尺度，而且即使在同一国家经济发展的不同阶段也不完全相同，这需要综合考虑经济增长率、工资水平或居民收入水平，以及社会心理预期等多个因素来确定。

二、通货膨胀的衡量

判断是否发生了通货膨胀、通货膨胀的程度如何，涉及通货膨胀的测定问题。在西方，通常以通货膨胀率来衡量通货膨胀的程度。由于大多数经济学家将通货膨胀看作一般物价总水平的普遍上涨，并主张以物价指数上涨率来反映通货膨胀率，因此，物价指数便成为通货膨胀率指标计算的主要依据。所谓通货膨胀率，实际上也就是物价指数的年增长率，其计算公式一般为：

$$\text{通货膨胀率}=\frac{\text{报告期的物价水平}-\text{基期的物价水平}}{\text{基期的物价水平}}\times 100\%$$

上式中基期的物价水平为选定的某年物价水平，作为一个参照系数，再把其他各期的物价水平通过与基期的物价水平做对比，从而衡量各期的通货膨胀水平。

假如一个经济体的物价水平从 2006 年的 100 增加到 2007 年的 112，那么这一时期的通货膨胀率就为：通货膨胀率＝（112－100）÷100×100%＝12%，表示物价上涨了12%，或者可以理解为，2006年100元货币能够购买到的商品和劳务，在2007年需要112元货币才能买到。

而物价水平则用物价指数来表示。物价指数是表明某些商品的价格从一个时期到下一个时期变动程度的指数。物价指数一般不是简单的算术平均数，而是加权平均数，即根据某种商品在总支出中所占的比例来确定其价格的加权数的大小。

$$\text{物价指数} = \frac{\sum P_t Q_t}{\sum P_o Q_t} \times 100$$

其中，P_o和P_t是基期和本期的价格水平，Q_t是本期的商品量。

各国衡量物价水平的指数很多，但主要都是从零售、批发或者经济总量的角度反映商品在不同时期内价格水平的变化。作为对衡量通货膨胀的物价水平指标的考察，关键是物价指数的选择问题。一般地，各国用以计算通货膨胀率的物价指数主要有消费物价指数、生产者物价指数和国内生产总值物价平减指数。

1. 消费物价指数

消费物价指数（*CPI*），又称零售物价指数或生活费用指数，是衡量各个时期居民个人消费的商品和劳务零售价格变化的指标。它既是通货膨胀的晴雨表，又可作为工资、津贴调整的依据。*CPI*告诉人们的是，对普通家庭的支出来说，购买具有代表性的一组商品，在今天要比过去某一时间多花费多少。

例如，若2000年某国普通家庭每个月购买一组商品的费用为800元，而2005年购买这一组商品的费用为1000元，那么该国2005年的消费物价指数为（以2000年为基期）$CPI = 1000 \div 800 \times 100 = 125$。

消费物价指数反映了消费者所付出价格的变动情况，是市场稳定与否的标志，所以许多国家均采用消费物价指数来衡量通货膨胀率。但是，这一指数只是局限于统计居民家庭消费的商品和劳务，而把国家消费和集团消费排除在这一指数之外，这是消费物价指数的主要缺陷。从某种意义上讲，*CPI*只能作为判断物价的参考指标，而不能全面地反映全社会物价变动趋势。其原因在于：第一，尽管基期价格确定，但是各类项目在指数中的权数却并未公布，权数的设置与调整具有差异性；第二，*CPI*主要由消费类商品构成，生产资料价格并未包括在内，只能局部地反映物价变动趋势。另外，*CPI*有时也会夸大价格指数上涨对货币购买力的影响。这至少有以下两种理由：第一，*CPI*通常不考虑商品质量的重要改进，例如一部能节约大量汽油的新型汽车，价格虽较旧式汽车较高一点，但节约汽油的结果不仅不降低汽车消费者的货币购买力甚至还对消费者有利。第二，*CPI*是按一个典型的城市家庭预算所预定的若干市场商品计算出来的。它不能计量消费者如何在某种商品价格上涨时改用价格较低的替代品，如真正奶油价格快速上涨时改用人造奶油，所以*CPI*的变动不一定能正确反映消费者货币购买力的变动，也就不一定能适当反映通货膨胀的程度。

2. **生产者物价指数**

生产者物价指数（*PPI*），又称为批发物价指数（*WPI*），是反映不同时期商品批发价格水平变动情况的指数，它通过对比基期价格计算出制造业、采矿业、农业、渔业、林业等行业中间商品价格变动的百分比。由于这种指数与商品出厂价格紧密相关，而且既有消费资料又有生产资料（但不包括劳务价格），所以，持成本推进通货膨胀观点的经济学家认为批发物价指数最适合于衡量通货膨胀率。

3. **国内生产总值物价平减指数**

国内生产总值物价平减指数（*GDP Deflator*），也称 *GDP* 物价缩减指数、*GDP* 物价折算指数、*GDP* 物价减缩指数等，是衡量各个时期一切商品和劳务价格变化的指标。直观来看，这一指数将物价变动的水分挤出，可反映经济中实际产量的变化情况。*GDP* 物价平减指数就是按当期价格计算的名义 *GDP* 与按基期不变价格或可比价格计算的实际 *GDP* 的比率，其公式为：

$$GDP\text{ 物价平减指数} = \frac{\text{名义 }GDP}{\text{实际 }GDP} \times 100$$

由于这一指数统计范围最广泛，包括一切商品和劳务，也包括进出口商品，所以能全面准确地反映社会总物价水平的变动趋势，是判断一个国家是否产生通货膨胀的最佳指标。近年来已经有很多国家采用这个指标来全面衡量一般物价水平。

总的来看，这三种指数都能反映出基本一致的通货膨胀程度，在衡量通货膨胀时也各有优缺点，但由于各种指数所包括的范围不同，计算出的通货膨胀率通常并不相同。例如，美国 1971—1980 年的平均通货膨胀率，按批发物价指数计算是 8.5%，按消费物价指数计算是 7.9%，按国内生产总值物价平减指数计算是 6.9%。所以，在衡量通货膨胀时应该根据统计需要选择适当的指数。

三、通货膨胀的类型

按照不同的划分标准，通货膨胀可以划分为不同的类型，这里主要从按照价格上升的速度和按照产生原因两个角度具体分类。

1. **按照价格上升的速度划分**

按照价格上升的速度对通货膨胀进行区分，可以分为爬行的通货膨胀、适度的通货膨胀、奔腾的通货膨胀和恶性通货膨胀。

（1）爬行的通货膨胀

爬行的通货膨胀，又称温和的通货膨胀、最佳通货膨胀，一般是物价上涨不超过 2%～3%，同时不存在通货膨胀预期的状态。西方经济学认为爬行的通货膨胀对经济发展和国民收入增加都有着积极的刺激作用，并且将它看作实现充分就业的必要条件。

（2）适度的通货膨胀

适度的通货膨胀是指一般价格水平的上涨幅度为 3%～10%。目前许多国家都存在着这种适度的通货膨胀，它是一个危险信号，如不高度重视就有可能加速。

（3）奔腾的通货膨胀

奔腾的通货膨胀也称疾驰的通货膨胀、加速的通货膨胀，指年通货膨胀率在10%以上和100%以下。这时，货币流通速度提高和货币购买力下降，均具有较快的速度。通货膨胀在加速过程中，人们的恐慌心理使通货膨胀变得更厉害。通货膨胀已对经济社会生活产生较大的不利影响，但还不至于引起金融崩溃和经济生活混乱。

（4）恶性通货膨胀

恶性通货膨胀也称超级通货膨胀，指通货膨胀率在100%以上，而且完全失去了控制。物价连续狂涨，货币价值不断下降，人们不愿持有纸币，或抢购物资，或持有外币，通货膨胀已对经济社会生活产生了极其不利的影响，甚至引发政局动荡。

2. 按照产生原因划分

按照产生通货膨胀原因的不同可以区分为需求拉上型通货膨胀、成本推动型通货膨胀、供求混合型通货膨胀和结构型通货膨胀。

（1）需求拉上型通货膨胀

需求拉上型通货膨胀，又称超额需求通货膨胀，指总需求超过总供给所引起的一般价格水平的上涨。

（2）成本推动型通货膨胀

成本推动型通货膨胀，又称成本通货膨胀或供给通货膨胀，指由于成本提高所引起的一般价格水平的上涨。

（3）供求混合型通货膨胀

供求混合型通货膨胀，是指由于总需求和总供给两方面因素的共同作用所引起的一般价格水平上涨。

（4）结构型通货膨胀

结构型通货膨胀，是指由于经济结构不平衡引起的一般价格水平的上涨。

四、通货膨胀对经济的影响

总的来看，通货膨胀对经济的影响是非常广泛的，在不同的国家和不同的历史时期，通货膨胀有不同的作用。因此，只有把通货膨胀放在具体的经济环境下进行分析才有意义，本书主要从通货膨胀发生后，对经济主体行为的影响来考察通货膨胀产生的两种效应，一是再分配效应，二是产出效应。所谓再分配效应是指通货膨胀会影响到经济社会的收入再分配，使一部分人的利益受损，使另一部分人获益。所谓产出效应是指通货膨胀会影响一个经济社会的产出总量，可能会使产出增加或者减少。

1. 通货膨胀的再分配效应

在现实经济中，产出和价格水平是一起变动的，通货膨胀常常伴随有扩大的实际产出。只有在极难得的一些场合中，通货膨胀的发生才会伴随着实际产出的收缩。为了独立地观察价格变动对收入分配的影响，暂且假设实际产出是固定的，而且实现了充分就业的水平。比方说，假定收入是固定的，然后去研究通货膨胀如何影响分得收入的所有者实际得到的收入的大小。此外，在分析研究之前，还要区分货币收入和实际收入。货币收入就是一个人所获得的货币数量；而实际收入则是一个人用他的货币收入所能够买到的商品和劳务的数量。

那么，通货膨胀的再分配效应是怎样的呢？

（1）通货膨胀对收入的影响

首先，通货膨胀不利于靠固定的货币收入维持生活的人。对于固定收入阶层（如靠领救济金和退休金生活的人）来说，其收入是固定的货币数额，若其收入落后于上升的物价水平。实际收入会因通货膨胀而变少，这是因为他们接受的货币收入没有变化，而他们每一元钱收入的购买力将随价格的上升而下降，因而他们的生活水平必然相应地降低。

相反，那些靠变动收入维持生活的人，则会从通货膨胀中得益，这些人的货币收入会在价格水平和生活费用上涨之前上涨。例如，那些从利润得到收入的企业主就能从通货膨胀中获利，如果商品价格比资源价格上涨得快的话，则厂商的收益将比其成本增长得快。

同样的道理，在雇主与工人之间，通货膨胀将有利于雇主而不利于工人。因为工人的工资一般比较固定，不能迅速地根据通货膨胀率来调整，从而就在名义工资不变或略有增长的情况下使实际工资下降。实际工资的下降就会使利润增加，雇主则可以从中获利，利润的增加也有利于刺激投资，这正是一些经济学家主张以通货膨胀来刺激经济发展的理由。

（2）通货膨胀对财富的影响

通货膨胀对储蓄不利。随着价格上涨，存款的实际价值或购买力就会降低。那些口袋中有闲置货币和存款在银行的人会受到严重的打击。同样，像保险金、养老金以及其他固定价值的证券财产等，它们本来是作为未雨绸缪和蓄资防老的，在通货膨胀中，其实际价值也会下降。

通货膨胀还会在债务人与债权人之间发生收入再分配的作用，通货膨胀将有利于债务人而不利于债权人。假如某甲向乙借款 1 万元，一年后归还，而这段时间内价格水平上升一倍，那么一年后甲归还给乙的 1 万元相当于借时的一半。这里假定借贷双方没有预期到通货膨胀的影响，而一旦预期到通货膨胀，则上述的再分配就会改变。这种不可预期的通货膨胀对住房建设贷款这类长期贷款最不利，从而也就会减少住房投资这类长期投资。因为，实际利率为名义利率和通货膨胀率的差额。如果借贷的名义利率为10%，而通货膨胀率为20%，则实际利率为 -10%；若名义利率为 10%，通货膨胀率为 5%，则实际利率为 5%。只要通货膨胀率大于名义利率，实际利率就是负值。

在政府与公众之间，通货膨胀将有利于政府而不利于公众。这是因为，在不可预期的通货膨胀之下，随着名义工资的提高，达到纳税起征点的人增加了，还有许多进入了更高的税率等级，这样，政府的税收增加，而公众纳税数额增加，实际收入则减少，这样既不利于储蓄的增加，也影响了私人与厂商投资的积极性。

2. 通货膨胀的产出效应

上文假定国民经济的实际产出固定在充分就业的水平。而实际上，国民经济的产出水平是随着价格水平的变化而变化的。下面考虑可能出现的三种情况。

（1）通货膨胀导致产出增加

需求拉上型通货膨胀的刺激，促进了产出水平的提高。许多经济学家长期以来坚持这样的看法，即认为温和的或爬行的需求拉上型通货膨胀对产出和就业将有刺激扩大的效应。假设总需求增加，产生经济复苏，造成一定程度的需求拉上型通货膨胀。在这种条件下，商品的价格会跑到工资和其他资源的价格的前面，由此而扩大了厂商的利润。利润的增加就会刺激厂商扩大生产，从而发生减少失业，增加国民产出的效果。这种情况意味着通货膨胀的再分配后果会被由更多的就业、增加产出所获得的收益所抵消。例如，对于一个失业的工人来说，如果他唯有在通货膨胀条件下才能得到就业机会，显然，通货膨胀对他而言就是有利的。

（2）成本推动型通货膨胀引致失业

这里讲的是由通货膨胀引起的产出和就业的下降。假定在原总需求水平下，经济实现了充分就业和物价稳定。如果发生成本推动型通货膨胀，则原来总需求所能购买的实际商品数量将会减少。那就是说，当成本推动的压力抬高物价水平时，一个已知的总需求只能在市场上支持一个较小的实际产出。所以，实际产出会下降，失业会上升。20世纪70年代的情况就证实了这一点。1973年，石油输出国组织把石油价格翻了两番，则成本推动型通货膨胀的后果使1973—1975年的物价水平迅速上升，与此同时，美国失业率从1973年的不到5%上升到1975年的8.5%。

（3）严重的通货膨胀导致经济崩溃

有些经济学家认为，第一，随着价格持续上升，居民和厂商会产生通货膨胀预期，即估计物价会再度升高。这样，人们就不会让自己的储蓄和现行的收入贬值，而宁愿在价格上升前把其花掉，从而产生过度的消费购买，这样，储蓄和投资都会减少，使经济增长率下降。第二，随着通货膨胀而来的生活费用的上升，劳动者会要求提高工资，不但会要求增加工资以抵销过去价格水平的上升，而且要求补偿下次工资谈判前可以预料到的通货膨胀带来的损失。于是，厂商增加生产和扩大就业的积极性就会逐渐丧失。第三，厂商在通货膨胀率上升时会力求增加存货，以便在稍后按高价出售以增加利润，这种通货膨胀预期除了会鼓励厂商增加存货外，还可能鼓励厂商增加新设备。然而，厂商的这些行为在无法筹措到必需的资金（增加存货和购买设备都需要资金）时就会停止，银行会在适当时机拒绝继续为厂商扩大信贷，银行利率也会上升，厂商得到贷款会变得越来越困难。厂商被迫要减少存货，生产就会收缩。第四，当出现恶性通货膨胀时，情况会变得更糟。当人们完全丧失对货币的信心时，货币就不能执行其作为交换手段和储藏手段的职能。这时，任何一个有理智的人将不愿再花精力去从事财富的生产和正当的经营，而会把更多的精力用在如何尽快把钱花出去，或进行种种投机活动。等价交换的正常买卖，经济合同的签订和履行，经营单位的经济核算，以及银行的结算和信贷活动等，都无法再实现，市场经济机制也无法再正常运行，别说经济增长，大规模的经济混乱也不可避免了。正因为如此，人们一般都主张对通货膨胀进行控制。

任务三　失业率与通货膨胀率之间的关系

一、菲利普斯曲线的定义

1958 年，在英国伦敦经济学院工作的新西兰经济学家菲利普斯（A. W. Philips）通过整理英国 1861—1957 年的统计资料时发现，货币工资增长率和失业率之间存在一种负相关的关系，这种关系可表示为：

$$\Delta w_t / w_{t-1} = f\ (u_t)$$

式中，$\Delta w_t / w_{t-1}$表示 t 时期的货币工资增长率，u_t表示 t 时期的失业率，f 表示两者之间存在着负相关的函数关系。

将式中表示的关系表示在图 12－2 中，它是一条向右下方倾斜的曲线。如图 12－2 菲利普斯曲线的初始形式所示，当货币工资增长率为（$\Delta w/w$）$_1$时，失业率为 u_1，而当货币工资增长率下降到（$\Delta w/w$）$_2$时，失业率提高到 u_2，这一关系相当于用（$\Delta w/w$）$_2$－（$\Delta w/w$）$_1$的货币工资增长率替代了 u_2-u_1的失业率。

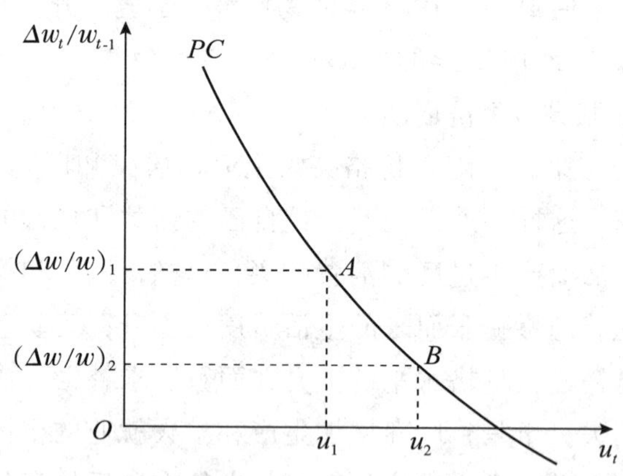

图 12－2　菲利普斯曲线的初始形式

这条用来表示失业率与通货膨胀率之间交替关系的曲线被称为菲利普斯曲线。这条曲线表明：当失业率较低时，货币工资增长率较高；反之，当失业率较高时，货币工资增长率较低，甚至是负数。

根据成本推动型通货膨胀理论，由于价格水平（通货膨胀率）与工资增长率之间存在一一对应的关系，工资成本是价格的重要构成部分，货币工资增长率可以表示通货膨胀率，因此，后期的菲利普斯曲线所描述的关系就由通货膨胀率和失业率之间的交替关系取代。即失业率高，则通货膨胀率低；失业率低，则通货膨胀率高。菲利普斯曲线如图 12－3 所示，横轴 u 代表失业率，纵轴 π 代表通货膨胀率，PC 即为菲利普斯曲线。PC 向右下方倾斜，表示通货膨胀率和失业率之间呈反方向变动。在 A 点时，通货膨胀率为 10%，失业率为 6%；在 B 点时，通货膨胀率为 6%，失业率为 8%。这就是说，B 点失业率高表明经济处于萧条阶段，这时工资与物价水平都较低，从而通货膨胀率也就低；反之，A 点失业率低表明经济处于繁荣阶段，这时，工资与物价水平都较高，从而通货膨胀率也就高。失业率与通货膨胀率之间存在反方向变动关系，是因为通货膨胀使实际工资下降，从而刺激生产，增加劳动的需求，减少失业。

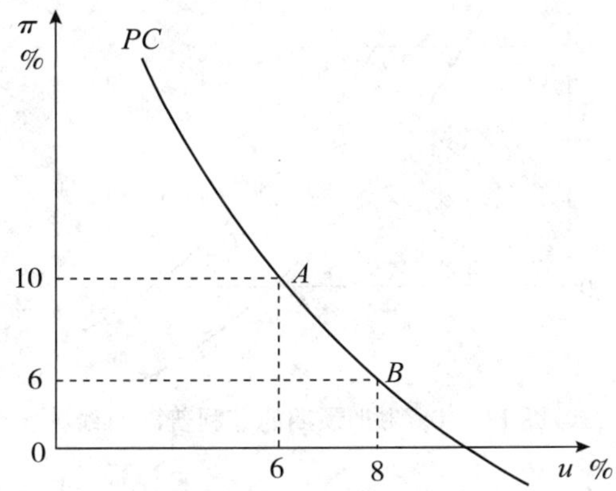

图 12－3　菲利普斯曲线

菲利普斯曲线与标准的凯恩斯理论是有差异和出入的。标准的凯恩斯理论认为，失业与通货膨胀两者是不会并存的，在未实现充分就业，即资源闲置的情况下，总需求的增加只会使国民收入增加，而不会引起价格水平上升。这也就是说，在未实现充分就业的情况下，不会发生通货膨胀。在充分就业实现，即资源得到充分利用之后，总需求的增加无法使国民收入增加，而只会引起价格上升。这也就是说，在发生了通货膨胀时，一定已经实现了充分就业。这种通货膨胀是由于总需求过度而引起的，即需求拉上型通货膨胀。而菲利普斯曲线却表明失业和通货膨胀可以并存，两者之间为负相关关系，可以此消彼长，只有高失业率和高通货膨胀率才不会并存。因此，菲利普斯曲线提供的失业率与通货膨胀率之间的关系为实施政府干预、进行总需求管理提供了一份可供选择的方案。它意味着可以用较高的通货膨胀率为代价，来降低失业率或实现充分就业；而要降低通货膨胀率和稳定物价，就要以较高的失业率为代价。

二、附加预期的菲利普斯曲线

西方国家从 20 世纪 70 年代以来，菲利普斯曲线所描述的失业率和通货膨胀率的交替关系发生了新的变化，即菲利普斯曲线向右上方移动了，表现为，只有以比过去更高的通货膨胀率为代价，才能把失业率降到一定水平，假如以前用4%的通货膨胀率就能把失业率降到4%，那么，现在必须用6%的通货膨胀率才能做到这一点。附加预期的菲利普斯曲线可以从图12－4中看出。图中有两条菲利普斯曲线，PC_2 为移动后的菲利普斯曲线，这条菲利普斯曲线与4%的临界点划出的区域已不能相交，这表明，现在无论怎样调控，都不能把失业率和通货膨胀率同时控制在4%之内。这条向右上方移动的菲利普斯曲线称为预期扩大的菲利普斯曲线。

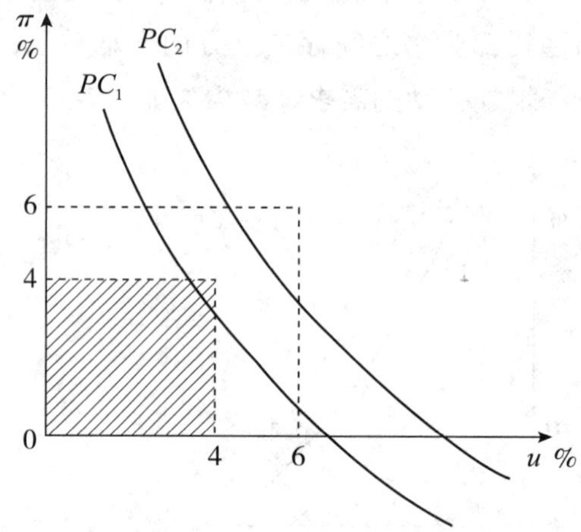

图12－4　附加预期的菲利普斯曲线

为什么菲利普斯曲线会向右上方移动呢？经济学家认为，原来的菲利普斯曲线 PC_1 反映的是通货膨胀预期为零时的失业率与通货膨胀率之间的此消彼长关系。如果通货膨胀率连年上升，特别是政府利用菲利普斯曲线进行相机抉择，用高通货膨胀率换取低失业率的话，就会形成一种通货膨胀预期。如果通货膨胀已被预期到了，工人就会要求提高货币工资以避免生活水平受通货膨胀侵蚀。如果人们预期通货膨胀率会以4%的速度增加，那么，当货币工资上升7%时，人们会认为实际工资只上升了3%，因此，如果以往货币工资率上涨6%便能使失业率下降到3%的话，那么现在达到3%的失业率必须使货币工资率上涨10%，即以往的货币工资上涨率6%加上4%的通货膨胀预期。

凯恩斯主义认为，按预期扩大的菲利普斯曲线依然表现出失业率和通货膨胀率之间的交替关系，只不过现在的交替关系表现为用更高的通货膨胀率来换取一定失业率。而货币主义则反对上述论点，他们认为，菲利普斯曲线所表示的失业率与通货膨胀率之间的此消彼长关系，只有在短期才存在，长期来看，菲利普斯曲线变成一条垂线，通货膨胀率与失业率之间不存在相关关系。

三、短期菲利普斯曲线和长期菲利普斯曲线

为什么短期内失业率和通货膨胀率之间会存在交替关系呢？货币主义者认为，如果

工资契约是在不存在通货膨胀预期的情况下订立的，那么，物价上涨会导致实际工资下降，因而厂商愿意扩大产量，增加就业。当工人们发现实际工资下降时，他们会要求增加货币工资，但货币工资的增长总是滞后于物价上涨。弗里德曼引入“适应性预期”和“自然失业率”概念来解释人们的行为，把菲利普斯曲线分为短期菲利普斯曲线与长期菲利普斯曲线。所谓“适应性预期”，是指人们根据过去的经验来形成并调整对未来的预期。“自然失业率”则是指实际价格水平等于预期价格水平时的失业率，即实际通货膨胀率等于预期通货膨胀率时的失业率。

长期菲利普斯曲线如图 12－5 所示，自然失业率以 u^* 表示。当实际失业率小于自然失业率时，通货膨胀率是上升的，而当实际失业率大于自然失业率时，通货膨胀率是下降的。那么，从长期来看，实际失业率不可能偏离自然失业率，最终会回到自然失业率水平，因此，长期菲利普斯曲线是一条起始于自然失业率的垂线。当经济初始处于自然失业率水平，假如政府试图降低失业率，在短期，沿着 PC_1 向左上方移动，失业率降低到 u_1，但是带来了通货膨胀，通货膨胀率为 π_1（B 点），那么，经济中自发的力量会使失业率回到自然失业率水平，但是由于已经有了 π_1 的通货膨胀预期，经济中失业率和通货膨胀率的组合点为 C 点。这时政府再试图降低失业率，又使经济移动到 D 点，自发的力量会使经济再次回到自然失业率水平，经济回到 E 点，但通货膨胀预期为 π_2，这是一个较高的通货膨胀率与自然失业率的组合。将长期内经济将会趋向的位置 A、C、E 点连接起来，形成一条起始于自然失业率的垂线，这就是长期菲利普斯曲线。

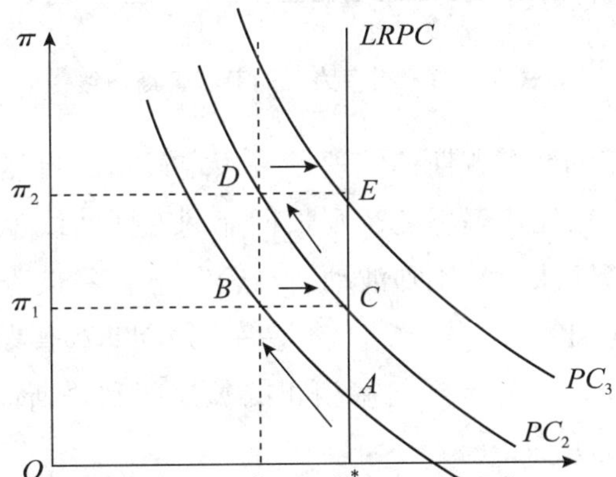

图 12－5　长期菲利普斯曲线

短期菲利普斯曲线是表明在预期的通货膨胀率低于实际发生的通货膨胀率的短期中，失业率与通货膨胀率之间存在交替关系的曲线。所以，向右下方倾斜的菲利普斯曲线在短期内是可以成立的。这也说明，在短期中引起通货膨胀率上升的扩张性财政与货币政策是可以起到减少失业的作用的。这就是宏观经济政策的短期有效性。

长期菲利普斯曲线是一条垂线，表明失业率与通货膨胀率之间不存在交替关系。而且，在长期中，经济中能实现充分就业，失业率是自然失业率。因此，垂直的菲利普斯曲线表明，无论通货膨胀率如何变动，失业率总是固定在自然失业率的水平上。以引起通货膨胀为代价的扩张性财政政策与货币政策并不能减少失业。这就是宏观经济政策的长期无效性。如果一个国家或地区失业率正好是自然失业率水平，我们就说这个国家或地区是充分就业的。

四、斜率为正的菲利普斯曲线

20 世纪 70 年代以来，西方大多数发达国家都出现了高通货膨胀与高失业并存的“滞胀”现象，即经济停滞或衰退、大量失业和严重通货膨胀以及物价持续上涨同时发生的情况。菲利普斯曲线不断右移，长期看来其斜率成为正值。对此，弗里德曼认为，高度的和变化加剧的通货膨胀可能会不断提高“自然失业率”。

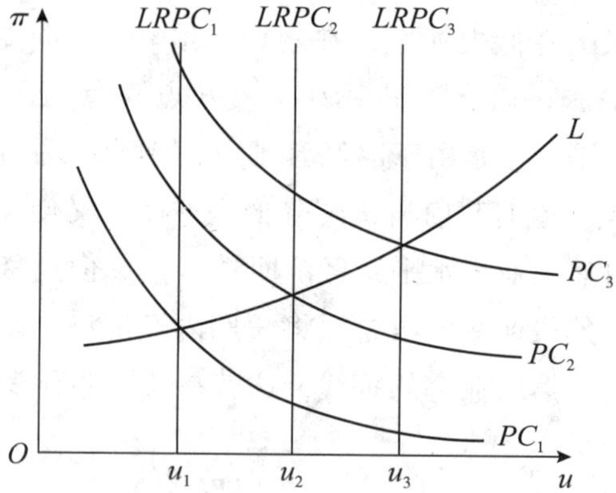

图 12－6　斜率为正的菲利普斯曲线

如图 12－6 斜率为正的菲利普斯曲线所示，假定最初的自然失业率为 u_1，对应短期菲利普斯曲线 PC_1。若自然失业率不变，则长期菲利普斯曲线就是经过自然失业率的垂直线 $LRPC_1$。但由于通货膨胀反复剧烈波动，自然失业率逐步上升至 u_2、u_3，与之对应，短期菲利普斯曲线分别上升到 PC_2、PC_3。将每一个短期菲利普斯曲线与其对应的垂直自然失业率线的交点连接起来，就得到斜率为正的长期菲利普斯曲线 L。此阶段的菲利普斯曲线是促退论的最好说明。

任务四　我国的失业与通货膨胀问题

改革开放以来，我国经济呈现出 GDP 高速增长的态势，但与这种经济的高速增长伴随的是宏观经济运行的两大不稳定因素：物价持续上涨和就业形势日益严峻。2000 年以后，由于国内市场上流动性泛滥，在经过若干年的货币超发积累之后，2007 年中期，通货膨胀十分明显地表现出来，并且在国内以及国外因素的共同作用下，特别是美国次贷危机和国内资产投资过热，我国经济有向成本推动型通货膨胀方向发展的趋势。

一、我国的失业问题

1. 我国失业现状

失业已经成为当今世界最大的社会问题之一。改革开放以来，我国历经了两次失业高峰。第一次发生在1979年，失业群体主要是返城知青，当年失业人员达560万人，失业率为5.4%；第二次发生在1993年，失业人员多为国有企业职工，当年登记失业人员为420.1万人，失业率为2.6%。之后，失业率逐渐增长，来势汹涌。到2014年，我国城镇登记失业率为5.1%。1980—2014年中国城镇登记失业率如表12－1所示。

表12－1　　1980—2014年中国城镇登记失业率

年份	失业率（%）	年份	失业率（%）
1980	4.9	1998	3.1
1981	3.8	1999	3.1
1982	3.2	2000	3.1
1983	2.3	2001	3.6
1984	1.9	2002	4
1985	1.8	2003	4.3
1986	2	2004	4.2
1987	2	2005	4.2
1988	2	2006	4.1
1989	2.6	2007	4
1990	2.5	2008	4
1991	2.3	2009	4.2
1992	2.3	2010	4.3
1993	2.6	2011	4.1
1994	2.8	2012	4.1
1995	2.9	2013	4.1
1996	3	2014	5.1
1997	3.1		

数据来源：野天鹅网，https：//www.yte1.com/。

当前，我国就业形势仍然十分严峻，失业人口结构不断变化，就业压力巨大仍然是我国经济社会发展中的长期性问题之一。

2. 我国失业问题的特征

（1）经济增长与失业率增长并存，就业弹性系数开始下降。进入21世纪以来，我国一度出现了较高速度的经济增长与较缓慢的就业增长的矛盾。20 世纪 80 年代，我国经济增长对就业的拉动作用较大，*GDP* 每增长 1 个百分点，可拉动就业增长 0.31 个百分点。但自 20 世纪 90 年代以来，这种效应逐步缩小。

（2）从 2000—2014 年失业人数及失业率有走高趋势。从绝对数来看，我国城镇失业人口的数量已由 1997 年的 576.8 万人上升到 2005 年的 839 万人，增加了 262.2 万人，平均每年增加约 29 万人。尤其是 2000 年以后，失业人数陡增，2003 年后增幅虽逐渐平缓，但仍保持着增进的趋势。从失业率来看，1997—2000 年失业率基本保持稳定，在 3.1% 左右，但从 2000 年后开始迅速上升，到 2003 年达到 4.3%，而后开始逐渐平滑，每年以一定比率增长。

（3）知识型失业出现并普遍化。我国高校毕业生就业率已由 1996 年的 93.7% 下跌至 2005 年的 72%，且从 2001 年开始，呈逐年下降趋势。高校的扩招，高学历的劳动力不断增加，使原来基本均衡的供求关系被打破。出现了一定程度的人才资源积压、浪费的情况。

3. 我国失业问题原因分析

（1）劳动力供给的问题

①人口数量多。我国人口总量大，人力资源在部分领域严重供过于求，这是造成目前失业人口增加的直接原因。据国家统计局预测，我国 15 ~ 64 岁的劳动适龄人口 1995 年为 8.07 亿人，2000 年为 8.5 亿人，2010 年为 9.70 亿人，2020 年达到最高峰约 9.97 亿人，比 1995 年增加了近 2 亿人。以 2000 年为例，我国净增劳动年龄人口为 1171 万人，按照 78% 的参与率计算，大约有 910 万人需要就业，按照当年经济增长速度，最多也只能增加就业机会 640 万个。

②劳动力素质结构不合理。劳动力素质，特别是劳动力的文化程度是决定劳动生产率的主要途径，改革开放以来，我国劳动力的文化程度不断提高，文盲人口比例持续明显下降。2000 年文盲人口比例为 6.7%，与 1982 年相比累计下降 16.1 个百分点，平均受教育年数由 4.61 年提高到 7.11 年。但是，我国劳动力的整体素质还有待进一步提高，相当多的人很难适应经济发展新阶段的要求。

③年龄结构不合理。我国人口的年龄结构具有以下特点：第一，就业人口的年龄结构构成比较年轻，部分青年人过早离开学校进入就业市场加剧了劳动力之间的竞争。第二，我国 60 岁以上老年人口劳动参与率过高，人为地加剧了就业竞争。

（2）劳动力需求的问题

①经济体制改革。经济体制改革的不断深化是我国失业问题的直接原因。随着改革的进一步深化，劳动力市场基本形成，市场失灵问题开始出现。二元劳动力市场基本形成，两个市场由于劳动力素质不同、劳动力价格不同而很难沟通，导致结构性失业问题明显。

②产业结构转型。目前，我国整体产业结构由工业化初中期向中后期过渡，资金密

集型和技术密集型产业比重不断上升，劳动密集型产业比重没有提高，导致部分产业原有的就业岗位不断减少，新的就业机会尚未出现。第一产业由以前的新增就业机会主要渠道之一变为排斥劳动力就业的主要区域，开始大量释放劳动力；第二产业由原来的“短缺经济”转变为“买方市场”，部分企业的“关、停、并、转、破”使得下岗失业人数急剧增加；第三产业吸纳就业人员人数虽有所上升，但由于经济“重型化”严重，不仅制约了普通劳动力的就业容量，也压制了对知识劳动者的吸纳能力。

③技术进步。技术进步具有双重作用：一方面由于广泛采用节省劳动型技术而减少工作岗位；另一方面劳动生产率增长又通过刺激需求增长产生了新的工作岗位，这种需求效应往往通过跨企业或跨部门间带来互补性。技术进步引起的劳动生产率增长过程基本上是一个劳动力的重新分配过程，关键问题是由于技术进步所摧毁的旧工作岗位是否多于或少于它所创造的新工作岗位。

④经济增长。从1980年开始，我国经济进入持续高速发展阶段，产生了大量的新增就业机会，*GDP*每增长1%，就业增长率相应增长0.31个百分点，属于“高经济增长，高就业增长”的类型。但进入20世纪90年代以后，我国就业年增长率降到1%左右，属于“高经济增长，低就业增长”的类型。改革开放以来，我国物质资本增长率大大超过劳动要素和人力资本要素增长率，我国经济的增长模式属于“资本驱动型”。近期，我国较丰富的是劳动力资源，较短缺的是资本资源，我国应充分利用劳动力这一资源，节约资本资源。但我国的工业化发展路线在一定时期内是依靠资本密集型产业的，这样，经济高增长、资本高投入就没有带来相应的就业增长，使就业压力凸显出来。

⑤经济周期。我国市场经济的周期性变化已开始出现。在经济扩张阶段，我国的就业问题可以得到一定程度的缓解。其原因是，由于投资的带动，市场需求旺盛，企业生产充足，不仅使企业隐蔽失业减少，而且往往还可以扩招一些正式和临时的工人。同时，随着投资增长，建筑业需要从农村招收大量的建筑工人，从而也减少了农村的剩余劳动力。但是，在经济紧缩阶段，投资下降，市场需求疲软，导致企业商品积压，正式工人下岗，大量从农村招来的临时工人和建筑工人又纷纷回到农村，此时，隐性和显性的失业都会增加。

二、我国的通货膨胀问题

改革开放以来，我国经济快速发展，在经济快速发展的同时，伴随着通货膨胀，物价的上涨。在这四十多年间，我国通货膨胀呈现出波动起伏的变化，在改革开放初期出现了较高的通货膨胀，而近几年来通货膨胀维持在较合理范围内。1980—2014年中国通货膨胀率情况如表12－2所示。

表 12-2　　1980—2014 年中国通货膨胀率

年份	通货膨胀率（%）	年份	通货膨胀率（%）
1980	6	1998	-0.8
1981	2.4	1999	-1.4
1982	1.9	2000	0.4
1983	1.5	2001	0.7
1984	2.8	2002	-0.8
1985	9.3	2003	1.2
1986	6.5	2004	3.9
1987	7.3	2005	1.8
1988	18.8	2006	1.5
1989	18	2007	4.8
1990	3.1	2008	5.9
1991	3.4	2009	-0.7
1992	6.4	2010	3.3
1993	14.7	2011	4.9
1994	24.1	2012	2.6
1995	17.1	2013	2.6
1996	8.3	2014	2
1997	2.8		

数据来源：银行信息港，https：//www.yinhang123.net/。

1. 1980 年的通货膨胀高峰

1980 年的通货膨胀高峰，通货膨胀率为 6%。产生的原因是：

第一，高额的财政赤字。1980 年财政赤字为 127.5 亿元。

第二，高额的财政赤字导致货币超额投放。货币流通增长率 1980 年为 22.6%。

2. 1985 年的通货膨胀高峰

1985 年的通货膨胀高峰，通货膨胀率为 9.3%。产生的原因是：

第一，信贷规模的膨胀。国家银行贷款余额增长率 1985 年为 23.9%。

第二，信贷规模的膨胀导致货币超额投放。货币流通增长率 1985 年为 19.8%。

3. 1988 年的通货膨胀高峰

1988 年的通货膨胀高峰，通货膨胀率 18.8%。产生的原因是：

第一，政策调控导致货币超额投放。为治理通货膨胀，1985 年国家采取了较为激烈的紧缩政策，导致连续三年的经济疲软。为启动经济，1988 年货币流通量增长了 31.8%。

第二，通货膨胀预期导致消费者抢购，使消费需求膨胀，引起较高通货膨胀。

4. 1994 年的通货膨胀高峰

1994 年的通货膨胀高峰，通货膨胀率为 24.1%。产生的原因是：

第一，政策调控导致货币超额投放。为治理通货膨胀，1988 年年底和 1989 年年初国家再次采取较为激烈的紧缩政策，并又一次导致连续三年的经济疲软。为启动经济，1992 年货币流通量增长了 43.2%。

第二，投资的高速增长导致货币超额投放。1992 年以后，我国经济进入新一轮的高速成长期，社会投资增长率 1992 年为 8.3%，1993 年为 12.1%。

当前中国面临通货膨胀和就业两个较大问题，这就需要在经济增长与控制物价之间选择一个平衡点。

项目小结

本项目主要讲述了失业、通货膨胀、失业率与通货膨胀率之间的关系以及我国的失业与通货膨胀问题。失业是指一定年龄范围内愿意且有能力工作的人找不到工作的状态。失业率是失业人数占劳动力总数的百分比，失业率是衡量一个国家或地区失业状况的基本指标。失业包括自然失业和周期性失业，而自然失业又包括摩擦性失业和结构性失业。通货膨胀是指一般物价水平在一定时期内呈现持续的显著上升的状态，或者说是指货币的单位购买力在一定时期内呈现持续下降的状态。通常以通货膨胀率来衡量通货膨胀的程度。按照价格上升的速度对通货膨胀进行区分，可以分为爬行的通货膨胀、适度的通货膨胀、奔腾的通货膨胀和恶性通货膨胀。按照产生通货膨胀原因的不同可以区分为需求拉上型通货膨胀、成本推动型通货膨胀、供求混合型通货膨胀和结构型通货膨胀。总的来看，通货膨胀对经济的影响是非常广泛的，主要是产生的两种效应，一是再分配效应，二是产出效应。用来表示失业率与通货膨胀率之间交替关系的曲线被称为菲利普斯曲线。当前中国面临通货膨胀和就业两个较大问题，这就需要在经济增长与控制物价之间选择一个平衡点。

关键概念

就业、失业、失业率、自然失业、摩擦性失业、结构性失业、周期性失业、通货膨胀、消费物价指数、生产者物价指数、国内生产总值物价平减指数、菲利普斯曲线。

实践与实训

一、填空题

1. 失业是指一定年龄范围内愿意且有能力工作的人________工作的状态。
2. 失业率是失业人数占________总数的百分比，________率是衡量一个国家或地区失业状况的基本指标。

3. 失业包括自然失业和________失业，而自然失业又包括________失业和________失业。

4. 通货膨胀是指一般物价水平在一定时期内呈现持续的________的状态，或者说是指货币的单位购买力在一定时期内呈现________的状态。

5. 通常以________来衡量通货膨胀的程度。

6. 用来表示失业率与通货膨胀率之间交替关系的曲线被称为________。

7. 通货膨胀对经济的影响是非常广泛的，主要是产生的两种效应，一是________，二是________。

二、选择题

1. 如果某人由于钢铁行业不景气而失去工作，这种失业属于（　　）。

A. 摩擦性失业　　B. 结构性失业
C. 周期性失业　　D. 自愿失业

2. 某注册会计师在相当长的时间里找不到工作，以至于她不再找工作，她被认为是（　　）。

A. 就业者　　B. 失业者
C. 不在劳动力中　　D. 不在成年人口中

3. 自然失业率（　　）。

A. 恒为零
B. 是历史上最低限度水平的失业率
C. 是没有摩擦性失业时的失业率
D. 是实现了充分就业时的失业率

4. 在以下四种情况下，可称为通货膨胀的是（　　）。

A. 物价总水平的上升持续了一个星期之后又下降了
B. 价格总水平上升而且持续了一定时期
C. 一种商品或几种商品的价格水平上升而且持续了一定时期
D. 物价总水平下降而且持续一定时期

5. 由于工资提高而引起的通货膨胀是（　　）。

A. 需求拉上型通货膨胀　　B. 成本推动型通货膨胀
C. 供求混合型通货膨胀　　D. 结构型通货膨胀

6. 通货膨胀的再分配效应是指（　　）。

A. 收入结构的变化　　B. 收入普遍上升
C. 收入普遍下降　　D. 债权人收入上升

7. 根据菲利普斯曲线，降低通货膨胀率的办法是（　　）。

A. 减少货币供给量　　B. 降低失业率

C. 提高失业率　　D. 增加工资

8. 已知充分就业的国民收入是10000亿元，实际国民收入9800亿元，边际消费倾向是80%，在增加100亿元的投资以后，经济将发生（　　）。

A. 需求拉上型通货膨胀　　B. 成本推动型通货膨胀

C. 结构型通货膨胀　　D. 需求不足的失业

三、判断题

1. 需求不足的失业是一种自愿失业。（　　）
2. 充分就业就意味着失业率为零。（　　）
3. 通货膨胀会引起收入的再分配。（　　）
4. 温和的通货膨胀对生产有一定的扩张作用。（　　）
5. 没有预料到的通货膨胀有利于债务人，不利于债权人。（　　）

四、计算题

用以下就业国的信息回答问题。

单位：百万人

	2005年	2006年
人口	223.6	226.5
成年人	168.2	169.5
失业者	7.4	8.1
就业者	105.2	104.2

1. 2005年和2006年的劳动力数量分别是多少？
2. 2005年和2006年的失业率分别是多少？
3. 从2005年到2006年，成年人增加了，而劳动力减少了，可能是什么原因？

互动讨论

1. 试分析大学生“毕业即失业”的原因，你认为这类失业问题应该属于哪种失业类型？请说明理由。

2. 油价不断上涨会使全球通货膨胀率有所上升，特别是石油进口国的通货膨胀压力将增加。请问通货膨胀会对石油进口国造成什么影响？谁是通货膨胀的受害者？请详细解释。

案例分析

2016年中国的通缩风险是否大于通胀风险?

1. 从货币发行量来说，传统的货币经济学观点是货币超发会造成通货膨胀，但是资本全球化以及美联储的经验表明，货币超发的另一个可能是资产价格膨胀，而实体经济价格保持较低的增长速度。2015年中国国内股市的变化表明了政府是希望将宽松货币政策释放出来的资金引导进入金融市场。而股市或债市，在政策导向上，则一直侧重鼓励资金流向资本市场。

2. 在实体经济的生产成本方面，2016年，中国国内工资水平经过几年的高增长后，受到东南亚如印度低工资的竞争压力。大宗商品原材料价格低迷，即使有中短期的反弹，就基本面上来说，依然远远供大于求，因此2016年中国通货膨胀缺乏成本推动的因素。

3. 2016年，中国部分实体经济的生产能力严重过剩，国际市场需求不振，因此部分实体经济的最终商品价格面临恶化的竞争环境，部分实体经济回报过低，导致部分资本难以流入实体经济环节，只能进入资本市场或者流往国外。

因此，部分产业生产能力的过剩和资本市场的政策引导，以及结构性改革必然造成一定的经济损失，以上或是造成2016年中国通缩风险大于通胀风险的主要原因。

思考题:

1. 为什么会造成通货紧缩的压力?
2. 如何化解通货紧缩压力，保持经济可持续稳定增长?

项目十三　经济周期与经济增长

知识目标

1. 理解经济周期的含义。
2. 理解经济周期的阶段划分。
3. 理解经济周期的类型与常见的经济周期的理论。
4. 理解经济增长与经济发展的含义。
5. 理解经济增长与经济发展的关系。
6. 理解经济增长的源泉与经济增长模型。

能力目标

1. 能够分析现实生活中的经济周期现象。
2. 能够运用经济周期的理论进行经济增长预测。

思政目标

1. 要认识到放眼世界或着眼未来，中国经济总量是在不断提升的。展望2035年，中国人均*GDP*将达到中等发达国家的水平，这也界定了经济增长的一般范围，即中国的经济增长将继续保持平稳。

2. 要认识到“十四五”是中国经济转型的关键时期。未来五到七年，中国经济年均增速有望达到5%左右。也就是说，从2021年起，中国经济或将进入一个新的快速增长的黄金周期。

引导案例

消费已成为拉动我国经济增长的“千里马”

据商务部、国家旅游局[①]2016年2月13日发布的信息显示，春节期间，国内旅游收

① 2018年3月，根据第十三届全国人民代表大会第一次会议批准的国务院机构改革方案，将国家旅游局的职责整合，组建中华人民共和国文化和旅游部，不再保留国家旅游局。此处案例用的是2016年的数据，因此使用“国家旅游局”的说法。

入137.9亿元，同比增长14.2%；全国零售和餐饮企业实现销售额约7540亿元，比去年春节黄金周增长11.2%；2月8日至13日，即大年初一至初六，全国电影总票房达30亿元，同比增长67%，成为“史上最强春节档”。

一系列数据表明，虽然2015年我国*GDP*增速6.9%，但今年春节市场并没有因为经济增速下滑而失去繁荣，老百姓的消费热情也比往年更高了。是什么原因使得*GDP*增速回落，但老百姓的生活水平却在节节攀高呢？

经济新常态下，过去那种靠拼投入、拼资源、拼环境实现高速增长的经济发展方式已经不可持续了。习近平总书记在博鳌亚洲论坛2015年年会上表示，中国将主动适应和引领经济发展新常态，坚持以提高经济发展质量和效益为中心，把转方式调结构放到更加重要位置。

在转方式、调结构的理念下，我国产业结构更趋优化，经济由工业主导迈向服务业主导，因此在去年，我国经济依然保持了总体平稳、稳中有进、稳中向好的发展态势。这一点，可以从国家统计局发布的2015年经济数据看出来。

数据显示，*GDP*中第三产业比重已经占到50.5%，比第二产业比重提高了10个百分点；另外，需求结构也在不断改善，最终消费对*GDP*的贡献达到了60%以上。消费已经成为拉动经济增长的“黑马”“千里马”。

2016年1月18日，习近平总书记在省部级主要领导干部学习贯彻党的十八届五中全会精神专题研讨班开班式上发表重要讲话时强调，“十三五”时期，我国经济发展的显著特征就是进入新常态。这些变化，是我国经济向形态更高级、分工更优化、结构更合理的阶段演进的必经过程。实现这样广泛而深刻的变化并不容易，对我们是一个新的巨大挑战。

随着我国经济总量不断增大，当前经济发展面临速度换挡节点、结构调整节点、动力转换节点。习近平总书记指出，要着力实施创新驱动发展战略，抓住了创新，就抓住了牵动经济社会发展全局的“牛鼻子”。

时下，在互联网技术的带动下，越来越多的新产业、新业态、新商业模式成为经济增长的亮点，尤其是网购这一消费模式，成了中国经济稳中有进、稳中向好的重要动力。国家统计局的数据显示，去年全国网上零售额38773亿元，比上年增长33.3%。其中，实物商品网上零售额32424亿元，增长31.6%，占社会消费品零售总额的比重为10.8%。

新产业、新业态、新商业模式都离不开“创新”二字，创新为供给端提供了市场渠道和发展动力。习近平总书记在省部级主要领导干部学习贯彻党的十八届五中全会精神专题研讨班开班式上指出，供给侧结构性改革，重点是解放和发展社会生产力，用改革的办法推进结构调整，减少无效和低端供给，扩大有效和中高端供给，增强供给结构对需求变化的适应性和灵活性，提高全要素生产率。

经济增速放缓，不是需求少了，实际上是供给不适应市场需求。借助新技术和新商业模式的力量，农村商品进入城市的渠道也被打通了。据中国年货大数据报告显示，全国超过1.2万个农村淘宝服务站参加了2016年阿里年货节。媒体报道称，2016年阿里年货节期间，贵州辣椒酱5小时卖出8万瓶，大别山黑猪肉9小时卖掉2吨，苏北土鸡蛋2小时卖掉3万枚，洛川苹果11小时卖掉18万斤。

（资料来源：环球网 http://world.huanqiu.com/ 2016-2-15）

思考题：

1. 2015年我国经济增长破“7”，是否意味着经济增长停滞不前？

2. 如何挖掘经济增长的潜力？

任务一　经济周期

一、经济周期的含义与阶段

1. 经济周期的含义

经济周期也称商业周期、商业循环、景气循环，它是指经济运行中周期性出现的经济扩张与经济紧缩交替更迭、循环往复的一种现象，是国民总产出、总收入和总就业的波动。

在市场经济条件下，企业家们越来越多地关心经济形势，也就是“经济大气候”的变化。一个企业生产经营状况的好坏，既受其内部条件的影响，又受其外部宏观经济环境和市场环境的影响。一个企业，无力决定它的外部环境，但可以通过内部条件的改善来积极适应外部环境的变化，充分利用外部环境，并在一定范围内，改变自己的小环境，以增强自身活力，扩大市场占有率。因此，作为企业家对经济周期波动必须了解、把握，并能制定相应的对策来适应周期的波动，否则将在波动中丧失生机。

2. 经济周期的阶段

经济周期可以分为扩张阶段与收缩阶段两个大的阶段。收缩阶段常常短于扩张阶段，其振幅可能是收敛性的、发散性的或稳定性的。如果更细一些，则把经济周期分为繁荣、衰退、萧条、复苏四个阶段。其中繁荣与萧条是两个主要阶段，衰退与复苏是两个过渡性阶段。

图13-1经济周期变动的曲线可以说明这四个阶段。

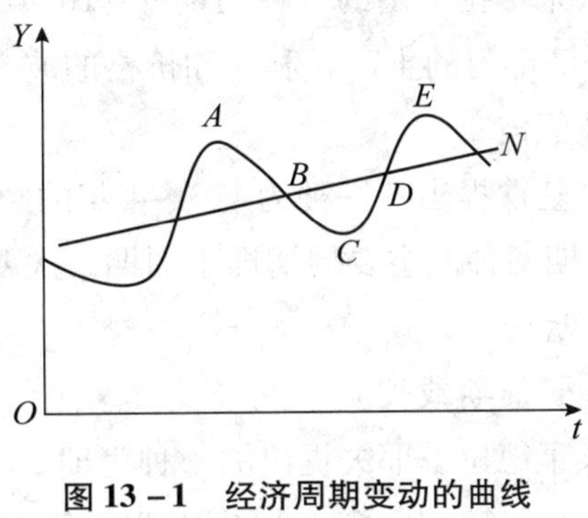

图13-1　经济周期变动的曲线

图中纵轴 Y 代表国民收入，横轴 t 代表时间（年份），向右上方倾斜的直线 N 代表正常经济活动水平。A 为顶峰，$A \sim B$ 为衰退阶段，$B \sim C$ 为萧条阶段，C 为谷底，$C \sim D$ 为复苏阶段，$D \sim E$ 为繁荣阶段，E 为顶峰。从 $A \sim E$ 即为一个周期。$A \sim C$，即衰退与萧条阶段，就是收缩阶段，$C \sim E$，即复苏与繁荣阶段，就是扩张阶段。收缩阶段总的经济趋势是下降，扩张阶段总的经济趋势是上升。

经济周期的四个阶段各有自己的特点：

（1）繁荣阶段。国民收入与经济活动高于正常水平的一个阶段。其特征为生产迅速增加，投资增加，信用扩张，价格水平上升，就业增加，公众对未来持乐观态度。繁荣的最高点称为顶峰，这时就业与产量水平达到最高，但股票与商品的价格开始下跌，存货水平高，公众的情绪正由乐观转为悲观。这是繁荣的极盛时期，也是由繁荣转向衰退的开始。

（2）衰退阶段。是从繁荣到萧条的过渡时期，这时经济开始从顶峰下降，但仍未低于正常水平。

（3）萧条阶段。国民收入与经济活动低于正常水平的一个阶段。其特征为生产急剧减少，投资减少，信用紧缩，价格水平下跌，失业严重，公众对未来持悲观态度。萧条的最低点称为谷底，这时就业与产量水平跌至最低，但股票与商品的价格开始回升，存货减少，公众情绪正由悲观转为乐观。

（4）复苏阶段。是从萧条到繁荣的过渡时期，这时经济开始从谷底回升，但仍未达到正常水平。

在经济分析中，根据经济周期不同阶段的特点和经济统计资料，就可以确定处于周期的哪一个阶段，以便采用相应的政策来进行调节。

二、经济周期的类型

自 19 世纪中叶以来，人们在探索经济周期问题时，根据各自掌握的资料提出了不同长度和类型的经济周期。

1. 朱格拉周期：中周期或中波

1860 年，法国经济学家朱格拉提出的一种为期 9 ~ 10 年的经济周期。该周期是以国民收入、失业率和大多数经济部门的生产、利润和价格的波动为标志加以划分的。

2. 基钦周期：短周期或短波

1923 年，英国经济学家基钦提出的一种为期 3 ~ 4 年的经济周期。基钦认为经济周期实际上有主要周期与次要周期两种。主要周期即中周期，次要周期为 3 ~ 4 年一次的短周期。这种短周期就称基钦周期。

3. 康德拉季耶夫周期：长周期或长波

1926 年，俄国经济学家康德拉季耶夫提出的一种为期 50 ~ 60 年的经济周期。该周期理论认为，从 18 世纪末期以后，经历了三个长周期。第一个长周期从 1789 年到 1849

年，上升部分为25年，下降部分为35年，共60年。第二个长周期从1849年到1896年，上升部分为24年，下降部分为23年，共47年。第三个长周期从1896年起，上升部分为24年，1920年以后进入下降部分。

4. 库兹涅茨周期：另一种长周期

1930年，美国经济学家库兹涅茨提出的一种为期15～25年，平均长度为20年左右的经济周期。由于该周期主要是以建筑业的兴旺和衰落这一周期性波动现象为标志加以划分的，所以也被称为“建筑周期”。

5. 熊彼特周期：一种综合

1936年，奥地利经济学家熊彼特以他的“创新理论”为基础，对各种周期理论进行了综合分析后提出的。他认为，每一个长周期包括六个中周期，每一个中周期包括三个短周期。短周期约为40个月，中周期为9～10年，长周期为48～60年。他以重大的创新为标志，划分了三个长周期。第一个长周期从18世纪80年代到1842年，是“产业革命时期”；第二个长周期从1842年到1897年，是“蒸汽和钢铁时期”；第三个长周期从1897年以后，是“电气、化学和汽车时期”。在每个长周期中仍有中等创新所引起的波动，这就形成若干个中周期。在每个中周期中还有小创新所引起的波动，这就形成若干个短周期。

三、经济周期的理论

1. 投资过度周期理论

投资的波动导致了整个经济的波动：经济扩张时，资本品的增长速度快于消费品，减缓扩张并导致衰退；经济衰退时，资本品的下降速度也快于消费品，减缓衰退并导致新的扩张。

2. 消费不足周期理论

经济衰退的原因是收入中用于储蓄的部分过多，用于消费的部分不足。而储蓄过多和消费不足，又是由于收入分配不平等而造成的。

3. 纯货币周期理论

经济周期是一种纯粹的货币现象，银行货币和信用交替的扩大与紧缩导致了经济的周期波动：银行货币和信用的扩张导致利率下降，引起投资增加，经济走向繁荣；银行货币和信用的紧缩导致利率上升，引起投资减少，经济走向衰退。

4. 创新周期理论

技术上的革新和发明有高潮和低潮，所以，技术创新引起了经济周期性的波动。

5. 心理周期理论

人们在心理上对未来的乐观预期和悲观预期的交替出现是经济周期性波动的原因。

6. 太阳黑子周期理论

太阳黑子的变化影响了农业生产与整个经济从而引起了经济周期性波动。

7. **政治性周期理论**

政府出于政治目的，交替使用消除经济衰退、增加就业的扩张性财政政策和货币政策，和消除通货膨胀的紧缩性财政政策和货币政策，从而引起了经济的周期性波动。

任务二　经济增长

一、经济增长与经济发展

1. **经济增长**

经济增长通常是指在一个较长的时间跨度上，一个国家或地区人均产出（或人均收入）水平的持续增加，或一个国家或地区总产出（或国民收入）水平的增加。较早的文献中是指一个国家或地区在一定时期内的总产出与前期相比实现的增长。总产出通常用国内生产总值（*GDP*）来衡量。对一国经济增长速度的度量，通常用经济增长率来表示。设 ΔY_t 为本年度经济总量的增量，Y_{t-1} 为上年所实现的经济总量，则经济增长率（G）就可以用下面的公式来表示：

$$G = \frac{\Delta Y_t}{Y_{t-1}}$$

由于 *GDP* 中包含了产品或服务的价格因素，所以在计算 *GDP* 时，就可以分为，用现价计算的 *GDP* 和用不变价格计算的 *GDP*。用现价计算的 *GDP*，可以反映一个国家或地区的经济发展规模，用不变价格计算的 *GDP* 可以用来计算经济增长的速度。

2. **经济发展**

经济发展通常是指一个国家摆脱贫困落后状态，走向经济和社会生活现代化的过程。经济发展不仅意味着国民经济规模的扩大，更意味着经济和社会生活素质的提高。所以，经济发展涉及的内容超过了单纯的经济增长，比经济增长更为广泛。

就当代经济而言，发展的含义相当丰富复杂。发展总是与发达、工业化、现代化、增长之间交替使用。一般来说，经济发展包括三层含义：

（1）经济量的增长，即一个国家或地区商品和劳务的增加，它构成了经济发展的物质基础；

（2）经济结构的改进和优化，即一个国家或地区的技术结构、产业结构、收入分配结构、消费结构以及人口结构等经济结构的变化；

（3）经济质量的改善和提高，即一个国家和地区经济效益的提高、经济稳定程度、卫生健康状况的改善、自然环境和生态平衡以及政治、文化和人的现代化进程。

经济增长不等于经济发展，二者是有区别的。

第一，经济增长是以国内生产总值表示的产量或人均产量的增长，是一种潜在生产能力的提高。而经济发展却比较难以定义，即包括经济增长的速度、平稳程度和结果，还包括国民的生活质量、经济结构乃至社会结构和政治体系的进步。

第二，经济增长可能是生产要素投入量增加的结果，也可能是生产效率提高的结果。而经济发展不但具有这些内涵，而且还包括商品构成的变化以及生产过程中各种生产要素投入量贡献的相对变化等。

第三，经济增长是可计量的客观的量，它表示资本、劳动力、贸易和消费等总数的扩大。而经济发展则描述生产技术、社会观念、经济体制和物质福利等经济发展基本因素的改变和改善。

对于经济增长和经济发展的区别，美国经济学家金德尔博格和赫里科做过一个形象的比喻：正如在人类身上一样，增长强调着眼于身高和体重（或者说国内生产总值）；而发展则强调机能上——素质协调的改变，例如，指学习能力（或者说经济上的适应能力）。

经济增长和经济发展之间又是有联系的。一般来说，没有经济增长就没有经济发展，经济增长是经济发展的前提、基础和核心，然而经济增长未必一定意味着经济发展。

二、经济增长的源泉

虽然发展的途径各不相同，但所有经济快速发展的国家都有一些共同点。经济增长和经济发展的基本机制都是一样的，当初它们成就了英国和日本，如今也开始适用于中国和印度这样的发展中国家。事实上，研究经济增长的经济学家已经发现：经济增长的发动机必定安装在相同的四个“轮子”上，无论是穷国还是富国。这四个“轮子”，或者说增长的要素就是：

1. 资本（机器、工厂、道路）

资本的概念分为人力资本和物质资本。物质资本又称有形资本，是指厂房、设备、存货等的存量。人力资本又称无形资本，是指体现在劳动者身上的投资，如劳动者的文化技术水平、健康状况等。本书研究的是物质资本。

2. 自然资源（土地、矿产、燃料、环境质量）

产出的第二大传统生产要素是自然资源。这里所指的主要的资源包括土地、石油、天然气、森林、水力和矿藏等。一些高收入国家，如加拿大和挪威，就是凭借其丰富的资源，在农业、渔业和林业等方面获得高产而发展起来的。与此类似，美国由于拥有广袤的良田，所以才成为世界最大的谷物生产和出口国。

3. 劳动（人口、就业率）

劳动指劳动力的增加。劳动力的增加又可分为劳动力数量的增加和劳动力质量的提高。这两个方面对经济增长都是重要的。

4. 技术进步（科学、工程、管理、企业家才能）

技术进步在经济增长中的作用，体现在生产率的提高上，即同样的生产要素投入量能提供更多的商品。技术进步主要包括资源配置的改善（如中国三大产业之间的资源配置变动），规模经济和知识的进展。据估计，技术进步引起的生产率提高中有60%左右要归功于知识进展。知识进展不仅包括自然科学与技术科学的进展，而且包括管理科学的进展。

人们和经济学家日益认识到技术进步对经济增长的重要性，如根据R. 索罗的研究，美国在1909—1940年平均年经济增长率为2.9%，其中由于技术进步而引起的经济增长率为1.49%，对经济增长所作的贡献占51%左右。并且在技术进步过程中，快速创新需要培养一种企业家精神。

可以借助总生产函数或宏观生产函数来研究经济增长的源泉。

设宏观生产函数为：

$$Y = Af(L, K, R)$$

Y代表产出，L代表劳动投入量，K代表资本投入量，R代表投入的自然资源，A代表技术水平。

三、经济增长模型

经济增长模型是要通过对决定经济增长的因素之间量的关系的分析来解决这样三个问题：第一，在长期中是否存在一种稳定状态的增长；第二，实现稳定均衡增长的条件是什么；第三，这种均衡增长是否有稳定性。总而言之，经济增长模型是寻求经济长期稳定增长的途径。本书介绍三个最有影响的经济增长模型。

1. 哈罗德—多马模型

20世纪40年代，英国经济学家哈罗德和美国经济学家多马分别提出经济增长模型，由于他们所提出的模型基本相似，所以被称为哈罗德—多马模型。

（1）基本假设

①社会只生产一种商品，既可以作为消费品，也可以作为资本品。

②生产中只使用两种生产要素：劳动与资本，且技术系数固定。

③规模收益不变，即不存在收益增值税递增与递减。

④不考虑技术进步，即生产技术水平是既定的。

⑤在任何时候，生产单位产出所需要的劳动力数量和资本数量不变。

（2）基本公式

哈罗德—多马模型的基本公式是：

$$G = \frac{S}{C}$$

在上式中，G代表国民收入增长率，即经济增长率。S代表储蓄率，即储蓄量在国民收入中所占的比例。C代表资本—产量比率，即生产一单位产量所需要的资本量。根据这一模型的假设，资本与劳动的配合比率是不变的，从而资本—产量比率也就是不变的。这样，经济增长率实际取决于储蓄率。例如，假定资本—产量比率C为3，如果储蓄率S

为15%，则经济增长率为5%。在资本—产量比率不变的条件下，储蓄率高，则经济增长率高（在上例中，储蓄率增加到18%，则经济增长率为6%）；储蓄率低，则经济增长率低（在上例中，储蓄率减少到12%，则经济增长率为4%）。可见这一模型强调的是资本增加对经济增长的作用，分析的是资本增加与经济增长之间的关系。

（3）经济长期稳定的条件

三个经济增长概念：

①实际增长率（G）是实际上所发生的增长率，它由实际储蓄率（S）和实际资本—产量比率（C）决定，即 $G=S/C$。

②有保证的增长率，又称合意增长率（G_W）是长期中理想的增长率，它由合理的储蓄率（S_d）和合意的资本—产量比率（C_r）决定，即 $G_W=S_d/C_r$。

③自然增长率（G_n），即长期中人口增长和技术进步所允许达到的最大增长率，它由最适宜的储蓄率（S_0）和合意的资本—产量比率（C_r）决定，即 $G_n=S_0/C_r$。

长期中实现经济稳定增长的条件为：$G=Gw=Gn$

如果这三种增长率不一致，则会引起经济中的波动：

①实际增长率与合意增长率不一致，会引起经济的短期波动。

若 $G>G_W$，引起累积性扩张，经济增长过快；

若 $G<G_W$，引起累积性紧缩，经济增长过慢。

②合意增长率与自然增长率不一致，会引起经济的长期波动。

若 $G_W>G_n$，经济将长期停滞（无能力）；

若 $G_W<G_n$，经济将长期繁荣（有能量）。

虽然哈罗德—多马模型被认为有缺陷，但后来的经济增长模型基本上都是在其基础之上，经过发展改进而建立起来的。

2. 新古典经济增长模型

新古典经济增长模型的代表是索洛—斯旺模型。

（1）基本假设

新古典经济增长模型是建立在哈罗德—多马模型基础之上的，其基本假设条件与哈罗德—多马模型的区别主要是：生产的技术条件是可以改变的，即资本—劳动比率和资本—产量比率是可以变动的。在此前提下，还假定：资本和劳动这两个生产要素的边际生产力都是递减的；经济处于完全竞争条件下，资本和劳动这两个生产要素都可以得到充分利用。在现实中由于各种因素的影响，实际增长率、有保证的增长率和自然增长率很难达到一致。

（2）基本公式

新古典经济增长模型的公式是：

$$G = a\frac{\Delta K}{K} + b\frac{\Delta L}{L} + \frac{\Delta A}{A}$$

其中，$\Delta K/K$ 代表资本增长率，$\Delta L/L$ 代表劳动增长率，$\Delta A/A$ 代表技术进步率，a 代表经济增长中资本所做贡献的比例，b 代表经济增长中劳动所做贡献的比例，a/b 代表资本—劳动比率。

假定规模收益不变，则：$a+b=1$。

（3）含义

①决定经济增长的因素是资本的增加、劳动的增加和技术进步。

②资本—劳动比率是可变的，从而资本—产量比率也就是可变的（这是对哈罗德—多马模型的重要修正）。

③资本—劳动比率的改变是通过价格的调节来进行的。如果资本量大于劳动量，则资本的相对价格下降，劳动的相对价格上升，从而就使生产中更多地利用资本，更少地利用劳动，通过资本密集型技术来实现经济增长。反之，如果资本量小于劳动量，则资本的相对价格上升，劳动的相对价格下降，从而就使生产中更多地利用劳动，更少地利用资本，通过劳动密集型技术来实现经济增长。这样，通过价格的调节使资本与劳动都得到充分利用，经济得以稳定增长。

（4）经济长期稳定增长的条件

新古典经济增长模型从资本—产量比率的角度探讨了经济长期稳定增长的条件。

这一模型认为，在长期中实现均衡的条件使储蓄全部转化为投资，即是对凯恩斯储蓄等于投资这一短期均衡条件的长期化。这种情况下，如果储蓄倾向不变，劳动增长率不变，则长期稳定增长的条件就是经济增长（$\Delta Y/Y$）与资本存量增长率（$\Delta K/K$）必须相等，即

$$\frac{\Delta Y}{Y}=\frac{\Delta K}{K}$$

如果 $\Delta Y/Y>\Delta K/K$，这就意味着收入的增长快于资本存量的增长，从而资本生产率提高，这就会刺激厂商用资本代替劳动，使用的资本量的增加一方面使资本边际生产率下降，另一方面也使资本价格提高，从而最终会减少资本使用量，最后达到 $\Delta Y/Y=\Delta K/K$。

可见，通过市场调节，会使经济在长期中保持 $\Delta Y/Y=\Delta K/K$，从而实现稳定增长。

（5）意义

①要保证人均收入增长率大于零，则必须使资本增长率大于劳动力增长率。显示出减低人口增长率对人均收入增长的意义。

②加入技术进步的因素，只要技术进步是正数，即使人均资本增长率为零，人均收入增长率仍可为正。

③经济增长取决四大因素：资本增长率，劳动力增长率，资本和劳动对收入增长的相对作用，技术进步。

④由于资本投入和劳动力投入的增长率以及技术进步是经济增长的三大因素。新古

典经济增长模型不像哈罗德—多马模型只强调投资对经济增长的作用，它强调了资本和劳动对经济增长的共同作用，同时认为技术进步不仅会改变劳动生产率，而且会改变资本—产量比率，并将其作为一个独立的变量加在经济增长模型中。

3. 新剑桥经济增长模型

新剑桥经济增长模型的特点是将收入分配与经济增长联系起来，着重分析收入分配的变动如何影响决定经济增长率的储蓄率，以及收入分配与经济增长之间的关系，其代表性模型是卡尔多模型。

（1）基本假设

①社会成员只分为利润收入者（资本家或雇主）与工资收入者（工人或雇员）两个阶级。

②利润收入者与工资收入者的储蓄倾向是不变的。

③利润收入者的储蓄倾向于大于工资收入者的储蓄倾向。

（2）基本公式

新剑桥经济增长模型的公式为：

$$G = \frac{S}{C} = \frac{S_p \dfrac{P}{Y} + S_W \dfrac{W}{Y}}{C}$$

其中：C 代表资本—产量比率，P/Y 代表利润在国民收入中所占的比例，W/Y 代表工资在国民收入中所占的比例，国民收入分为利润与工资两部分，即 $P/Y + W/Y = 1$。S_W 代表工资收入者的储蓄倾向（储蓄在工资中所占的比例），S_P 代表利润收入者的储蓄倾向（储蓄在利润中所占的比例）。

根据假设，利润收入者的储蓄倾向大于工资收入者的储蓄倾向，$S_W < S_P$，而且，S_W 与 S_P 都是既定的。

从上式可以得出，在 S_W 与 S_P 既定时，储蓄率的大小取决于国民收入分配的情况，即利润与工资在国民收入分配中所占的比例。在 $S_W < S_P$ 的假定下，利润在国民收入中所占的比例越大，则储蓄率越高；相反，工资在国民收入中所占的比例越大，则储蓄率越低。

在资本—产量比率不变的情况下，增长率取决于储蓄率，储蓄率越高则增长率越高，而要提高储蓄率，就要改变国民收入的分配，使利润在国民收入中占更大的比例。因此，经济增长是以加剧收入分配的不平等为前提的。经济增长的结果，也必然加剧收入分配的不平等。这是新剑桥经济增长模型的重要结论。

（3）经济长期稳定增长的条件

在新剑桥经济增长模型中，从社会储蓄率的角度探讨了经济长期稳定增长的条件。

要使经济按一定增长率增长下去就必须保持一定的储蓄率，储蓄率取决于利润收入者的储蓄倾向与工资收入者的储蓄倾向，以及他们的收入在国民收入中所占的比例。前者是不变的，因此，要保持一定的储蓄率就必须使国民收入中工资与利润保持一定的水平。这个过程也是通过价格调节来实现的。如果利润在国民收入中所占的比例加大，则储蓄率提高，投资增加，最终工资增加，储蓄率下降。这是增长过快的结果。反之，如果利润在国民收入中所占的比例减少，则储蓄率下降，投资减少，最终工资下降，储蓄率上升。这是增长过慢的结果。

经济要稳定增长，利润和工资在国民收入中要保持一定比例，但这一比例并不是不变的，而是随着经济增长，在国民收入分配中，利润的比例在提高，工资的比例在下降。

新古典经济增长模型和新剑桥经济增长模型实际上都是从 $G=S/C$ 这个公式来分析经济长期增长的条件，新古典经济增长模型分析 C 的变动，新剑桥经济增长模型分析 S 的变动。

（4）结论

假定资本—产量比率既定，经济增长率越高，社会平均储蓄倾向越高，利润在国民收入中所占比例越大，工资在国民收入中所占比例越小。即随着经济增长，收入分配将更加有利于利润收入集团，而更加不利于工资收入集团。

项目小结

本项目主要讲述了经济周期、经济增长。经济周期是指经济运行中周期性出现的经济扩张与经济紧缩交替更迭、循环往复的一种现象，是国民总产出、总收入和总就业的波动。经济周期可以分为两个大的阶段：扩张阶段与收缩阶段。收缩阶段常常短于扩张阶段，其振幅可能是收敛性的、发散性的或稳定性的。如果更细一些，则把经济周期分为四个阶段：繁荣、衰退、萧条、复苏。经济增长通常是指在一个较长的时间跨度上，一个国家或地区人均产出（或人均收入）水平的持续增加，或一个国家或地区总产出（或国民收入）水平的增加。经济发展通常是指一个国家摆脱贫困落后状态，走向经济和社会生活现代化的过程。经济发展不仅意味着国民经济规模的扩大，更意味着经济和社会生活素质的提高。经济增长和经济发展之间的联系为没有经济增长就没有经济发展，经济增长是经济发展的前提、基础和核心，然而经济增长未必一定意味着经济发展。经济增长的源泉是资本、自然资源、劳动和技术进步。经济增长模型主要有哈罗德—多马模型、新古典经济增长模型和新剑桥经济增长模型。

关键概念

经济周期、经济增长、经济发展、哈罗德—多马模型、新古典经济增长模型、新剑桥经济增长模型。

实践与实训

一、填空题

1. 经济周期是指经济运行中周期性出现的________与________交替更迭、循环往复的一种现象。

2. 如果更细一些，则把经济周期分为四个阶段：__________、__________、__________、__________。

3. 经济增长通常是指在一个较长的时间跨度上，一个国家或地区人均产出（或人均收入）水平的________增加。

4. 经济发展通常是指一个国家摆脱贫困落后状态，走向经济和社会生活现代化的________。

5. 新剑桥经济增长模型的特点是将________与经济增长联系起来，着重分析收入分配的变动如何影响决定经济增长率的储蓄率，以及收入分配与经济增长之间的关系。

二、选择题

1. 经济周期理论研究的关键是（　　）。

A. 物价水平波动的原因及规律　　B. 国民收入水平波动的原因及规律

C. 工资水平波动的原因及规律　　D. 利率水平波动的原因及规律

2. 经济周期中的两个主要阶段是（　　）。

A. 繁荣和萧条　　B. 萧条和复苏

C. 繁荣和衰退　　D. 萧条和衰退

3. 经济周期中繁荣阶段的基本特征是（　　）。

A. 国民收入与经济活动高于正常水平

B. 国民收入与经济活动等于正常水平

C. 国民收入与经济活动低于正常水平

D. 国民收入与经济活动等于或低于正常水平

4. （　　）是指太阳黑子的变化影响了农业生产与整个经济而引起了经济周期性波动。

A. 太阳黑子周期理论　　B. 创新理论

C. 政治周期理论　　D. 心理预期理论

5. 中周期的每一个周期为（　　）。

A. 8 ~ 9 年　　B. 9 ~ 10 年

C. 10 ~ 11 年　　D. 12 ~ 13 年

6. 技术进步在经济增长中的作用，体现在（　　）的提高上。

A. 国民生产总值　　B. 生产率

C. 经济效益　　D. 利率

7. 根据哈罗德—多马模型，当资本—产量比率为 4，储蓄率为 20% 时，则经济增长率为（　　）。

A. 5%　　B. 80%

C. 20%　　D. 10%

8. 在实际增长率大于合意增长率时，资本家的反应是（　　）。

A. 增加投资　　B. 减少投资

C. 保持原投资水平　　D. 调整投资方向

9. 新剑桥经济增长模型的一个基本假设是（　　）。

A. 工资收入者的储蓄倾向大于利润收入者的储蓄倾向

B. 工资收入者的储蓄倾向等于利润收入者的储蓄倾向

C. 工资收入者的储蓄倾向小于利润收入者的储蓄倾向

D. 工资收入者的储蓄倾向不变

三、判断题

1. 经济周期的收缩阶段常常长于扩张阶段。(　　)

2. 经济周期的萧条阶段，是国民收入与经济活动处于正常水平的一个阶段。(　　)

3. 经济增长通常是指一个国家摆脱贫困落后状态，走向经济和社会生活现代化的过程。(　　)

4. 一般来说，没有经济增长就没有经济发展，经济增长是经济发展的前提、基础和核心。(　　)

5. 技术进步在经济增长中的作用，体现在生产率的提高上，即同样的生产要素投入量能提供更多的商品。(　　)

四、计算题

1. 已知经济社会的平均储蓄倾向为 0.12，资本—产量比率等于 3，求有保证的增长率。

2. 已知平均储蓄倾向为 0.2，经济增长速度为每年 4%，求均衡的资本—产量比率。

互动讨论

市场经济的原始理论是反对国家干预的。布阿克尔贝最早提出了反对国家干预的理论，他认为社会经济活动及其发展有其自己的规律性，人们的经济活动只能按自然规律进行，否则"大自然就会对违反者施加惩罚"。亚当·斯密认为人的利己本性必然产生竞争，它推动劳动要素和调节资本要素的配置，并提出在"看不见的手"的机制作用下，整个社会经济达到平衡；政府只扮演"守夜人"的角色，不干预市场运行。这种理论学说在一段时期内是比较流行的。但随着实践的深入，市场机制的缺陷和不足逐渐显露出来，尤其是 20 世纪 30 年代经济大萧条之后，市场经济国家开始认真思考与反省国家与市场的关系。以凯恩斯为代表的，旨在克服市场机制缺陷的国家干预理论便应运而生了：国家作为具有独立意识的实体，代表市场经济整体的、长远的和根本的利益，根据经济运行状况做相机抉择，通过税收、财政、货币、投资、竞争等政策矫正经济运行，以克服市场缺陷，促进经济健康发展。

1. 你认为市场经济需不需要国家干预？请说明理由。

2. 经济周期与老百姓的生活有没有关系？为什么？

案例分析

走向失败的“安倍经济学”

日本政府2015年为打破通货紧缩怪圈、刺激经济增长的努力算是白费了。2016年年初，日经股指落入16个月新低，日元汇率也冲至15个月高位。日本央行也将在负利率政策后几近无计可施，而经济复苏却依旧遥遥无期，“安倍经济学”面临绝境。

旧“三支箭”效果消退

日本首相安倍晋三2012年大选时曾放言：“只要印钞就能摆脱通缩，日本经济就会复苏”。彼时日本经济步入失速的第22个年头，名义国内生产总值（*GDP*）与1991年相当，而此前各届政府的无能表现令日本民众极为失望，以大量发钞、扩大财政支出和改革经济为“三支箭”的“安倍经济学”似乎令日本看到了曙光。

“三支箭”的初衷是，扩大货币宽松规模以加大市场货币流通量，促进日元贬值和股市上涨，继而增加企业经营利润，扩大固定资产投资和企业员工薪资，进一步刺激国内消费和物价上扬，最终达到摆脱通缩的目标。

但三年来，这套看似行之有效的经济逻辑却几近失灵，不仅*GDP*屡次陷入技术性衰退，而且2%的通胀目标一延再延，至今仍未看到达成的希望。

据15日公布的2015年第四季度*GDP*数据，当季日本经济不仅环比下滑0.4%，换算成年率萎缩1.4%；国内个人消费环比缩水0.8%，内需对*GDP*构成了0.5个百分点的拖累；进出口分别环比下降1.4%和0.9%，显示日本经济目前陷入内外交困的不利局面。

“三支箭”之所以快速“掉落”，主要原因在于其对日本经济的负面效应是“致命的”。

首先，日元汇率贬值令进口商品价格更加昂贵，特别是自2011年“3·11”日本大地震引发核事故、日本境内所有核电站停运以来，日本90%的能源需求依靠进口，这令日本经常项目收支长期处于逆差状态，直至全球原油价格暴跌才有所好转。而日本企业所需的原材料进口成本提高，也在一定程度上削减了企业收益。

其次，日本政府岌岌可危的财政状况无力担负庞大的财政支出。安倍刚上任时，日本政府债务高达*GDP*的236%，而国际货币基金组织（IMF）推测，到2015年10月该比例或攀升至246%。为增加财政收入，安倍政府将消费税增加了3个百分点，但这一举措对日本国内个人消费来说则是“灭顶之灾”，直至今日也未能完全恢复元气。而随着

2016 财年日本政府预算案中的财政支出再创新高至 96.72 万亿日元。

最后，经济改革措施举步维艰，包括人口老龄化、劳动人口不足等社会深层次问题并未得到根本解决。“治标而不治本”的财政和货币政策只能暂时解决问题，而真正所需的结构性改革却仍是安倍为选民画的一张“大饼”。

日本央行“弹尽粮绝”

作为“安倍经济学”第二支箭的主要政策制定者和实施者，日本央行正在失去市场对其的信心和耐心。在股市和日元走势与政策背道而驰时，日本央行恐怕已经弹尽粮绝。

日本央行在最初实行超宽松货币政策时，市场对其充满期待。特别是 2014 年 10 月 31 日加大经济刺激筹码至每年购债 80 万亿日元以来，东京股市日经股指从 16000 余点一度飙升至 20000 点以上，日元对美元汇率也从 1 美元兑换 109 日元大幅贬值至 125 日元。

然而，日本央行在 2015 年 12 月 18 日加码货币宽松政策时，股市和汇市的变动却相对冷静；2016 年 1 月 29 日日本央行宣布将实施负利率政策的效果则更令人大跌眼镜，该政策不仅未能达到央行预期，反而引发市场猜测全球央行可能竞相进行货币贬值，并担忧银行获利空间遭到挤压。再加上欧洲银行业健康状况不佳，以及全球经济前景不明等诸多外部风险，不仅日经股指已跌破 15000 点，日元汇率也来到 1 美元兑换 111 日元区间，全球金融市场也陷入动荡。这是日本政府和日本央行始料未及的。

从目前看，日本央行政策手段缺乏。负利率政策是日本央行的最后选择，同时也冒着极大风险。事实上，市场在大量抛售银行股，对日本央行的期待也降至谷底。

负利率政策效果如何有待观察。日本央行本是期待民间银行向实体经济注入更多资金，以达到抬高物价、刺激经济的目的。

可以说，2015 年日本企业、特别是出口型企业在超宽松货币政策的助推下获得较好利润，手握大量资金的企业之所以没有增加固定资产投资和为员工涨薪，主要是因为企业对经济前景持谨慎观望态度。这也意味着，日本企业，特别是大型企业，并没有强烈的融资需求，而中小型企业未能从“安倍经济学”中获得更多好处，贷款意愿更不强烈。

2016 年年初，日本政府调研负利率政策对银行可能造成的影响。日本共同社认为，自央行决定实行负利率以来，市场对银行盈利能力的担忧在升温。

新“三支箭”前景悲观

随着旧“三支箭”逐步失效，安倍政府以发展经济、改善社会保障和儿童养育为核心制定新“三支箭”，同时提出将 *GDP* 从 490 万亿日元增至 600 万亿日元的目标。但究其根本，新提法不过是“安倍经济学”为选民吹的又一个“泡”。

首先，薪资增长乏力令经济重振希望渺茫。据彭博社计算，日本薪资增速需达 3% 才能保证通货膨胀率稳定在 2%。然而，真实的数字是，2015 年日本整体薪资增长率仅为 0.1%，还不及 2014 年的 0.4%。而 2015 年 12 月日本实际薪资同比下滑 0.1%，为连续两个月下降。不断缩水的实际收入大大抑制了民间消费，而后者占 GDP 比重高达 60%，是拉动日本经济的关键引擎。

其次，社会保障政策拖累日本经济。截至2016年年初日本65岁以上老人占社会总人口的25%，而针对这部分人群的社保制度令日本经济不堪重负。数字显示，2016年年初日本所得税占*GDP*比重约为5%，而社保支出则高达6.1%，且在不断增加。有日本经济专家预计，2035年日本国民工资中有60%将用于支付社保。如何从根本上减少社保开支才是安倍政府应认真考虑的，但由于此举将触动社会根基和多方利益，改革难度极大。

最后，劳动力严重缺乏，经济缺乏活力。日本劳动人口自20世纪90年代中期便开始下降，未来还将持续。为增加劳动力，安倍政府一方面谨慎引进技术移民，另一方面希望将日本女性从家庭中解放出来，扩充劳动力市场。这也是新“三支箭”中提出减少儿童养育负担的主要原因。总体来看，具有暂时刺激效果的强心剂已经用尽，真正可以改善日本经济的手术却迟迟无法得到实施，“安倍经济学”似乎正走向绝境。

（资料来源：环球网 http：//world.huanqiu.com/ 2016－2－15）

思考题：

1. “安倍经济学”为何遭到差评？
2. 日本经济为什么连续多年一蹶不振？

项目十四　宏观经济政策

知识目标

1. 理解宏观经济政策目标的内容，了解宏观经济政策工具。
2. 理解财政政策的手段与类型。
3. 理解货币政策目标和货币政策工具，了解货币政策类型及货币政策传导机制。
4. 理解财政政策和货币政策的异同及其协调与配合。

能力目标

1. 能够运用所学理论分析宏观经济政策的导向。
2. 能够运用宏观经济政策的基本理论对现实经济活动做简单分析。

思政目标

1. 要充分认识到国家的宏观经济政策是经济发展的推进器与稳定器，宏观经济政策要随着宏观经济形势与宏观经济环境的变化而进行调整与制定，这样才有利于经济的发展与稳定；当前宏观经济形势以及宏观经济政策的内在逻辑发生了变化，即经济数字化、金融化相互叠加，使得经济运行从实体状态转向虚拟状态。运用原有的货币和债务定义、运行特征和影响机制，解释和理解现在的问题有一定的局限性。因此，要结合宏观环境的变化，重新思考财政、金融乃至宏观经济中的问题，尤其是预期和风险问题。

2. 要充分认识到学习与贯彻落实国家的宏观经济政策要有大局意识，发展意识，“十四五”开局之年的宏观经济形势较以往有所不同，在立足新发展阶段、贯彻新发展理念、构建新发展格局的征途上，宏观经济政策应以供给侧结构性改革为主线，以改革创新为根本动力，以满足人民日益增长的美好生活需要为根本目的，统筹发展和安全，为全面建设社会主义现代化国家开好局、起好步。

引导案例

2020 年中央经济工作会议（2020 年 12 月 16 日—18 日）

2021 年经济工作总体要求：要以习近平新时代中国特色社会主义思想为指导，全面贯彻党的十九大和十九届二中、三中、四中、五中全会精神，坚持稳中求进工作总基调，立足新发展阶段，贯彻新发展理念，构建新发展格局，以推动高质量发展为主题，以深化供给侧结构性改革为主线，以改革创新为根本动力，以满足人民日益增长的美好生活需要为根本目的，坚持系统观念，巩固拓展疫情防控和经济社会发展成果，更好统筹发展和安全，扎实做好“六稳”工作、全面落实“六保”任务，科学精准实施宏观政策，努力保持经济运行在合理区间，坚持扩大内需战略，强化科技战略支撑，扩大高水平对外开放，确保“十四五”开好局，以优异成绩庆祝建党100周年。

思考题：

2021年中央采取了哪些宏观经济政策，为什么采取这样的宏观经济政策？

任务一　宏观经济政策目标与工具

宏观经济政策在西方国家具有重要地位。西方国家普遍经历了由自由市场经济到政府干预下的市场经济历程，各国均把制定和实施宏观经济政策作为政府重要的职能，美国等西方国家还通过立法确定宏观经济政策的法定地位。西方国家宏观经济政策目标是：经济增长、充分就业、物价稳定、国际收支平衡。为实现以上目标，西方国家采取的宏观经济政策主要有：财政政策、货币政策、收入分配及社会保障政策、对外经济政策、产业政策等，其中财政政策、货币政策是主要的宏观经济政策，是调节宏观经济运行的基本政策手段。

一、宏观经济政策目标

1. 宏观经济政策目标的内容

宏观经济政策是指国家或政府有意识、有计划地运用一定的政策工具，调节控制宏观经济的运行，以达到一定的政策目标。它是政府为了达到一定的经济目的在经济事务中有意识的干预。从西方国家战后的实践来看，宏观经济政策目标，一般包括充分就业、物价稳定、经济增长和国际收支平衡。

（1）充分就业

充分就业是宏观经济政策的首要目标。它一般是指一切生产要素（包含劳动）都有机会以自己愿意的报酬参加生产的状态。但由于测量各种经济资源的就业程度非常困难，因此，西方经济学家通常以失业情况作为衡量充分就业与否的尺度。

如前所述，失业一般分为自然失业和周期性失业两大类，充分就业不是百分之百就业，而是指消除了周期性失业时的就业状态。也就是说，充分就业并非指零失业率或百分之百的劳动力都有各自的工作，而是说失业率为自然失业率的就业状态。目前，大多数西方经济学家认为存在4%～6%的失业率是正常的，此时社会经济处于充分就业状态。

（2）物价稳定

物价稳定不是指每种商品价格的固定不变，也不是指价格总水平的固定不变，而是指一般价格水平的稳定。物价稳定并不是说通货膨胀率为零，而是维持一种能为社会所接受的低而稳定的通货膨胀率的经济状态。大部分西方国家已把一般的轻微的通货膨胀的存在，看作基本正常的经济现象。大部分西方国家把每年平均为2%～3%的通货膨胀率算作爬行的或温和的通货膨胀，认为这种缓慢而逐步上升的价格运动对经济增长有积极作用。

（3）经济增长

经济增长是指一定时期内经济持续均衡增长，即在一定时期内经济社会所生产的人均产量或者人均收入的持续增长。由于各国各地区所处的经济发展阶段不同以及资源和技术状况不同，经济增长的速度会有所差别。一般来说，经济处于较低发展阶段的国家或地区其经济增长率较高，而处于较高发展阶段的国家或地区其经济增长率较低。因此，经济增长率适度就可以，这个增长率既能满足社会发展的需要，又是人口增长和技术进步所能达到的。

（4）国际收支平衡

国际收支平衡是指国家在对外经济关系中收入和支出的大体平衡，它包括两方面：资本流出与流入的平衡及进口与出口间的平衡。随着国际间经济交往的密切，如何平衡国际收支也成为一国宏观经济政策目标之一。一国的国际收支状况不仅反映了这个国家的对外经济交往情况，还反映出该国经济的稳定程度。当一国国际收支处于失衡状态时，就必然会对国内经济形成冲击，从而影响该国国内就业水平、价格水平及经济增长。

2. 宏观经济政策各目标之间的关系

需要指出的是，上述宏观经济政策目标并不总是一致的，也就是说，政府不能同时实现以上所有的目标，往往顾此失彼。

为了正确选择宏观经济政策目标，首先必须搞清各目标之间的关系。宏观经济政策四大目标之间基本存在着六种关系：

（1）充分就业与经济增长的一致性

充分就业与经济增长之间具有较大的一致性，一般来说，随着经济增长会提供更多的就业机会。宏观经济政策的决策者实际上要解决的问题，就是要通过对经济增长的调控来解决失业的问题。

（2）物价稳定与充分就业之间的矛盾

菲利普斯曲线是研究和分析这两个目标间矛盾性的典型代表。菲利普斯认为，失业率与物价上涨率之间存在着此消彼长的负相关关系：一个国家要实现充分就业，就必须增加货币供应量，降低税率，增加财政支出，以此刺激社会总需求增加。而总需求的增加，在一定程度上必然引起物价总水平的上升；相反，如要降低物价上涨率，就必须缩减货币供应量，提高税率，削减政府支出，以此抑制社会总需求。而社会总需求的缩减，又必然导致失业率的提高。因此，中央银行在制定宏观经济政策时需要根据当时的社会经济条件，寻求物价上涨率和失业率之间某一适当的组合点。

（3）物价稳定与经济增长之间的不确定性

从长期来看，物价稳定与经济增长之间具有一致性。稳定的物价，可以减少市场的不确定性，充分发挥市场的功能，维持经济的长期增长；而经济的持续增长又有利于生产充足的商品，保持物价的稳定。

从短期来看，对物价稳定与经济增长的关系，理论界有不同的看法。因为现代社会的经济增长往往伴随着物价上涨，这与现代社会的金融深化、经济的货币化程度相联系。物价稳定要求收紧银根、压缩投资需求、控制货币量与信用量；而要使经济有较高的增长速度，则要求增加投资。因此，若要求抑制通货膨胀、降低物价上涨率，则需要控制信贷规模、压缩财政开支，这样就可能因压缩了投资量而付出经济增长缓慢甚至停滞的代价；反之，若要求实现经济增长目标，势必需要增加货币供给以刺激投资，就可能引致通货膨胀而牺牲物价稳定的目标。无论理论纷争有多大，从政府行为来看，由于政府越来越关注经济的短期增长，所以不时地可以看到政府利用适度的通货膨胀来刺激经济增长的情况。所以，对于什么才是合适的通货膨胀，如何控制通货膨胀的“惯性”，仍是政府利用通货膨胀刺激经济增长的难解之题。

（4）充分就业与国际收支平衡之间的矛盾

充分就业与国际收支平衡之间也有矛盾。因为，充分就业的实现引起国民收入的增加，使得有支付能力的需求扩大，从而要求增加国内商品的供应量。如果此时货币工资的增加与国内产出的增加同比例增加，对于国际收支的影响就不大。但如果二者在动态上不相一致，就会导致对进口商品的需求增加，从而必然带动进口的增加，从而使国际收支恶化，造成国际收支的不平衡。

（5）物价稳定与国际收支平衡之间的矛盾

物价稳定与国际收支平衡分属于宏观经济政策的内部目标与外部目标。由于影响国内经济的因素与影响国际经济关系的因素各不相同，财政部与中央银行同时实现其内部目标和外部目标更为困难。

在通货膨胀情况下，本国的利率水平一般会处于高位，容易引导外国资本流入。这样，一方面因平衡了外汇市场的供求关系，而有利于保持汇价的稳定；另一方面因资本的流入弥补了可能发生的贸易逆差，而有利于维持国际收支的基本平衡。因此，尽管通货膨胀不利于物价稳定目标，却有利于国际收支平衡目标；反之，若保持物价稳定，却不一定能够保持国际收支平衡。因为一国的国际收支状况取决于本国与外国两个方面的经济环境。若外国发生通货膨胀而本国保持物价稳定，则本国难免要受到外国倾销商品的影响，导致出口商品竞争能力减弱，产生国际收支逆差问题。因此，只有在各国保持程度大致相同的物价稳定标准时，物价稳定才有可能与国际收支平衡同时并存，但这样的机会并不常有。

（6）经济增长与国际收支平衡之间的矛盾

经济增长通常要求增加对进口商品的需求，从而有可能使国际收支恶化。此时虽然容易吸收外资、由资本流入来弥补贸易逆差，但毕竟是有限的。因此，这种依靠资本流入来弥补经常项目逆差的方式，只能是暂时的，并且所实现的均衡也是非实质性的均衡；反之，在国际收支发生逆差时，通常要求压制国内的有效需求以减少进口，争取消除逆差，这有可能会影响国内经济增长速度，导致经济衰退的后果。因此，经济增长与国际收支平衡也很难同时并进。

因此，宏观经济政策目标之间的矛盾，要求政策制定者要么确定重点政策目标，要么对这些政策目标进行协调。政策制定者在确定宏观经济政策目标时，不能追求单一目标，而应该综合考虑，既要考虑国内外各种政治因素，又要考虑社会可接受的程度。

二、宏观经济政策工具

宏观经济政策的工具是用来实现上述宏观经济政策目标的手段和措施。如何根据所要达到的宏观经济政策目标以及各种宏观经济政策工具的性质、作用方式和作用特点来选择与运用各种宏观经济政策工具，是实施宏观经济政策的关键。常用的宏观经济政策工具有需求管理、供给管理和对外经济管理。

1. 需求管理

需求管理是指通过调节总需求来达到一定的宏观经济政策目标的宏观经济政策工具。这是凯恩斯主义特别重视的宏观经济政策工具。凯恩斯主义认为，在短期内生产技术条件、资本设备的质量与数量、劳动力的质量与数量都是不变的。因此，国家调节就是在总供给为既定的前提下来调节总需求，即进行需求管理。需求管理的目的是要通过对总需求的调节实现总需求与总供给的均衡，达到既无失业又无通货膨胀的目标。当总需求小于总供给时，会产生失业，此时应通过刺激总需求来消除失业；当总需求大于总供给时，过度需求会引发通货膨胀，此时应通过抑制总需求来消除通货膨胀。需求管理的内容包括财政政策和货币政策两个方面。

2. 供给管理

供给管理是指通过对总供给的调节来达到一定的宏观经济政策目标的宏观经济政策工具。因为通过需求管理调节总需求，不仅会影响产量水平，而且会影响价格水平和工资水平。实施扩张性财政政策和货币政策，虽然有助于失业问题的解决，但会引发成本推动型通货膨胀，即来自供给方面成本提高引发的通货膨胀。因此，必须从供给方面进行管理。供给管理的内容包括收入政策、人力政策、指数化政策和经济增长政策等方面。

3. 对外经济管理

现实中每一个国家的经济都是开放的，即一国经济不仅影响其他各国，而且要受其他各国的影响。开放经济中各国是通过商品、资本与劳动力的流动来相互影响的。因此，对外经济管理的内容也就包括这些方面的管理。这些政策主要包括对外贸易政策、汇率政策、对外投资政策以及国际经济关系的协调。

任务二　财政政策

一、财政政策概述

财政政策是指为促进就业水平提高，减轻经济波动，防止通货膨胀，实现经济稳定增长，而对政府财政支出、税收和借债水平进行选择，或对政府财政收入和支出水平作出决策。或者说，财政政策是指政府变动税收和支出以便影响总需求进而影响就业和国民收入的政策。变动税收是指改变税率和税率结构。政府变动支出指改变政府对商品与劳务的购买支出以及转移支付。它是国家干预经济的主要政策之一。在凯恩斯主义出现之后，财政政策成为需求管理的重要工具。

二、财政政策的手段

财政政策的手段是国家为实现财政政策目标所采取的经济、法律、行政措施的总和。经济措施主要指财政杠杆；法律措施是通过立法来规范各种财政分配关系和财政收支行为，对违法活动予以法律制裁；行政措施指运用政府机关的行政权力予以干预。财政政策手段的选择是由财政政策的性质及其目标所决定的。财政政策的阶级性质和具体目标不同，所采取的手段也不同。一般说来，财政政策的手段主要包括税收、财政支出、公债和政府预算。

1. 税收

税收是政府为了实现其职能的需要，凭借政治权力，按照法律规定的标准和程序，强制地、无偿地取得财政收入的一种形式。因此税收具有强制性、无偿性、固定性三个基本特征。国家财政收入的增长，在很大程度上来源于税收收入的增长。税收依据不同标准可以做不同的分类。根据课税对象分，税收可分为三类：财产税、所得税和流转税。

税收既是政府组织收入的基本手段，也是调节经济的重要杠杆。作为经济杠杆，税收的调节功能主要体现在两方面：第一，调节社会总需求和总供给，主要是通过自动稳定政策和相机抉择政策发挥作用。第二，调节个人收入和财富，实现公平分配。主要是通过所得税和财产税来抑制高收入者的收入，通过税收优惠和财政补助来解决低收入者及其家庭的困难。

2. 财政支出

财政支出直接构成社会总需求的组成部分，调控财政支出就是调控社会总需求，并会间接影响社会总供给。以财政支出是否与商品和劳务相交换为标准，可将全部财政支出分为购买性支出和转移性支出两类。

（1）购买性支出

购买性支出是政府利用财政资金购买商品和劳务的支出。购买商品的支出会直接增加消费总量，购买劳务的支出会通过增加个人收入而间接增加消费总量。消费总量的增加又会引起国民收入的增加。因此，购买性支出对国民收入的形成和增加具有重要的影响。购买性支出的增加或减少，就成为需求管理的一种有效办法。当社会总需求超过总供给时，政府削减购买性支出，可直接减少需求；而当社会总供给大于总需求时，政府扩大购买性支出，可以直接增加需求。

（2）转移性支出

转移性支出又称转移支付，是指政府不直接进行购买，而是将财政资金转移到社会保障支出和财政补贴等方面，由接受转移资金的企业和个人去购买商品和劳务。如对居民的补助，对企业的投资补助、限价补助、进出口补助等，都会直接促进企业生产发展或保证企业利润的提高。

社会保障支出是指财政用于社会保障方面的支出，而社会保障则是指国家和社会依据一定的法律和规定，通过国民收入的再分配，对社会成员的基本生活权利予以保障。社会保障支出是社会公共需要的重要组成部分，其本质是政府依据权利对国民收入的一种分配方式，其直接目的是保障公民的基本生活需求，其根本目的是调节市场经济条件下分配不公平，稳定市场经济。社会保障支出可以发挥社会“安全阀”和“减震器”的作用。当经济萧条，失业人口增加时，政府增加社会保障支出，可以增加贫困阶层的收入，增加社会购买力，有助于供求恢复平衡；当经济繁荣，失业人口减少时，政府减少社会保障支出，可以减缓需求过旺的势头。

财政补贴是指政府为了实现特定的政治或经济目标，通过财政安排将一部分财政资金无偿补助给企业和居民的一种再分配形式。针对企业的补贴如出口退税，针对个人的补贴主要面对社会弱势群体。财政补贴分为生产性补贴和消费性补贴两大类，其政策效应各不相同。生产性补贴可直接增加生产者的收入，进而提高供给能力；消费性补贴主要是增加消费者的可支配收入，进而增加消费需求。

3. 公债

公债是一种特殊的财政政策的手段，它是政府财政收入的另一个重要来源，是政府以国家（或政府）信用为基础，向公众举借债务以筹集财政资金的特殊形式。简单说，公债就是政府对公众的债务，或公众对政府的债权，它是要偿还的，这不同于税收，税收具有无偿性。

政府通过对公债发行数量与期限、公债利率等的调整，既能增加政府的财政收入，将一部分消费基金转化为积累基金，从宏观上掌握积累基金流向，调节产业结构和投资结构，又能在金融市场上影响货币的供求，促使利率发生变动，既具有财政政策的功能，也影响着货币市场和资本市场，公债的偿还性更使得大量发行公债具有负面效应，即挤出效应，增加了政府财政的负担。

4. 政府预算

政府预算是财政政策手段中的基本手段，它是政府直接集中和使用的货币资金的总和，是财政年度预期收支的总计划，经立法机构批准后具有法律效力。政府预算能全面反映国家财政收支的规模和平衡状况，综合体现各种财政手段的运用结果，制约其他资金的活动。

政府预算对经济的调控主要是通过调整政府预算收支之间的关系实现的。政府预算收支差额一般表现为三种形态：赤字预算、盈余预算和平衡预算，它们分别体现着扩张性财政政策、紧缩性财政政策和中性财政政策，是针对社会总需求与总供给的不同状况而制定的。当社会总需求大于社会总供给时，可以通过实行政府预算收入大于预算支出的盈余预算政策进行调整，盈余预算可在一定程度上削减社会需求总量；反之，社会总需求小于社会总供给时，可以实行政府预算支出大于预算收入的赤字预算政策来扩大社会总需求，刺激生产和消费。另外，通过调整政府预算支出结构还可调整社会供给结构与产业结构，例如，调整预算支出方向和不同支出方向的数量，促使形成符合国家要求的供给结构与产业结构；或者调整预算支出结构，形成相应需求结构以影响供给结构与产业结构的发展变化。

三、财政政策的类型

具体的财政政策总是通过一定的方式而发挥作用的。根据财政政策的作用方式，可以把财政政策分成以下类型。

1. 按调节经济周期的作用划分

根据调节经济周期的作用来划分，财政政策分为自动稳定的财政政策和相机抉择的财政政策。

（1）自动稳定的财政政策

所谓自动稳定的财政政策，是指政府无须改变其政策，而是利用财政政策手段与经济运行的内在联系来影响经济运行的政策。这种内在联系是指财政政策手段在经济周期中能够自动调节社会总需求的变化所带来的经济波动。因此，这种财政政策手段被称作“自动稳定器”或者“内在稳定器”。所得税与各种社会保障支出是最典型的自动稳定器。在经济繁荣时期，个人收入与公司利润都增加，符合所得税纳税规定的个人或公司企业也随之增加，就会使所得税总额自动增加；同时，由于经济繁荣时期失业人口减少，各种社会保障支出也随之减少，这样就可以在一定程度上抑制总需求的增加与经济的过分扩张。反之，经济衰退时期，个人收入与公司利润都减少，失业人口增加，那么所得税总额会降低，各种社会保障支出需要增加，从而在一定程度上刺激有效需求，防止经济进一步衰退。自动稳定的财政政策构成了对经济波动的第一道防线，自动稳定的财政政策中稳定因素越多，对经济的稳定作用就越大。对于短期的、较小的经济波动，“内在稳定器”可以取得一定的效果，但对于长期的、较大的经济波动它就有些力不从心了。

鉴于自动稳定的财政政策的这一局限性，许多国家越来越重视采取相机抉择的财政政策。

（2）相机抉择的财政政策

相机抉择的财政政策是指政府依据客观经济形势的不同，通过调整财政收支规模与结构来影响经济运行。换句话说，当自动稳定的财政政策不能发挥作用时，就必须采取相机抉择的财政政策，以便对经济产生必要的调节。这一财政政策的主要目标不是平衡政府预算，而是通过积极地运用财政政策去平衡经济。实行相机抉择的财政政策要求政府根据客观经济形势的不同状况，机动灵活地采取一定的财政政策和措施，根据“逆风而行”的办法进行具体操作：第一，在经济萧条时，政府要通过扩张性财政政策来刺激总需求，以实现充分就业，扩张性财政政策包括增加政府支出，如增加政府公共工程支出与政府购买，增加转移支付，减少个人所得税，减少公司所得税等；第二，在经济过度繁荣时期，政府则要通过紧缩性财政政策来抑制总需求，紧缩性财政政策包括减少政府支出，如减少政府公共工程支出与政府购买，减少转移支付，增加个人所得税和公司所得税等。

相机抉择的财政政策要求政府不必拘泥于预算收支之间的对比关系，而应当保持整个经济的平衡。实际上，相机抉择的原则是经济管理的一个基本原则，它不仅适合于财政政策，对其他宏观经济政策也同样适用。

2. 按调节经济总量的功能划分

根据财政政策在调节国民经济总量方面的不同功能，财政政策可分为扩张性财政政策、紧缩性财政政策和中性财政政策。

（1）扩张性财政政策

扩张性财政政策是指通过财政分配活动来增加和刺激社会总需求，从而促进经济的增长，一般在总需求不足时采用。扩张性财政政策主要通过减税、增加支出的方式来实施，实施结果往往导致财政赤字的扩大，因而许多人认为扩张性财政政策也是与赤字财政政策相联系的。

在20世纪30年代经济危机以前，经济学家都强调预算平衡的重要性，把年度预算的平衡视为财政是否健全的标志。20世纪30年代经济大萧条之后，许多国家通过大量增加财政支出以恢复经济，使得财政赤字逐渐取得合法地位，扩张性财政政策也成为一些国家经济政策的重要内容。

（2）紧缩性财政政策

紧缩性财政政策是指通过增加财政收入或减少财政支出以抑制社会总需求增长的政策。由于增加财政收入、减少财政支出的结果往往表现为财政结余，因此紧缩性财政政策也称盈余性财政政策。紧缩性财政政策是作为反通货膨胀的对策出现的，一般在总需求过旺、通货膨胀较严重时采用。

由于一些国家实行赤字财政政策，造成巨额财政赤字，推动了通货膨胀。为了避免通货膨胀对国民经济的破坏性影响，一些国家开始实行紧缩性财政政策，力图通过缩小财政赤字来缓和通货膨胀及其对国民经济的冲击。

（3）中性财政政策

中性财政政策是指通过保持财政收支平衡使财政的收支活动对社会总需求保持中性影响，既不扩张总需求，也不压抑总需求，从而使经济运行维持稳定增长。实践中这种情况是很少存在的，但也有人认为从长期来看，只要政策调整的力度不超过某一限度，可以大体上视为中性财政政策在发挥作用。因此，这里所讲的财政收支平衡，不应局限于年度预算的平衡，而应从整个经济周期来考察财政收支的平衡。在经济周期下降的阶段上，政府扩大财政支出和减少税收，以增加消费和促进投资。这样从财政收支的对比关系上看，一定是支大于收，从年度预算来看必然会出现赤字。当经济已经复苏，在投资增加和失业人口减少的情况下，政府就可以适当减少财政支出或增加税收，从一个年度预算看会出现盈余。这样就可以用后一阶段的盈余抵补前一阶段的赤字，即以经济繁荣年份的财政盈余补偿经济萧条年份的财政赤字。于是从整个经济周期来看，财政收支是平衡的，但从各个年份来看，却不一定平衡。

3. 按作用空间划分

按财政政策的作用空间来划分，可将财政政策分为宏观财政政策和微观财政政策。

（1）宏观财政政策

宏观财政政策侧重于对经济的总量调控，通过税收、支出等财政政策手段的变化，影响总需求和总供给，以达到经济的稳定和增长。

（2）微观财政政策

微观财政政策侧重于调整资源配置和收入分配目标，通过税率、征税范围、补贴对象、财政支出结构的变化来影响需求结构和供给结构，解决产业结构、经济效率及收入分配的问题。

4. 按作用时间划分

按财政政策的作用时间来划分，可将财政政策分为短期财政政策和中长期财政政策。

（1）短期财政政策

短期财政政策是指在一个特定时期内（1～3 年）发挥作用的政策，通常是指稳定经济、解决经济周期波动方面的政策。

（2）中长期财政政策

中长期财政政策是指在一个较长的时期内（3 年以上）发挥作用的政策，主要是促进经济增长、优化资源配置、实现公平分配方面的政策。实际上，财政政策一般要保持一贯性和连续性，因此，短期财政政策和中长期财政政策的划分是相对的。

四、影响财政政策效果的因素

政府在制定财政政策时还需要分析可能影响财政政策效果的相关因素，采用多种财政政策结合运用，同时与其他经济政策相配套的方式，将相关不利影响降低到最小，提高财政政策的有效性。影响财政政策效果的因素主要有挤出效应、时滞效应和政治阻力。

1. 挤出效应

挤出效应是指政府支出增加所引起的私人消费或投资降低的效果，即以政府开支代替了私人开支。由于增加政府投资可能导致财政赤字，如果用发行公债的方式弥补赤字，当大量政府公债投入市场时，提高了对资金的需求，从而提高了市场利率，结果可能因公众投资转向公债而减少私人投资，所以增加政府投资所增加的国民收入可能因为私人投资减少而被全部或部分地抵销，或者说挤掉了一部分私人投资从而扩张性财政政策刺激经济的作用就被减弱，这就是挤出效应。

2. 时滞效应

时滞效应是财政政策的政策滞后问题，是指财政政策发挥作用的时间对经济运行状态的滞后。产生政策滞后问题的原因主要有以下几个方面：对经济形势的判断需要时间；研究和制定对策需要时间；政策实施需要时间；政策发挥作用又需要时间。由于时滞效应的存在，针对某一经济形势制定的财政政策到发挥作用时可能经济形势已经改变，甚至相反，因而限制了财政政策的效果。

3. 政治阻力

财政政策也会遇到政治上的阻力和不同阶层与集团的反对，这些阻力可能使得政府不得不倾向于偏重政治目标而非经济目标。例如，增税会削弱投资的积极性，引起社会的不满，甚至会造成政府不稳定，减少政府购买会遇到大厂商的反对，减少转移支付则会遇到一般平民及其同情者的反对。

任务三　货币政策

一、货币政策概述

货币政策是指中央银行通过控制货币与信贷总量，调节利率和汇率水平等，以影响社会总需求和总供给，促进宏观经济目标实现的方针和措施的总称。货币政策的构成要素包括货币政策目标，实现货币政策目标所运用的货币政策工具，货币政策类型、货币政策传导机制。

货币政策对经济的作用是总体上的和全方位的，突出表现为如下几点：

（1）通过调控货币供应量保持社会总供求的平衡。社会总需求的大小都是直接与货币供应量相联系，而货币政策对货币供应量的多少有决定性影响，故可以调节社会总需求。当社会总需求膨胀导致市场供求失衡时，可以通过减少货币供应量使经济恢复均衡；反之，当社会总需求过小时，可以通过增加货币供应量使经济继续发展。货币政策对社会总供给也有调节作用。货币供应量的增加和贷款利率的降低可减少投资成本，刺激投资增长和生产扩大，货币供应量的减少和贷款利率的提高则使投资成本上升，结果会抑制投资和缩减生产。

（2）通过调控利率和货币总量控制通货膨胀，保持物价总水平的稳定。通货膨胀表现为流通中的货币量超过客观需要量。中央银行可以通过操作货币政策工具直接调控货币供应量，使之与客观需要量相适应；还可以通过提高利率使货币购买力推迟，减少居民即期社会需求，同时也使银行贷款需求量减少。

（3）调节国民收入中消费与储蓄的比例。低利率鼓励消费，高利率有利于储蓄，而消费与储蓄的比例关系对经济运行和经济发展有重要的制约作用。储蓄是投资的前提，是发展的基础，没有储蓄，便谈不上发展。但消费比例太低，也会影响市场销售，反过来制约经济发展。因此可通过货币供应量、信贷总量、利率水平等市场机制的作用对经济行为主体产生间接作用。

（4）引导储蓄向投资转化并实现资源的合理配置。货币政策可以通过利率的变化影响投资成本和投资边际效率，提高储蓄转化为投资的比重，并通过金融市场的有效运作实现资源的合理配置。

（5）促进国际收支平衡，保持汇率相对稳定。中央银行可以通过对货币供应量和汇率的调整来影响国际收支，干预汇率变化。例如，可在本币升值时在公开市场收购外汇；在本币贬值时，紧缩货币，提高利率，增加外资流入。

二、货币政策目标

1. 货币政策的最终目标

制定和实施货币政策的目的是通过调控货币供给来影响经济生活，并且货币政策的作用范围又是宏观经济领域。因此，货币政策的目标应该是解决宏观经济问题的决策，是中央银行调节货币流通的出发点和归宿。货币政策的最终目标与宏观经济政策的目标相一致，由充分就业、物价稳定、经济增长和国际收支平衡构成。

宏观经济政策目标是多元的，它们之间的关系有统一性，但更多地表现为矛盾性，所以货币政策的最终目标几乎不可能同时实现这四个目标。于是就出现了货币政策的最终目标的选择问题，重点是确定各目标的主次地位和先后顺序。货币政策的最终目标之间的矛盾性，决定了一国在货币政策决策过程中的目标选择要求，即在难以保持四个目标统一的情况下，一国在一定时期内选择其中一个或两个目标作为侧重点。由于货币政策的最终目标的矛盾性主要体现在处理好物价稳定和经济增长之间的关系方面，因而在目标侧重点的选择问题上，主要也是考虑这两者的配合。这两者之间的配合体现着宏观经济的总体均衡。

作为一国宏观经济管理当局，其可选择的货币政策目标无非有这样三种配合：一是侧重于物价稳定目标，期望实现无通货膨胀的经济增长；二是侧重于经济增长目标，期望实现高通货膨胀的高经济增长；三是兼顾稳定与增长，期望获得低通货膨胀的适度经济增长。

2. 货币政策的中介目标

货币政策的中介目标，又称为货币政策中间变量，是指为实现货币政策目标而选定的中间性或传导性金融变量，它是介于货币政策工具变量（操作目标）和货币政策目标变量（最终目标）之间的变量目标。货币政策目标一经确定，中央银行必须选择相应的中介目标，编制具体贯彻货币政策的目标体系，以方便具体的政策操作和检查政策实施的效果。货币政策的中介目标是货币政策作用过程中一个十分重要的中间环节，关系到货币政策的最终目标能否实现。

（1）货币政策的中介目标选择依据

货币政策是实现一定目标的货币供给，其直接作用对象必然是决定货币供给的主要变量。中央银行采取一系列宏观金融调控措施来操纵货币供给，改变中央银行能够施以直接影响的中间变量值，指导和影响经济活动，保证国家的宏观经济目标得以实现。货币政策对宏观经济调控的间接性，在很大程度上体现在中介目标的选择方面。

中央银行选择货币政策的中介目标，必须遵循这样三项原则：第一是可控性。货币政策的中介目标与所能适用的货币政策工具之间保持密切的、稳定的和统计数量上的联系，同时中央银行要有能力对中介目标进行有效的控制和调节，从而使所进行的日常金融管理的控制活动在效果上更接近于最终目标，并缩小差距。第二是可测性。货币政策的中介目标必须具有明确而合理的内涵和外延，能使中央银行准确及时地收集到有关指标的数据资料，便于进行定量分析和科学预测。第三是相关性。货币政策的中介目标的经济变量必须同货币政策的最终目标有极密切的关系，要类似于自变量与因变量的那种函数关系，以使金融管理当局的控制能力得到发挥，保证货币政策的最终目标得以实现。

（2）货币政策的中介目标构成

中央银行对货币政策的中介目标的调控直接包含于其基本职能之中，是其基本职能的必然要求。通常而言，货币政策的中介目标一般包括利率和货币供应量。

①利率

作为货币政策的中介目标的利率，通常是指短期的市场利率，即能够反映市场资金供求状况、变动灵活的利率，在具体操作中有的时候使用银行间同业拆借利率，有的时候使用短期国库券利率。中央银行能将短期市场利率作为货币政策的中介目标，主要是因为：首先，短期市场利率具有可控性。中央银行可以通过调整再贴现率、准备金率或在公开市场上买卖国债，改变资金供求关系，引导短期市场利率的变化。其次，短期市场利率具有可测性。短期市场利率与各种支出变量有着较为稳定可靠的联系，其既是影响货币和信贷供求之间相对变化的直接因素，又是这些变化的直接结果，中央银行能够及时收集到各方面的资料对利率进行定量分析和预测。最后，短期市场利率具有明显的相关性。短期市场利率的变化，会影响金融机构、企业、居民的资金实际成本和机会成本，改变其行为，最终达到收紧或放松银根、抑制或刺激投资的目的。

②货币供应量

货币供应量是整个社会的货币存量，是可用作购买商品和支付劳务费用的货币总额。货币供应量能够成为中央银行的货币政策的中介目标，就可测性而言，是因为它分别反映在中央银行、商业银行和非银行金融机构的资产负债表内，可以随时进行量的测算和分析；就可控性而言，中央银行可以直接控制货币的发行量，也可以通过对基础货币的控制、调整准备金率及其他措施间接地控制不同层次的货币供应量；就相关性而言，中央银行只要控制住了货币供应量，就能够控制住一定时期的社会总需求，从而有利于实现总需求与总供给的平衡，实现货币政策的最终目标。

3. 货币政策的操作目标

货币政策的操作目标是指中央银行通过货币政策工具的操作能够准确实现的政策变量，一般包括基础货币和超额准备金。

（1）基础货币

基础货币，也称高能货币，由流通中的现金和商业银行在中央银行的存款准备金所构成。以基础货币作为中央银行货币政策的操作目标的理由是：①中央银行掌握着基础货币变动的信息。对于已发行的现金，中央银行可提供准确的数据资料，对于商业银行存款准备金的变动，中央银行可直接从商业银行的资产负债表中观测到。②基础货币受中央银行直接控制。现金发行是由中央银行垄断控制的，商业银行存款准备金则可由中央银行通过再贴现、再贷款、买卖证券等方式进行调节。③基础货币变化能够影响货币政策目标的实现。基础货币是货币供应量扩张和收缩的基础。基础货币发生变化，通过乘数的作用，货币供应量就会成倍地变化，而货币供应量的变化进一步引起投资的变化、产量的变化或经济增长水平的变化。基础货币对物价水平的影响也是显而易见的。但是，基础货币作为货币政策的操作目标，也存在一定问题，比如：基础货币与货币乘数的乘积为货币供应量，那么，通过基础货币指标就能掌握货币供应量的前提条件是货币乘数必须稳定。而货币乘数常常受现金漏损、超额准备变动等因素影响而变动，这就使得基础货币与货币供应量之间的变化关系复杂化了，不能简单地说把握好了基础货币指标就能控制好货币供应量。假定基础货币供应增加了，但由于种种原因，货币乘数降低了，那么，货币供应量就有可能不发生变化或少发生变化。

（2）超额准备金

超额准备金是商业银行全部准备金扣除了上缴中央银行法定准备金后剩余的准备金。这一变量之所以能作为货币政策的操作目标，是因为：①超额准备金是可以由中央银行通过调整法定存款准备金率、再贴现率和公开市场业务而调节和控制的；②超额准备金是商业银行扩大贷款规模的基础，因而是影响货币供应量的一个重要变量；③超额准备金的变化在很大程度上反映经济运行状况的变化。如：超额准备金过多，往往反映经济体系对银行信贷的需求不足，说明经济比较萧条；超额准备金不足，则往往反映经济体系对银行信贷的需求较强，说明经济比较繁荣。当然，超额准备金的多少，主要取决于商业银行业务经营的要求和财务约束，主动权在商业银行，中央银行对其的监控和调节是有限的。因此，这一操作目标的作用也是有限的。

三、货币政策工具

中央银行在实施货币政策、调控宏观金融方面，需借助于一些经济杠杆作为政策工具，以实现其对货币量和信贷量的调控作用。就一般而论，作为货币政策的工具变量，其必须是与货币运行机制相联系的变量，并且具有可操作性。这里所指的“货币运行机制”，当然体现在货币供求关系上；“可操作性”也必然是就中央银行而言。中央银行使用的传统金融调控工具主要有三项：

1. 法定存款准备金率

法定存款准备金率，或称存款准备金率，是以法律的形式规定商业银行等金融机构将其吸收存款的一部分上缴中央银行作为准备金的比率。法定存款准备金建立之初的目的是保持银行的流动性，当准备金制度普遍实行，中央银行拥有调整法定存款准备金率的权力之后，法定存款准备金率就成为中央银行控制货币供应量的政策工具，而且是最猛烈的工具。

银行创造货币的多少与法定存款准备金率成反比，即法定存款准备金率越高，银行创造的货币越少；反之，法定存款准备金率越低，银行创造的货币越多。其具体操作方法是：在经济衰退时期，中央银行降低法定存款准备金率，使银行能够创造出更多的货币，即商业银行扩张信贷，增加货币供应量，降低利率，刺激投资需求的扩大，消除经济衰退。相反，在通货膨胀时期，如果调高法定存款准备金率，不仅使原先有着超额准备金的银行在中央银行的超额准备金消失或缩减，还由于它缩小货币乘数。从而缩小银行在原来超额准备金基础上的存款创造，因而能够在很短的时期内导致较大幅度地缩减货币存量和提高利率。

但由于其效果太强烈，不能作为日常性货币政策工具，因此在现实经济中，中央银行很少使用改变法定存款准备金率这种强有力的措施，而往往是采用公开市场业务与再贴现率的配合来调节货币供应量和利率。

2. 再贴现率

再贴现政策是指中央银行对商业银行持有未到期票据向中央银行申请再贴现时所做的政策性规定。而再贴现率就是指商业银行将其贴现的未到期票据向中央银行申请再贴现时的预扣利率，即商业银行向中央银行借款时的利率。中央银行调高或调低对商业银行发放贷款的利率，以限制或鼓励银行借款，从而影响银行系统的存款准备金率和利率，进而决定货币存量，以达到宏观调控的目标。

在经济衰退时期，中央银行降低再贴现率，扩大贴现数量，以增加商业银行的准备金，鼓励商业银行发放贷款，增加货币供应量，降低利率，刺激投资需求，扩大总需求，消除经济衰退和失业。相反，在经济高涨或通货膨胀时期，中央银行提高再贴现率，收缩贴现的数量，减少商业银行的准备金，以限制商业银行发放贷款，减少货币供应量，提高利率，抑制投资需求，减少总需求，消除通货膨胀。

再贴现率和公开市场业务通常是相互配合的。中央银行在公开市场上买进或卖出政府债券使利率降低或提高时，就必须相应地改变再贴现率，使再贴现率与利率大致相互适应。但与法定存款准备金率和公开市场业务相比，由再贴现率变动引起的银行存款准备金变动的数额通常是比较小的。另外，由于再贴现率通常低于市场利率，中央银行对商业银行和存款机构的这种特权有必要加以限制，只能在确有需要时才能借款。事实上，有些银行为显示其稳健性，也不愿向中央银行借款或推迟使用这种借款特权。因此，中央银行的再贴现政策是否能够获得预期效果，还取决于商业银行是否采取主动配合的态度。

3. 公开市场业务

公开市场业务是指中央银行在公开市场上买进或卖出政府债券以调节商业银行的准备金，从而调节货币供应量和利率的一种货币政策工具。其是当代西方国家特别是美国实施货币政策的主要工具。

公开市场业务的具体操作是：在经济萧条时期，中央银行在公开市场上买进政府债券，把货币投入市场。商业银行将持有的一部分政府债券卖给中央银行获得货币，使商业银行的准备金增加；厂商和居民将持有的政府债券卖给中央银行获得货币，并将货币存入商业银行，也会增加商业银行的准备金。通过银行系统的存款创造，会使存款多倍放大，货币供应量增加，导致利率下降。与此同时，中央银行买进政府债券，使债券价格上升，利率下降，利率下降会刺激投资和消费扩张，使总需求扩大，从而带动生产、就业和物价的增长，消除经济衰退和失业。相反，在经济过热和通货膨胀时期，中央银行在公开市场上卖出政府债券，收回货币。商业银行买进政府债券，向中央银行付款，这样就减少了商业银行的准备金；厂商和居民买进政府债券，减少了自己的活期存款，也会减少商业银行的准备金。商业银行准备金减少，会通过货币创造的乘数效应，使活期存款多倍收缩，货币供应量减少，利率上升。同时，中央银行卖出政府债券也会导致债券价格下跌，利率上升。利率上升会导致投资需求下降，总需求下降，从而抑制总需求扩张，消除通货膨胀。但其局限性在于要求中央银行必须有强大的金融实力，金融市场必须完善、发达。

四、货币政策类型

1. 扩张性货币政策和紧缩性货币政策

（1）扩张性货币政策

扩张性货币政策是指中央银行通过增加货币供应量，使利率下降，从而增加投资，扩大总需求，刺激经济增长。主要措施：一是降低法定存款准备金率，以提高货币乘数，增加货币供应量；二是降低再贴现率，以促使商业银行增加再贴现，增强对客户的贷款和投资能力，增加货币供应量；三是公开市场业务，中央银行通过购进政府债券，增加货币供应。除以上措施外，中央银行也可用“道义劝告”的方式来影响商业银行及其他金融机构增加放款，以增加货币供应。

（2）紧缩性货币政策

紧缩性货币政策是指中央银行通过减少货币供应量，使利率升高，从而抑制投资，压缩总需求，限制经济增长。紧缩性货币政策是扩张性货币政策中所采用措施的反向操作。

2. 调节性货币政策和非调节性货币政策

（1）调节性货币政策

调节性货币政策是指中央银行根据不同时期国家的经济目标和经济状况来不断地调节货币供应量。具体内容是：当超额准备金的需求和货币的需求增长时，中央银行增加准备金供给；反之则相反。其理由是在需要时调节准备金需求和货币需求正是为了稳定货币、稳定利率，因为利率的剧烈波动会扰乱金融市场。实践中，大部分国家采取这种类型的货币政策。

（2）非调节性货币政策

非调节性货币政策是指中央银行并不根据不同时期国家的经济目标和经济状况来不断地调节货币供应量，而是把货币供应量固定在预定水平上。其理由是在较短时期内，货币供应量的增减会自动地得到调节，国家的经济目标和经济状况不会因此受到影响。但实践证明，由于货币政策效应的不确定性、长期性和对利率波动不予调节可能带来损失的确定性和即期性，各国中央银行一般不采用这种类型的货币政策。

五、货币政策传导机制

货币政策传导机制是指中央银行运用货币政策工具影响操作目标和中介目标，进而实现最终目标的传导途径与作用机理。货币政策的传导过程如图 14－1 所示。

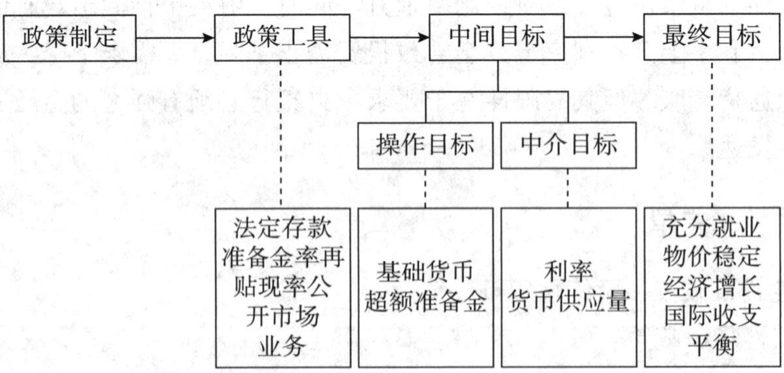

图 14－1　货币政策的传导过程

货币政策传导途径一般有三个基本环节，其顺序是：

(1) 从中央银行到商业银行等金融机构和金融市场。中央银行的货币政策工具操作，首先影响的是商业银行等金融机构的准备金、融资成本、信贷能力和行为，以及金融市场上货币供给与需求的状况。

(2) 从商业银行等金融机构和金融市场到企业、居民等非金融部门的各类经济行为主体。商业银行等金融机构根据中央银行的政策操作调整自身行为，从而对企业和居民的消费、储蓄、投资等经济活动产生影响。

(3) 从非金融部门经济行为主体到社会各经济变量。包括总支出量、总产出量、物价、就业等。

任务四　财政政策与货币政策的综合运用

财政政策与货币政策是政府调节宏观经济运行的两个重要手段，但两者在调控机制及侧重点等方面都有所不同。因此，在具体调控中，政府要准确判断经济形势，围绕政策目标，协调和配合使用各种宏观经济政策，合理搭配各种不同政策工具，才能有效地促进经济增长，保持物价稳定，扩大就业，实现社会稳定。

一、财政政策与货币政策的比较分析

在现实经济运行中，财政政策与货币政策有各自的优势和调控重点，如表 14 – 1（财政政策与货币政策的比较）所示。在政策操作过程中，客观认识两者差异是统筹运用两大调控政策的基础，也是使之协调配合、有效发挥合力的有力保障。

表 14 – 1　财政政策与货币政策的比较

政策类型	调节重点	调节领域	治理重点
财政政策	结构调节	调节收入分配	治理通货紧缩
货币政策	总量调节	保持币值稳定	治理通货膨胀

1. 财政政策侧重于结构调节，货币政策侧重于总量调节

财政政策与货币政策都有调节经济总量和结构的功能，但两者的作用范围和重点却有所不同。财政政策能够更直接通过政府调整财政收支规模和结构来改变资金分配格局，起到调节经济结构的作用。货币政策对经济结构的调控效果相对弱些，但它能够直接通过调节货币供应量或利率来影响社会总供求，起到调节经济总量的作用。

2. 财政政策侧重于调节收入分配，货币政策侧重于保持币值稳定

财政政策与货币政策都是以调节社会总需求为基点，实现社会总供求平衡，但两者的调节侧重点不尽相同。财政政策主要通过调节分配领域来影响社会总需求；货币政策的调节行为则主要体现在对流动性的调节，通过影响利率水平或货币供应量来实现币值稳定，从而对社会总需求产生影响。货币政策对收入分配的调节力度相对较弱。

3. 财政政策对治理通货紧缩作用明显，货币政策对治理通货膨胀作用明显

一般来说，财政政策对于刺激经济增长，推动经济摆脱衰退走向繁荣，作用更为明显；而货币政策对于消除通货膨胀，抑制经济过热，效果更显著一些。因为在通货紧缩时期，经济主体对经济前景预期不乐观，投资消费信心不足，这时财政政策可以通过增加支出和减少税收等措施迅速而直接地扩大投资与消费，改善市场预期，从而推动经济增长，而此时货币政策的扩张效果要相对弱些。在通货膨胀时期，货币政策通过控制货币供应量，可以迅速收缩流动性，紧缩效果比较明显，而此时财政政策的效果相对要弱些。

二、财政政策与货币政策的协调与配合

总的来说，作为国家调控宏观经济的两大政策，财政政策和货币政策的调控目标都是一致的，但是财政政策和货币政策各自使用的政策手段、政策工具以及发挥的作用不尽相同，各有其局限性。因此，在进行宏观调控时，为了达到理想的调控效果，通常需要将财政政策和货币政策协调起来，搭配运用，才能有效实现预期政策目标。财政政策与货币政策的配合如表 14－2 所示。

表 14－2　　财政政策与货币政策的配合

	双松政策	双紧政策	紧财政松货币政策	紧货币松财政政策
经济背景	社会需求严重不足，生产资源大量闲置，解决失业和刺激经济增长成为宏观调控首要目标	社会总需求极度膨胀，社会总供给严重不足，物价大幅攀升，抑制通货膨胀成为首要目标	政府财力不足，物价基本稳定，企业投资并不旺盛，促使经济较快增长成为主要目标	通货膨胀与经济停滞并存，产业结构和商品结构失衡，治理滞胀、刺激经济增长成为首要目标
具体政策	财政扩大支出降低税率；同时央行采取扩张性的货币政策，增加货币供应量，降低市场利率	财政削减政府支出，提高税率；央行紧缩货币政策，减少货币供应量，调高利率	财政削减政府支出，提高税率；松弛银根	控制货币供应量，实施减税和增加财政支出，利用财政杠杆调节产业结构和商品结构

1. 双松政策

双松政策，又称双扩张政策，是指经济严重衰退时，同时采取扩张性财政政策和扩张性货币政策。例如在政府扩大支出或降低税率的同时，抑制利率上升，扩大信贷规模，增加货币供应量，刺激企业投资，从而扩大总需求，增加国民收入，在保持利率不变的条件下，缓和经济衰退、刺激经济发展。这种双扩张政策会在短期内增加社会需求，见效迅速，但配合如果不妥当，则可能带来经济过热和通货膨胀，在运用时应慎重，其适用条件是：大部分企业开工不足，生产资源大量闲置，大量资源有待开发，劳动力就业

不足，社会需求严重不足，市场疲软。因此，在经济萧条后期，为刺激生产和投资，启动闲置的生产能力，一般实行双松政策。

2. 双紧政策

双紧政策，又称双紧缩政策，是指在经济过热，发生通货膨胀时期，经济生活极不安定的情况下，配合运用紧缩性财政政策和紧缩性货币政策。例如在削减政府支出、提高税率的同时，央行调高利率，减少货币供应量，从而压缩总需求，抑制通货膨胀，减少国民收入，减缓物价上涨。这种双紧缩政策对经济起到紧缩作用，不过若长期使用，将会带来经济衰退，增加失业。因此，应谨慎使用作用幅度较大的双紧政策，其适用条件是：需求膨胀，物价迅速上涨；瓶颈产业对经济起严重制约作用；经济秩序混乱。

3. 紧财政松货币政策

紧财政松货币政策是采用紧缩性财政政策与扩张性货币政策的搭配。紧缩性财政政策可以使税率提高，政府的支出和投资直接减少，减少财政赤字；而扩张性货币政策则使利率下降，在紧缩预算的同时，松弛银根，使公众能够以较低的成本获得较多的资金，并使因增税而导致的收入减少得到补偿，其结果是调整了政府与私人企业的投资结构，刺激投资带动经济发展。但这种配合模式运用不当会使经济陷入滞胀，其适用的经济条件是：政府财力不足，赤字严重，储蓄率高，市场疲软。

4. 紧货币松财政政策

紧货币松财政政策是采用扩张性财政政策与紧缩性货币政策的搭配。紧缩性货币政策，可以控制货币供应量的增长，使企业和公众的借贷数额减少和借贷成本增加，企业和居民的投资和消费减少，从而减轻扩张性财政政策带来的通货膨胀压力；扩张性财政政策则有助于通过减税和增加财政支出，克服总需求不足和经济萧条，利用财政杠杆调节产业结构和商品结构，促使总需求与总供给相一致，刺激经济增长。但这种配合也有局限性，即扩大政府支出和减税，并未足够地刺激总需求增加，却使利率上升，国民收入下降，最终导致赤字居高不下。其适用条件是：财政收支状况良好，财政支出有充足的财源；私人储蓄率下降；物价呈上涨趋势。

除了以上财政政策与货币政策配合使用的一般模式，财政政策、货币政策还可呈中性状态。中性的财政政策，指财政收支量入为出、自求平衡的政策。中性的货币政策是指保持货币供应量合理、稳定地增长，维持物价稳定的政策。若将中性货币政策与中性财政政策分别与上述松紧状况搭配，又可产生多种不同配合。总之，不同的政策搭配方式各有利弊，应针对经济运行具体情况，审时度势，灵活适当地相机抉择。一般来说，一种政策搭配运用一段时间后，应选用另一种政策搭配取而代之，形成交替运用的政策格局，这也是财政政策与货币政策协调运用的重要形式。

项目小结

本项目主要讲述宏观经济政策的目标与工具、财政政策、货币政策和财政政策与货币政策的综合运用。宏观经济政策是指国家或政府有意识、有计划地运用一定的政策工具，调节控制宏观经济的运行，以达到一定的政策目标。宏观经济政策目标，一般包括充分就业、物价稳定、经济增长和国际收支平衡。宏观经济政策的工具是用来实现上述宏观经济政策目标的手段和措施，常用的宏观经济政策工具有需求管理、供给管理和对外经济管理。

财政政策是指为促进就业水平提高，减轻经济波动，防止通货膨胀，实现经济稳定增长，而对政府财政支出、税收和借债水平所进行的选择，或对政府财政收入和支出水平所做的决策。财政政策的手段是国家为实现财政政策目标所采取的经济、法律、行政措施的总和。一般说来，财政政策的手段主要包括税收、财政支出、公债和政府预算。根据调节经济周期的作用来划分，财政政策分为自动稳定的财政政策和相机抉择的财政政策。根据财政政策在调节国民经济总量方面的不同功能，财政政策可分为扩张性财政政策、紧缩性财政政策和中性财政政策。按财政政策的作用空间来划分，可将财政政策分为宏观财政政策和微观财政政策。按财政政策的作用时间来划分，可将财政政策分为短期财政政策和中长期财政政策。影响财政政策效果的因素主要有挤出效应、时滞效应和政治阻力。

货币政策是指中央银行通过控制货币与信贷总量，调节利率和汇率水平等，以影响社会总需求和总供给，促进宏观经济目标实现的方针和措施的总称。货币政策目标包括货币政策的最终目标、货币政策的中介目标、货币政策的操作目标。中央银行使用的传统金融调控工具主要有三项：法定存款准备金率、再贴现率和公开市场业务。货币政策分为扩张性货币政策和紧缩性货币政策；调节性货币政策和非调节性货币政策。在现实经济运行中，财政政策与货币政策有各自的优势和调控重点，通常需要将财政政策和货币政策协调起来，搭配运用，才能有效实现预期政策目标。

关键概念

宏观经济政策、财政政策、货币政策、税收、财政支出、公债、政府预算、自动稳定器、挤出效应、时滞效应、法定存款准备金率、再贴现率、公开市场业务。

实践与实训

一、填空题

1. 宏观经济政策是指国家或政府有意识、有计划地运用一定的________，调节控制宏观经济的运行，以达到一定的政策目标。

2. 充分就业并非指零失业率或百分之百的劳动力都有各自工作，而是说失业率为________的就业状态。

3. 物价稳定并不是说________为零，而是维持一种能为社会所接受的低而稳定的通货膨胀率的经济状态。

4. 国际收支平衡是指国家在对外经济关系中________和支出的大体平衡。

5. 财政政策的手段是国家为实现________所采取的经济、法律、行政措施的总和。

6. 根据调节________的作用来划分，财政政策分为自动稳定的财政政策和相机抉择的财政政策。

7. 根据财政政策在调节国民经济总量方面的不同功能，财政政策可分为________财政政策、________财政政策和中性财政政策。

8. 货币政策的中介目标是指为实现货币政策目标而选定的中间性或传导性金融变量，它是介于________和________之间的变量目标。

9. 法定存款准备金率是以法律的形式规定________等金融机构将其吸收存款的一部分上缴中央银行作为准备金的比率。

二、选择题

1. 当经济中存在通货膨胀时，应该采取的财政政策工具是（　　）。

A. 增加政府支出和减少税收　　B. 增加政府支出和增加税收

C. 减少政府支出和减少税收　　D. 减少政府支出和增加税收

2. 财政支出中的转移性支出增加可以（　　）。

A. 增加投资　　B. 减少投资

C. 增加消费　　D. 减少消费

3. 要实施扩张性财政政策，可采取的措施有（　　）。

A. 提高税率　　B. 增加财政转移性支出

C. 减少政府购买　　D. 降低再贴现率

4. 属于内在稳定器的项目是（　　）。

A. 总需求　　B. 公债

C. 所得税　　D. 政府投资

5. “挤出效应”会使总需求水平保持不变，因为（　　）。

A. 扩张性财政政策的刺激会因利率上升和投资下降所抵销

B. 扩张性财政政策将推动利率上升，因而导致货币供给的增加

C. 政府支出的增加将导致税收增加，从而使消费减少

D. 以上说法都对

6. 如果中央银行向公众大量购买政府债券，它的意图是（　　）。

A. 增加商业银行存入中央银行的存款　　B. 减少商业银行的贷款总额

C. 提高利率　　D. 降低利率

7. 中央银行提高再贴现率会导致货币供应量的（　　）。

A. 增加和利率提高　　B. 减少和利率提高

C. 增加和利率降低　　　　　　　　　　D. 减少和利率降低

8. 在通货紧缩且社会总供求的矛盾主要表现为总量失衡时，财政政策与货币政策的组合方式应该是（　　）。

A. 双紧政策

B. 双松政策

C. 松的财政政策和紧的货币政策配合

D. 紧的财政政策和松的货币政策配合

三、判断题

1. 充分就业就是百分之百就业。（　　）

2. 充分就业与经济增长之间具有较大的一致性，一般来说，随着经济增长会提供更多的就业机会。（　　）

3. 所谓自动稳定财政政策是指政府不须改变其政策，而是利用财政工具与经济运行的内在联系来影响经济运行的政策。（　　）

4. 扩张性财政政策主要通过减税、增加支出的方式来实现。（　　）

5. 财政政策的时滞效应是指财政政策发挥作用的时间对这一运行状态的滞后。（　　）

6. 在经济衰退时期，中央银行降低再贴现率，扩大贴现数量，以增加商业银行的准备金，鼓励商业银行发放贷款。（　　）

7. 在经济萧条时期，中央银行在公开市场上买进政府债券，把货币投入市场。（　　）

8. 紧缩性货币政策是指中央银行通过增加货币供应量，使利率下降，从而增加投资，扩大总需求，刺激经济增长。（　　）

9. 总的来说，作为国家调控宏观经济的两大政策，财政政策和货币政策的调控目标是一致的。（　　）

互动讨论

1. 为应对全球经济增长持续放缓，中国人民银行决定，自 2015 年 10 月 24 日起，下调金融机构人民币贷款和存款基准利率，以进一步降低社会融资成本。其中，金融机构一年期贷款基准利率下调 0. 25 个百分点至 4. 35%；一年期存款基准利率下调 0. 25 个百分点至 1. 5%；其他各档次贷款及存款基准利率、人民银行对金融机构贷款利率相应调整；个人住房公积金贷款利率保持不变。同时，对商业银行和农村合作金融机构等不再设置存款利率浮动上限，并抓紧完善利率的市场化形成和调控机制，加强央行对利率体系的调控和监督指导，提高货币政策传导效率。试分析该货币政策的效用以及这一货币政策的局限性。

2. 如果现在市场一片繁荣昌盛，商品物价急速上涨，居民的工资也在不断上涨，当人们都在为国家经济“腾飞”欢欣雀跃时，政府应该采取怎样的宏观经济政策？

案例分析

案例一

2021 年一季度国民经济运行数据公布：开局良好 经济稳步恢复

4 月 16 日，国家统计局公布我国一季度国民经济运行数据。初步核算，一季度国内生产总值 249310 亿元，按可比价格计算，同比增长 18.3%。

国家统计局表示，一季度国内生产总值（*GDP*）同比增长 18.3%，受到上年较低基数、员工就地过年工作日有所增加等不可比因素影响。此外，一季度 *GDP* 比 2020 年四季度环比增长 0.6%，比 2019 年一季度增长 10.3%，两年平均增长 5.0%，表明我国经济稳定恢复。

工业生产稳步回升。一季度，全国规模以上工业增加值同比增长 24.5%，环比增长 2.01%。3 月份，中国制造业采购经理指数为 51.9%，连续 13 个月高于临界点。服务业市场预期向好。一季度，服务业稳定恢复，3 月份全国服务业生产指数同比增长 25.3%。市场销售逐步改善。一季度，社会消费品零售总额 105221 亿元，同比增长 33.9%。固定资产投资稳步恢复。全国固定资产投资（不含农户）95994 亿元，同比增长 25.6%。其中，高技术制造业和高技术服务业投资同比分别增长 41.6%、28.6%，货物进出口增势明显。一季度，货物进出口总额 84687 亿元，同比增长 29.2%；出口 46140 亿元，同比增长 38.7%；进口 38547 亿元，同比增长 19.3%。进出口相抵，贸易顺差 7593 亿元。居民消费价格方面，一季度，全国居民消费价格同比持平。其中，3 月份全国居民消费价格同比上涨 0.4%。就业方面，一季度，全国城镇新增就业 297 万人。3 月份，全国城镇调查失业率为 5.3%，比 2 月份下降 0.2 个百分点，比上年同期下降 0.6 个百分点。

国家统计局表示，总的来看，一季度国民经济呈现持续稳定恢复态势。同时，面对全球疫情等不确定因素，下一步要保持经济运行在合理区间内，推动经济高质量发展。

（资料来源：中国青年网 http：//www. news. youth. cn 2021 -04 -16 16：07）

思考题：

1. 总结出我国 2021 年宏观经济运行的趋势。
2. 中央制定了什么样的宏观经济政策？

案例二

2015 年中央银行 5 次降息时间表一览

自 2015 年 3 月开始至 2015 年 10 月，中央银行共降息了 5 次。每次的中央银行降息都给市场带来了不一样的影响。

2015 年 3 月 1 日

金融机构一年期贷款基准利率下调 0.25 个百分点至 5.35%；一年期存款基准利率下调 0.25 个百分点至 2.5%。

2015 年 5 月 11 日

金融机构一年期贷款基准利率下调 0. 25 个百分点至 5. 1%；一年期存款基准利率下调 0. 25 个百分点至 2. 25%。

2015 年 6 月 28 日

金融机构一年期贷款基准利率下调 0. 25 个百分点至 4. 85%；一年期存款基准利率下调 0. 25 个百分点至 2%。同时针对性地对金融机构实施定向降准。

2015 年 8 月 26 日

金融机构一年期贷款基准利率下调 0. 25 个百分点至 4. 6%；一年期存款基准利率下调 0. 25 个百分点至 1. 75%。

2015 年 10 月 24 日

金融机构一年期贷款基准利率下调 0. 25 个百分点至 4. 35%；一年期存款基准利率下调 0. 25 个百分点至 1. 5%。

（资料来源：会计网 http：//www. kuaiji. com/news/2958690）

思考题：

1. 总结出我国 2015 年宏观经济运行的特点。
2. 中央银行为什么 5 次降息？

参考文献

[1] 厉以宁 . 西方经济学［M］. 北京：高等教育出版社，2005.

[2] 黎诣远 . 西方经济学［M］. 2 版 . 北京：高等教育出版社，2007.

[3] 石良平 . 宏观经济学［M］. 2 版 . 北京：高等教育出版社，2004.

[4] 叶德磊 . 宏观经济学［M］. 北京：高等教育出版社，2004.

[5] 卢现祥 . 西方新制度经济学［M］. 2 版 . 北京：中国发展出版社，2003.

[6] 宁军明，崔建华 . 西方经济学［M］. 北京：北京交通大学出版社，2010.

[7] 汪祥春 . 微观经济学［M］. 大连：东北财经大学出版社，2002.

[8] 刘平 . 微观经济学［M］. 北京：清华大学出版社，2012.

[9] 李晖，李清娥 . 西方经济学［M］. 成都：电子科技大学出版社，2007.

[10] 刘伟 . 经济学教程：中国经济分析［M］. 北京：北京大学出版社，2005.

[11] 梁小民 . 微观经济学纵横谈［M］. 北京：生活·读书·新知三联书店，2000.

[12] 卢锋 . 经济学原理［M］. 北京：北京大学出版社，2002.

[13] 孙亚锋 . 经济学原理［M］. 大连：东北财经大学出版社，2009.

[14] 缪代文 . 微观经济学与宏观经济学［M］. 3 版 . 北京：高等教育出版社，2008.

[15] 许纯祯 . 西方经济学［M］. 北京：高等教育出版社，1999.

[16] 黄亚钧 . 微观经济学［M］. 2 版 . 北京：高等教育出版社，2005.

[17] 鲁迪格·多恩布什，斯坦利·费希尔，理查德·斯塔兹 . 宏观经济学［M］. 王志伟，译 . 10 版 . 北京：中国人民大学出版社，2010.

[18] 罗伯特·霍尔，约翰·泰勒 . 宏观经济学［M］. 张帆，译 . 5 版 . 北京：中国人民大学出版社，2000.

[19] 刘学生 . 高等数学——微积分［M］. 2 版 . 北京：中国财政经济出版社，2012.

[20] 韩燕雄，朱景发 . 经济学基础［M］. 北京：北京交通大学出版社，2010.

[21] 史锋 . 西方经济学［M］. 3 版 . 武汉：武汉理工大学出版社，2014.

[22] 王文玉，沈琼 . 微观经济学［M］. 2 版 . 北京：清华大学出版社，2017.

[23] 陈薇. 经济学基础 [M]. 2 版. 厦门：厦门大学出版社，2018.
[24] 邓先娥，汪芳. 经济学基础 [M]. 3 版. 北京：人民邮电出版社，2019.
[25] 陈学忠，黄慧化. 经济学基础 [M]. 2 版. 北京：电子工业出版社，2020.
[26] 吴汉洪. 经济学基础 [M]. 6 版. 北京：中国人民大学出版社，2021.